유가철학과 삶의 기술

著者 略歷

장승구

서울대학교 윤리교육과를 졸업하고 한국학중앙연구원 한국학대학원에서 석사, 박사학위를 받았다. 전공 분야는 유가철학과 한국사상이다. 서강대와 서울대에서 강의하였고, UC버클리 방문학자와 한국학중앙연구원 한국학대학원 교환교수를 역임하였다. 현재 세명대학교 교양대학 교수. 한국철학사연구회와 한중철학회 회장을 역임하였다. 『다산학』(다산학술문화재단)과 『서애연구』(서애학회) 편집위원, 한국학중앙연구원 한국사상사대계 편찬위원을 맡고 있다. 저서에는 『철학과 삶의 지혜』, 『정약용과 실천의 철학』, 『다산, 행복의 기술』, 『조선을 움직인 철학자들-조선 최고 지식인의 철학과 경세론』이 있고, 공저로는 『茶山의 사상과 그 현대적 의미』, 『동양사상의 이해』, 『민본주의를 넘어서』, 『중용의 덕과 합리성』, 『인격』, 『양심』, 『사랑』 등 10여 권이 있고, 『관자(管子)』를 공역하였다.

유가철학과 삶의 기술

초판 1쇄 발행일 2026년 02월 28일

지은이 | 장승구
발행인 | 최원필
발행처 | 심산출판사
주 소 | 서울시 은평구 불광로 13가길 18, 101호
전 화 | 02-357-0633
팩시밀리 | 02-357-0631
E-mail | simsan21c@hanmail.net
등록번호 | 제1-2114호(1996년 11월 28일)

ISBN 978-89-94844-87-9 03150

* 책값은 뒤표지에 표시되어 있습니다.

유가철학과 삶의 기술

장승구 지음

심산

● 머리말

50세 나이를 '지천명(知天命)' 이라고도 하지만, '지비(知非)' 라고도 한다. 춘추시대 위나라 대부 거백옥이 50세가 되어 인생을 돌아보니 지난 49년간의 삶이 잘못되었음을 깨달았다. 그래서 50세를 지비(知非)라고 부르는 것이다. 50세에라도 잘못을 깨달을 수 있다면 그 또한 다행이다. 다산 정약용도 유배지에 가서 지난 40년간 치열하게 살았지만, 결과적으로 세상으로부터 온갖 비방을 받고 마침내 유배까지 오게 된 자신의 삶을 처절하게 돌이켜 보았다. 실학자 풍석 서유구는 만년에 자신을 '오비거사(五費居士)' 즉 다섯 가지를 허비한 사람이라고 자칭하였다. 학문, 벼슬, 농업, 저술 등 그 어느 것 하나 완전히 이루지 못하고, 애써 노력만 하다가 인생을 허비하였다고 자성하였다. 위대한 업적을 이루고서도 자신을 자책하는 겸손한 표현이다. 임진왜란을 극복한 명재상 서애 류성룡도 평생에 세 가지 한(恨)이 있다고 하였다. 첫째는 군주와 부모의 은혜에 보답하지 못한 것, 둘째는 벼슬이 과도한데도 불구하고 일찍 물러나지 못한 것, 셋째는 도를 배우려는 뜻을 두었지만 배움을 완성하지 못한 것이 한이라고 하였다.

인생은 게으른 사람에게 뿐만이 아니라 열심히 산 사람조차도 후회가 남는다. 한 번 뿐인 인생을 어떻게 살아야 하는가 하는 물음은 정답도 없지만 쉽게 판단하기도 어렵다. 쇼펜하우어는 사물의 가치는 그것을 잃어

보아야만 깨닫게 된다고 하였다. 그렇다면 인생의 소중한 가치도 그것을 제대로 알게 되는 것은 아마도 삶을 마칠 때 가서란 말인가? AI가 생존의 기술을 알려줄 수는 있겠지만, 삶의 지혜와 기술을 알려주는 데는 한계가 있을 것이다. 삶의 기술은 깊은 성찰과 사색, 다양한 체험이 뒷받침되지 않으면 터득하기 어렵다.

AI가 세상을 뒤바꾸고 인간의 삶도 새로운 차원으로 들어섰다. 혼란과 격변의 시기에 어떻게 살아야 하는지 자문해 본다. 과학기술의 발전에도 불구하고 변하지 않는 인간의 정체성과 삶의 본질이 무엇인지를 묻게 된다. 우리 시대의 AI처럼 춘추전국시대에 철기 문명이 처음 도래할 때 사람들은 위기를 느끼면서 삶의 의미를 새롭게 물었을 것이다. 그런 답변의 모색 가운데 유학이 탄생하였다. 유학은 오랫동안 우리에게 친숙한 삶의 방식을 알려주었다. 그러나 지금 디지털 시대에 삶의 의미를 잃어버리고 표류하는 젊은 세대에게 유학은 매우 낯선 것이 되어 버렸다.

그동안 유가철학을 공부하면서 관심을 가졌던 중용, 주역, 수양, 윤리, 생사관, 경세의 문제와 관련하여 쓴 글들을 수정하여 정리해 보았다. 유가철학은 자신의 존재를 수양으로 끊임없이 고양하고, 사회적 관계 속에서 어울려 살면서 세상을 선하게 바꾸고자 하였다. 하늘과 땅이 주는 대자연의 가르침을 본받으며 자연과 조화로운 삶을 지향하였다. 변화의 위기 속에서 중용의 기술로 균형을 잡고자 하였다. 고난을 단련의 기회로 여기고 주어진 운명을 사랑하면서 모든 존재와 더불어 살아가는 기술을 익히고자 하였다.

한국인의 의식 밑바탕에는 유학적 삶의 지혜와 기술이 희미하게 남아 있다. 이 책은 유가철학이 주는 삶의 방식과 기술이 무엇인지를 성찰해 본 것이다. 온고지신(溫故知新)이라는 말처럼 새로운 시대 변화를 맞이하여, 이 책이 온고(溫故)를 통해서 미래적 삶의 기술을 터득해 가는 지신(知

新)의 디딤돌이 되었으면 한다. 첨단 과학기술이 가져오는 편리함과 속도의 마법으로 잃어버린 삶의 깊이와 의미를 성찰해 보는 것이 중요하다. 그래서 오랜 세월 동안 동아시아인의 삶에 버팀목이 되었던 유교 인문학을 삶의 기술로 재조명해 보았다.

그동안 필자에게 가르침을 주신 선생님들의 학은과 학생들의 따사로운 정, 연구를 지원해 준 대학, 묵묵히 응원해 준 가족의 사랑에 깊은 감사의 인사를 전하고 싶다.

2026년 1월

장 승 구 근서

目次

들어가는 말

유가철학은 삶의 기술인가

피에르 아도(Pierre Hadot)는 서양 고대에서 철학은 곧 삶의 방식(philosophy as a way of life)이었고 삶을 살아내는 기술이었다고 한다. 소크라테스는 물론이고 플라톤과 아리스토텔레스도 예외가 아니다. 소크라테스는 부귀와 명예 추구에 급급한 아테네 시민의 세속적 삶과 다르게 자신의 영혼을 소중히 돌이보는 삶을 추구하였다. 플라톤에게 철학은 죽음의 연습이었고, 영혼의 정화, 정신의 수련이었다. 아리스토텔레스는 존재를 관조하는 기쁨을 말하기도 하였지만, 다른 한편으로 현실의 행동에서는 실천적 지혜(phronesis)를 강조하고 중용의 덕을 추구하였다. 스토아학파나 에피쿠로스학파도 마찬가지로 지혜를 통해 마음의 평정을 추구하고 좀 더 나은 삶의 방식을 모색하였다. 삶의 방식으로서의 철학 전통은 중세에 와서 철학이 신학의 시녀가 되면서 변하게 된다. 그러다가 근대 철학이 인식론 중심으로 방향을 전환하면서 삶의 방식으로서의 철학은 희미해져 갔다. 그래서 철학적 담론이나 논증을 하는 것이 전부인 것처럼 생각되었다.

고대 서양뿐 아니라 동아시아에서도 철학은 삶의 방식이고 삶의 기술이었다. 동아시아에서 철학은 근대까지 삶의 방식에 깊은 관심을 보여왔다. 유가, 도가, 불가는 각각 고유한 철학에 따라 추구하는 삶의 방식을 달리하였다. 도가는 자연의 도와 합치하는 무위의 삶을 추구하였다면, 불교는 공의 철학에 따라 집착 없는 자유로운 삶을 추구하였다. 유가는 자기 수양을 우선으로 하고 일상의 현실에서 진리의 삶을 모색하였다. 현실의 삶은 항상 온갖 위기와 위험을 내포한다. 파도치는 대양의 폭풍 속을 항해하는 것처럼 위험을 수반한다. 이러한 위기와 위험 속에서 어떻게 균형을 지켜내며 꿈꾸는 이상을 실현해 나갈 수 있을까?

유가철학을 통해서 삶의 기술을 터득한 현자들은 어떤 파도와 비바람에도 자신을 지키고 이상의 꿈을 향한 전진을 멈추지 않았다. 다산 정약용은 신유옥사로 자신의 형과 조카가 순교하고 또 다른 형이 함께 유배를 가고 수많은 친지와 친구가 형장의 이슬로 사라지는 비극을 경험하였다. 그러나 절망에 사로잡히지 않고 높은 회복탄력성(resilience)으로 자신을 되찾고, 유배지의 고난 속에서 실학의 풍요로운 꽃을 피워나갔다. 퇴계 이황도 중년에 아버지처럼 의지하던 집안의 기둥인 형이 정치적으로 화를 입어서 죽임을 당하였다. 그뿐만 아니라 부인과 둘째 아들마저 잃어버리는 아픔을 겪었다. 이런 시련에도 좌절하지 않고 성리학 연구에 몰두하여 조선 유학의 큰 봉우리가 되었다. 퇴계에게 유학은 세상과 우주를 사랑하고 자기 삶의 깊이를 찾아가는 여정이었다. 율곡은 죽음을 앞둔 생의 마지막 순간까지 나라의 일을 걱정하는 초인적인 의연함을 보여주었다. 서애 류성룡은 임진왜란의 국난을 극복하기 위해 전시 수상으로서 온갖 고난을 감내하면서 분투하였다. 그러나 정치적 반대파로부터 주화오국이라는 억울한 누명을 쓰고 물러나야 했다. 그렇지만 그는 불명예스러운 은퇴 후에도 좌절하지 않고 징비록이라는 역사의 명작을 탄생시켰다.

유학을 창시한 공자는 삶의 기술의 달인이었다. 어린 시절의 비천한 환경에도 불구하고 공자는 자기 뜻을 학문에 두었다. 배움으로 자신을 수양하고서는 나아가 세상을 바로잡으려는 구세의 열정을 실천하였다. 뜻을 펴기 위해서 여러 나라를 다니는 중에 자신의 목숨이 위태로운 위급한 상황에 몰리기도 하였다. 그러나 공자는 흔들리거나 좌절하지 않고 하늘이 준 사명을 실천하기 위해 헌신하였다. 그는 세상에 알아주는 사람이 없어도 사람이나 하늘을 원망하지 않았다. 오히려 학문과 교육을 즐기며 어디서나 처지에 맞추어 행복을 구가하였다. 그는 자신에게 늙음이 오는 것을 깨닫지 못할 정도로 삶을 즐길 줄 아는 삶의 예술가였다고 할 수 있다. 공자의 수제자인 안회는 가난한 삶에도 불구하고 공자의 가르침을 즐겨서 실천하고 그 가운데서 지극한 낙을 누렸다. 맹자 역시 군주들의 위세 앞에서도 기죽지 않고 당당하게 자신의 왕도 정치 이상을 피력하였다. 부귀를 누려도 교만하지 않고 빈천한 처지에서도 절개를 지키며 권력과 무력 앞에서도 굴복하지 않는 대장부의 삶은 맹자 자신이 추구한 삶의 방식이었다.

주희도 만년에 자신이 평생 탐구한 학문이 거짓 학문으로 몰리고 제자들이 갖가지 수난을 당하는 위기를 겪었다. 그러나 그는 학문적 진리에 대한 신념을 바꾸지 않았다. 왕수인은 신호가 모반을 일으켰을 때 황제가 잡으려고 했던 신호를 먼저 사로잡아서 황제와 측근의 노여움을 샀다. 그래서 반란 극복의 일등 공신이면서도 도리어 반란 세력과 내통했다는 의심을 받고 매우 위태로운 처지에 내몰리는 불운을 겪었다. 그렇지만 그는 이러한 정치적 위기에서도 의연함을 잃지 않았다. 왕수인의 일생은 양지를 실천하는 과정에서 천신만고의 시련을 겪었지만 그럼에도 마음과 뜻은 흔들리지 않았다. 송나라 최고의 문인 소동파도 중년과 만년에 세 차례에 걸쳐서 10년이 넘는 기나긴 유배 생활을 하였다. 그렇지만 그는 이것을 불운으로 여겨 낙담하지 않았다. 오히려 유배지에서도 주민들과 어울려 삶을 즐기고, 적벽부와 같은 불후의 명작을 창작하였다.

이처럼 유가의 학문을 익힌 선비들에게 학문과 지식은 단순한 교양이 아니었다. 생애의 모든 순간에 위기를 극복하고 기회를 만들어가는 삶의 기술이었다. 힘든 일상에서도 도와 함께하는 즐거움을 찾아내어 누리는 행복의 기술이었다. 어떤 위기 상황에서도 마음의 평정을 유지하면서 삶의 목적과 의미를 온전히 구현해 나가는 삶의 방식이었다.

공자 인학과 중용의 기술: 유가에서 최고의 진리는 중용이다. 공자는 시퍼런 칼날도 밟을 수 있지만 중용을 실천하기란 어렵다고 했다. 어중간하고 적당한 것을 중용이라고 여기는 사람도 있지만 그것은 중용의 본질을 잘못 이해하는 것이다. 변화하는 상황 속에서 최선의 가치가 중이다. 그리고 중을 오랫동안 유지하는 것이 용이다. 삶의 역동적 현실 속에서 최선의 선을 발견하고 그것을 지속적으로 실천하는 것이 요구된다. 중용은 생각, 감정, 행동 모두에 적용된다. 우리는 항상 자기 생각이 어느 한쪽으로 치우치지 않았는지? 감정이 지나치지는 않았는지? 행동이 어느 일방으로 너무 나간 것은 아닌지를 성찰하면서 균형된 삶을 살도록 해야 한다. 이를 위해서는 중용의 기술이 필요하다. 중용은 유가뿐 아니라 고대 그리스에서 아리스토텔레스도 중시하였고, 불교에서도 중도를 진리로 여겼다. 여기서는 공자의 중용 철학, 고대 그리스와 유교의 중용 비교, 불교의 중도와 유교의 중용을 비교함으로써 유교적 중용의 특성이 무엇인지를 밝혔다.

주역과 변화의 기술: 이 세계는 음과 양이라는 대립하는 양극의 역동적 변화 과정이다. 부단한 운동 변화 속에서도 불변의 법칙이 존재한다. 자연과 인간사의 끊임없는 변화를 어떻게 이해하고 적응해 가야 하는지 변화에 적응하는 기술을 익힐 필요가 있다. 주역을 철학 윤리학적 관점에서 해석한 『이천역전(伊川易傳)』을 통해 변화에 적응하는 지혜를 배운다. 그리고 훈민정음과 사상의학 등 한국문화 속에 깃들어 있는 주역의 사유를

살펴본다.

자아와 수양의 기술: 인간은 불완전하게 태어나지만 후천적으로 학문과 수양으로 자기완성을 지향한다. 수양의 정도에 비례해서 세상에 선한 영향을 많이 미칠 수 있고, 자기 인생의 경지를 높일 수 있다. 우리는 자아 수양을 위해서 어떤 방법을 사용해야 할까? 성(誠)과 경(敬), 마음 다스림과 기질 변화, 극기복례와 신독(愼獨) 가운데 어느 방법이 우선일까? 퇴계와 율곡, 다산이라는 조선 유학의 거장이 밝히는 자아 수양의 구체적 비결을 탐색해 본다.

윤리와 관계의 기술: 우리의 삶은 태어나서 죽을 때까지 타자와의 관계 속에서 진행된다. 우리는 타자를 어떤 방식으로 대해야 할까? 퇴계의 경철학에 의하면 인간은 다른 인간뿐 아니라 만물에 대해서도 경건하게 대해야 한다. 존재는 하나의 가족에 비유된다. 모든 존재의 가족에게 존중과 경건의 태도로 대하는 것이 사랑을 실천하는 것이기도 하다. 율곡은 인간의 지극한 정성은 다른 사람은 물론이고 자연이나 하늘까지 감응하게 할 수 있다고 한다. 우리가 타자를 감응시키지 못하는 것은 정성이 부족해서 그럴 수 있다. 타자를 감응시키기 위해서는 구체적으로 어떤 방법이 필요할까? 다산은 우리가 타자와의 관계에서 행동으로 인의예지를 실천해야 하며, 충서로 타인을 대하는 것이 윤리적 실천의 원리라고 주장한다.

생사관과 인생의 기술: 삶이란 무엇이고 죽음이란 무엇인가? 노년의 삶은 어떤 의미가 있는 것일까? 유가는 삶을 긍정하고 삶의 무대로서 가정과 국가를 중시한다. 가정과 사회의 무대에서 사랑과 의를 구현하는 것이 삶의 의미이다. 시련과 도전은 더욱 훌륭한 존재가 되기 위한 단련이다.

살면서 인간의 도리를 다하는 것이 중요하다. 삶을 훌륭하게 마친 사람에게는 죽음이란 천지라는 부모의 품으로 돌아가 푹 쉬는 것과 같지 않을까. 여헌 장현광에 따르면 노년에도 해야 할 사업이 있다. 노년에도 자신의 덕을 닦고 마음을 수양하여 참으로 자유로운 경지에 도달할 수 있도록 힘써야 한다고 보았다.

민본주의와 경세의 기술: 자아를 수양하였으면 사회를 위해서 무언가 기여하고 선한 영향을 행사하는 치인(治人) 또는 안인(安人)의 일을 맡아야 한다. 그것은 정치의 장에서 이루어질 수도 있고, 아니면 비정치적 장에서 펼쳐질 수도 있다. 세상을 잘 다스리는 것은 각자의 역량에 따라서 역할에 차이가 있을 수 있다. 민본사상은 백성의 삶을 최우선으로 한다. 중국 최고의 경세가 관자(管子)의 사상과 경세론은 무엇인지 살펴보고, 조선의 최고 경세가인 율곡 이이와 서애 류성룡의 경세론을 비교해서 그 특징을 탐색해 본다. 그리고 애민정신을 실천한 학사 김응조와 졸재 류원지의 경세론을 살펴본다.

해체적 사유와 삶의 기술: 심원 김형효에 따르면 유학은 다시 심학(心學), 실학(實學), 물학(物學)으로 나누어 볼 수 있다. 전통사회에서는 당위를 강조한 심학이 중시되었다면 미래에는 무위적 유학 즉 물학으로서의 유학을 새롭게 조명해 볼 필요가 있다. 현대인은 소유론적 집착에 빠져 고통받고 있다. 하늘이 준 본성의 빛에 따라 무위적 삶을 실천하는 존재론적 삶이 새로운 대안적 삶의 방식이 될 수 있을 것이다. 심원 김형효의 해체적 사유를 통해 자아 중심의 소유론적 아집에서 벗어나 자타불이(自他不二), 자신에게도 이롭고 타자에게도 이로운(自利而利他) 존재론적 삶의 길을 탐색해 본다.

1부

공자 인학과 중용의 기술

“

공자는 빨리 떠나야 할 때는 빨리 가고, 오래 있어야 할 경우는
오래 머물고, 벼슬을 하지 않아야 할 경우는 하지 않고,
벼슬을 해야 마땅할 때에는 기꺼이 떠맡았다.

”

제1장

공자 인학(仁學)의 사유 방식과 시중(時中)의 철학

1. 공자의 사상을 어떻게 이해할 것인가?

지난 2,500여 년 동안의 동아시아 문화의 역사에서 가장 중요한 사건의 하나는 공자의 출현이라고 해도 과언이 아니다. 예수가 서구의 2,000년 역사의 물길을 뒤바꾸어 놓았듯이 공자의 사상과 가르침이 동아시아 문화에 큰 이정표를 제시하였다는 사실은 부인하기 어렵다. 공자의 영향력이 동아시아 문화에서 매우 컸지만, 그의 사상이 무엇인지를 정확히 인식하기란 쉽지 않다. 물론 공자사상을 평면적으로 대충 알기가 어려운 것은 아니다. 그러나 통일적 · 체계적으로 이해하려고 들면 들수록 공자 사유의 근본원리와 체계가 무엇인지 그리 쉽사리 파악되지 않는다. 이것은 비단 현대 학자에게만 그러한 것이 아니라 당시의 제자들에게도 마찬가지였다. 공자의 제자들조차도 스승의 학문과 사상과 인격에 대해 확연하게 파악하기 어려웠다. 수제자 안회(顔回)에게도 공자는 우러르면 우러를수록 파면 팔수록 더욱 미지의 존재로 보이는 불가사의한 존재였다.

"안회가 한숨을 쉬고 탄식하여 말하기를 우러러볼수록 더욱 높고, 뚫을수록 더욱 굳어지고, 척 보기에 앞에 있는 듯하다 갑자기 뒤에 가 있구나! …… 무엇인가 앞에 우뚝하게 보이는 듯해서 따라가 잡으려고 해보았지만, 할 방법이 없다."[1)]

자공(子貢)도 공자는 따라 오르기가 불가능한 해와 달과 같은 존재라고 비유하였다.[2)] 제자들의 이러한 평가는 공자의 인격이 높은 것을 지칭하는 것이기도 하지만, 그의 학문과 사상이 하나의 원리로 쉽사리 파악할 수 없는 모호성과 복합성을 지니고 있다는 뜻이기도 하다. 이러한 문제는 공자 사후 제자들이 다양한 학파로 분립하게 된 계기가 되었다. 공자 스스로는 자신의 철학을 하나의 저술로 체계화하지 않았다. 우리는 단지 공자의 제자들이 스승과 나눈 문답의 기록을 통해서만 공자를 이해할 수밖에 없다. 그런데 그러한 문답 내용 가운데는 유사한 물음에 대한 대답이 서로 다른 경우가 많고, 또한 심지어는 상호 모순되어 보이는 언설조차 적지 않게 발견된다. 물론 이러한 문제는 공자가 획일적으로 답변한 것이 아니라, 제자의 성격과 기질과 특성을 미루어 교육적으로 가장 최적의 답변을 하였고, 또한 당시의 여러 가지 배경과 상황의 차이를 고려하여 거기에 맞추어 답변하였기 때문에 그렇다고 이해할 수도 있다. 이러한 사정을 고려한다고 하더라도 인학(仁學)은 논리적인 정합성으로 접근할 때 적지 않은 어려움이 있는 것이 사실이다. 『노자』라는 텍스트가 비교적 수미일관한 논리로 쓰인 것에 비하면 공자의 『논어』는 그 내용의 일관성에 문

1) 『論語』, 「子罕」: 顔淵喟然歎曰, 仰之彌高, 鑽之彌堅. 瞻之在前, 忽焉在後. …… 如有所立卓爾. 雖欲從之, 末由也已.

2) 『論語』, 「子張」: 叔孫武叔毁仲尼. 子貢曰: 無以爲也! 仲尼不可毁也. 他人之賢者, 丘陵也, 猶可踰也. 仲尼, 日月也, 無得而踰焉. 人雖欲自絶, 其何傷於日月乎? 多見其不知量也 참조.

제 삼을 것이 적지 않다. 학자들 가운데는 『논어』에 나타난 사상의 논리적 일관성 부족을 비판하는 사람도 있다. 그러나 다른 한편에서 보면 이것은 공자사상의 복합성과 풍요로움을 알려주는 것으로 해석할 수도 있다.

『논어』에 나타난 공자 인학의 다양성과 복합성을 우리는 크게 세 가지 사유 방식으로 나누어 해석해 보고자 한다. 첫째는 '모럴리즘(moralism)'으로서의 공자 인학(仁學)이다. 이것은 논어에 대한 가장 정통적 해석이다. 둘째는 사공(事功)을 중시하는 '실용주의'로서의 공자 인학이다. 셋째는 세상에 대해 초연한 무위적 태도를 보이는 '무위적 사유'로서의 공자 인학이다. 이러한 세 가지 사유 방식은 형식 논리적으로 보면 조화를 이루기가 쉽지 않다. 그럼에도 불구하고 공자 인학은 이러한 세 가지 상이한 층의 사유 구조를 모두 포괄하고 있다. 이러한 포괄적·복합적 사유의 이면에는 시중(時中)의 철학이 자리하고 있다.

우리는 공자의 인학을 무위적 사유, 실용주의, 모럴리즘 등 세 가지 사유 방식의 관점에서 해석하고, 그것을 시중의 철학으로 어떻게 종합할 수 있는지를 살펴보도록 한다.

2. 무위적(無爲的) 사유로서의 공자 인학

우리는 일반적으로 공자의 인학은 무위적 사유와는 전혀 다르고, 그래서 무위적 사유를 이단적인 것으로 배척하는 사상으로 이해하기 쉽다. 공자에 대한 이러한 통속적 이해가 전혀 근거 없는 것은 아니다. 그러나 『논어』를 자세히 분석해 보면 공자의 사유 속에는 무위적인 것을 긍정하는 것이 숨어 있다. 무위적 사유는 정치적 참여를 그다지 좋아하지 않고, 도리어 그것을 멀리하며 전원 속으로 은거하려 한다. 그리고 세속의 명예와 가치관에 예속되지 않는다. 마음을 텅 비워서 궁극적으로는 자연과 하나 되는 담담하고 화락(和樂)한 경지를 구한다. 공자 사유의 무위적 요소를 우리는 다음과 같은 제자들과의 문답에서 읽을 수 있다.

> "자로, 증석, 염유, 공서화가 공자를 모시고 같이 앉아 있었다. 공자가 말했다. "내가 너희들보다 나이가 조금 많다고 어렵게 여기지 말라. 너희들은 앉으면 하는 소리가 '나를 알아주지 않는다' 고들 하는데 만약 어떤 사람이 너희들을 알아주면 무엇을 하겠는가?" 자로가 대뜸 말하였다. "천승지국으로 큰 나라 사이에 끼어 있어 군사적 침략을 받고 뒤이어 기근을 당해도, 제가 정사를 돌보면 삼 년 만에 백성들이 용기를 가지게 할 것이요, 또 앞으로 나아갈 방향을 알게 하겠습니다." 공자께서 빙긋이 웃으셨다. "염구야 너는 어떠냐?" 하시자 염구가 대답하였다. "사방 육칠십 리 혹은 사방 오륙십 리 되는 지역을 제가 다스리면 삼 년이면 그 지역의 백성이 풍족하게 하겠습니다. 예악 같은 것은 군자를 기다리겠습니다." "공서화야 자네 생각은 어떠한가?' 공서화가 대답하였다. "제가 잘할 수 있다는 것이 아니라 그렇게 되기를 배우고자 원한다는 것입니다. 종묘에서 제사나 제후들의 회동이 있을 때 외교관의 정장을 차리고 작은 보좌관 노릇을 하고 싶습니다." "증점아, 너의 생각은 어떠냐?" 증점은 비파 타기를 늦추어 멈춘 다음 '퉁' 하며 비파를 내려놓고 일어나 대답하기를 "저는 저 사람들의 생각과는 다릅니다." 공자께서 말씀하시기를 "무슨 상관이냐? 다 각기 자기 포부를 말하는 것일 따름이니라." 그러자 증점이 대답하였다. "늦은 봄에 봄옷을 차려입은 다음 어른 대여섯 명 및 어린이 예닐곱 명과 함께 기수에서 목욕하고 무우에서 바람을 쐰 다음 노래를 읊조리며 돌아오겠습니다. 공자께서 '와' 하고 감탄하면서 말하기를 "나는 증점의 말에 공감하노라!"[3)]

위의 글에서 자로, 염유, 공서화는 각자 자기의 능력을 살려서 정치 세계에 참여하여 공을 세우고 업적을 남기려는 의지를 표현하고 있다. 이에 비해 증점(曾點)은 이들 다른 제자들과는 전혀 다른 심회를 피력한다. 증점은 정치 세계 자체에 관심을 두지 않는다. 그는 오히려 친구나 어린이들과 더불어 봄날의 아름다운 자연을 즐기면서 자연의 조화로움과 하나된 무위적 삶을 추구하고 싶다고 하였다. 그런데 공자는 정치 참여를 지향하는 제자가 아니라, 정치를 초탈하여 자연 세계를 지향하는 증점의 생각에 공감한다고 하였다. 이것은 공자사상의 깊은 일단을 내비친 것이다. 공자는 현실 정치 세계의 혼탁과 악을 직시하고, 또한 그것이 쉽사리 개혁될 수 없다는 것을 깨닫고 있었다. 그래서 공자의 사유 가운데는 현실과 거리를 두고 자연 세계를 가까이하면서 무위적 사유와 은거적 삶을 긍정하는 내용이 없지 않다.

공자는 그가 존경하는 순(舜)임금이 '무위이치(無爲而治: 무위로써 다스렸다)' 하였다고 설명함으로써 덕의 극치는 '무위' 임을 시사하였다.[4] 그리고 공자는 무왕이 은을 정벌하자 수양산에 은거하다 죽은 백이(伯夷)와 숙제(叔齊)를 어질다고 평가하였다. 비록 비상한 상황에서의 은거라고 하더라도 공자는 때로는 은거가 어진 삶일 수도 있다고 생각하였던 것이다. 그러나 역사를 돌이켜 보면 어느 시대인들 백이, 숙제 때와 같은 혼란한 시대가 아니었겠는가? 현군이 다스린 시대가 역사에서 얼마나 짧고, 또

3) 『論語』, 「先進」: 子路曾晳冉有公西華侍坐. 子曰, "以吾一日長乎爾, 毋吾以也. 居則曰, '不吾知也!' 如或知爾, 則何以哉?" 子路率爾而對曰, "千乘之國, 攝乎大國之間, 加之以師旅, 因之以饑饉, 由也爲之, 比及三年, 可使有勇, 且知方也." 夫子哂之. "求! 爾何如?" 對曰, "方六七十, 如五六十, 求也爲之, 比及三年, 可使足民. 如其禮樂, 以俟君子." "赤! 爾何如?" 對曰, "非曰能之, 願學焉. 宗廟之事, 如會同, 端章甫, 願爲小相焉." "點! 爾何如?" 鼓瑟希, 鏗爾, 舍瑟而作, 對曰, "異乎三子者之撰." 子曰, "何傷乎? 亦各言其志也." 曰, "<u>莫春者, 春服既成, 冠者五六人, 童子六七人, 浴乎沂, 風乎舞雩, 詠而歸." 夫子喟然歎曰, "吾與點也!"</u>

4) 『論語』, 「衛靈公」: 子曰: 無爲而治者, 其舜也與! 夫何爲哉? 恭己正南面而已矣 참조.

무도하지 않았던 시대가 언제 있었는지를 생각해 보면 은거적 삶이 긍정되는 시대가 부정되는 시대보다 더 많다고 하겠다. 『논어』에서 우리는 공자와 은자의 만남을 그린 대목을 몇 군데서 찾아볼 수 있다. 그런데 공자는 그들의 삶에 대해 겉으로는 비판하는 듯하지만 자세히 보면 전면 부정이 아니라 부분 부정이다. 그리고 그들의 삶에 대한 공자의 은밀한 관심과 호기심을 보여주는 대목이 많다.

예컨대 초나라 광자(狂者)인 접여가 노래하면서 공자를 지나며 말하기를 "봉황새여! 봉황새여! 덕이 쇠하였구나? 지나간 일은 이미 간할 수가 없고, 오는 일은 아직 그래도 추구할 만하니, 그만둘지어다 그만둘지어다. 지금 정치에 종사하려는 사람은 위태롭구나!" 라고 하자 그 노래를 들은 공자는 수레에서 내려 접여와 말하려고 하였다. 그런데 접여는 재빨리 피하여 지나가는 바람에 함께 이야기를 나눌 수가 없었다.[5] 장저와 걸익이 밭을 경작할 때 공자가 그들을 지나가다가 자로를 보내어 나루터가 어딘지 묻게 하였다. 그러자 걸익은 이들이 공자의 무리임을 알고서 자로에게 말하였다. "온 천하에 이렇게 혼탁한 물이 도도하게 흐르고 있는데 누구와 함께 그것을 뒤바꾼단 말이오? 또 당신은 마음에 안 맞는 위정자를 피하여 이 나라 저 나라로 돌아다니는 공자 같은 사람을 따르느니 차라리 속된 세상 자체를 피하여 은거하는 우리 같은 사람을 따르는 것이 더 낫지 않겠소?"[6]라고 하고서 농사에 몰두하였다.

자로가 돌아가서 공자에게 이 말을 전하자, 공자는 실의에 젖은 얼굴로 다음과 같이 말하였다. "鳥獸不可與同群, 吾非斯人之徒與而誰與? 天下有道, 丘不與易也" 그런데 이 문장에 대해서는 상반된 해석이 있다. 일반적으로

---

5) 『論語』, 「微子」: 楚狂接輿歌而過孔子曰, "鳳兮鳳兮! 何德之衰? 往者不可諫, 來者猶可追. 已而已而! 今之從政者殆而!" 孔子下, 欲與之言. 趨而辟之, 不得與之言.

6) 『論語』, 「微子」: 滔滔者天下皆是也 …… 豈若從辟世之士哉?

는 "새나 짐승과 함께 살 수 없을진대 내가 이 백성들과 함께하지 않고 누구와 함께하겠는가? 천하에 도가 있다면 나는 세상을 바로잡는 일에 참여하지 않을 것이다."[7]라고 해석한다. 그런데 다산 정약용의 『논어고금주』에 의하면 전혀 다른 의미로 해석한다. 즉 새나 짐승과 함께 살 수 없을진대 (내가 만약 은거하고자 한다면) 내가 이 사람들(장저와 걸익 같은 은둔자)과 함께하지 않고 누구와 상종하겠는가? 만약 천하에 도가 있다면 내(공자)가 그들(은둔자)과 같은 방식으로 살려고 하지는 않을 것이다. 즉 만약 천하에 도가 있다면 나는 정치에 참여할 것이다. 그런데 지금은 무도하니 나도 저들 은둔자처럼 은거할 수도 있다는 뜻으로 다산은 해석하였다.[8] 다산의 해석에 따르면 무도한 시대를 만나서 공자는 은둔자를 비판하고 야단치기보다는 오히려 은근히 동조하는 입장을 취한 것으로 볼 수가 있다.

공자는 건괘(乾卦) 문언전에서 "잠용물용(潛龍勿用)"에 대한 해설에서 "(때에 따라서는) 세상을 피하여 살되 고민이 없으며, 옳다고 인정받지 못해도 고민하지 않는다."[9]라고 하였다. 또한 곤괘(坤卦) 문언전에서도 "천지가 폐색되면 현인은 은둔한다."라고 하였다.[10] 다산의 공자의 은자에 대한 태도 해석은 『주역』「문언전」에 나타난 공자의 사상과도 잘 부합된다. 따라서 우리는 자로가 은자에 대해 "결신난륜(潔身亂倫: 자신을 깨끗이 하느라 인륜을 어지럽힌다)"이라고 한 비판을 그대로 공자의 은자에 대한 입장으로 착각해서는 안 된다.[11]

---

7) 류종목, 『논어의 문법적 이해』, 문학과지성사, 2002, 594쪽.

8) 정약용, 『論語古今注』 권10, 8쪽: 孔子栖栖四國, 卒無所遇 …… 蓋君子無道則隱, 有道則見. 當有道之時, 則吾義是也. 참조.

9) 『周易』, 「乾卦 文言傳」: 遯世无悶, 不見是而无悶.

10) 『周易』, 「坤卦 文言傳」: 天地閉, 賢人隱.

11) 정약용, 『論語古今注』 권10, 8쪽: 孔子亦嘗曰: 賢者辟世, 其次辟地, 遯世无悶, 本亦聖人之一義. 豈必以子路潔身亂倫一語, 盡斥隱者爲鳥獸之群乎 참조.

공자 사유의 무위적 특성을 보여주는 다른 중요한 근거는 안회(顔回)와 관련된다. 공자는 안회에 대해 "회야기서호누공(回也其庶乎屢空: 안회는 거의 '누공' 하였다.)"이라고 하였다. 여기서 '누공(屢空)'을 쌀궤가 자주 빌 정도로 가난하였다고 해석하는 경우가 많은데, 왕기(王畿)는 자주 마음을 텅 비웠다고 해석한다.[12] 안회는 가난한 가운데도 그것을 고통스럽게 여기지 않고 도리어 가난을 편안히 여기며 도를 즐겼다. 안회가 즐긴 도는 무엇이었을까? 그가 이 세상의 인정이나 명예를 구하고 업적을 추구하는 그런 실용적 사유를 하였던 것은 아니다. 그렇다고 그가 좁은 의미의 도덕적 의무에만 집착하였던 것도 아니다.

『장자(莊子)』「대종사(大宗師)」에서 안회는 공자에게 '좌망(坐忘)'을 말하고 있는데, 이것은 그가 인의의 도덕과 예악마저 초탈하여 무위의 경지를 지향하였음을 암시한다. 그리고 『장자』「인간세(人間世)」에서 공자는 안회에게 마음을 텅 비운 '심재(心齋)'를 설하고 있다. 「인간세」에 나오는 공자와 안회의 문답 기록의 신빙성 여부에 대해서 의문을 제기할 수는 있다. 그러나 그것이 설사 도가에 의해 꾸며진 이야기라고 하더라도 그럴법한 개연성이 없었다면 그러한 이야기는 설득력이 없을 것이다. 우리는 『장자』에 나오는 공자와 안회의 '심재(心齋)'와 '좌망(坐忘)'에 대한 언명이 설사 진실이 아니라고 하더라도 공자와 안회 사상의 주요한 일단을 암시해 주는 것으로 해석할 수 있다.

공자와 그의 수제자 안회 사이에는 다른 제자 사이와는 달리 은밀한 깊은 교감이 있어 보인다. 공자는 안회에 대해 "한 그릇의 밥과 한 표주박의 물로 가난한 동네에 살게 되면 다른 사람들은 그 근심을 감내하지 못하나 안회는 그렇게 살면서도 자신의 즐거움을 고치지 아니하니 훌륭하도다

12) 이주행, 『무위유학』, 소나무, 2005, 30쪽 참조.

회는!"이라고 하였다. 그리고 공자 자신도 "거친 밥을 먹고 물을 마시며 팔을 베고 자도 즐거움이 그 가운데 있으니, 불의로 부귀함은 나에게는 뜬구름과 같으니라."라고 술회하였다. 이는 공자와 안회가 모두 평소에 이 세상의 부귀와는 거리가 있는 은자의 무위적 삶과 유사한 생활방식을 즐겼음을 보여주는 것으로 이해할 수 있다.

이상에서 보면 공자의 인학은 무위적 사유와 무위적 삶의 태도를 전적으로 배척한 것이 아니다. 비록 현저하지는 않지만, 인학 속에 포용하고 있었음을 알 수 있다. 공자 인학의 무위적 사유는 송대의 정호(程顥)나 명대의 왕수인(王守仁), 왕기(王畿) 등에 의해 계승 발전되었다. 이러한 사유 양식은 현대 철학에서 보면 초연함(Gelassenheit)을 강조하는 하이데거(M. Heidegger)의 '존재 사유'와 유사한 면이 있다.

3. 실용주의로서의 공자 인학

이 세상의 현실 정치에 참여하여 사회를 잘 다스림으로써 백성의 삶을 풍요롭고 편안하게 이끌어 가는 것은 선비의 중요한 책임이다. 선비가 정당한 이유 없이 현실 참여를 외면해서는 안 된다. 공자 역시 기본적으로 현실 정치를 인정하고 거기에 참여할 기회를 엿보았다. 공자는 현실을 도덕적 관점에서 날카롭게 비판하였지만, 마음이 정치에서 떠나지는 않았다. 수기(修己)는 그 자체가 목적이기도 하지만, 그것은 정치 참여를 통해서 '안백성(安百姓: 백성을 편안히 살게 한다)' 또는 '박시제중(博施濟衆: 백성들에게 널리 은택을 베풀고 대중을 구제한다)'으로 발전될 때 더 큰 의미가 있다. 공자의 많은 제자들이 출사하였고, 공자 자신도 출사에 뜻을 두어서 마침내 대사구(大司寇)의 지위까지 오르기도 하였다. 그리고 만년에까지 천하를 주유(周遊)하면서 자기를 등용해 줄 군주를 적극적으로 찾아다녔다.

춘추시대에 대표적인 성공한 정치가로서는 관중(管仲)을 꼽을 수 있다. 관중에 대한 인물 평가는 춘추전국시대 지식인들에게 중요한 주제였다. 관중은 제나라 재상으로서 국가의 경제와 군사를 부강하게 하고, 뛰어난 외교술로 제나라 환공을 패자의 자리에 오를 수 있도록 보좌하였다. 그러나 그의 드러난 혁혁한 정치 · 외교적 공적에도 불구하고 그의 행적에는 도덕적 관점에서 볼 때 의롭지 못한 점이 많다. 관중은 공자(公子) 규(糾)를 보좌하다가 그가 소백(小白)에 의해 죽임을 당했음에도 불구하고 따라 죽기는커녕 오히려 소백을 섬겼다. 그리고 대부로서 제후의 예를 행하는 무례를 범하기도 하였다. 그러나 공자는 한편으로는 관중의 무례를 지적하면서도, 그에 대해서 전체적으로는 긍정적 평가를 아끼지 않았다.

자로가 "제나라 환공이 공자 규를 죽였을 때 소홀은 따라 죽었는데 관중은 따라 죽지 않았습니다."라고 말하면서 "그는 어질지 못한 것이 아닙니까?"라고 질문하였다. 이때, 공자는 답변하기를 "제환공이 제후들을 아홉 번이나 규합하면서도 군사력으로 강제하지 않고 평화롭게 하였으니, 이것은 관중의 능력 때문이었다. 관중은 어진 것과 같다. 어진 것과 같다."[13]라고 하였다. 즉 공자는 관중의 업적을 존중하고 그가 어질다고 높이 평가하였다. 또한 자공도 관중에 대해 "관중은 어진 사람이 아니지 않습니까? 제환공이 공자 규를 죽였을 때 따라 죽지도 않고 게다가 환공을 보필하기까지 하였습니다."라고 비판하였다. 이에 대해 공자는 답하기를 "관중이 환공을 보필하여 제후의 패자가 되게 하고, 천하를 바로잡아서 백성들이 지금까지도 그 은택을 입고 있다. 만약 관중이 아니었다면 우리

13) 『論語』, 「先進」: 子路曰, "桓公殺公子糾, 召忽死之, 管仲不死." 曰, "未仁乎?" 子曰, "桓公九合諸侯, 不以兵車, 管仲之力也. 如其仁, 如其仁."

는 오랑캐의 침략을 받아서 오랑캐의 풍속을 하고 있었을 것이다. 어찌 보통 사람들이 조그만 신의를 지킨답시고 도랑가에서 스스로 목을 매어도 아무도 알아주는 사람이 없는 것과 같겠는가?"[14]라고 하였다. 즉 공자는 관중이 작은 절개에 구애되어 순절하지 않고 살아남아서 큰 공적을 남긴 것을 긍정적으로 평가하였다. 우리는 관중에 대한 공자의 긍정적 평가를 통해서 공자 인학의 사유가 도덕적 규범을 절대시하는 것이 아니고, 때로는 매우 실용주의적 입장을 선호하기도 한다는 사실을 발견할 수 있다.

공자가 관중을 인(仁)하다고 평가한 것은, 공자 인학에서 인(仁)은 좁은 의미의 도덕적 의미뿐만이 아니라, 사공(事功)과 유용성(utility)도 매우 중시하였음을 뜻하는 것이다. 공자는 현실적으로 백성의 삶에서 고통을 덜어주고 그들을 편안하게 하려고 자기가 할 수 있는 능력을 다하고자 하였던 실용주의자였다. 그가 정치 참여에 얼마나 적극적이었는지 다음의 몇 가지 사례를 들어본다. 자공이 "아름다운 구슬이 여기에 있다면 그것을 궤짝에 감춰 두어야 할까요? 아니면 좋은 장사꾼을 찾아서 팔아야 할까요?"라고 공자의 출사 의사를 타진하였다. 이때 공자는 "팔아야지! 팔아야지!"라고 하면서 자신은 좋은 값에 팔리기를 기다리는 것이라고 말하였다.[15] 이처럼 공자는 출사해서 자신의 능력을 발휘하여 세상을 위해 유익한 사업에 적극 참여하고자 하였다. 그래서 심지어는 계씨(季氏)의 가신으로서 비(費)에서 반란을 일으킨 공산불요(公山弗擾)의 초빙에도 응하고자 하였고,[16] 진(晉)의 대부 조간자(趙簡子)의 읍재(邑宰) 필힐(佛肸)이 중모

14) 『論語』, 「憲問」: 子貢曰, "管仲非仁者與? 桓公殺公子糾, 不能死, 又相之." 子曰, "管仲相桓公, 霸諸侯, 一匡天下, 民到于今受其賜. 微管仲, 吾其被髮左衽矣. 豈若匹夫匹婦之爲諒也, 自經於溝瀆而莫之知也?"

15) 『論語』, 「子罕」: 子貢曰, "有美玉於斯, 韞匵而藏諸? 求善賈而沽諸?" 子曰, "沽之哉! 沽之哉! 我待賈者也."

16) 『論語』, 「陽貨」: 公山弗擾以費畔, 召, 子欲往. 子路不說, 曰, "末之也已, 何必公山氏之之

(中牟)에서 반란을 일으킨 다음 공자를 초빙하였을 때도 이에 응하려고 하다가 자로의 반대에 부딪히기도 하였다.[17] 이처럼 공자는 비록 군주로부터 예를 갖춘 초빙이 아닌 경우에조차도 출사하여 세상을 경영하고 싶어하는 강한 현실주의나 실용주의적 태도를 가지고 있었다.

공자의 제자들 역시 다수가 현실에 참여하여 많은 공적을 남겼다. 특히 자공은 뛰어난 언변을 토대로 외교에 정통하고 재화 증식에도 놀라운 실력을 보여주었다. 염구도 회계와 재정 관리에 뛰어난 능력을 지니고 있었다. 이는 공자의 평소 가르침이 출사에 필요한 능력 즉 정치와 외교, 행정에 관한 구체적 방법을 연마하는 것도 중시하였음을 보여주는 것이다.

실용주의로서의 공자 인학은 순자의 사상과 실학에서 크게 발전된다.

4. 모럴리즘으로서의 공자 인학

공자는 도덕에 대해 높은 자각을 하고 인간이 인간다운 근거는 도덕에 있다고 보았다. 도덕적 관점에서 볼 때 현실의 사회적 행태와 인간 군상의 모습에 대해서 분개하지 않을 수가 없었다. 공자의 기준에서 보면 현실의 사회에서는 어디에서도 온전한 도덕적 인간을 찾기가 어려웠다. 현실의 인간은 명리(名利)에 눈멀고 부귀를 탐하고, 식색에 연연하는 소인들로 가득 차 있다. 사람을 사람답게 하는 덕과 예는 저 멀리 있고, 현실은 권력과 폭력과 이해관계만이 가까이 있다. 무도와 악이 넘치는 세상에서

也?" 子曰, "夫召我者, 而豈徒哉? 如有用我者, 吾其爲東周乎?"

17) 『論語』, 「陽貨」: 佛肹召, 子欲往. 子路曰, "昔者由也聞諸夫子曰, '親於其身爲不善者, 君子不入也.' 佛肹以中牟畔, 子之往也, 如之何?" 子曰, "然, 有是言也. 不曰堅乎, 磨而不磷, 不曰白乎, 涅而不緇. 吾豈匏瓜也哉? 焉能繫而不食?"

공자는 그것을 도덕적으로 개혁해 보겠다는 강한 사명 의식을 지니고 있었다. 그가 권력에 다가서려고 한 것도 권력을 통해 세상의 무도를 바로 잡아보겠다는 도덕적 신념과 무관하지 않다. 이러한 생각은 공자뿐만이 아니라 그의 제자와 그리고 후대 유학자들에게도 그대로 이어졌다. 모럴리스트(moralist)로서 공자의 일차적 관심은 자기의 몸과 마음을 수양하는 것이었고, 나아가서는 가정과 지역사회, 그리고 나라와 천하에까지 도덕을 확대하고자 하였다. 그러기 위해서는 정치가 중요한 방법이었지만 유일한 것은 아니다. 자기 가정에서 모범을 보여주는 것도 정치 못지않은 효과를 가져오는 것이다.[18] 그리고 교육을 통해서 제자들을 올바르게 양성하는 것도 중요한 방법이고, 후세에 길이 교훈이 될 저술을 남기는 것도 의미 있는 방법이다.

모럴리스트로서의 공자는 현실의 악과 손잡는 것을 꺼리고 그것을 시정하고자 하였다. 그가 양호(陽虎)와의 만남을 피하고자 하였던 것도 모럴리스트로서 부노한 세력과 함께 할 수가 없었기 때문이다. 모럴리스트로서의 공자는 관중이 그릇이 작고 예를 모른다고 일침을 가하여 그의 무례함을 비난하였다.[19] 그는 당대의 군주나 권력자에 대해서도 모럴리스트로서 날카로운 직설적 비판을 꺼리지 않았다. 예컨대 노나라 실권자 계씨가 대부이면서도 천자에게만 허용되는 팔일무를 무례하게도 자기 집에서 공연하는 것을 보고, "이것을 용인할 수 있다면 다른 것이야 무엇인들 용인하지 못하겠는가?"[20]라고 단호한 태도로 비판하였다.

---

18) 『論語』, 「爲政」: 或謂孔子曰: "子奚不爲政?" 子曰: "書云: '孝乎! 惟孝, 友于兄弟, 施於有政.' 是亦爲政, 奚其爲爲政?" 참조.

19) 『論語』, 「八佾」: 子曰, "管仲之器小哉!" 或曰, "管仲儉乎?" 曰, "管氏有三歸, 官事不攝, 焉得儉?" "然則管仲知禮乎?" 曰, "邦君樹塞門, 管氏亦樹塞門. 邦君爲兩君之好, 有反坫, 管氏亦有反坫. 管氏而知禮, 孰不知禮?"

20) 『論語』, 「八佾」: 孔子謂季氏, "八佾舞於庭, 是可忍也, 孰不可忍也?"

그리고 계강자가 정치에 대해서 공자에게 묻자, 공자는 대답하기를 "정치란 바르게 하는 것이다. 만일 당신이 바르게 솔선수범하면 누가 감히 바르게 하지 않겠는가?"[21]라고 하였다. 또한 계강자가 도적을 걱정하여 공자에게 방법을 묻자, "진실로 당신이 욕심내지 않는다면 비록 상을 준다고 하더라도 사람들은 도적질하지 않을 것이다."[22]라고 하였다. 공자의 대답은 계강자가 정치를 바르게 하지 못하고 있고, 또한 계강자의 욕심이 백성들의 살림을 어렵게 하여 그들에게 도적질하게 만들었음을 은근히 비판하는 것이다. 또한 계강자가 정치에 대해서 공자에게 물어 말하기를 "무도한 사람을 죽여서 도가 있는 사회를 이루는 것이 어떻습니까?"라고 질문하자, 공자는 대답하기를 "당신이 정치를 하면서 어찌 백성을 죽이는 방법을 사용한단 말입니까? 당신이 스스로 선량해지려고 노력하면 백성들도 선량해질 것입니다. 군자의 덕은 바람과 같고, 소인의 덕은 풀과 같습니다. 풀 위에 바람이 불면 풀은 바람 따라 쓰러지는 법입니다."[23]라고 하였다. 여기서도 백성의 무도함을 탓하기에 앞서 위정자 스스로가 도덕적으로 모범을 보여주기를 촉구하였다.

공자는 제자들이 바르지 못한 행동이나 부당한 처신을 할 때는 추상과 같은 비판을 아끼지 않았다. 계씨가 주공보다도 더 부유한데도 불구하고 염구가 계씨를 위해 세금을 더 끌어모아 더 보태주었다. 제자의 이러한 부도덕한 행태를 보고 공자는 염구를 가리켜 그는 "우리의 동지가 아니다. 제자들아! 너희들은 북을 치면서 염구를 공격하여도 좋다"[24]라고까지

---

21) 『論語』, 「顔淵」: 季康子問政於孔子. 孔子對曰, "政者, 正也. 子帥以正, 孰敢不正?"

22) 『論語』, 「顔淵」: 季康子患盜, 問於孔子. 孔子對曰, "苟子之不欲, 雖賞之不竊."

23) 『論語』, 「顔淵」: 季康子問政於孔子曰, "如殺無道, 以就有道, 何如?" 孔子對曰, "子爲政, 焉用殺? 子欲善而民善矣. 君子之德風, 小人之德草. 草上之風, 必偃."

24) 『論語』, 「先進」: 季氏富於周公, 而求也爲之聚斂而附益之. 子曰, "非吾徒也. 小子鳴鼓而攻之, 可也."

하였다. 이처럼 제자에 대해서도 도덕적 비판의 고삐를 조금도 늦추지 않았다. 이러한 공자의 모럴리스트로서의 도덕적 태도는 후대 유학자들에게 그대로 발전된다. 그래서 유학하면 곧 도덕을 연상하게 된다. 공자의 길을 따르는 유학자들은 죽음을 불사하고 왕의 실정과 권력자의 무도함을 비판하였으며 그러다가 수많은 사람이 죽임을 당하기도 하였다.

모럴리스트는 세상을 선(善)과 악(惡), 유도(有道)와 무도(無道), 예(禮)와 무례(無禮), 인(仁)과 불인(不仁) 등 이분법적으로 사유하는 경향이 강하다. 강렬한 도덕의식이 때로는 현실의 악에 대해 강한 비판을 제기하지만, 다른 한편으로는 현실에서 스스로 멀어지는 경우도 있다. 왜냐하면 현실의 세력이 악이라고 판단하게 되면 현실에 발을 내딛는 순간 악과 손을 잡아야 하는 자기모순에 빠지기 쉽기 때문이다. 그래서 모럴리즘(moralism)으로서의 인학에서 유학자는 현실과 멀어져 전원 또는 산림으로 은거를 동경하게 된다.

모럴리스트에게는 선의지(善意志)와 도덕규범의 준수 여부가 중요한 기준이 된다. 그들에게는 외면적으로 드러나는 사회적 공리성(功利性)이 그다지 중요하지 않다. 선한 동기를 가지고 도덕과 예법에 순수하게 헌신하였는가 하는 것이 중요할 뿐이다. 반면에 그러한 행동의 결과가 사회적으로 어떠한 효과를 가져오는가 하는 문제는 그렇게 큰 의미를 지니지 못한다. 막스 베버(Max Weber)의 표현을 빌리면 신념 윤리(ethics of conviction)적이지 책임 윤리(ethics of responsibility)적이지는 않다.[25)]

25) 일반적으로 신념 윤리를 따르는 사람은 자기 행위가 가져올 수 있는 결과를 합리적으로 고려하지 않고 순수하게 자기의 신념에 충실하게 행위한다. 이들은 자기 행위의 책임은 자기 양심이나 절대자에 대해서 지는 것이지 현실 사회에 대해서 지는 것이 아니다. 이에 비해 책임 윤리를 따르는 사람은 가능성을 염두에 두고서 하고자 하는 목적을 성취하기 위한 가장 적합한 수단을 강구하고, 또한 최종 목적만이 아니라 타인에 대한 책임을 의식하고, 가능한 결과에 대해서도 충분히 고려하고서 행위를 한다.

모럴리즘으로서의 공자 인학은 증자와 맹자에게서 더욱 강화된다. 증자는 선비란 "임무는 무겁고 갈 길은 멀다.(任重而道遠)"라고 하여 모럴리스트의 도덕적 사명이 얼마나 크고 무거운지를 강조하였다. 맹자는 공자보다 훨씬 더 엄격한 도덕적 기준을 적용하여 관중에 대해 부정 일변도로 평가하였다.[26] 맹자는 결과가 아무리 공리적으로 유용하다고 하더라도 도덕적 의를 어겨서는 안 된다고 인식하였다. 송명 성리학도 공자 인학의 모럴리즘 측면을 새로운 논리로 한층 강화한 것이다. 서구철학에서는 칸트(Kant)와 피히테(Fichte)의 철학에서 선의지와 도덕성이 매우 강조되고 있다.

5. 공자 인학과 시중의 철학

앞에서 우리는 공자 인학에 포괄된 세 가지 사유 방식에 대해서 차례로 살펴보았다. 한 인물의 사상 속에 있는 이러한 세 가지 사유 방식을 어떻게 정합적으로 이해할 수 있을까? 맹자에 따르면 도덕적 행위의 전형을 보여주는 역사적 인물로는 크게 다음과 같이 네 유형이 있다.[27] 첫째로, 백이(伯夷)와 같은 인물이다. 백이는 정당한 임금이 아니면 섬기지 않고, 정당한 백성이 아니면 다스리지 않는다. 세상에 질서가 있으면 참여하지만 혼란하면 물러선다. 부정한 정치나 백성들과는 차마 같이하지를 못한다. 둘째 유형으로, 이윤(伊尹)은 어떤 임금도 가리지 않고 섬기고 어떤 백성도 가리지 않고 다스리려 하였다. 사회가 안정되어도 참여하고 혼란해

26) 『孟子』, 「公孫丑 上」: 公孫丑問曰, 夫子當路於齊, 管仲晏子之功, 可復許乎? …… 曰管仲曾西之所不爲也, 而子爲我願之乎? 참조.

27) 『孟子』, 「萬章 下」: 孟子曰, 伯夷目不視惡色 …… 故聞柳下惠之風者, 鄙夫寬, 薄夫敦. 참조.

도 참여한다. 선각자로서 백성의 계몽을 책임으로 자각하고, 백성들에게 요순시대와 같은 은택을 베풀고자 하는 확고한 사명감과 책임감을 중시한다. 셋째로 류하혜(柳下惠)는 더러운 임금도 부끄러워하지 않고 낮은 관직도 사양하지 않는다. 참여하여서는 올바른 방법으로 정치하고, 재야에서 등용되지 못하여도 원망하지 않고, 곤궁함을 당해도 고민하지 않는다. 어떤 사람을 만나도 피하지 않는다. 맹자의 분석에 의하면 백이는 도덕적 순수성〔성지청(聖之淸)〕을 사랑한다면, 이윤은 지식인의 사회적 책임성〔성지임(聖之任)〕을 중시하고, 류하혜는 상황 변화에의 적응과 화해〔성지화(聖之和)〕에 능하다. 백이는 모럴리스트, 이윤과 류하혜는 실용주의자의 성향이 강하다. 이들은 모두 성인으로서의 덕을 지니고 있지만, 어느 한 가지 가치 또는 사유 방식에 얽매여 있다.

백이, 류하혜, 이윤과 비교할 때 공자는 빨리 떠나야 할 때는 빨리 가고, 오래 있어야 할 경우는 오래 머물고, 벼슬을 하지 않아야 할 경우는 하지 않고, 벼슬을 해야 마땅할 때에는 기꺼이 떠맡았다.[28] 즉 공자는 시중(時中)〔성지시(聖之時)〕을 중시하여 고귀한 가치들을 시간적 변화 속에서 자유롭게 창조적으로 구현하는 중용의 화신이다. 시중을 중시하는 공자야말로 진정한 자유인이자 성인 중의 성인이라고 맹자는 인식한다. 맹자의 공자에 대한 평가는 매우 정확하게 공자의 사유 원리를 꿰뚫어 본 것이라 할 수 있다. 공자 인학의 일관된 논리가 바로 시중이고, 공자는 시중의 원리에 의하여 행동하였다. 그는 매사에 절대 긍정과 절대 부정의 이분법적 태도를 보이지 않았다. 시대의 흐름에 따라 긍정해야 할 때는 긍정하고 부정해야 할 때는 부정하면서 오직 때에 맞는 올바름〔義〕을 추구할 따름이었다. "군자는 천하에서 절대적으로 긍정만 하지도 않고 절대적

28) 『孟子』, 「萬章 下」: 可以速則速, 可以久則久, 可以處則處, 可以仕則仕, 孔子也.

으로 부정만 하지도 않으며 오직 올바름을 따른다.”[29)]

인간 사회는 시대에 따라 모든 것이 가변적이기 때문에 시간적 변화를 떠나서 가치 판단을 내리기 어렵다. 인학에서 인(仁)의 실천 방법은 시대와 상황에 따라 가변적이다. 공자 당시에 있어서 윤리적으로 큰 쟁점이 되었던 것은 바로 출처(出處)의 문제였다. 벼슬에 나아가느냐 아니면 출사를 거부하고 은거하느냐 하는 문제는 유학자가 직면하는 가장 어려운 선택과 가치 판단의 쟁점이었다. 이 문제에 대한 판단의 적합성 여부에 의해서 도덕적으로 의로운지 아닌지가 평가되는 것이다. 공자는 이 문제에 대해 어떻게 대처하였을까? 우리는 앞에서 공자 인학의 세 가지 사유 태도를 구분하였다. 이들 세 가지 사유 방식은 시중의 논리에 의해 때로는 실용주의적 접근이, 때로는 모럴리스트로서의 입장이, 때로는 무위적 입장이 선택되는 것이다. 공자는 자기가 출사해도 좋은 때라고 판단하면 과감하게 진출하여 세상을 실용주의적으로 다스려 백성들에게 인(仁)을 베풀고자 하였다. 만약 출사해서는 안 되는 상황이거나 출사의 기회가 주어지지 않을 때는 모럴리스트로서 세상을 비판하기도 하고, 제자들을 도덕적 주체로 이끌어주기도 하였다. 그러나 공자는 때에 따라서는 권력에도 도덕에도 집착하지 않고 이 세상을 초연한 태도로 관조하면서 무심(無心)의 화락(和樂)한 경지를 즐기기도 하였다.

공자는 ‘절사(絶四)’라고 하여 다음 네 가지를 하지 않았다. 즉 미리 억측하지 않고, 미리 기필하지 않고, 하나만을 고집하지 않고, 자기중심적 아집이 없었다.[30)] 이처럼 공자의 행동 방식은 일률적 규범에 의해 지배되지 않았다. 한편으로는 규범의 정신적 동기를 존중하면서도 어느 한 규범에 절대적으로 예속되지 않고 시대 상황에 따라 최적의 선택을 하였다.

29) 『論語』, 「里仁」: 君子之於天下也, 無適也, 無莫也, 義之與比.

30) 『論語』, 「子罕」: 子絶四, 毋意, 毋必, 毋固, 無我.

우리는 이것을 '시중(時中)의 철학' 이라고 부를 수 있을 것이다.

공자의 철학적 원리가 시중에 있음을 알려주는 대화가 『공자가어(孔子家語)』에는 다음과 같이 실려 있다.

"자하가 공자에게 물었다. 안회의 사람됨이 어떻습니까? 공자가 답했다. 안회의 신실함(信)은 나보다 더 뛰어나다. 자공의 사람됨은 어떻습니까? 공자가 답했다. 자공의 민첩함(敏)은 나보다 뛰어나다. 자로의 사람됨은 어떻습니까? 공자가 답했다. 자로의 용감함(勇)은 나보다 뛰어나다. 자장의 사람됨은 어떻습니까? 공자가 답했다. 자장의 장중함(莊)은 나보다 뛰어나다. 자하가 자리를 물러나 물었다. 그렇다면 이 네 사람이 무엇 때문에 선생님을 모시고 배웁니까? 공자가 말했다. 앉으라. 내가 너에게 그 까닭을 일러주겠다. 안회는 신실할 줄은 아는데 (말한 것을) 뒤집을(反) 줄을 모른다. 자공은 말이 민첩하기는 한데 말을 느리게 할(詘) 줄을 모른다. 자로는 용감할 줄은 아는데 겁낼(怯) 줄은 모른다. 자장은 장중하기는 한데 남과 더불어 동화할(同) 줄을 모른다." (『공자가어』 권4, 六本第十五)

우리는 일반적으로 신(信: 신실함) · 민(敏: 민첩함) · 용(勇: 용기) · 장(莊: 장중함)을 군자가 언제나 지녀야 할 미덕으로 알고 있다. 그러나 공자는 이러한 미덕조차도 절대적으로 언제나 좋은 것만은 아니라고 보았다. 때로는 그 반대되는 뒤집음〔反〕 · 느림〔詘〕 · 겁냄〔怯〕 · 남과 동화함〔同〕이 필요할 수도 있다고 여겼다. 안회 · 자공 · 자로 · 자장과 같은 공자 문하의 뛰어난 제자들이 신(信) · 민(敏) · 용(勇) · 장(莊) 등 하나의 특정한 덕을 지키는 데 있어서 오히려 스승보다 앞서는 면이 있다고 공자는 인정한다. 그럼에도 불구하고 제자들이 공자를 스승으로 모시고 배우려는 하는 것은, 공자는 신(信) · 민(敏) · 용(勇) · 장(莊)이라는 가치를 존중하면서도 동시에 그것에만 집착하지 않고, 때로는 그것과 반대되는 뒤집음〔反〕·느림〔訥〕·겁냄〔怯〕·남과 동화함〔同〕도 포용할 수 있었기 때문이다. 공자의 제자들은 한 가지 덕을 절대화하지만, 공자는 덕을 상대적 관점에서 보고, 그러한 덕을 상황에 맞게 구현하는 지혜를 가지고 있었다. 이것은 공자의 제자들로서는 말로써 쉽게 배울 수 없는 심오한 시중의 지혜라고 할 수 있다.

공자는 군자란 두 가지 상반되는 듯 보이는 가치를 겸함으로써 중용을 지켜야 함을 강조하였다. 자신도 온화함과 엄숙함(溫而厲) 그리고 공손함과 편안함(恭而安)의 균형을 유지하였다. 그리고 어떤 덕이 바람직하다고 하더라도 그것이 지나쳐서 극단으로 기울어져 폐단에 이르러서는 안 된다고 여겼다. "군자는 백성들에게 은혜를 베풀면서도 낭비하지 않고, 일을 시키면서도 원망을 사지 않고, 원하면서도 탐내지 않고, 태연하면서도 교만하지 않고, 위엄이 있으되 사납지 않다."[31], "군자는 서로 조화롭지만 동일함을 추구하지는 않는다."[32]

『주역』의 건괘에서 용이 때에 따라 '잠룡(潛龍: 물에 잠긴 용)'·'현룡(見龍: 땅에 나타난 용)'·'비룡(飛龍: 하늘을 나는 용)'으로 신축굴신을 자유자재로 하듯이 공자의 사유와 행동 방식 역시 때에 따라서는 실용주의자로서 때로는 모럴리스트로서 때로는 무위적으로 자유자재하다. 그가 비록 실용주의자로서 현실에 참여하였다고 해서 결코 모럴리스트로서의 이상을 포기한 것이 아니라 그것을 구현하기 위함이다. 공자는 모럴리스트로서 세상을 바로잡으려고 하면서도 그는 동시에 인간의 도덕 가치를 초월한 대자연의 무언의 도를 잊은 적이 없었다. 그래서 그는 현실 정치에 참여하면서도 권력에 도취하지 않았고, 모럴리스트로서 세상을 비판하면서

31) 『論語』, 「堯日」: 君子惠而不費, 勞而不怨, 欲而不貪,泰而不驕, 威而不猛.
32) 『論語』, 「子路」: 君子和而不同.

도 한편으로는 이 세상 있는 그대로의 현실을 편안히 받아들이고 즐기는 정신적 여유를 잃지 않았다.

시대의 상황에 따라 세 가지 사유 가운데 특정 사유가 더 절실히 요청되기도 하고 덜 요구되기도 한다. 여기에 시중(時中)의 도가 적용된다. 각각의 사유가 각기 정당한 위상과 영역을 지키고 시대의 변화에 맞추어 상호 역동적 조화를 이루는 것이 중요하다. 인간이 역사 현실에 적응하여 살아가면서도 동시에 영혼의 평화를 누리고, 또한 대자연의 도와 조화를 이루는 천인합일의 기쁨을 향유할 수 있을까? 공자는 실용주의와 모럴리즘과 무위적 사유를 아울러 지녔던 큰 사상가이고, 시중의 묘미를 인식하고 실천할 줄 알았던 지혜로운 철인이었다.

6. 맺음말

공자 인학의 사유 구조는 인간의 마음 구조와 일정한 연관성을 지니고 있다. 인간의 마음 가운데 '이성(理性)의 교지(巧智)' (도구적 합리성)는 이 세상을 현명하게 관리하고 경영하여 경제적으로 번영하고 풍요로우며 정치적으로 안정된 삶을 살기를 욕망한다. 또한 인간의 '도덕적 이성' 은 이 세상이 권력과 욕망의 법칙에 의해서가 아니라 정의로운 도덕의 법칙에 따라 지배되기를 희구한다. 다른 한편 인간의 정신은 이 세상의 철학적 이법을 깨닫고, 이 세상의 인간적 가치를 초월하여 마음을 비우고 자연과 하나가 되고 싶어 하는 마음을 지니고 있다. 동서양 대부분의 철학과 사상은 인간 마음의 이러한 세 가지 측면 즉 '이성의 교지', '도덕적 이성', '정신의 초연함' 가운데 어느 하나에 초점을 맞추고 있다. 이에 비하여 공자의 철학은 이 세 측면을 모두 아우르고 있다. 따라서 피상적으로 보면 공자의 인학은 마치 논리적으로 정합성이 없거나 서로 모순되는 듯한 명제가 혼재된 것처럼 보인다. 이것은 공자의 사상이 기본적으로 중용 또는 시중의 원리에 근거하고 있음을 간파하지 못한 데서 오는 것이다.

『논어』를 전체적으로 분석해 보면 실용주의, 모럴리즘, 무위적 사유 가운데 모럴리즘의 경향이 매우 강하고, 그다음은 실용주의, 그리고 무위적 사유는 조금 약하게 나타나는 것이 사실이다. 그러나 어떠한 사유가 약한 것과 없는 것은 다르다. 공자는 비록 다소 약하기는 하지만 무위적 사유를 포용하고 있다. 무위적 사유에 비하여 실용주의는 상대적으로 강하게 나타난다. 우리는 유학에 대해 너무 모럴리즘 측면에서만 보려는 경향이 있었다. 그러나 공자 사유에는 모럴리즘으로만 한정할 수 없는 부분이 분명히 있고, 이러한 부분들을 새롭게 조명하여 우리 시대에 맞게 창의적으로 해석해 내는 노력이 필요하다. 포스트모던 시대에 공자사상에 담겨 있는 다양한 사유 방식의 흔적을 찾아내고자 하는 것은, 그것이 어느 한쪽 논리로만 편향되게 해석할 때 초래될 수 있는 독선을 막기 위함이다. 또한 유학을 기반으로 하였던 동아시아 문화의 역동적 발전을 위해서도 공자사상에 대한 열린 시각의 해석이 필요하기 때문이다. 공자 인학에 담겨 있는 다차원적 사유 구조와 시중의 철학은 현대인에게 양자택일의 형식 논리를 넘어서 더욱 차원 높은 사유와 삶의 방식을 모색하게 해준다.

제2장

유교와 고대 그리스의 중용사상 비교

1. 들어가는 말

동양사상의 주요한 특질이자 동시에 최고의 진리로 여겨지는 중용사상은 과연 동양에만 있는 것일까? 이와 유사한 사상이 서양철학에는 어떤 것이 있을까? 우리는 중용사상이 동양의 고유 사상인지 아니면 동서에 보편적인 사상인지를 확인하고, 만약에 보편적이라면 그 가운데 또 각각 어떤 같으면서도 다른 점이 있는지를 살펴볼 필요가 있다. 그래서 동서 중용사상의 같고 다름을 확인하고 또한 나아가 중용사상이 현대사회에서 지닌 의미는 무엇인지를 생각해 보도록 한다.

우선 중용에 대한 개념 정의를 어떻게 할 것인지가 문제이다. 중용이란 말은 일견 분명해 보이지만 실제로는 다양한 맥락에서 사용되기 때문에 다의적이며 애매한 점이 있는 것이 사실이다. 가장 일반적으로는 행동이 어느 한쪽으로 치우치지 않고 알맞은 중심을 잘 지킬 경우에 중용이라는 말을 사용한다. 즉 행위와 관련하여 윤리적 맥락에서 중용의 개념을 사용한다. 둘째는 행위가 아니라 사상적으로 어느 한쪽의 이념에 치우치지 않고, 양극의 사이에서 대립적 성향을 함께 포용하면서 알맞은 중도를 지향할 때 중용(중도)이라고 한다. 셋째로는 어떤 판단에서 일반적 원리나 보편적 규범을 특수한 상황에 적합하게 적용하여 합리적으로 판단하는 것을 뜻하기도 한다. 넷째로는 대상과의 관계에서 대립 투쟁이나 갈등 경쟁이 아니라 조화와 균형, 화해와 평화를 우선시하는 사고를 중용이라고도 한다.

중용 개념의 이러한 다의적 의미를 염두에 두고 체계적으로 중용사상을 분석하지 않으면 그것의 전모를 파악할 수 없다. 동양의 중용사상은 인도 사상, 불교, 도가에도 나타나는 것이 사실이지만, 여기서는 『논어』·『맹자』·『중용』 등 유교의 고전을 중심으로 유교의 중용사상에 대해 주로 논의하기로 한다. 그리고 서양철학과의 비교에서는 플라톤, 아리스토텔레스, 스토아학파의 사상을 위주로 하여 동아시아와 그리스의 중용사상을 상호 비교하도록 한다.

2. 덕으로서의 중용

인간의 마음은 격정(passion)에 의해 지배받기 쉬우며, 격정은 인간에게 어떤 극단적 행동을 하게끔 한다. 그래서 때로는 대단히 격노하기도 하고 때로는 한없이 친절하기도 하며, 때로는 대단히 흥분하는가 하면 때론 매우 침체에 빠지기도 한다. 대상과 때에 맞추어 알맞은 정도로 감정과 행동을 표현하는 것은 대단히 어렵다. 그래서 공자는 윤리적 덕으로서의 중용에 대해서 많이 언급하고 있다. 예컨대 "태연하나 교만해서는 안되고, 위엄이 있으나 사나워서는 안 된다."[33]라고 하는 것은 태연과 위엄의 덕이 그 자체로서는 좋지만, 그것이 중용을 넘어서 교만과 사나움으로 치달아서는 안 된다는 것이다. 그리고 지나치게 온화함의 일변이나 공손함의 일변에 빠지지 않고, 온화하면서도 엄정하고 공손하면서도 편안하여 중의 덕을 지키기를 공자는 실천했다.[34)]

『상서(尙書)』「고요모(皐陶謨)」에는 아홉 가지 대립하는 덕의 조화를 중용의 이상적 덕목으로 제시하였다. 즉, '고요구덕(皐陶九德)' 이란 너그러우면서도 위엄이 있고〔寬而栗〕, 부드러우면서도 꿋꿋하고〔柔而立〕, 원박하면서도 공손하고〔愿而恭〕, 다스리면서도 외경하고〔亂而敬〕, 순하면서도 굳세고〔擾而毅〕, 정직하면서도 온화하고〔直而溫〕, 간결하면서도 세심하고〔簡而廉〕, 강하면서도 충실하고〔剛而塞〕, 강인하면서도 정의로움〔强而義〕을 말한다. 여기서 예컨대 "너그러우면서도 위엄이 있다〔寬而栗〕." 라는 것은 너그럽되 그런 가운데도 위엄이 있고, 위엄이 있되 그런 중에도 너그러워야 한다는 뜻이다. 또한 항상 너그럽기만 하거나 위엄만 부리는 것이 아니라 너그러워야 할 때는 너그럽고 또 위엄을 차려야 할 때는 위엄을 갖추어야 한다는 뜻이다. 이는 어느 한쪽으로 행동의 성향이 편향되는 것을 막기 위해 그와 반대되는 성향의 덕으로 보충 대리함으로써 전체적으로 균형되고 조화로운 인격을 지향하는 것이다. 여기서 특징적인 것은 두 대립적인 성격의 덕을 각각 하나의 독립된 실체의 덕목으로 인정하는 것이 아니라, 두 가지 성질의 덕의 '역동적인 균형' 또는 '창조적 조화' 의 관계를 하나의 덕으로 규정하는 것이다. '구덕(九德)' 이 추구하는 중용의 덕이 대립하는 성질의 덕 사이의 역동적 균형이나 창조적 조화라는 사실은 중용의 덕을 실천하는 것이 얼마나 어려운가 하는 점을 암시한다.

사실 중용의 덕은 지극히 실천하기가 어려운 것이다. 그래서 공자는 다음과 같이 실토하고 있다. "중용은 그 지극한 저! 백성들이 오래 행하는

---

33) 『論語』, 「堯曰」 "泰而不驕, 威而不猛"

34) 『論語』, 「述而」 "子溫而厲, 威而不猛, 恭而安" 참조.

자가 드물다."[35] "사람들이 모두 이르기를 내가 지혜롭다고 하나 중용을 택하여 한 달 동안 지키기를 기약할 수 없다."[36] "공자는 말했다. 천하와 나라와 가정도 고르게 다스릴 수 있다. 벼슬과 녹도 사양할 수 있다. 시퍼런 칼날도 밟을 수 있다. 그렇지만 중용은 불가능하다."[37]

중용이 어려운 것은 보편적 규범을 현실의 상황 변화에 따라 역동적으로 알맞게 적용해야 하기 때문이다. 이것은 시중(時中)과 관련이 있다. 맹자는 공자사상의 핵심을 '시중(時中)'으로 파악하고 자신도 그러한 공자의 철학과 행동 방식을 본받으려 하였다. 맹자는 전형적인 역사적 인물과의 비교를 통해서 공자의 시중(時中) 사상을 설명한다. 맹자에 따르면 도덕적 행위의 전형을 보여주는 역사적 인물로는 다음과 같은 네 유형이 있다.[38] 우선 백이(伯夷)와 같은 인물은 정당한 임금이 아니면 섬기지 않고, 정당한 백성이 아니면 다스리지도 않는다. 세상에 질서가 있으면 참여하지만 혼란하면 물러선다. 부정한 정치나 백성들과는 차마 같이하지를 못한다. 이와는 대조적으로 이윤(伊尹)은 어떤 임금도 섬기고 어떤 백성도 다스리려 한다. 사회가 안정되어도 참여하고 혼란해도 참여한다. 선각자로서 백성의 계몽을 책임으로 자각하고, 백성들에게 요순시대와 같은 은택을 베풀고자 하는 확고한 사명감과 책임감을 중시한다. 류하혜(柳下惠)는 더러운 임금도 부끄러워하지 않고 낮은 관직도 사양하지 않는다. 참여하여서는 올바른 방법으로 정치를 하고, 재야에서 등용되지 못하여도 원망하지 않고, 곤궁함을 당해도 고민하지 않는다. 어떤 사람을 만나도 피하지 않는다. 백이는 도덕적 순수성(聖之清)을 사랑한다면 이윤은 지식인

35) 『中庸』 3장, "子曰中庸其至矣乎! 民鮮能久矣."

36) 『中庸』 7장, "人皆曰予知. 擇乎中庸, 而不能期月守也."

37) 『中庸』 9장, "子曰天下國家可均也. 爵祿可辭也. 白刃可蹈也. 中庸不可能也."

38) 『孟子』, 「萬章下」 참조.

의 사회적 책임성(聖之任)을 중시하고, 류하혜는 상황 변화에 따라 적응과 화해(聖之和)에 능하다. 이들은 모두 성인으로서의 덕을 지니고 있지만 어느 한 가지 가치에 얽매여 있다. 그러나 공자는 빨리 떠나야 할 때는 빨리 가고 오래 있어야 할 때는 오래 머물고, 벼슬을 그만두어야 할 때는 사퇴하고 벼슬살이를 해야 마땅할 때는 기꺼이 떠맡았다. 즉 공자는 '성지시(聖之時: 시중에 능한 성인)' 로서 고귀한 가치들을 시간적 변화 속에서 자유롭게 창조적으로 구현하는 중용의 화신이다. '성지시(聖之時)' 로서의 공자야말로 진정한 자유인이자 성인 중의 성인이라고 맹자는 인식한다. 맹자는 유가에서 추구하는 중용의 '중(中)' 이 양극 사이에 위치하는 고정된 점으로서의 정태적인 것이 아니라, 사회적 · 역사적 변화에 따른 역동적인 중임을 강조한다.[39]

일반 대중들의 경우 생활 속에서 매 순간 중용에 맞게 행동한다는 것은 결코 쉬운 일이 아니다. 그래서 유교에서는 성인이 예(禮)를 제정하였다. 예란 인간의 행동이 지나치거나 모자라기 쉬운 점을 고려하여 중용의 원리에 맞게 사회생활의 행위 양식을 구체화한 것이다. 따라서 예를 잘 지키는 것이 현실적으로는 중용을 지키는 것과 다르지 않다. 즉 중용의 구체화가 예라고 할 수 있는 것이다. 이런 관점에서 보면 예의 강조가 중용의 중시와 크게 다르지 않다. 그러나 다른 한편으로 보면 예는 역사적 · 문화적 산물이다. 그럼에도 불구하고 역사적 · 문화적 조건에 따라 상대적인 예를 초 역사 · 초 문화적으로 적용하는 것은 문제가 있다. 『논어』에 진술된 바와 같이 예의 실천은 조화를 귀하게 여긴다.[40] 예는 인간관계에 있어서 중용과 조화의 달성을 위한 수단이지, 결코 그 자체가 목적이 되

---

39) 『孟子』, 「盡心上」 "子莫執中, 執中爲近之, 執中無權, 猶執一也. 所惡執一者, 爲其賊道也, 擧一而廢百也." 참조.

40) 『論語』, 「學而」 "有子曰: 禮之用和爲貴, 先王之道斯爲美, 小大由之." 참조.

어서는 안 된다.

그리스 철학에서 플라톤은 훌륭한 수호자가 되기 위해서는 대립하는 두 가지 성향을 아울러 지녀야 한다고 말한다. 즉 기개(氣槪)적인 부분과 애지적인 부분이 잘 조화를 이루어야 하며 이를 위해서는 체육과 시가(음악)교육이 필요하다고 보았다.(『국가』411e-412a) 다른 한편 "쉬 배우며 기억력이 좋고 재치 있으며 민첩하고 이것들에 수반되는 그 밖의 다른 성향들"과 더불어 "활기차고, 생각에 있어서 당당한 성향들이 조용함과 안정됨을 유지하며 절도 있게 살고 싶어 하는 그런 성향을" 겸비해야만 국가의 훌륭한 수호자가 될 수 있다고 보았다.[41] 그런데 현실에서는 조용함과 안정됨을 유지하는 사람은 싸움터에 나아가 공포에 대해 둔감하고 용감하지만, 그러나 이들은 지적인 측면에서 이해력이 느리고 학문에 있어서 둔감하므로 두 가지 성향을 겸비한 사람은 소수일 수밖에 없을 것이라고 하였다. 플라톤이 지향하는 인간상은 영혼의 지적 측면과 육체의 용감한 측면 가운데 어느 한쪽으로 기울지 않고 전체적으로 균형 잡힌 중용적 인간이다.

플라톤은 조화가 있고 균형 잡힌, 전체적인 인간의 형성을 지지한다. 영혼과 육체의 여러 가지 힘들이 균형이 잡히지 못한 것은 아름답지 못하고, 또 전체를 위해서도 좋지가 못하다. 강한 영혼은 앞뒤를 돌보지 않고 공부를 하고 연구를 함으로써, 또 명예욕과 정열 때문에 약한 육체를 병들게 할 수 있다. 또 반대로 체육에만 치우치는 것은 영혼과 정신을 파멸시킬 수가 있다. 왜냐하면 이렇게 체육에만 치우치는 것은 인간에게 있어서 가장 큰 병인, 사고의 게으름을 초래하기 때문이다.[42]

41) 플라톤, 『국가』, 503c-d, 박종현 역주, 서광사, 1997.

42) 요한네스 힐쉬베르거, 『서양철학사(상)』, 강성위 역, 이문출판사, 1991, 174면.

아리스토텔레스 역시 과/부족은 악덕으로 보고, 중용을 덕(arete)으로 인식하고 있다. 예컨대 돈을 사용하는 데는 지나치게 방탕하거나 인색해서는 안 되고, 그 중간인 관후의 덕이 중용이다. 명예와 관련하여서는 지나친 명예심은 허영으로 치닫고 반대는 비굴이라고 하고서, 그 중용은 긍지라고 하였다.

> 가령, 공포나 자신이나 욕망이나 분노나 연민이나 그리고 일반적으로 쾌락과 고통은 너무 많이 혹은 너무 적게 느껴질 수 있는 것인데, 그 어느 경우에나 좋은 일이 못 된다. 그러나 마땅한 때에, 마땅한 일에 대하여, 마땅한 사람들에게 대하여, 마땅한 동기로, 그리고 마땅한 태도로 이런 것을 느끼는 것은 중간적이며 동시에 최선의 일이요, 또 이것이 덕의 특색이다.[43)]

위의 인용에서 아리스토텔레스가 말한 "마땅한 때에, 마땅한 일에 대하여, 마땅한 사람들에게 대하여, 마땅한 동기로, 그리고 마땅한 태도로 이런 것을 느끼는 것" 이란 유교적으로 말하면 시중(時中)과 다르지 않다. 아리스토텔레스도 중용이란 구체적 상황에 따라 상대적이라는 점을 잘 인식하고 있었다. 이러한 상대성으로 인해 중용을 판단하고 실천하는 일은 불변한 원리를 인식하는 것과는 다른 것으로 구별하여 파악하였다. 그래서 아리스토텔레스는 변화하는 상황과 대상 등의 '개별적 특성' 에 합당한 판단과 결정을 내림으로써 개인과 공동체의 에우다이모니아(eudaimonia: 행복)를 실현하는 이성적 '숙고 · 결정능력' 으로서 프로네시스(phronesis) 개념을 도입한다. 이는 플라톤에 있어서 철학적 인식(episteme) 내지 지혜(sophia)가 헤아림 내지 분별을 수반하는 실천적 지혜

---

43) 아리스토텔레스, 『니코마코스 윤리학』, 1106b, 최명관 역, 서광사, 1991.

인 프로네시스와 구별되지 않은 채로 사용되고 있는 것과 차이가 있다.[44)]

동아시아 유학자와 그리스 철학자들(플라톤, 아리스토텔레스)은 인간이 동물과는 구별되는 어떤 고유한 본성이 있다고 보았다. 그리고 그러한 본성의 온전한 발현이 이루어질 때 그것이 진정한 자아실현이고 또한 동시에 행복이라고 인식하였다. 그리고 쾌락이나 이익을 부정하지는 않지만, 그것은 추구의 대상이 아니라 올바른 행위에 부수되는 것으로 보는 것도 동서의 중용사상에서 합치되는 부분이다. 일반 대중들은 세속적으로 쾌락, 돈, 명예, 권력을 추구하지만, 중용철학에서는 이것이 참된 최고의 가치라고 보지는 않는다. 아리스토텔레스는 자족적인 것을 더 중시하였고, 지적 관조(觀照)를 행복의 이상으로 여겼다. 유교에서도 맹자는 세속적이고 외부로부터 주어지는 인작(人爵: 사람이 주는 벼슬)보다는 하늘로부터 주어진 본래적 가치인 천작(天爵: 하늘이 부여한 도덕적 가치)을 더 중시한다.[45)] 그리고 육체적 · 감각적 쾌락이 아니라 자족적인 정신적 · 도덕적 즐거움을 진정한 행복으로 여기는 점도 공통적이다. 그러나 같은 정신적 즐거움이라고 하더라도 아리스토텔레스에게는 도덕적 실천에서 오는 즐거움보다는 지적 관조의 즐거움이 더 우월한 것으로 파악되고 있는데 이 점은 유교와 차이가 있다. 물론 공자도 『논어』의 서두에서 "배우고 때로 익히면 또한 즐겁지 아니한가(學而時習之不亦說乎)" 라고 하고, 또한 "배움을 싫어하지 않음(學而不厭)" 을 말하지만, 도덕적 실천에 더 우위를 두고 있다.

유학자와 아리스토텔레스의 중용사상에서 본성에 대한 공통된 견해를 고찰해 보면, 천성의 구체적 내용이 고정되어 있다고 생각하지는 않는다.

---

44) 박종현, 「그리스 철학에서 본 중용사상」, 『동서사상의 대비적 조명』, 성균관대학교 출판부, 1994, 114면 참조.

45) 『孟子』, 「告子 上」 "孟子曰: 有天爵者, 有人爵者. 仁義忠信, 樂善不倦, 此天爵也. 公卿大夫, 此人爵者也 ……," 참조.

구체적 내용이 정해져 있지는 않지만 그렇다고 하여 천성을 거꾸로 해서 습관을 형성할 수는 없는 것이라고 보았다. 즉 천성에 잠재적 가능성이 있고, 이를 근거로 인간은 습관을 통해 훌륭한 덕을 완성할 수 있다고 여겼다. 유학자나 아리스토텔레스나 윤리적 덕으로서의 중용은 결코 하루아침에 이루어지는 것이 아니라, 오랜 습관의 점진적 누적으로 비로소 체득할 수 있는 것으로 인식하였다.

> 도덕적인 덕들은 본성적으로 우리 속에 생기는 것도 아니요, 본성에 반하여 우리 속에 생기는 것도 아니다. 오히려 우리가 본성적으로 그것들을 받아들이도록 되어 있으며, 또 그것들은 습관에 의하여 완전하게 되는 것이다.[46]

유교『중용』에서는 삼달덕(三達德)이라 하여 지(知)·인(仁)·용(勇)을 제시하고, 플라톤의『국가』에서는 지혜·용기·절제·정의의 네 덕을 제시한다. 여기서 정의의 덕은 지혜·용기·절제의 세 가지 덕이 조화롭게 실현된 상태를 가리킨다. 즉 정의의 덕은 지혜·용기·절제를 떠나서 별도로 존재하는 덕이 아니다. 또한 플라톤이 말하는 절제는 쾌락과 욕망을 자제하고, 즉 자기 자신을 이기고 질서를 지키는 것으로써 극기복례의 인과 비슷한 측면이 있다.

> 절제란 어쩌면 일종의 질서요 어떤 쾌락과 욕망의 억제일 걸세. 사람들이 '자가 자신을 이긴다'는 표현을 써서—어떤 식으로 그러는지는 나도 모르지만—또는 절제의 발자국처럼 언급되는 그런 유의 다른 표현을 써서 말하듯이 말일세.[47]

---

46) 아리스토텔레스,『니코마코스 윤리학』, 1103a, 최명관 역, 서광사, 1991.

47) 플라톤,『국가』, 430e, 박종현 역주, 서광사, 1997.

중용사상의 핵심을 담고 있는 유교『중용』의 삼달덕과 플라톤『국가』의 4주덕을 비교해 보면 그 실질적 내용에서 위처럼 매우 유사한 점을 발견할 수 있다.

3. 중용의 정치철학: 유교의 성인과 플라톤의 철인왕

유교 중용사상에서 이상적인 정치는 성인에 의한 정치이다. 성인이란 최고의 지혜와 덕을 갖춘 존재이다. 최고의 성인으로 받드는 성군은 요(堯)임금과 순(舜)임금이다. 요는 순에게 "진실로 그 중용을 잡으라.(允執其中)"는 말을 정치의 철학으로 남겼다. 또한 순에 대해서『중용』6장에서 공자는 다음과 같이 말하고 있다. "순은 크게 지혜롭구나, 순은 묻기를 좋아하고 가까운 말을 잘 살피어, 그 가운데 나쁜 것은 숨기고 좋은 것은 드러내며, 사물의 양극단을 잡고서 최적의 중용을 백성에게 적용하였다."[48] 성인은 순임금처럼 가장 지혜롭고 덕이 있어서 사물의 중용을 잘 파악하고 실천할 수 있는 사람이고, 이상정치는 이러한 성인에 의해서 이루어져야 한다고 유학자들은 인식한다. 성인은 시대에 알맞은 예를 제정하고, 백성들에게 교육을 통해 예를 따르도록 한다. 그래서 성인의 정치는 힘이 아닌 덕에 의한 정치이며, 일시적 이해관계에 따라 만들어진 법이 아니라 인간의 자연적 본성에 기초하여 만들어진 예에 의해 다스려진다. 덕을 토대로 백성을 위해 하는 성인의 왕도 정치는 힘을 바탕으로 패권 장악에 급급해하는 패도정치와는 그 성격을 근본적으로 달리한다.

플라톤의 국가론에서도 통치자는 지적으로 훈련된 최고의 애지자 즉

48)『中庸』6장, "舜其大知也與, 舜好問而好察邇言, 隱惡而揚善, 執其兩端用其中於民."

철인왕(philosopher-king)이 다스리는 것을 이상으로 한다. 유교의 성인과 플라톤의 철인왕을 비교하면 철인왕은 상대적으로 추상적인 사변에 더 많은 자질을 요한다. 이에 비해 유교의 성인은 자애로운 덕성을 더 중시한다. 그러면서도 성인과 철인왕은 모두 지혜와 덕행이 뛰어날 뿐만 아니라, 강력한 정치적 사명감과 이상을 지니고 있다. 플라톤의 이상국가에서 통치자는 부인과 자녀를 공유하지만, 유교적 성인정치에서는 그러한 것을 상상하기 어렵다. 이 문제는 아리스토텔레스에 와서는 다시 유교처럼 통치자에게도 개별 가정을 허용한다.

플라톤은 국가를 한 사람의 가장 선한 자가 지배하는 제도를 군주정이라고 하고, 이상적으로 보면 군주정이 가장 훌륭하다고 보았다. 그는 『국가』에서 전능한 한 군주는 법치보다 우월하다고 생각하였다. 그 이유는 다음과 같다. 법률은 항상 고정되어 있으나 삶은 항상 새롭고 달라진다. 그런데 한 군주가 일단 올바른 정치 원리를 갖게 되면 어떠한 상황이 닥쳐오더라도 민첩하게 올바른 결단을 내려 좀 더 더 잘 적응할 수 있기 때문이다.[49] 그러나 플라톤은 『법률』에서는 법의 존재를 긍정하고 있다. 철인왕의 이상이 현실 세계에서 실현하기 어려운 만큼 그렇다면 법률에 의거하는 정부가 인간의 자의적 주관에 의해 다스려지는 정부보다 더 합리적일 수 있기 때문이다. 플라톤은 철인정치에 대한 차선책으로서 군주제와 민주제의 장점을 결합한 혼합정체를 추구하였다. 이러한 정체를 통해 준법적 요소의 중시와 공적에 비례하는 평등을 확립하려 하였다. 그러나 이 헌법의 실제 시행 면에서는 동산을 가장 많이 가진 자에게 우월성을 부여하였다.[50] 플라톤은 국가의 목표를 내정에서나 외교에서나 모두 조

49) 요한네스 힐쉬베르거, 『서양철학사(상)』, 강성위 역, 이문출판사, 1991, 181면 참조.

50) 조지 세이빈 · 토머스 솔슨, 『정치사상사 1』, 성유보 · 차남희 옮김, 한길사, 1997, 158면 참조.

화에 두었으며, 이상국가에서 기능의 전문화를 통해 완전한 조화를 이룰 수 없다면 조화에 대한 현실적인 최선의 보장은 법률이라고 보았다. 따라서 플라톤의 『법률』의 국가는 절제와 중용을 주된 덕성으로 삼고 법률에 대한 복종의 정신을 배양함으로써 조화의 달성을 추구한다.[51)]

아리스토텔레스는 플라톤의 정치사상을 이어받아 통치자의 수와 목적에 따라 국가형태를 분류하고 있다. 통치가 백성을 위해 행해질 때 좋은 국가형태가 된다. 이때 한 사람의 가장 선한 사람이 통치하는 것을 군주정(monarchy), 다수의 선한 사람이 통치하는 경우는 귀족정(aristocracy), 모든 시민이 통치에 참여하면 시민정치(polity)가 된다. 통치가 통치하는 사람을 위해 행해지고 있을 때 그것은 악하고 타락한 국가형태가 된다. 이것에 속하는 것으로는 참주정(tyranny), 과두정(oligarchy), 민주정(democracy)이 있다. 아리스토텔레스도 플라톤과 같이 군주정을 가장 이상적인 국가형태라고 생각하였으나, 현실적으로는 그것이 실현될 수 없다고 믿었다. 현실적으로 가장 좋은 것은 귀족정이 과두정 및 민주정과 혼합된 정치체제라고 파악하였다.

이상에서 보면 동서의 중용사상에서 정치는 중용의 덕과 지혜를 소유한 최선자가 다스리는 것을 이상으로 한다. 그러나 현실적인 차선책으로서는 유교에서는 예치를 그리스에서는 법치를 제시한다. 플라톤의 이상국가는 이성이 발달한 통치자 계급과 기개가 발달한 수호자 계급과 욕망과 관련된 생산자 계급으로 구성되어 있다. 그래서 각각의 계급이 자기 직분에 충실하고 자기 계급에 요구되는 고유한 미덕을 잘 발휘할 때 그 국가는 전체적으로 조화와 정의를 이룰 수 있다고 보았다. 여기서 계급은 세습적인 것이 아니라, 능력에 따라 정해지는 것이다. 유교에서는 인간을

51) 조지 세이빈 · 토머스 솔슨, 같은 책, 150면 참조.

크게 군자와 소인 또는 노심자(勞心者)와 노력자(勞力者)로 크게 나눈다. 노심자는 덕과 지혜로 백성을 다스리며, 노력자는 노동을 통해 노심자에게 먹을 것을 제공한다.[52] 유교 사상에서도 순자(荀子)에서 볼 수 있듯이 지위가 꼭 세습적인 것은 아니다. 능력과 업적에 따라 그것에 비례하여 후천적으로 지위가 정해진다. 공자의 정명론(正名論)이 뜻하는 바는 사회적으로 각자 자기의 이름에 걸맞은 역할을 충실히 수행할 때 전체적으로 사회적 조화와 평화가 가능하다는 것이다. 순자도 사회적 역할 분담과 분업을 매우 강조한다. 사회 구성원이 모두 다 같은 역할을 할 수는 없고, 각자는 자기에게 요구되는 분업의 몫을 충실히 수행함으로써 그 사회는 조화를 달성할 수 있다고 순자는 진술한다.[53]

유교에서나 그리스 철학에서나 이상사회란 중용의 지혜와 덕을 소유한 성인 또는 철인왕에 의해 다스려져야 한다. 그리고 사회 구성원 각자가 능력에 따라 지위를 갖고, 지위에 요구되는 의무와 덕을 충실히 수행함으로써 사회가 전체적으로 조화와 안정을 유지해야 한다고 인식한다. 또한 중용의 정치사상은 동서를 막론하고 공동체주의적 성격이 강하다. 인간을 공동체의 한 일원으로 파악하고, 공동체 행사에 함께 참여하고 공동체 유지에 필요한 역할과 규범을 올바르게 수행함으로써 공동체와 조화로운 관계를 맺을 것을 요구한다. 그리고 공동체의 의의는 단순히 개인들의 생존과 이익이나 쾌락을 위해서만 존재하는 것이 아니다. 오히려 개인의 윤리적 선을 도야하고 공동의 선을 추구하는 것을 중시한다. 즉 정치와 도덕은 불가분의 관계를 맺고 있다고 파악한다. 그러나 성인과 철인

52) 『孟子』, 「滕文公上」, "勞心者治人, 勞力者治於人. 治於人者食人, 治人者食於人, 天下之通義也." 참조.

53) 『荀子』, 「王制篇」, "力不若牛, 走不若馬 而牛馬爲用何也. 曰: 人能羣彼不能羣也. 人何以能羣. 曰: 分. 分何以能行. 曰: 義. 故義以分則和, 和則一, 一則多力, 多力則彊, 彊則勝物." 참조.

왕에 의한 이상정치에 대한 현실적 차선책으로서 유교에서는 예치를 그리스에서는 법치를 선호하는 차이점을 보여준다.

4. 중용의 세계관: 세계의 본체로서의 조화로운 균형
– 『중용』의 도와 스토아학파의 로고스

세계관으로서의 중용은 조화와 균형을 세계의 본질로 인식한다. 또한 조화를 구현하고 있는 자연 세계는 인간에게도 조화로운 삶의 모형으로서의 의미를 지닌다. 유교의 중용사상에 따르면 천지에는 일정한 도(道)가 지배하고 있다. 자연의 변화는 도에 따라 이루어지고 있다. 도는 어디에나 존재하고 그 무엇도 도의 지배를 벗어나지 못한다. 만물의 작용 이면에는 어디에나 도의 본체가 숨겨져 있다(費而隱). 도에 의해 지배되는 천지의 만물은 근원적으로 상호 조화를 이루고 있다. 천지는 속임이 없는 성실성을 본질로 하고, 또한 부단히 생명을 낳고 낳는 것으로 덕을 삼는다. 인간도 이러한 도의 지배로부터 결코 예외가 아니다. 인간도 천지의 도를 따라 살아가지 않으면 안 된다. 즉 인간은 이러한 천지의 도를 본받아 성실하고 어질게 살아야 한다. 유교 중용의 도는 인간이 천지의 도에 따라서 사는 것을 이상으로 한다.

그리스 철학에서도 세계는 일정한 질서를 구현하고 있다고 인식한다. 특히 피타고라스학파의 사상에 따르면 우주는 질서와 조화를 이루고 있다. 즉 수적인 비례 구조가 우주와 만물을 지배하고 있다. 수적 비례 구조에 의해 질서와 조화를 구현하는 우주는 아름답다. 조화와 균형이 아름다움을 가능하게 하는 것이다. 플라톤 사상에 있어서도 세계는 선(善)의 이데아를 불완전하지만 모방하고 있다. 따라서 플라톤의 관점에서 보면 자연은 일정한 조화와 균형을 실현하고 있고, 인간은 그것을 본받아야 한다.

> 그 안에서 온갖 적도(適度)와 균형 그리고 알맞음 등의 현상들이 저절로 실현되어 있거나 실현되고 있는 곳이 자연의 세계이다. 그런 세계, 그런 환경 속에서 살고 있고 또 살아갈 수밖에 없는 인간이 따라야 할 삶이나 활동의 방식이 무엇을 본받아야만 하는가는 이로 미루어 절로 분명해진다.[54]

유교의 도는 서양철학에서 보면 로고스(Logos)와 비교된다. 스토아학파에 따르면 우리 인간에게 있어서 이성이 지배하듯이 우주에도 우주 이성이 지배하고 있다. 로고스는 우리 인간의 힘으로 거역할 수도, 피할 수도 없는 필연적 힘이다. 그렇다면 그것을 받아들이고 그에 따라서 사는 수밖에 없다. 스토아학파에 있어서 자연법은 실정법의 근원이 된다. 즉 자연적 도가 인간적 도의 모형이 되는 것이다. 스토아학파뿐만 아니라 아리스토텔레스 철학에서도 역시 "윤리적 사고의 출발점은 나를 둘러싼 이 자연 세계에 대한 객관적이고도 경험적인 관찰에서 주어진다."[55] 즉 아리스토텔레스나 스토아학파나 도덕성의 객관적 근거를 경험적 · 자연적 사실들의 연관 체계에서 구하고자 하는 것이다. 이 점은 유교가 인도를 천도와의 관련 속에서 탐구하는 것과 일정한 공통성을 지닌다. 즉 삶의 규범을 우주적 질서의 원리에 근거하여 탐색하는 것이다. 이때 중용이란 우주적 질서에 따라서 그것과 조화롭게 사는 것과 다르지 않다. 이러한 특징은 근대사상이 인간의 규범을 자연법칙과 유리된 채 내면적 · 자율적

54) 박종현, 「그리스 철학에서 본 중용사상」, 『동서사상의 대비적 조명』, 성균관대학교 출판부, 1994, 113면.

55) 이창우, 「스토아 윤리학의 아리스토텔레스적 해석」, 『철학연구』 제46집, 철학연구회, 1999, 90면.

근거에서 모색하는 것과는 근본적으로 구별되는 것이다.

우리가 몸담고 있는 이 세계와 참된 진리의 세계를 일원론적으로 보느냐 아니면 이원론적으로 인식하느냐 하는 철학적 세계관의 문제는 매우 중요하다. 플라톤은 현상계와 실재계를 분리하여 이원론적으로 파악한다. 이에 비해 아리스토텔레스는 이데아의 세계를 별도로 상정하지 않고, 이 세계 사물들 안에 이데아(형상)가 있다고 본다. 즉 질료와 형상을 분리하지 않고 불가분의 관계로 인식하였다. 현상계에서 질료는 일정한 형상을 구현하고 있으며, 형상은 질료에 의지하여 자기를 표현한다.

유교 중용사상의 세계관은 일원론적이다. 그래서 본체계와 현상계를 분리하지 않는다. 세계의 다양한 현상 속에 이상적 도가 내재하고 있으며, 따라서 현상세계의 천변만화는 그 자체로 도의 현현에 다름이 아니다. 그러한 도가 정상적으로 나타날 때 존재 세계는 질서 있고 아름답고 인간에게도 유익하다. 그러나 어떤 이유에서 그러한 도의 현현이 방해받을 때 존재 세계에는 무질서와 재앙이 나타나게 되어 인간에게도 어려움을 안겨준다. 성리학적으로 말하면 '이와 기는 서로 분리될 수 없음(理氣不相離)' 이니, 이(理)는 기(氣)를 타고서 기를 매개로 하여 자기 존재를 구현하고 있으며, 기는 이의 구체화를 위한 불가결한 매체로 작용한다. 동양의 중용사상에서 보는 세계는 이원론적으로 분리된 세계가 아니라, 현실적 일상 세계 그 자체 속에 지극한 이념이 내재하고 있다고 파악한다. 중요한 것은 현실을 바라보는 인간들의 인식 수준이며, 실천의 양식이다. 우리가 마음을 맑고 바르게 가지면 존재 세계 역시 우리에게 질서 있고 심오하고 아름다운 모습으로 현현한다. 조화로운 질서와 아름다움을 구현하는 존재 세계는 그 자체로서 선하다고 할 수 있다. 그러나 인간과의 관계에서 보면 인간의 인식 태도와 실천 양식에 따라서 현실 세계는 인간에게 선으로도 악으로도 보일 수 있으며, 행복한 세계일 수도 고통의 세계일 수도 있다. 달리 말하면 개인 차원에서나 사회적 차원에서 중용의 도를 일상에서 얼마나 잘 인식하고 실천하느냐 못하느냐에 따라 선과 악, 행복과 고통이 달라지게 된다. 이런 까닭에 수양과 실천의 문제가 중시된다.

세계관으로서의 중용사상은 유교에서는 이상세계와 현실 세계를 이원화하지 않고 일원적으로 접근한다. 이 점에서는 플라톤보다 아리스토텔레스의 사상이 유교의 중용사상과 더 가깝다고 할 수 있다.

5. 중용의 수양론

중용의 도를 일상에서 실천하기 위해서는 어떠한 수양의 공부가 필요할까? 이 문제에 대해서 성리학은 수양론 또는 공부론을 정치하게 발전시켰다. 정자는 "涵養須用敬, 進學則在致知"라고 하여 마음의 함양은 경으로써 하고, 학문의 나아감은 치지(致知)에 있다고 하였다. 『중용』 27장에서는 '존덕성(尊德性)'과 '도문학(道問學)'의 수양법을 제시하고 있다. 존덕성은 타고난 아름다운 덕성을 잘 보존하는 대강의 공부이다. 이에 비해 도문학은 이치를 묻고 따지는 세밀한 공부를 말한다. 그리고 그 세부 항목으로서는 존덕성을 위해서는 치광대(致廣大)·극고명(極高明)·온고(溫故)·돈후(敦厚)를, 그리고 도문학을 위해서는 진정미(盡精微)·도중용(道中庸)·지신(知新)·숭례(崇禮)를 제시하고 있다.

이러한 공부는 이론적 탐구는 물론이고 심성의 수양과 일상적 실천을 포괄하는 종합적 수양이다. 마음이 대상과 관계를 맺지 않은 미발시(未發時)에는 타고난 천리 또는 천명지성을 잘 보존하고 함양하는 공부가 필요하다. 마음이 대상과 관계를 맺고 작용할 때는 대상에 대해서 잘 분석하고 탐구하여 선과 악의 구별을 정확히 하여야 한다. 또한 어떤 것이 알맞고 합리적인 판단인지를 명석하게 분석해야 한다. 나아가 그것을 행동으로 실천함으로써 적절한 대응을 하였을 때 비로소 중절(中節)했다고 할 수 있다. 따라서 중용의 공부법은 본심을 잘 지키고 보존하며 때에 따라 알맞게 감정을 발하는 것을 중시한다. 또한 우리가 일상에서 부딪히는 수많은 사건과 상황에 적절하게 대처하기 위해서는 객관적 사실에 대한 정확한 지식이 필요하다. 예컨대 정치적 판단이 중용에 들어맞기 위해서는 역사 공부를 통해 역사 속에서 정치적 판단의 사례를 비판적으로 탐구하여야 한다. 그렇게 하여야 유사한 사건이 발생할 경우 합리적 판단을 내릴 수 있을 것이다. 또한 인간관계에서 알맞은 판단을 내리기 위해서는 성인의 어록을 학습함으로써 유사한 사건에 대한 성인의 인식과 판단을 참고로 함으로써 좀 더 정확한 판단을 내릴 수 있을 것이다. 주관적인 심성의 공부인가 아니면 객관적 사물에 관한 공부인가를 막론하고 성리학에서는 경(敬)의 방법을 중시한다. 경은 마음이 흩어지지 않도록 고요하고 안정되게 하고 항상 또렷이 각성된 상태를 유지하도록 하는 방법이다.

인심은 위태롭고 도심은 미약하다(人心惟危, 道心惟微). 우리는 어떤 상황을 만나게 되면 그것에 대해 우리 내부에서 인심과 도심이 치열하게 싸우는 것을 경험한다. 그럴 때 마음의 갈등 구조를 잘 살펴서 자기를 지배하고 있는 마음의 본질이 인심인지 도심인지를 정밀하게 분별해 내지 않으면 안 된다. 그리고 도심을 한결같이 지켜서 늘 도심이 주도권을 잡고서 인심을 지배할 때 비로소 우리는 인욕으로부터 해방되어 천리에 따라 살아갈 수가 있다. 중용에 따른 삶은 인욕을 극복하고 천리를 따라 살아가는 삶과 다르지 않다. 플라톤도 혼을 다음과 같이 '한결 나은 작은 부분'과 '한결 못한 다수의 부분'으로 분석하여 변별한다.

혼과 관련해서 인간 자신 안에는 한결 나은 것과 한결 못 한 것이 있어서, 성향상 한결 나은 부분(면)이 한결 못한 부분을 제압할 경우, 이를 가리켜 '자기 자신을 이긴다' 고 말하는데, 이는 어쨌거나 칭찬하는 것일세. 반면에 나쁜 양육이나 교제의 결과로 한결 못한 다수의 부분에 의하여 한결 나은 작은 부분이 제압될 경우, 이를 꾸짖어 나무라되, 이와 같은 상태에 있는 사람을 일컬어 '자기 자신에게 진' 무절제한 자라고 하네.[56)]

위의 인용에서 말하는 '한결 나은 작은 부분' 이란 유교에서 말하는 도심(道心) 또는 천리(天理)와 다르지 않고, '한결 못한 다수의 부분' 이란 인심(人心) 또는 인욕(人欲)과 다르지 않다고 하겠다. 아리스토텔레스도 비슷한 논리를 편다. 아리스토텔레스에 따르면 모든 유기체는 일차적인 욕구들을 가지는데, 이 욕구 없이는 종들은 자신들의 생명을 유지하고 자식을 낳을 수 없다. 이는 곧 즐거운 것들은 좋아하고 즐겁지 않은 것은 피하려는 본능적 욕구(appetite)이다. 다른 한편으로는 인간은 이성적 존재로서 이성적 소망(rational wish)을 갖는다. 본능적 욕구가 즐거운 것들에 대한 것인 것처럼 이성적인 소망은 좋은 것들에 대한 것이다. 아리스토텔레스 역시 이성적 소망이 본능적 욕구와 모순될 때는 이성적 소망이 우세해야 바람직하다고 생각하였다. 그러나 본능적 욕구들은 인간 본성에서 본질적 구성요소로서 이성에 의해 인도되기는 하지만 밀려나지는 않는다. 이는 영혼을 이성적 요소와 욕구 그리고 튀모스(기개)로 삼분하는 플라톤의 이론을 물려받았다. 그러나 아리스토텔레스의 일반적인 윤리 이론에서 튀모스의 개념은 아주 사소하며 중요하지 않은 역할을 한다.[57)]

플라톤은 『국가』에서 훌륭한 수호자가 되기 위해서는 체육과 음악(시가)교육으로 좋은 습관과 품성을 쌓고, 그 토대 위에 산수, 기하학, 천문

56) 플라톤, 『국가』, 431a, 박종현 역주, 서광사, 1997.

57) J. O. 엄슨, 『아리스토텔레스의 윤리학』, 장영란 옮김, 서광사, 1996, 78면 참조.

학, 화성학의 학습을 차례로 거쳐 마지막으로는 변증법(dialectic)을 통해 선의 이데아를 인식하도록 노력해야 한다고 보았다. 소크라테스와 플라톤의 경우에는 지덕 합일의 사상을 지니고 있었다. 따라서 훌륭한 덕을 지니기 위해서는 먼저 올바르게 인식해야 한다고 보았다. 즉 지적 탐구를 중시한다. 여기서 말하는 지적 탐구란 감각적 경험을 통해 얻는 피상적 지식이 아니라, 지성적 탐구를 통한 지적 통찰로 보편적 지식을 획득하는 것을 뜻한다. 이를 위해서는 변증법적 방법이 선호되었다. 변증법적 방법을 통해 이성의 통찰력을 고양함으로써 사물의 본질에 대한 올바른 인식에 도달하고, 이것에 근거하여 합리적 판단을 할 수 있다고 보았다. 한편, 아리스토텔레스는 플라톤에 비해 지식만이 아니라 의지의 작용을 중시하고, 행동의 훈련을 통해 습관화하는 것이 중용의 덕을 내면화하는 데 중요하다고 인식하였다.

중용의 수양 공부에 있어서 동서양 모두 지적 탐구와 품성의 단련을 강조한다. 그러나 유교에서는 상대적으로 주관적 심성의 수양을 중시하고, 그리스 철학에서는 상호 주관적 변증법 즉 언어에 의한 대화적 방법을 강조하는 특성을 보여준다.

6. 사상적 중도로서의 중용

중용은 상호 대립하는 양극의 사상 또는 사유 방식에 대해서 중도적 입장에서 종합을 시도하는 경향을 뜻하기도 한다. 유학의 경우를 보면 당시 묵자(墨子)와 양주(楊朱)의 사상에 대해서 두 사상이 양극으로 치달았음을 비판하고 그 중도적 입장을 취한다. 묵자는 모든 인간에 대해서 차별 없는 평등한 사랑(兼愛)을 주장하였다. 양주는 그 반대로 모든 사람이 각자 자기만을 위할 것을 주장한다. 이에 대해 맹자는 묵자처럼 모든 사람을 평등하게 사랑한 나머지 자기 부모를 제3의 타자와 똑같이 대한다면 이는 부모를 경시하는 것이라고 판단하였다. 그리고 양주는 자기만을 위한 나머지 천하를 위해서는 작은 노력도 아낌으로써 결과적으로 인간존재의 공동체성을 무시한다고 비판한다.[58] 이에 비해 유교의 이념은 만인을 사랑하되 혈연적 근친성의 차이를 고려한다. 그러나 자기 가족을 더 사랑한다고 해서 그것이 폐쇄적인 가족이기주의로 흐르는 것은 결코 아니다. 그러므로 극단적인 이타주의와 극단적인 이기주의의 양극을 피하여, 친소관계를 고려하면서도 타자에 대해 열려있는 인(仁)이라는 중도적 입장을 취한다.

다른 한편으로 유가의 중용사상은 도가의 무위와 법가의 유위사상에 대해서도 중도적 입장을 취한다. 도가의 무위사상은 인간 문화의 지나친 작위성이 초래한 문제점을 비판하고, 자연적 무위를 중시한다. 이에 반해 법가는 인위적 법으로 인간 사회의 모든 것을 통제하고 변화시키고 장악하려고 한다. 유가는 인간의 자연적 본성을 긍정하면서도 일정한 한도에서 작위적 노력을 긍정한다. 인위적 노력을 통해 하늘이 부여한 본성을 계발하고 보전하려 한다. 유가의 예(禮)는 자연적 본성에 근거한 문화적 수식으로 간주한다. 유가는 무위와 유위의 양극 사이에서 양쪽의 한계를 비판하면서도 그 장점을 포섭하여 역동적 중을 지키고자 한다. 또한 유가는 도가와 불가 같은 고상한 이상주의에 비해서는 국가권력 등 세속적 가치를 적극 긍정하고, 다른 한편으로 모든 것을 정치 · 사회적 영역에서의 세속적 가치로 환원하려는 법가에 비해서는 이상주의적 성향을 내포한다. 그래서 유학자들은 도가의 무위자연의 정치사상이나, 묵가의 겸애사

58) 『孟子』, 「滕文公下」, "楊氏爲我, 是無君也. 墨子兼愛, 是無父也. 無父無君, 是禽獸也." 참조.

상에 대해서는 현실성이 없는 지나친 이상주의라고 비판한다. 또한 법가에 대해서는 인간 사회를 상과 벌이라는 도구를 이용하여 지나치게 각박하게 통제하는 과도한 현실주의 정치사상으로 평가한다. 과도한 이상주의와 과도한 현실주의의 양극에 대해 유가의 중용사상은 사상적으로 중도적 자세를 견지한다.

그리스 철학에서 보면 플라톤은 키레네학파의 쾌락주의와 키니코스학파의 금욕주의 사이에서 사상적으로 중도적 입장을 취한다. 특히 플라톤은 『필레보스』에서 쾌락과 덕, 통찰과 정열로 뒤섞인 삶을 찬성한다. 그는 키니코스학파에 반대하여 기쁨의 가치를 매우 높이 평가했으며, 키레네학파의 쾌락주의와 행복주의에는 단호히 반대했다.[59] 플라톤은 쾌락을 가져다주는 것이 선이 아니라, 선한 것이 쾌락을 가져다준다고 믿었다. "정의로운 사람에게는, 동시에 쾌감, 즉 어떤 유쾌한 것을 가져다주지 않는 그런 선이 있겠는가?" (『법률』 663a) 그런데 플라톤은 쾌락이 절제 · 올바름 · 이성 및 통찰에 의해서 질서 지워지고, 통제받지 않으면 안 된다고 보았다.[60] 아리스토텔레스의 사상은 전체적으로 이상주의와 현실주의 사이에서 중도적 입장을 지향하는 논리로 특징 지워진다. 그는 플라톤처럼 이데아가 현실 세계를 초월하여 존재한다고 보지도 않았다. 그렇다고 이데아의 존재 자체를 부정하지도 않았다. 현실 세계에서 구체적 개별자의 존재 속에서 일정한 질료를 기반으로 해서 이데아(형상)가 존재한다는 질료-형상론은 이상과 현실을 통일적으로 파악하려는 논리로서 아리스토텔레스 사상의 중도적 특성을 잘 보여주는 것이다.

이상에서 보듯이 고대 동아시아와 그리스의 중용사상가들은 그 시대의 사상적으로 상호 대립하는 학파들의 쟁점을 중도적 입장에서 종합하

---

59) 요한네스 힐쉬베르거, 『서양철학사(상)』, 강성위 역, 이문출판사, 1991, 129면 참조.
60) 요한네스 힐쉬베로거, 같은 책, 130면 참조.

고 지양하는 특성을 보여주고 있다. 다만 시대적 사회적 배경의 차이로 인해 지양하려는 구체적 내용과 방법에 있어서는 차이가 있다.

7. 동서양 중용사상의 전체적 비교

유교와 그리스 철학의 중용사상에 대한 비교를 통해 드러난 공통점과 차이점을 정리하면 다음과 같다. 먼저 덕으로서의 중용과 관련하여 유학자들과 그리스의 플라톤과 아리스토텔레스는 인간 행위에 있어서 어느 한 방향으로 지나치게 편중되지 않고, 또 두 대립하는 성향의 덕을 겸비하는 중용을 이상적으로 생각하였다. 그리고 이러한 중용의 덕이 구체적으로 실천되는 양식에 있어서는 시간과 공간의 상황에 따라 상대적으로 될 수 있다고 보았다. 중용의 실천은 매우 어려우며 또 오랜 습관의 훈련이 필요하다고 여겼다. 중용의 인식 및 실천과 관련된 주요한 덕으로서 공자는 지(知) · 인(仁) · 용(勇)을 플라톤은 지혜 · 용기 · 절제 · 정의를 제시하였다. 그런데 플라톤의 절제는 유교의 '극기복례'의 극기와 유사한 측면이 있으므로 인(仁)과 상통한다고 하겠다. 동양의 유교 중용사상의 특성은 중용의 목적 달성을 위해 개인의 심성 수양을 매우 중시한다는 점이다. 이에 비해 서양의 그리스 철학에서는 상대적으로 심성 수양보다는 변증법(문답법)과 같은 이성적 대화를 중시한다.

중용을 실천하기 위한 정치사상을 고찰하면 동양의 유교에서는 지혜와 덕이 지극한 요순과 같은 성인에 의한 정치를 이상으로 여긴다. 그리스의 플라톤도 용기와 절제를 토대로 지혜를 겸비한 철인 통치자를 이상으로 한다. 그리고 인간을 원자론적 관점이 아니라 공동체주의적 시각에서 바라보고, 공동체 속에서의 사회적 자아실현을 중시한다. 이를 위해서는 공동체 속에서 자기에게 부여된 역할 또는 분수를 성실히 수행할 것을 요구한다. 국가를 단순히 인간들의 욕망 충족의 수단이나 도구로서 기능적인 관점에서만 보지는 않는다. 오히려 공동선을 추구하며 구성원들의 정신적 · 도덕적 인격을 도야하는 것을 제일의 목적으로 한다. 그런데 현실적인 차선책으로서는 유교에서는 예치를, 그리스 철학에서는 법치를 선호하는 차이점이 있다.

중용사상은 일정한 철학적 세계관을 배경으로 한다. 즉 이 세계를 일정한 질서에 의해 운행되는 조화롭고 균형 잡힌 아름다운 존재로 파악하고 있다. 존재 세계는 일정한 가치를 구현하고 있으므로 존재와 가치는 분리할 수 없으며, 조화로운 질서를 구현하는 존재 세계는 인간 삶의 이상적 규범을 함축하고 있는 것으로 본다. 그런데 유교적 중용의 세계관에서는 천인감응설을 받아들여 인간과 자연 사이에 기를 매개로 한 밀접한 상호작용을 인정한다. 그래서 개인의 마음과 행동이 우주와 자연의 흐름에까지 영향을 줄 수 있다는 사상을 받아들인다. 그래서 지성(至誠)은 하늘을 감동하게 할 수 있다고 믿었다. 이에 비해 그리스의 세계관에서는 천인감응설이 적극적으로 나타나지는 않았다.

『중용』 33장에 나오는 "군자는 상을 주지 않아도 백성들이 스스로 권면하고, 노하지 않아도 백성들이 작두나 도끼 같은 형구(刑具)보다 두려워한다(君子不賞而民勸, 不怒而民威於鈇鉞).", "군자가 돈독하게 공경하면 천하가 저절로 평화롭게 된다(君子篤恭而天下平)." 등의 구절은 군자의 수양이 지극한 경지에 도달했을 때 나타나는 효과를 진술하고 있다. 이러한 사상은 잘못 해석되면 개인적 수양이 지극하면 정치의 영역에서 국가와 천하의 평화가 저절로 주어질 수 있는 것처럼 오인될 수도 있다. 공동체 속에서 상호 주관적 담론을 통해 중용에 도달하려고 하기보다는 개인의 지극한 수양으로 온전한 중용에 도달하려는 시도는 자칫하면 신비주의로 귀결될 수 있는 소지가 없지 않다. 도덕과 정치가 비록 불가분이라고 하더라도 양 영역 간의 본질적 차이를 인정하지 않으면 안 된다. 그런데 유교 중용철학에서 정치는 도덕에 수렴되어서 독자적 영역을 확보하지 못하는 문제점이 있다. 이 점에서 중용철학이 사회적 화해를 지향하고 있다고 하더라도 그것에 도달할 수 있는 합리적 방법의 제시에 있어서는 미흡한 면이 있다.

8. 중용사상의 현대적 의미

중용적 사고방식은 어떤 사실을 그 자체로서 독립적 · 단편적으로 판단하는 것이 아니라, 전체적 관계에서 역동적 흐름 속에서 판단한다. 개인의 행동도 공동체와의 관계에서 그리고 상황적 변화에 따라서 수행하고, 또 인간의 삶도 우주적 질서와의 관계에서 규범과 의미를 모색한다. 그리고 특수한 상황이 아닌 한 모든 것에서 어떤 극단적인 판단을 배격하고, 가능한 최선의 균형점을 중시하며 대립 · 갈등보다는 조화의 가치를 추구한다. 이 점에서 동서의 중용사상은 세부적 차이점에도 불구하고 크게 보면 공통점이 많다.

그 차이점으로는 동양은 상대적으로 중용에 도달하기 위한 수양법으로서 심성의 수양을 중시한다. 반면에 서양에서는 변증법(문답법)과 같이 언어에 의한 합리적 대화를 중시한 점이 두드러진다. 정치적으로 중용의 이념을 달성하기 위해서는 성인정치와 철인정치가 최고 이상이지만, 그 다음의 현실적 대안으로 유교는 예치를 서구는 법치를 발전시켰다. 또한 공자와 플라톤을 비교하면 중용의 실현을 위한 정치사상에 있어서 공자는 국가에 대해 가정을 더 우선시하였고, 이에 비해 플라톤은 국가를 가정 우위에 두었다는 점도 주목되어야 할 것이다.

고대 동아시아와 그리스의 대표적 철인들의 중용사상을 분석해 보면 양쪽 다 그 시대와 사회의 한계를 안고 있지만, 그럼에도 불구하고 가치 있는 삶의 양식을 모색하기 위한 고도의 학문적 체계를 발전시켰다. 그리고 외형적인 철학 체계의 차이와 공간적 이질성에도 불구하고 중용의 이념을 추구하는 일정한 공통성을 보여주고 있다. 그러나 다른 한편으로 동서 중용사상에 일정한 공통성이 있다고 하여 동과 서의 철학적 배경과 문화적 맥락의 심대한 차이를 소홀히 간과해서는 안 된다. 크게 보면 같지만, 자세히 보면 동서 철학이 추구하는 목적과 방법이 문화적 배경의 차이에 따라 상당한 영향을 받음을 확인할 수 있다.

오늘날 중용사상은 어떤 현재적 의미를 지니고 있는가? 문화적 차이에도 불구하고 동서를 막론하고 고대 동아시아와 그리스는 공통으로 중용의 이상을 추구하였다. 그러나 근대로 오면서 서구 문명은 조화보다는 진보의 이념을 더 중시하게 된다. 근대적 세계관에서는 중용이나 조화의 가치보다는 대립과 투쟁을 통한 역동적 발전을 더 숭상하게 된다. 또한 원자론적 사고방식이 보편화되면서 사회란 개인들의 원자적 집합으로 이해하고, 자연은 더 이상 나눌 수 없는 실체의 운동으로 규정된다. 원자론적 실체론적 환원주의의 논리는 중용의 세계관과 크게 충돌한다. 진보 사관과 원자론적 사고방식에 따르면 타인과 사물들은 더 이상 조화와 균형의 대상이 아니라, 주관의 개체적 이익 실현을 위한 대상이자 도구로서의 의미를 갖게 된다. 따라서 주관과 대상과의 관계에서 지배와 정복이 중심 지향이 되었다. 오늘날 우리가 겪고 있는 인간소외, 환경오염, 생태계 파괴, 마약과 약물의 확산, 각종 테러 위험의 증대와 같은 사태의 사상적 근원을 거슬러 올라가 보면 그릇된 세계관과 마주치게 된다. 현재 인류가 겪고 있는 고도 과학기술 사회의 위기를 극복하기 위해서는 우리 자신의 세계상을 근본적으로 재검토할 필요가 있다. 이 점에서 볼 때 중용사상은 지속 가능한 지구를 위한 대안적 세계관, 가치관, 윤리관을 모색하는 데 있어서 유용한 사상적 자원이 될 수 있을 것이다. 인간 영혼에 내재한 중용적 균형 감각과 중용적 합리성을 발전시켜 나감으로써 도구적 이성(instrumental reason)의 과도한 팽창으로 초래된 현대사회의 위기를 극복하는 전기를 마련할 수 있을 것이다. 고대 동아시아와 그리스의 중용사상이 온고지신을 통해 새롭게 조명됨으로써 '오래된 미래'를 밝히는 지혜의 빛으로 거듭날 수 있을 것이다.

제3장

유교의 중용과 불교의 중도

1. 머리말

동양사상의 전통에서 오랫동안 발전되어 온 중용사상이 가진 풍부한 지혜가 현대에는 제대로 인식되지도, 활용되지도 못하고 있다. 인간이 지닌 도구적 이성의 측면만이 과도하게 발휘되고, 세계가 가지고 있는 물질적 측면만이 지나치게 강조되고 있다. 전체적으로 인간상과 세계상이 균형과 조화를 상실하고 있다. 현대사회에서 무엇보다 절실한 것은 중용적 합리성의 회복이라 하겠다. 이러한 중용적 합리성의 회복 없이는 영혼의 평정, 사회적 평화, 생태계의 평화는 더욱 요원해지기 마련이다. 이 글에서 우리는 한국 사회에서 중용문화가 안고 있는 허실을 고찰하고, 유교와 불교 중용사상의 기본 특성과 그 현대적 의미를 성찰해 보도록 한다.

한국인의 정서에는 신바람이 그 기저에 자리하고 있다. 그래서 그 특유의 신바람이 한번 작동하면 지칠 줄 모르고 어떤 일에 몰입하게 된다. 그래서 그것이 일정한 정도를 지나치더라도 멈추기가 어려워진다. 신바람이 때로는 명분에 이끌려 이상주의로 치달은 나머지 현실적 이해관계를 무시하는 방향으로 작동하기도 한다. 때로는 그 반대로 세속적인 이욕과 권세욕에 눈멀어서 적나라한 욕망의 충족으로 치달은 나머지 대의명분을 헌신짝처럼 던져버리기도 한다. 이처럼 명분주의적 신바람과 속물적 신바람이 건실한 균형을 파괴하는 일이 한국 역사에서 자주 발생하곤 하였다. 따라서 신바람의 기(氣)를 중용의 리(理)로 어떻게 잘 다스리느냐 하는 것은 한국사상의 중요한 과제라고 할 수 있다.

우리 사회에서 중용은 때로 적당주의와 혼동되기도 한다. 그래서 매사를 원칙에 따라 철저하게 처리하지 않고 적당한 선에서 얼버무리고는 그것이 마치 중용인 것처럼 착각하는 것이다. 중용은 대충 적당히 '누이 좋고 매부 좋은' 식의 두리뭉실한 것이 아니다. 오히려 그 반대로 주어진 문제에 대해 여러 방도를 놓고서 심사숙고를 통해 최선의 선택을 창출해야 하는 지난한 일이다. 최선의 선택을 위한 깊은 심사숙고의 과정을 거치지 않고 안이하게 타협적 길을 따르면서 그것이 중용인 양 생각한다면 그것은 큰 오해이다.

또한 때로는 꺼릴 것 없이 아무렇게나 행동하고서 이를 중용으로 혼동하기도 한다. 중용사상에서 시중(時中)은 일정한 틀에 고착되지 않고 상황에 부합하는 자유로운 판단을 중시하지만, 그것은 원칙과 절도 없이 멋대로 행동하는 '무기탄(無忌憚)' 과는 질적으로 다른 것이다. 그런데 사람들은 무 절도(節度)·무원칙한 무기탄을 중용의 시중(時中)으로 오인하기도 한다. 중용이 잘못되면 대립하는 양 가치를 포괄하기는커녕 오히려 어느 한쪽도 제대로 실현하지 못하는 부정적 중용으로 전락하고 만다. 흔히 말하는 죽도 밥도 아닌 무용지물로 변질될 수 있는 것이다. 한국인 특유의 신바람 기질이 합리적 판단력과 결합해 중용을 발휘할 때 비로소 신바람은 광기가 아니라 창조의 에너지가 될 수가 있다. 또한 이성적 판단력은 신바람의 힘을 만날 때 강력한 추진력을 얻을 수 있는 것이다. 마치 니체가 디오니소스적인 것과 아폴론적인 것의 조화를 이상 시 한 것처럼 말이다.

다음으로 우리는 유교의 중용사상과 불교의 중용(중도)사상을 살펴보고, 유교와 불교의 중용사상을 통해서 현대인들은 무엇을 어떻게 배워야 할지를 생각해 보도록 한다.

2. 유교의 중용사상과 그 특성

유교에서 중용사상은 언제 어디에서부터 비롯되었는가? 문헌상으로 보면 『논어』에는 요(堯)가 순(舜)에게 "진실로 그 중용을 잡으라"(允執厥中)라고 말한 것으로 되어 있다.[61] 그리고 또한 순(舜)에 대해서 『중용』 6장에서 공자는 다음과 같이 말하고 있다. "순은 크게 지혜롭구나, 순은 묻기를 좋아하고 가까운 말을 잘 살피어, 그 가운데 나쁜 것은 숨기고 좋은 것은 드러내며, 사물의 양극단을 잡고서 최적의 중용을 백성에게 적용하였다."[62] 성인은 순임금처럼 가장 지혜롭고 덕이 있어서 사물의 중용을 잘 파악하고 실천할 수 있는 사람이고, 이상정치는 이러한 성인에 의해서 이루어져야 한다고 유교에서는 인식한다. 『상서』 「고요모(皐陶謨)」에 제시된 '구덕(九德)' 도 균형된 인격을 형성하기 위해 지도자에게 요구되는 '중' 의 덕을 구체화한 것이다. 그리고 『상서』 「홍범」에도 왕자(王者)는 "무편무파(無偏無頗: 치우치거나 기울어짐이 없이 공정함)" "무편무당(無偏無黨: 치우치거나 무리 짓지 않고 공정함)"의 공정한 자세를 갖출 것을 요구한다. 그 밖에도 다른 몇 군데서 중(中)을 언급하고 있지만[63], 대체로 『상서』

61) 『論語』, 「堯曰」: "堯曰: 咨爾舜, 天之曆數在爾躬, 允執其中, 四海困窮, 天祿永終."

62) 『中庸』 6장, "舜其大知也與, 舜好問而好察邇言, 隱惡而揚善, 執其兩端用其中於民"

에 나타나는 중의 개념은 지도자가 정치를 함에 있어서 취해야 할 공평무사한 중립적 정신 자세 및 편견 없는 합리적인 정책 결정의 방법론과 관련이 있다. 그러할 때만이 사적인 감정과 이해관계를 초월하여 진정한 위민정치가 가능하기 때문이다.

중용사상은 고대로부터 점차 발전해 온 동아시아의 전통적 사상이지만, 이러한 사상은 특히 유가를 학문적으로 개척한 공자에 의해서 크게 발전되었다. 공자에 의해서 중용은 삶의 원리이자 사고의 기본 논리로서 그 사상적 틀이 확립된다. 삶 또는 행동의 원리로서의 중용은 공자 자신의 행동 원리이자 교육 방법의 원리이기도 하였다. 그래서 그는 "군자는 천하를 살아감에 있어서 절대 긍정도 하지 않고, 절대 부정도 하지 않고, 오직 올바른 의(義)에 따라 행위를 한다."[64]라고 하였다. 그리고 자신도 어느 한 목적에 대해 맹목적 의지를 갖는다거나, 반드시 어떤 결과를 인위적으로 기약한다거나, 어떤 한 가지 사안에 집착한다거나, 주관적 아집을 고수하려 하지 않았다.[65] 또한 이상적 인간상은 행위 시에 지나치게 과격하거나 너무 소극적이지 않고(無過無不及), 대립적 특성을 통일적으로 조화시켜야 한다고 보았다.[66] 다른 인간과의 관계에서는 획일적 동일성이나 배타적 이질성을 고집하지 않고 차이를 인정하는 가운데 다양성 속에서 조화(和)를 추구하였다.[67]

유교의 중용사상에서 인간은 한편으로는 천지의 이법을 따라서 살아가는 존재이면서, 다른 한편에서는 인간은 천지의 운행을 도와주는 주체

63) 『尙書』에 '中'에 대해서 언급한 부분을 참고로 몇 군데 더 인용하면 다음과 같다. 『尙書』, 「盤庚 中」: "各設中于乃心"; 「尙書」: "作稽中德"; 「蔡仲之命」: "康濟小民, 率得中."

64) 『論語』, 「里仁」: "君子之於天下也 無適也 無莫也 義之與比."

65) 『論語』, 「子罕」: "子絶四, 毋意, 毋必, 毋固, 毋我."

66) 『論語』, 「雍也」: "文質彬彬, 然後君子." 참조.

67) 『論語』, 「子路」: "君子和而不同, 小人同而不和." 참조.

적 역할을 한다. 즉 인간은 자연에 용해되는 무의지적 존재도 아니고, 자연을 대상화 하여 지배하고 정복하는 존재도 아니다. 유교의 중용사상에서 존재 세계는 음과 양의 조화로 이루어져 있다. 음과 양의 조화로 우주가 창생하고 발전한다. 음양의 만남과 교감이 창조의 원천이라면 음양의 조화가 깨어지는 데서 불화가 비롯된다. 예컨대 땅(음)과 하늘(양)이 서로를 마주 향하고 있는 태(泰)괘는 길하고, 음과 양이 서로 잘 상응하고 있는 항(恒)괘와 함(咸)괘는 길하다. 이와 반대로 땅(음)과 하늘(양)이 따로 노는 비(否)괘는 좋지 않다. 음과 양이 서로 어그러진 괘는 대체로 길하지 않다. 중용사상에서는 무엇이든지 지나친 것은 후회를 낳고 지나친 것은 악으로 연결되기 쉽다고 인식한다. 반면에 알맞은 중심과 균형을 잘 지키고 절도를 유지하는 것은 선하고 아름답다고 여겼다. 음양의 기로 이루어진 자연 세계는 계절에 따라 유행이 변한다. 유행의 변화는 무원칙한 변화가 아니라 그 이면에 일정한 원리가 있다. 인간은 일정한 물리적·문화적·역사적 시간과 공간 속에서 생활하게 된다. 물론 유사한 상황이 역사적으로 재현되기도 하지만 상황의 끝없는 변화는 우리에게 새로운 대응 양식을 원한다. 유교 중용사상의 기본 원리는 무엇인가?

첫째, 중용은 절대적으로 고정된 것이 아니라, 공간 또는 환경을 뜻하는 공(空)과 시간을 뜻하는 시(時)에 따라서 상대적이다. 그래서 인간의 행동도 이러한 부단히 변하는 시간과 공간의 상황을 고려해서 선택하지 않으면 안 된다. 예컨대 인(仁)을 실천하는 방법도 상황에 따라 상대적으로 여러 가지가 있을 수 있다. 예컨대 관중(管仲)처럼 작은 절개(小節)에 구애되지 않고 벼슬길에 진출하여 천하를 평화롭게 하는 공적을 남기는 것이 인이 될 수도 있고, 안회(顔回)처럼 가난하게 살면서 홀로 안빈낙도(安貧樂道)하는 것이 인이 될 수도 있다.

둘째, 중용은 단조로운 획일성이 아니라, 이질적 다원성을 인정하는 가운데 그 속에서 상생과 상호 조화를 도모한다. 중용사상은 반대되는 견해를 억압하고 획일적 동일성을 추구하는 것이 아니다. 오히려 다양한 대립적 의견과 반대되는 견해를 용인하고 대화와 타협을 통해 합의를 추구한다는 점에서 '동이불화(同而不和)' 가 아니라 '화이부동(和而不同)' 의 사상과 일치한다. 아래 인용에서 제후와 안자의 문답은 동(同)과 화(和)가 어떻게 다른지 잘 보여주고 있다.

"齊侯가 사냥터에서 돌아와서 晏子가 천대에서 모시고 있었는데 子猶(梁丘據)가 달려오니 公(齊侯)이 말하기를 '오직 據와 나는 和하다' 고 하였다. 이에 대해서 晏子는 말하기를 "據 역시 同일 뿐이지 어찌 和하다고 할 수 있겠습니까?" 公이 되묻기를 "和와 同은 다른가?" 이에 대해 안자는 다음과 같이 대답하였다. " 다릅니다. 和는 국물과 같으니 물, 불 그리고 초, 젓갈, 소금, 매실 같은 양념을 갖추어 魚肉을 삶고 불을 지필 때에 조리사는 부족한 것이 있으면 더하고 지나치면 줄여서 요리를 만들기 때문에 군자는 이러한 음식을 먹고 그의 마음이 화평할 수 있는 것입니다. 君臣 관계 또한 그러한 것입니다. 인군이 옳다는 말에도 문제가 있다면 신하는 그렇지 않다고 간하고, 인군이 불가하다는 말에도 옳은 점이 있으면 신하는 옳다고 간할 수 있어야 정치는 제대로 되어서 어긋나지 아니하고 백성들도 다투고자 하는 마음이 없어집니다. 그러므로 詩에서 '온갖 양념한 국은 맛이 두루 조화로우네. 말없이 신의 강림을 빌어 시절은 다툼 없이 평화로우네' 라고 하였습니다. 선왕은 다섯 가지 맛(五味)을 섞고 다섯 가지 소리(五聲)를 조화하여 마음을 평화롭게 하고 정치를 완성하였습니다. 소리도 역시 맛과 같습니다. 一氣, 二體, 三類, 四物, 五聲, 六律, 七音, 八風, 九歌로써 서로 和樂을 이룹니다. 맑고 흐리고, 작고 크고, 짧고 길고, 빠르고 느리고, 슬프고 기쁘고, 강하고 부드럽고, 더디고 빠르고, 높고 낮고, 들어가고 나오며, 두루하고 소원한 것이 서로 보완하고 조화를 이룹니다. 군자는 이것을 듣고 마음을 평화롭게 합니다. 마음이 평화로우면 덕이 조화됩니다. 그래서 詩에 이르기를 '덕을 기리는 말 끊임없네' 라 하였습니다. 그런데 오늘날 據는 그렇게 하지 못하고 있습니다. 인군이 옳다하면 據 역시 옳다하고, 인군이 그르다고 하면 據 또한 맞장구치니, 이는 마치 물에 물을 더 보태는 꼴이니 누가 이 음식을 먹겠으며, 조화 없이 일률적으로 거문고를 켜는 소리와 같으니 어느 누가 그 음악을 듣겠습니까? 同이란 이처럼 옳지 않은 것입니다." [68]

위에서 안자(晏子)는 화(和)를 오케스트라의 합창 또는 맛있는 찌개 요리에 비유한다. 이러한 비유는 중용이란 다양한 목소리를 아울러 존중하고 반대되는 주장도 수용함을 뜻한다. 다양한 이견(異見)을 가진 사람들이 대화를 통해 타협과 조정을 하면서 합리적으로 의사를 결정해 가는 방식을 지향하는 것이다.

셋째, 중용은 대상과 조화로운 관계를 추구한다. 대상과 조화로운 관계를 맺기 위해서는 먼저 자기 자신과 올바르고 조화로운 관계를 맺어야 한다. 이를 위해서 우리는 본성을 왜곡해서는 안 되고, 타고난 좋은 본성을 잘 지키고 보존하며 상황에 따라 그것을 알맞게 발휘해야 한다. 자기 자신 다음에는 바로 타인과 조화로운 관계를 맺어야 한다. 그뿐만 아니라 만물과도 좋은 관계를 맺어야 하며, 이를 위해서는 만물을 아껴야 한다.(愛物) 그래서 궁극적으로는 천지만물과 조화를 이루고, 천지인 삼재의 화합을 이루어 천지만물이 모두 우주적 규모에서 자아실현을 하도록 인간이 역할을 해야 한다. 중용의 세계관 밑바탕에는 천지만물이 하나의 일체로서 서로 상응 체계를 이루고 있다는 것이다. 그래서 인간은 자연과 자아는 타자와 서로 영향을 주고받는 상호작용 체계에 있다는 것이다. 내

68) 『左氏會箋』 제24권, 「昭二十」.

생각과 느낌, 행동은 마치 연못의 물결처럼 온 사방으로 퍼져서 영향을 주는 까닭에 세상을 바르게 하기 위해서는 먼저 자신이 바르게 되어야 한다. 만물과 조화로운 관계를 맺기 위해서는 먼저 성실(誠)해야 하며, 홀로를 삼가고(愼獨), 계신공구(戒愼恐懼)해야 한다. 그래서 자기부터 주체의 중심을 올바르게 정립하는 것이 대상과 조화로운 관계 실현에 있어서 선결요건이다.

넷째, 양극의 대립 사이에 조화와 균형을 추구한다. 주역에서 각 괘의 효의 길흉을 해석함에서 응(應)과 비(比)의 여부를 중시한다. 64괘는 상괘와 하괘로 구성되어 있는데, 하괘의 초효가 양이면 이것과 상응하는 상괘의 4효는 음이어야, 상하괘가 상응하여 조화를 이루어 길하게 된다. 그리고 만약 하괘의 2효가 음이면 상괘의 상응하는 오효는 양이어야 상응이 된다. 그렇지 못하고 상하괘의 서로 대응 관계의 효 사이에 같은 양이거나 같은 음이면 이는 상응이 아니라 불응(不應)이 된다. 이러한 관념은 음양의 상호 조화, 그리고 상하의 상호 균형을 중시하는 관념을 반영한다. 응(應)이 상하괘 효 사이의 관계를 나타낸다면 비(比)는 이웃 효와의 관계를 말한다. 옆에 인접한 효끼리 서로 다른 성질의 것, 예컨대 초효가 양이라면 그것에 인접한 2효가 음이 되면 서로 비(比)하게 되고, 똑같은 양이면 비하지 못하게 된다. 비는 1과 2, 2와 3, 3과 4, 4와 5, 5와 6효 사이의 관계이다. 이들 관계가 음양이 서로 조화롭고 균형을 이루면 좋다고 보는 것이다. 역 해석에 있어서 '비(比)' '응(應)' 개념은 우주 자연과 인간사에서 모든 것이 균형과 조화를 이루는 것이 자연의 질서이고, 동시에 인간의 당위적 규범이라고 보는 중용사상을 상징적으로 표현한 것이다. 『주역』은 다음과 같이 균형 지향성을 자연과 인간의 보편적 법칙으로 파악한다.

"하늘의 법칙은 가득 찬 것은 덜고 차지 않은 것은 보탠다. 땅의 법칙은 가득 찬 것은 변화시켜 차지 않은 데로 흐른다. 귀신은 가득 차 있는 자는 해치고 겸손한 자에게는 복을 준다. 사람의 도리는 교만한 것을 미워하고 겸손한 것을 좋아한다."[69)]

유교의 중용사상과 관련하여 특히 현대적으로 주목해야 할 부분은 인간과 인간, 그리고 자연과 인간의 관계 문제라고 할 수 있다. 타자를 자아의 에고에 흡수하려는 서구 근대의 사상과는 다르게, 유교의 타자관은 타자를 타자로서 인정하고 존중하는 충서(忠恕)의 사상에 기초하고 있다.

> "충서(忠恕)는 도에서 멀지 않다. 자기에게 베풀어지기를 원하지 않는 것은 타인에게도 베풀지 말라. 군자의 도가 네 가지가 있는데 나는 하나도 아직 능하지 않다. 자식에게 바라는 바로써 어버이를 섬김에 아직 능하지 못하고, 신하에게 바라는 바로써 군주를 섬김에 아직 능하지 못하고, 아우에게 바라는 바로써 형을 섬김에 아직 능하지 못하고, 벗에게 바라는 바를 먼저 베풂에 아직 능하지 못하다."[70)]

타자를 대등한 존재로 인정하고 그 자체로서 인격적 존재로 대해야 한다는 충서의 상호 주관적 합리성은 중용사상의 주요한 전제이다. 다른 한편 인간과 자연의 관계에서 유교의 중용사상은 인간을 자연의 일부로서, 자연의 자녀로서 간주하면서도 다른 한편으로는 완전히 자연에 동화하거나 일치시키지는 않는다. 오히려 인간의 주체적 책임과 역할을 강조함으로써 자연과 인간 사이에 같으면서도 다르고 다르면서도 같은 관계를 잘 파악하고 있다. 현대 생태 철학에서는 인간도 하나의 동물로서 보고 모든

69) 『周易』, 謙卦彖傳, "天道虧盈而益謙, 地道變盈而流謙, 鬼神害盈而福謙, 人道惡盈而好謙."

70) 『中庸』 13장, "忠恕違道不遠, 施諸己而不願, 亦勿施於人. 君子之道四, 丘未能一焉. 所求乎子以事父, 未能也; 所求乎臣以事君, 未能也; 所求乎弟以事兄, 未能也; 所求乎朋友先施之, 未能也."

생물의 내재적 가치를 인정해야 한다는 생물 중심적 평등주의(biocentric equality), 그리고 생태계를 원자론적 부분의 집합이 아닌 불가분할의 전체로서 바라보아야 한다는 전체론(holism)의 논리가 대두하고 있다. 이러한 사조는 근대 서구 사상이 지나치게 인간중심주의 또는 인간 우월주의의 관점이 강한 나머지 여타 생명체를 인간의 이익에 종속시킨 것에 대한 반작용으로 보인다. 근대의 자연관은 존재자를 원자론적으로 서로 분리함으로써 존재의 연속적 망을 상호 연관적으로 인식하는 데 실패하였다. 근대적 이론과 사상이 지나치게 인간중심주의적이고, 원자론적인 것에 대해 반동으로 평등주의와 전체론이 대두하게 되는 것이다. 우리는 이 문제에 대해 어떤 태도를 취해야 하는가? 어느 쪽도 모두 진리가 아니다. 왜 우리는 어느 한 극단만을 따라야 하는가? 양극단 사이에 중용은 없는 것인가? 생명체를 고루 존중하면서도 인간의 고유한 역할과 책임을 수용할 수 있는 입장은 없는 것인가? 그리고 존재의 상호 연속적인 관련성을 받아들이면서도 인간의 주체적 영역을 확보할 수가 없을까? 이러한 문제들에 대해서 유교의 중용사상은 만물의 유기적 조화를 중시하면서도 인간의 주체성과 책임 의식을 강조하는 중도적 태도를 잘 보여주고 있다.

3. 불교의 중용(중도)사상과 그 특성

불교의 중용사상은 일반적으로 '중론' 또는 '중도'로 알려져 있다. 불교의 중용사상 또는 중도사상은 불교사상의 본질적 특성이라고 해도 결코 과언이 아니다.[71] 중도사상은 유교의 중용론과 비슷한 점도 있지만 차

71) 性徹,『百日法門 上』(장경각, 1992), 71-83쪽 참조.

이점도 있다. 유교의 중용론은 존재와의 관계에서 특히 다른 사회적 존재와의 관계에서 조화를 추구하는 성향이 강하다. 이에 비해 불교의 중도론은 존재에 대한 인식과 더 깊은 관련이 있다. 그러면서도 공통점은 어느 한 극에 편중되지 않고 양극의 양면을 함께 고려하고 두루 포용하는 입체적 사상이라 할 수 있다. 유교의 중용사상이 윤리적 행위와 주로 관련된다면, 불교는 형이상학적이고 인식론적 측면이 강하다.

우리가 세계를 인식하는 것은 주로 두 가지 대립하는 개념의 쌍을 통해서이다. 즉 유(有)/무(無), 색(色)/공(空), 동(同)/이(異), 생(生)/사(死), 진(眞)/속(俗) 등의 개념을 통해서 이다. 그런데 불교의 중용사상은 이들 대립하는 개념의 쌍을 한편으로는 양면 부정하고 한편으로는 양면 긍정함으로써 그 중도에서 진리를 추구한다. 대립 개념이 서로 모순되는 것이 아니라, 실제에 있어서는 서로가 서로를 함축하는 의존적 개념임을 말함으로써 존재와 개념을 상호 연관의 체계로 파악하고 있다.

세계의 본래 모습은 불변적 실체들의 모임이라는 의미에서의 유가 아니다. 유가 아니라면 사람들은 곧장 무라고 생각할 수 있다. 불변적 실체로서의 유개념을 부정한다고 하여, 아무것도 존재하지 않는다고 하는 것도 또 하나의 극단적 생각이다. 그러므로 아무것도 존재하지 않는다는 의미의 무도 부정된다. 비록 일시적이고 서로 의존하여 조건적으로나마 존재하는 것이 무엇인가 있기 때문이다. 이 점에서 존재는 유도 아니고 무도 아니라 할 수 있다.(非有非無) 그러나 다른 한편으로 보면 일시적으로나마 무엇인가가 존재한다는 점에서 보면 유가 긍정되고, 영원한 실체가 없다는 점에서 보면 무 역시 긍정될 수 있다.(亦有亦無) 또한 유와 무라는 개념이 완전히 별개의 것이 아니라, 그 자신의 의미가 상대 개념과의 연관 속에서만 의미를 지니는 관계개념이라는 측면에서 보면 유는 무와 통하고 또한 무는 유와 통한다. 그리고 그 둘이 서로 분리된 별개의 둘이 아니라는 점에서 보면 유는 곧 무이고, 무는 곧 유라고 할 수 있다. 그러나 그것이 상호 무관한 둘이 아니라고 하여 그것이 결코 개념적으로 일치하는 것은 아니다. 즉 하나라고 할 수도 없다. 그래서 유와 무는 하나도 둘도 아닌 '불일이불이(不一而不二)' 관계이다.

유와 무뿐만 아니라, 동(同)과 이(異), 생과 사, 진과 속의 관계에 대해서도 동일한 논리로 분석할 수 있다. 불교에서 말하는 중은 진리를 대립 개념의 '불일이불이(不一而不二)' 한 관계에서 인식하고 있다. 우리의 행동이 격정에 의해 어떤 극단을 향하기 쉬운 것처럼 우리의 인식 역시 개념의 미끄럼을 타고서 상대개념을 모순 관계로 여겨서 이것 아니면 저것인 양 이분법적 논리에 빠지기 쉽다. 불교의 중도 논리는 이 점에서 이분법에 기초한 모순율을 극복하게 해주는 제3의 논리라 할 수 있다.

길장(吉藏)은 세 종류의 이제의(二諦義)를 통해 중도사상을 설명한다. 첫째 단계에서 세속제(世俗諦)는 현상세계의 모든 사물의 실재를 긍정한다. 이에 대해 제일의제(第一義諦)는 세속제에서 긍정된 모든 현상 존재의 실재성을 부정하는 것이다. 2단계에서는 존재 긍정 또는 존재 부정을 각각 인정하는 것 전체를 다시 세속제로 간주한다. 그리고 이를 부정하는 것 즉 존재 긍정과 존재 부정 전체를 부정하는 것을 제일의제로 한다. 3단계에서는 2단계에서의 세속제와 제일의제의 조합을 다시 세속제로 놓고서 그 전체에 대한 부정을 제일의제로 한다. 이처럼 단계적 부정을 통해 중도사상은 이원론적 논리에 대한 고착을 넘어서 양면 긍정과 양면 부정의 동시적 긍정과 함께 동시적 부정을 보여준다. 이것은 단순히 논리학적 명제의 발전으로만 볼 것이 아니라, 개념과 논리의 고착을 부단히 넘어서 실재의 양면성 내지 다면성을 아우르면서 언어의 한계를 초극하려는 부단한 노력을 보여준다.

원효의 일심이문(一心二門)의 사상도 불교적 중도사상의 구조를 잘 보여주고 있다. 원효에 따르면 일심(一心)은 진여문(眞如門)과 생멸문(生滅門)의 이문(二門)으로 구성되어 있다. 그런데 일심은 이문과 같은 것도 아니고 다른 것도 아니며, 또한 진여문과 생멸문도 같은 것도 아니고 다른 것도 아니다. 즉 양자는 '융이이불일(融二而不一)' 이고 '불일이불이(不一而不二)' 이다. 이는 자크 데리다(Jacques Derrida)의 해체 철학에서 차연(差延: différance)의 논리와 대단히 유사하다.[72)]

불교의 중도사상은 부단한 부정의 변증법을 통해 어떤 특정 개념과 논리에 대한 고착을 지양함으로써 어떤 형태이건 존재를 실체화하거나 일변화(一邊化)하려는 시도를 부정하는 것이다. 불교의 중도사상은 우리가 언어의 개념에 매몰되어 존재의 실상을 이분법적 개념의 틀로 재단하는 것을 비판적으로 바라보게 한다. 즉 존재의 실상은 일상적 개념의 틀로 온전히 설명되는 것이 아니라 그것을 넘어서는 데 있음을 보여준다. 다른 한편 대립하는 범주들을 함께 아울러 보아야 함을 뜻한다. 그렇지 않고 어느 한 개념이나 이론에 고착될 때 우리는 그것이 보여주는 설명 능력 못지않게 그것이 존재의 실상을 은폐하는 다른 측면을 놓칠 수 있기 때문이다. 따라서 중도적 방법에 의해서만 존재의 이중적 측면을 놓치지 않고 입체적으로 파악할 수 있다는 것이다. 불교의 중도사상은 다르게 말하면 연기사상과 서로 통한다. 연기사상에 의하면 존재의 세계는 서로 얽히고설켜서 상호작용을 주고받을 뿐, 결코 독립적 실체는 있을 수 없다. 이 점에서 중도사상은 또 공(空)사상과 다르지 않다. 중도 즉 공의 철학은 실체의 철학에 대한 부정이며, 이 세계를 시공적으로 무한히 중첩되는 상호작용의 관계망으로 인식한다. 실체철학의 부정은 곧 연기라는 관계의 철학으로의 전환을 의미한다. 불교의 중도사상은 존재와 무, 보이는 것과 보이지

72) 김형효, 『원효에서 다산까지』(청계, 2000), 제1장 '원효 사상의 텍스트 이론적 독법' 참조.

않는 것을 함께 동시에 공관(共觀)하고자 하였던 메를로 뽕띠(Maurice Merleau-Ponty)의 다음과 같은 애매성의 철학과 유사한 측면이 있다.

> "그러므로 삶의 대기에서 모든 것은 서로 인연의 사슬처럼 연루되어 있다. 이 사이 세계에 고립적으로 존재하고 있는 것은 아무것도 없고 모든 것은 다 존재(l'Être)의 그물망에 얽힌 그런 연루의 법칙과 같다. 메를로 뽕띠가 대문자로 존재(l'Être)를 쓸 때, 그것은 소문자(l'être)의 존재와 구분된다. 즉 대문자의 존재(l'Être)는 이 세계에서 보이는 것, 안 보이는 것, 주체와 객체, 지각된 것과 생각된 것, 존재(l'être)와 무(le néant) 등을 포괄하는 그런 개념이다. 따라서 소문자(l'être)의 존재는 무와 구분을 이루고 있는 좁은 의미의 존재를 가리킨다. 그러므로 보이는 것만 대문자의 존재에 포섭될 뿐만 아니라, 안 보이는 상상적인 것까지 모두 대문자 존재에 속한다. 그래서 신화와 꿈과 같은 안 보이는 상상의 질서도 존재(대문자)의 세계 밖에 있지 않다. 그런데 이런 「사이 세계」에 등장하는 상반성들이 서로 애매하게 교차하고 있기 때문에 단순명제로서 「존재는 존재하고 無는 없다」고 결론을 내릴 수는 없다. 모든 것은 한순간에 존재하다가 다음 순간에는 다음에 오는 것에 의하여 지워지기도 하고, 또 다른 것에 의하여 변질되기도 한다. 어떤 것이 지워졌거나 변질되었다고 해서 그것이 영원히 사라졌다고 봐서도 안 된다. 존재의 세계에서 사라지는 것은 없고 단지 대체되거나 대리되는 것만 있을 뿐이다."[73]

불교 유무의 중도론, 진속의 중도론, 생사와 열반의 중도론, 시비와 동이(同異)의 중도론은, 현대사상이 실재론과 관념론, 합리주의와 비합리주의, 인간중심주의와 탈인간중심주의, 유신론과 무신론, 광신주의와 허무

---

73) 김형효, 『메를로 뽕띠와 애매성의 철학』(철학과 현실사, 1996), 325-326쪽.

주의의 양극 어느 한쪽에 편향됨으로써 결과적으로 진리를 절대화하고 교조화하여 생기는 폭력성을 해소하는 해독제와 같다. 결국 덕으로서의 중용이든 인식 논리로서의 중도이든 궁극적으로는 반폭력·친평화의 사상과 논리와 다르지 않다.

선불교의 일상성 긍정과 유교의 일상성 긍정, 그리고 여름이면 얇은 옷을 입고 겨울이면 두꺼운 옷을 입어서 계절의 변화에 자연스럽게 맞추어 행동하듯이 모든 것을 때맞추어 알맞게 행위를 하라는 선불교의 사상은 유교의 시중(時中)사상과 통한다. 둘 다 어느 한쪽 또는 하나의 양식에 고착되지 않고 자유롭게 자기의 진정한 본성을 드러내고자 하는 것이다. 장악의 의지를 버리고 자연스럽게 대상과 조화하고 화해하려는 태도이다. 불교적 중도사상이 함축하는 공사상이 현대에 어떤 의미를 던져주는 것일까? 인간존재의 근본이 무와 공임을 깨달으면 존재가 실체가 되지 않고 기회의 흔적으로 이해되면서 소유주의를 극복할 수 있게 될 것이다.[74] 그래서 물욕, 권력욕, 애욕, 명예욕과 같은 욕망의 사슬에서 자신을 보다 쉽게 해방시킬 수 있을 것이다.

4. 중용적 합리성의 모색

서구 근대 철학은 이성의 개념을 중심으로 형성되었다. 근대적 합리성은 대상을 수학적 원리로 파악하고, 과학적 원리를 적용하여 대상을 합리적으로 관리하고 지배하려고 한다. 그것은 정해진 목적을 달성하기 위해 최선의 합리적 방법을 탐구하는 도구적 이성(instrumental reason)으로 특

74) 김형효, 「세상을 읽는 두 가지 사상과 새로운 길의 모색」(『민본주의를 넘어서』, 청계, 2000), 123쪽 참조.

징지어진다. 도구적 합리성의 발전은 대상을 관리하고 경영하는 데는 뛰어난 효율성을 보여주었지만, 그것은 또 다른 폐해를 유발하였다. 도구적 합리성이 지나치게 팽배함에 따라서 시장경제가 시민사회를 주도하면서 시민사회는 자율성을 상실하고 경제 논리에 의해 압도되고 있다. 결과적으로 사회 전체가 경쟁력과 효율성을 신봉하는 경제가치의 숭배자로 전락하게 되었다. 또한 자연은 고유의 내재적 가치를 박탈당하고 오직 인간의 과학적 인식의 대상이자, 이익 실현을 위한 자원의 보고로서만 간주한다. 그뿐만 아니라 인간 상호 간의 관계에서도 개인과 개인은 원자적 실체로서, 타인은 자아의 이익 실현을 위한 도구로 간주하는 경향이 강하다. 도구적 이성의 발달은 과학과 기술의 발달, 그리고 경제성장과 물질적 풍요를 가져왔지만, 많은 새로운 문제점들을 야기하고 있다.

중용적 합리성은 사물을 이원론적으로 또는 원자론적으로 고찰하지 않는다. 개체나 전체, 인간이나 자연을 하나의 실체로서 접근하기보다는 관계로 인식한다. 존재 세계를 두 대립 개념의 상호 의존과 상호작용의 관계망으로 바라본다. 즉 중용적 합리성은 개체/전체, 개인/공동체, 인간/자연, 이성/감성을 이원론적 대립 관계가 아니라 '불일이불이(不一而不二: 하나도 아니고 둘인 것도 아님)' 의 상호의존관계로 인식한다. 그리고 중용적 합리성은 일정한 가치 또는 목적(종점)을 향한 발전 또는 진보를 위해 다른 가치를 희생시키기보다는 다양한 가치의 조화로운 균형을 이상시 한다. 중용적 합리성은 조화와 균형 그 자체를 가치로 보고, 어떤 것이 얼마나 주어진 시스템의 조화와 균형에 이바지하느냐를 중시한다. 물론 여기서 말하는 조화와 균형은, 고정된 불변적 조화와 균형이 아니라 변화하는 역동적 현실 속의 살아있는 역동적 균형이고 조화이다.

또한 중용적 합리성은 차이를 배제하고 동일성의 기준에 다양성을 환원시키는 것이 아니다. 오히려 다양성과 이질성이 자기의 고유성을 발휘하는 과정에서 차이 또는 다양성 가운데 화합을 추구하는 것이다. 중용적 합리성은 세계를 역동적 변화의 과정으로 인식하고 그러한 변화하는 정세에 따라 그것에 가장 적합한 판단을 중시한다. 즉 시간적 변화의 흐름에 적합한 최적의 판단을 추구하는 것이다. 또한 중용적 합리성은 주어진 목적 달성을 위한 수단적 차원에서만 합리성을 고려하는 것이 아니다. 최선의 가치에 대한 도덕적 판단을 우선으로 하며 수단에 대한 고려는 그다음의 과제로 본다. 따라서 목적과 가치에 대한 숙고 없이 무비판적으로 주어진 목표 달성을 위해서만 합리성을 발휘하는 도구적 이성과는 다르다. 자연을 인간의 모태로 인식하면서도 대자연 속에서 인간의 위치와 역할에 대해 주체적 자각을 중시하고, 이를 토대로 인간의 책임 있는 역할을 강조한다.

중용적 합리성은 특정 개념 또는 이론으로 모든 것을 설명할 수 있다고 보지 않는다. 개념이 사태를 설명하는 만큼 또한 은폐하고 있는 측면이 있음을 고려하여 상반되는 개념과 이론을 합쳐서 종합적으로 사물을 바라보고 설명하고자 한다. 특히 존재를 유의 측면에서만 보는 것도 아니고 그렇다고 무라고 단정하지도 않는다. 유와 무의 양 측면을 함께 바라봄으로써 소유주의의 노예가 되지도 않을뿐더러 허무주의에 경도되지도 않는다. 소유주의의 한계를 아는 까닭에 성장과 발전을 전부로 보지 않는다. 요컨대 중용적 합리성은 인간의 능력과 세계의 본성을 일면적 또는 이분법적 맥락이 아니라, 다양한 측면과 여러 차원에서 입체적 · 역동적으로 바라보며 조화와 균형의 가치를 무엇보다 중시한다고 할 수 있다.

5. 오래된 미래와 중용사상

중용사상은 실체적 사유가 아니라 관계적 사유이며, 정태적 사유가 아니라 동태적 사유이며, 이원론적 사유에서 '불일이불이(不一而不二)'의 사유이며, 분석적 사유이기보다는 총체적 사유이다. 21세기적 사유는 실체론·환원론적 사유에 기초한 근대적 사유의 한계와 그 문제점에 대한 분명한 자각을 토대로 관계론적 사유로 전환해야 하는 과제를 안고 있다. 이러한 사유의 전환을 통해 인간을 생태계의 일원으로, 관계망의 한 매듭으로 이해해야 한다. 그리하여 더 이상 존재를 정복과 지배의 대상으로서가 아니라, 화해와 융화의 대상으로 인식하여 존재와의 소외된 관계를 극복하고 재화해하는 계기를 마련해야 할 것이다. 이윤 추구를 향해 무한질주로 치닫는 현대 문명의 위기를 근원적으로 극복하기 위해서는 세상을 바라보는 관점의 새로운 전환이 요구된다. 이런 측면에서 보면 동양의 중용사상은 오래된 전통 사상에 그치는 것이 아니라, 21세기 현대사회에서도 미래적 지혜의 원천으로서 새로운 의미를 지니고 있는 것이다.

2부

주역과 변화의 기술

성인이 천하를 이익 되게 하는 도는
때(時)에 응해서 리(理)에 따라(應時順理) 천지와 합하고
사시와 함께 가는 것이다.

제4장

이천역전(伊川易傳)의 철학과 윤리

1. 들어가는 말

이 세계는 끊임없는 변화의 과정이다. 그러나 변화의 과정에는 일정한 법칙이 존재한다. 주역은 변화의 법칙을 탐구하여 변화의 흐름에 지혜롭게 대처하고자 한다. 주역에 대해서는 수많은 해석이 있지만, 성리학에서 주역에 대한 대표적 해석으로 이천(伊川) 정이(程頤: 1033~1107)의 『이천역전(伊川易傳)』과 주희의 『주역본의(周易本義)』를 꼽는다. 왕필은 상수역학을 비판하고 역학을 의리학적으로 해석하였다. 그런데 이천은 왕필의 도가적 이념을 비판하고 유가적 의리역학을 정립하고자 하였다. 이천은 주역이 가지고 있는 신비적 측면을 제거하고 합리적인 리(理)의 철학으로 재해석하였다. 이천에 의해 주역은 도덕철학서로 읽히게 된다. 그는 주역에서 세계관과 인생관의 근거를 마련하고자 하였다. 주역의 64괘는 사(事)로서 그러한 사는 어떤 리(理)를 상징하고 있다고 인식한다.[1] 그리고 효

1) 예를 들면 乾坤괘는 '天地之道', 屯괘는 萬物始生之道, 蒙괘는 物生發蒙之道, 需괘는 飮食之道, 訟괘는 爭訟之道와 관련된 理를 함축하고 있다는 것이다.

(爻)는 사(事)의 시(時)에 따른 상황적 변화를 나타내는 것으로써 본다. 이천은 그의 역전을 통해 64괘 384효에 내재하는 도(道)와 리(理)를 해석하고자 하였다. 이러한 해석 과정에서 이천은 역의 텍스트를 빌어서 자신의 철학과 가치관을 창조적으로 개진하였다. 우리는 이 글에서 『이천역전(伊川易傳)』에 나타난 이학적(理學的) 철학과 윤리 사상에 대해서 살펴봄으로써 삶에서 변화를 헤쳐나가는 지혜와 기술을 탐색해 본다.

2. 이천역전(伊川易傳)에서 자연현상과 인간 규범

주역은 자연현상의 법칙을 빌어서 인간 삶의 당위적 길을 제시하고 있다. 이천역전도 이러한 주역의 근본원리에서 벗어나지는 않는다. 주역에서 자연현상과 인간 규범의 관계를 논할 때 자연현상이 의미하는 바는 크게 보면 세 차원으로 구분할 수 있다. 첫째로는 자연의 일반 법칙의 의미이다. 자연은 부단히 변화하지만, 그러한 변화하는 현상의 이면에는 일정한 법칙이 존재한다. 양이 성장하여 극에 달하면 다시 음이 자라고, 또 음이 극에 달하면 다시 그 속에 양이 자라기 시작한다. 즉 "사물의 이치는 극에 도달하면 반드시 되돌아온다.(物理極而必反)"의 원리에 따라 음양(陰陽)의 소식(消息: 줄어듬과 늘어남)이 일정한 패턴을 형성하게 된다. 자연의 변화 법칙은 천지 사이에 살아가는 모든 만물에 적용된다. 인간 역시 예외가 아니다. 인간은 대자연의 법칙을 모범으로 하여 그것에 순응하면서 살아가는 것이 가장 바람직하다. 따라서 바람직한 삶의 규범을 인식하기 위해서는 먼저 천지만물의 자연법칙에 대한 이해가 선행되어야 한다.

두 번째는 팔괘가 상징하는 여덟 가지 대표적 자연물이다. 주역에서 자연은 하늘과 땅, 우레와 바람, 물과 불, 산과 못 등 팔괘에 의해 상징되는

8가지 범주로 대표된다. 이러한 자연 상징물의 상호 관계는 인간에게 어떤 인간적 의미를 연상하게 만든다.

예컨대 풍지관괘(風地觀卦)의 상괘(上卦)는 바람을 뜻하는 손(巽)이, 하괘(下卦)는 땅을 의미하는 곤(坤)으로 구성되어 있는데, 이 괘는 바람이 땅 위에 불어 그것이 만물에 미치는 것을 나타낸다. 즉 바람이 땅 위로 부는 자연현상은 편력하며 두루 관람하는 상을 상징한다. 선왕은 이러한 상을 보고 체득하여 사방을 둘러보는 예(省方之禮)를 행하여 백성의 풍속을 살피고 정교(政敎)를 베풀어야 한다는 것이다.[2)]

세 번째는 만물의 갖가지 다양한 양태 또는 이미지와 관련된 자연이다. 예컨대 대축괘(大畜卦) 육오효(六五爻)에 나오는 '분시지아(豶豕之牙: 거세한 돼지의 어금니)' 중부괘(中孚卦) 구이효(九二爻)의 '명학(鳴鶴: 우는 학)', 해괘(解卦) 구이효(九二爻)의 '전획삼호(田獲三狐: 사냥에서 세 마리 여우를 잡는다)'의 호(狐: 여우) 등이 그것이다. '거세한 돼지의 어금니'는 저돌적 돼지를 거세시킴으로써 그 사나운 어금니에 대한 공포를 덜어내듯이 인간 사회에서 악을 다스리는 방법을 생각하게 한다. '우는 학'에서 어미 학이 울고 새끼 학이 화답하는 것은, 진심으로 원할 때 서로 통할 수 있다는 '지성감통(至誠感通)'의 원리를 암시한다. '전획삼호(田獲三狐)'의 '여우'는 교활한 짐승으로서 소인을 상징하며 소인은 제거되어야 한다는 의미를 연상시킨다.

이상에서 보듯이 역전에서 자연의 의미가 여러 가지 뜻으로 사용되지만, 천지지도(天地之道)에서 가장 근본적인 원리는 음양의 이론이다. 음양은 '소식영허(消息盈虛)'의 원리에 의해 운동한다. 하늘은 양의 상징으로서 건(健)을 본질로 한다. 땅은 음의 상징으로서 순(順)을 본질로 한다. 음

---

2) 『伊川易傳』, 觀卦 大象辭傳, "風行地上, 周及兼物, 爲由歷周覽之象. 故先王體之, 爲省方之禮, 以觀民俗, 而設政敎也." 참조.

은 양에 순(順)해야 한다. 천지의 본질에 대한 이러한 음양론적 인식은 인도의 규범으로서 대단히 중요한 의미를 지닌다. 음양은 다중 의미체(polysemy)로서 하늘/땅, 남성/여성, 임금/신하, 군자/소인, 천리(天理)/인욕(人欲), 선/악 등을 상징한다. 따라서 여성은 남성에 대해, 신하는 임금에 대해, 어린이는 어른에 대해, 소인은 군자에 대해 순종하지 않으면 안 된다는 규범이 자연의 이법으로서 정당화된다.

이천에 따르면 천지에 합치하는 자가 곧 성인이고, 천지란 도(道)에 다름 아니며 따라서 성인은 곧 도에 합치하는 존재이다.[3] 그러나 천도(天道)와 인도(人道)가 전적으로 같다고 보는 것은 물론 아니다. 자연은 일정한 법칙적 순환의 필연성을 벗어날 수가 없지만, 인간은 수양과 노력을 통해 성(盛)을 지속하고 쇠(衰)를 유보하는 것이 가능하기 때문이다. "음양의 기로 말하면 소장(消長)함은 순환하여 바꿀 수가 없다. 그러나 인사(人事)로 말하면 양은 군자이고 음은 소인으로서 성인은 바야흐로 군자의 도가 상승할 때도 너무 극하면 흉한 이치가 있다는 것을 알고 대비하여 항상 가득 참(滿極)에 이르지 않도록 하면 흉함이 없다"[4]고 경계하였다.

이천역전에서 자연은 몰가치적인 기계적 · 도구적 자연이 아니라, 지성(至誠)의 리(理)를 본질로 하는 유기적 생명의 자연이다. 유기적 생명의 자연은 만물을 화육하고, 무궁하도록 생명을 낳고 낳아 생명이 각각 자기의 타고난 본성을 바르게 구현해 가는 창조적 · 가치적 자연이다. 이천역전에서 자연에 대한 관심은 그 자체로 객관적이기보다는 삶의 지혜와 관

---

3) 『伊川易傳』, 乾卦 文言傳, "大人與天地日月四時鬼神合者, 合乎道也. 天地者道也, 鬼神者造化之跡也. 聖人先於天而天同之, 後於天而能順天者, 合於道而已. 合於道, 則人與鬼神豈能違也." 참조.

4) 『伊川易傳』, 臨卦 彖辭傳, "在陰陽之氣言之, 則消長如循環不可易也. 以人事言之, 則陽爲君子陰爲小人, 方君子道長之時, 聖人爲之誡, 使知極則有凶之理而虞備之, 常不至於滿極, 則无凶也."

련하여 실천적 의미를 지닌다.

3. 수시순리(隨時順理: 때에 맞추어 리를 따름)의 윤리

천리(天理)를 근본원리로 하는 이천의 철학에서, 리(理)는 존재의 법칙이면서 동시에 당위의 규범으로서 마땅히 준수하지 않으면 안 된다. 실천적 관점에서 보면, 리는 주관적 정념이나 이해관계나 상황 논리에 따라 좌우될 수 없는 신성하고 객관적인 원리 또는 규범으로 이해된다. 이천에 따르면 이러한 리를 지키고 따르는 것이 선(善)이고 결과적으로도 길(吉)하며, 리에 역행하는 행동은 설사 일시적으로 좋은 결과가 있다고 하더라도 그것은 악이고 대체로 종국에는 흉할 수밖에 없다. 주역의 길흉은 리에 따르느냐 그렇지 않느냐에 따라 결정된다고 본다. 즉 어떤 상황에서도 리에 따라 삼가면서 살면 길하고, 아무리 유리한 상황에서도 리를 어기고 사욕에 따라 행동하면 결국에는 불리하고 흉할 수밖에 없다는 것이다. 길흉(吉凶)과 리불리(利不利)는 순리(順理)와 역리(逆理)의 결과이다.

> "(지나친 것을) 덜어 리를 따르면 크게 선하고 길하다."[5)]
>
> "즐거움(豫)으로 따라 움직이면 천지도 어기지 못하는데 하물며 제후를 세우고 군사를 움직이는 일에 어찌 따르지 않음이 있겠는가? 천지의 도와 만물의 리는 오로지 지극한 따름(至順)일 뿐이다. 대인이 하늘에 앞서거나 뒤서거나 간에 모두 어기지 않는 것은 또한 오직 리에 따르기(順理) 때문이다."[6)]

---

5) 『伊川易傳』, 損卦 卦辭傳, "損而順理則大善而吉."

6) 『伊川易傳』, 豫卦 彖辭傳, "以豫順而動, 則天地如之而弗違, 況建侯行師, 豈有不順乎? 天地之道萬物之理, 唯至順而已. 大人所以先天後天而不違者, 亦順乎理而已."

"천지가 베푸는 이익이 무궁한 것은 오직 리 때문이다. 성인이 천하를 이익되게 하는 도는, 때에 응해서 리에 따라(應時順理) 천지와 합하고 사시와 함께 가는 것이다."[7)]

리를 윤리적으로 보면 각자가 자신이 처한 위치에 따라 실천해야 할 규범의 의미를 지닌다. 예컨대 어버이는 자(慈), 자식은 효(孝), 임금은 인(仁), 신하는 경(敬)을 실천해야 한다. 이 경우 자신의 위치에 따른 규범을 바르게 지키는 것이 곧 순리(順理)이다. 인간을 포함한 만물은 각기 자신에게 부여된 존재의 이법을 잘 지키는 것이 존재 의미를 구현하는 것이고, 그것이 편안한 길이기도 하다.

"무릇 물(物)이 있으면 반드시 법칙이 있다. 어버이는 자(慈)에 머무르고, 자식은 효(孝)에 머무르고, 임금은 인(仁)에 머무르고 신하는 경(敬)에 머무르니 만물과 모든 일이 각기 자기 자리를 갖지 않음이 없다. 자기 자리를 얻으면 편안하고 잃으면 어그러진다. 성인이 천하를 순조롭게 다스리는 까닭은 만물을 위해 법칙을 만들어서가 아니고, 오직 각기 자기 자리에 머무르게 할 뿐이다."[8)]

사회적 맥락에서 리의 실체는 예(禮)를 떠나지 않는다. 그러므로 예에 맞지 않으면 리가 아니다. 이천은 "리(履)는 예(禮)이다."라고 하여 리(履)괘를 통해 예의 의미를 설명한다. 리(履)괘는 '천상택하(天上澤下)' 의 형상을 하고 있는데, 이것은 하늘은 위에 있고 못은 아래에 있는 모양을 취한

---

7) 『伊川易傳』, 益卦 彖辭傳, "天地之益無窮者理而已矣. 聖人利益天下之道, 應時順理, 與天地合, 與時偕行也."

8) 『伊川易傳』, 艮卦 彖辭傳, "夫有物必有則, 父止於慈, 子止於孝, 君止於仁, 臣止於敬, 萬物庶事, 莫不各有其所. 得其所則安, 失其所則悖, 聖人所以能使天下順治, 非能爲物作則也. 唯止之各於其所而已."

것으로써, 위아래의 나눔과 높고 낮음의 뜻을 상징한다. 이천은 상하지분(上下之分)과 존비지의(尊卑之義)는 리의 당연이고, 예의 근본이라고 한다. 아래의 것이 위의 것을 따르고 음이 양을 받드는 것이 천하의 지극한 이치라고 한다. 따라서 상하를 잘 변별하여 각자 분수에 합당하게 살게 함으로써 백성의 심지를 안정시켜야 한다고 본다.[9] 이천은 사회적으로 상하의 신분과 남녀 간의 질서를 수직적 위계의 관점에서 규정하고 그것이 리의 자연스러움인 것으로 인식한다. 그리고 군자에 있어서 크고 장대함은 외형적이거나 육체적인 것이 아니라, 정신적으로 자신의 욕망을 자율적으로 규제하고 예로 돌아가는 것이라고 보아 예의 실천을 군자다움의 징표로 이해한다.[10]

리는 상황적 맥락에서 보면, 중정(中正)과 밀접한 관련성을 지닌다. 순리대로 행동하는 것은 리의 규범을 상황에 알맞게 실천하는 것으로서, 중정의 도를 따르는 것과 크게 다르지 않다. 중정이란 알맞고 바른 자리를 뜻한다. 여섯 위(位) 가운데 양수인 1·3·5위는 양의 자리이므로 양이 그 자리에 있어야 바른 자리이고, 2·4·6위는 음의 자리이므로 음이 그 자리에 있어야 바른 것이다. 또한 2위와 5위는 알맞은 가운데 자리 즉 중(中)이다. 중정이 가장 좋고, 중이면서 정이 아니거나 정이면서 중이 아닌 것은 그다음이고, 중도 정도 아닌 것은 대체로 나쁘다. 이천은 중이 정(正)보다 더 중요하다고 하면서, 중이면 정에 어긋나지 않지만, 정이 반드시 중은 아니라고 한다. '천하의 이치에 중보다 좋은 것이 없다(天下之理莫善於中)' 라고 하여 이천은 중을 최고의 가치로 인식한다.[11]

---

9) 『伊川易傳』, 履卦에 대한 해석 참조.

10) 『伊川易傳』, 大壯卦 大象辭傳, "君子之大壯者, 莫若克己復禮."

11) 『伊川易傳』, 震卦 六五爻辭傳, "諸卦二五, 雖不當位, 多以中爲美, 三四, 雖當位, 或以不中爲過, 中常重於正也. 蓋中則不違於正, 正不必中也. 天下之理莫善於中, 於六二六五可見." 참조.

중정의 윤리학이 의미하는 바는 사람은 자신에게 알맞고 올바른 자리에 있어야 한다는 것이다. 아무리 좋은 자리라 하더라도 그것이 자신의 능력과 적성과 처지에 부합해야 길하다. 그렇지 못하면 오히려 흉할 수도 있다. 행복이란 사회구조 속에서 자신의 덕과 능력에 알맞은 자리에서 그것에 알맞은 행동을 통해서 얻어질 수 있다. 중정의 도는 때로 현실에 쓰이지 않을 때가 있지만 언젠가는 실현된다.[12] 중정의 도는 베풀어서 나쁜 것이 없고, 반대로 그것을 지키지 않으면 좋을 수가 없는 것이다.[13] 이천은, 자신의 자리가 중정에 맞지 않으면 나아가거나 물러서거나 모두 후회가 있을 뿐이라고 하고, 그 해결책은 오직 자기 몸을 바르게 하는(正身) 방법뿐이라고 한다.

"육삼(六三)은 음이 양의 자리에 거하니 중(中)도 아니고 정(正)도 아닌 사람이다. 중정(中正)하지 못하면서 즐거움에 처하면 움직임마다 모두 후회가 있다. 우(盱)는 위를 보는 것이다. 위로 구사(九四)를 바라보면 그것은 중정하지 못하므로 구사(九四)는 취할 바가 못 된다. 그러므로 후회가 있다. 구사(九四)는 예(豫)괘의 주효로서 육삼(六三)과 매우 가까우나 더디어서 앞으로 가지 않으면 버림을 받을 것이니 역시 후회가 있다. 대개 처신하는 것이 바르지 못하면 나아가나 물러서나 모두 후회와 인색함이 있을 것이니 어떻게 해야 하겠는가? 몸을 바르게(正身) 할 뿐이다. 군자가 처신함에 도가 있으니, 예로 마음을 절제한다. 비록 즐거움(豫)의 때에 처하더라도 중정을 잃지 않으므로 후회가 없다."[14]

---

12) 『伊川易傳』, 既濟卦 六二爻象辭傳, "中正之道, 雖不爲時所用, 然无終不行之理." 참조.

13) 『伊川易傳』, 訟卦 九五爻象辭傳, "中正之道, 何施而不元吉." 참조.

14) 『伊川易傳』, 豫卦 六三爻傳, "六三, 陰而居陽, 不中不正之人也. 以不中正而處豫, 動皆有悔. 盱, 上視也. 上瞻望於四, 則以不中正不爲四所取, 故有悔也. 四, 豫之主, 與之切近, 苟遲遲而不前則見棄絶, 亦有悔也. 蓋處身不正, 進退皆有悔吝, 當如之何, 在正身而已. 君子

때에 따라서는 지나치게 행동하는 것이 도리어 중(中)이 되는 경우도 있다. "마땅히 지나쳐야 할 경우에는 지나치게 하는 것이 옳다. 지나치는 것이 마땅하지 않은데 지나치는 것이 지나치는 것이다."[15] "마땅히 지나쳐야 할 때에 지나치는 것은 지나친 것이 아니라 때에 알맞음이고 이른바 바름이다."[16] 중을 올바르게 이해하기 위해서는 시간〔時〕과 공간〔位〕을 정확히 파악하지 않으면 안 된다. 실제로 중은 시공(時空)의 상황에 따라 상대적이기 때문이다. 천지와 인간이 항상적으로 언제나 지키지 않으면 안 되는 불변의 원리가 리이다. 그러나 리의 항구성이 시(時)의 변동과 모순되는 것은 아니다. 움직이지 않고서 능히 한결같을 수는 없기 때문이다. 움직여서 끝나면 다시 시작으로 되돌아오는 까닭에 항상을 유지하고 궁하지 않을 수 있다.[17] 항(恒)이란 일정한 것을 일컫는 것이 아니다. 일정하면 항상할 수가 없다. 오직 수시변역(隨時變易)이 상도(常道)이다.[18] 이천역전에서도 수시변역(隨時變易)은 핵심 사상이다. 이념을 어떻게 실현하느냐 하는 문제에 있어서 변화하는 현실의 상황을 고려하지 않으면 안 된다. 항구적 원리는 상황의 변화를 따라 알맞게 실천해야 중(中)을 얻었다고 할 수 있기 때문이다. 괘(卦)는 사(事)를 뜻하고 효(爻)는 사(事)의 시간적 변화를 상징한다. 이천은 역이란 수시변역을 통해 도, 즉 리를 실현하고 실천하는 것이라고 규정한다. 리에 따르되 반드시 때에 맞추어 실천해야 하므로, 수시(隨時)와 순리(順理)는 실천에 있어서 결코 서로 분리될 수 없는 명제이다.

處己有道, 以禮制心, 雖處豫時, 不失中正, 故無悔也."

15) 『伊川易傳』, 小過卦 大象辭傳, "當過而過, 乃其宜也. 不當過而過, 則過矣."

16) 『伊川易傳』, 小過卦 彖辭傳, "時當過而過, 乃非過也, 時之宜也, 乃所謂正也."

17) 『伊川易傳』, 恒卦 彖辭傳, "天下之理, 未有不動而能恒者也. 動則終而復始, 所以恒而不窮."

18) 『伊川易傳』, 恒卦 彖辭傳, "恒, 非一定之謂也, 一定則不能恒矣. 唯隨時變易, 乃常道也."

수시(隨時)의 윤리에 따르면 우리는 행위 시에 시간의 특수성과 상황의 역동성을 깊이 고려해야 한다. 마치 계절의 변화에 맞추어 추우면 두꺼운 옷을 입고 더우면 얇은 옷으로 바꿔 입는 것처럼, 우리는 자신이 나아가거나 물러가야 하는 때인지 아니면 그냥 머물러야 하는 때인지, 활동해야 하는지 아니면 조용히 기다리며 힘을 길러야 하는지, 말해야 하는지 침묵해야 하는 것인지, 보태야 하는 것인지 덜어야 하는 것인지, 채워야 하는지 비워야 하는지, 일해야 하는지 쉬어야 하는지, 정치적으로 개혁을 해야 하는지 아니면 수성(守成)을 해야 하는 것인지 때를 정확하게 파악해야 한다. 그리고 그러한 때의 역동적 변화에 맞추어서 리를 시간 속에 알맞게 구현해야 한다. 보편적 원리로서의 리는 실존의 특수한 상황과 역사의 구체적 장 속에서 다양한 방식으로 구현되는 것이고, 결코 초시간적으로 획일적 형식을 고집하는 것은 아니기 때문이다.

> "혹 뛰기도 하고 혹 그대로 거처하기도 하여서 위아래로 일정하게 고정되어 있지 않다. 혹은 나아가고 혹은 물러나는 것이 마땅함을 따라 거취를 선택한다. 바르지 못하게 굽히거나 속한 무리를 떠나는 것이 아니라 덕으로 나아가고 업을 닦아 때에 맞추려고 할 뿐이다. 때에 따라가고 때에 따라 멈추니 한결같이 일정할 수 없다. …… 군자가 때를 따름은 마치 그림자가 모양을 따르는 것과 같다. 떨어질 수 있으면 도가 아니다."[19]

> "간(艮)은 머무름이다. 머무름의 도는 오직 때에 따른다. 행동하고 멈추고 움직이고 고요함이 때에 맞지 않으면 망령되다. 때를 잃지 않으면 순리이고 의에 합치된다. 물(物)에 있어서는 리가 되고 일에 처해서는 의가 되며 움직임과

19) 『伊川易傳』, 乾卦 文言傳, "或躍或處, 上下无常, 或進或退, 去就從宜, 非爲邪枉, 非離羣類, 進德修業, 欲及時耳. 時行時止, 不可恒也 …… 君子之順時, 猶影之隨形, 可離非道也."

고요함이 의리에 맞아서 알맞을 때를 잃지 않으니, 이것이 도의 광명이다. 군자는 때를 귀히 여기니, 공자가 갈 때는 가고 머무를 때는 머무르며 오래 있을 때는 오래 있고 빨리 갈 때는 빨리 갔다는 것이 바로 이것이다."[20]

4. 성경(誠敬)의 수양론

자연의 보편적 원리를 발견하고 그것을 시간적 변화에 알맞게 실천하기 위해서는 성실한 수양이 요구된다. 수양에 있어서는 무엇보다도 욕심이 마음을 어지럽히지 않도록 해야 한다. 외물에 접하면 마음이 동하므로 가능한 (불필요하게) 외물(外物)과 접하지 않아서 내욕(內欲)이 싹트지 않도록 해야 한다. 그래서 욕심이 조금도 없는 망아(忘我) 또는 무아(无我)의 상태에 이르러야 우리는 자신의 주어진 분수에 편안히 거할 수 있다.[21] 이천은 인욕 또는 작위적 의지를 철저하게 부정하고 오직 자연스럽게 천리를 따라 살 것을 강조한다. 인욕은 철저하게 제거하고 천리를 완전히 회복해야 한다고 보고 손괘(損卦)의 손(損)을 인욕을 덜어낸다는 뜻으로 이천은 해석한다. "선왕이 근본을 장악하는 것은 천리(天理)이고, 뒷사람이 말단에 흐르는 것은 인욕(人欲)이다. 손(損)의 뜻은 인욕을 덜어내고 천리를 회복하는 것일 뿐이다."[22]

인욕을 제거하고 천리를 회복하기 위해서는 경(敬)에 의해 엄숙하고 경

20) 『伊川易傳』, 艮卦 彖辭傳, "艮爲止, 止之道, 唯其時, 行止動靜, 不以時則妄也. 不失其時, 則順理而合義, 在物爲理, 處物爲義, 動靜合義理, 不失其時也, 乃其道之光明也. 君子所貴乎時, 仲尼行止久速是也."

21) 『伊川易傳』, 艮卦 卦辭傳 참조.

22) 『伊川易傳』, 損卦 卦辭傳, "先王制其本者天理也, 後人流於末者人欲也. 損之義, 損人欲, 以復天理而已."

건한 태도를 취해야 하고, 경에 철저할 때 우리는 지극한 성(誠)에 도달하여 모든 것을 정리(正理)에 맞게 실천할 수 있다. 이천은 관괘(觀卦) 괘사(卦辭)를 경과 관련지어 해석한다. 그래서 거상자(居上者: 높은 지위에 있는 사람)는 표의(表儀)를 바르게 하여 하민(下民)이 보는 것을 대해야 한다고 말한다. 마땅히 장엄하기를, 제사 지낼 때 처음 술을 땅에 뿌려 강신할 때처럼 정성을 다하고, 이미 제물을 올린 뒤에 성의가 다소 풀리는 것 같은 일이 없도록 해야 한다. 그러면 천하의 사람이 정성을 다하여 우러러 바라본다는 것이다.

물론 경의 근엄함이 인정(人情)을 상하게 하는 경우도 없지 않다. 그러나 그 반대의 부작용 즉 희희낙락하여 법도가 무너지는 것과 비교하면 문제가 되지 않는다.

> "대개 근엄함이 지나치면 비록 인정에는 상함이 없을 수 없다. 그러나 법도가 서고 윤리가 바로잡히어 은혜와 의리가 있게 된다. 만약 희희낙락하여 절도가 없으면 법도가 없어지게 되고 윤리가 어지럽게 될 것이니 어찌 능히 집을 보존할 수 있겠는가? 희희낙락함이 심하면 집이 망하는 흉함에 이르게 될 것임에도 다만 '인색하다' 고만 한 것은, 인색함이 심하면 흉한 데 이르기 때문에 곧장 흉하다고 말하지 않은 것이다."[23)]

경에 의해 성에 도달한다. 자연은 성(誠) 자체라고 할 수 있으나, 인간은 인욕으로 흘러서 거짓되기 쉽다. 그러므로 이천에 따르면 인간은 경에 의해 사욕을 버리고 무슨 일이든지 지성을 다해 성의(誠意)로써 수행하면 되

---

23) 『伊川易傳』, 家人卦 九三爻傳, "蓋嚴謹之過, 雖於人情, 不能无傷. 然苟法度立, 倫理正, 乃恩義之所存也. 若嘻嘻无度, 乃法度之所由廢, 倫理之所由亂, 安能保其家乎? 嘻嘻之甚, 則致敗家之凶, 但云吝者, 可吝之甚, 則至於凶, 故未遽言凶也."

지 않는 것이 없다. 이천역전은 일관되게 윤리적 실천의 주관적 조건으로서 성(誠)을 강조한다.

> "대개 성(誠)으로 물을 대하면 능히 움직일 수 없는 것이 없으니, 성으로 수신하면 몸이 바르게 되고, 성으로 일을 다스리면 일이 올바른 이치를 얻고, 성으로 사람들에게 임하면 사람들이 감화되어 행하여 뜻을 얻지 못하는 것이 없다."[24)]

5. 사대부 사회 권력 엘리트의 윤리 규범

군주와 신하는 사대부 사회의 권력 엘리트로서 이들의 윤리와 의식은 일반 백성들의 생활에 지대한 영향을 미친다. 군주는 천하를 다스리는 정치의 중심이다. 따라서 군주는 철저한 도덕적 각성과 올바른 정치철학을 지니지 않으면 안 된다. 신하 역시 군주를 도와서 치국평천하의 도를 실현하는 주체로서 군주와의 관계에서 정당한 위상과 윤리의식을 지녀야 한다. 이천은 그의 역전(易傳)에서 오효(五爻) 대부분을 군주의 행동규범과 관련짓고, 오효의 아래에 있는 사효와 하괘의 이효 또는 삼효 등을 신하의 행동규범과 관련지어 해석하는 경우가 많다. 이것은 송대(宋代) 사대부 사회의 정신적 지도자인 이천(伊川)이 주역의 해석을 통해 사대부 사회 지도층의 윤리의식과 정치철학을 정립하고자 하였기 때문일 것이다.

---

24) 『伊川易傳』, 无妄卦 初九象辭傳, "蓋誠之於物, 无不能動, 以之修身則身正, 以之治事則事得其理, 以之臨人則人感而化, 无所往而不得其志也."

1) 군주의 행동규범

우선 군주의 행동 양식과 관련된 규범부터 살펴보자. 군주는 사사로운 감정에 따라 특정한 사람을 편애해서는 안 되고, 마땅히 천하와 더불어 크게 같이하는 공평무사한 공공심(公共心)을 발휘해야 한다.[25] 군주가 만사를 리(理)에 맞게 다스리려면 자신도 격물치지 공부와 수양의 노력을 해야 한다. 그리고 무엇보다 중요한 것은 리를 깊이 연구 체득하고 자기 수양을 온전히 완성한 훌륭한 인재를 발굴하여 예를 다해 모셔야 한다. 임(臨)괘 육오효(六五爻)에 대한 해석을 보면, 군주는 구구하게 만사를 직접 담당하는 것이 아니라, 천하의 훌륭한 인재를 뽑아서 천하의 총명한 자에게 정사를 맡겨야 한다. 직접 앎을 자임하지 않는 것이 앎의 큰 것이라고 한다. 이천은 정치에서 군주는 큰 원칙만 잡을 뿐이지 직접 수고롭게 일을 구체적으로 챙겨서는 안 된다는 군신의 역할 분담을 논하고 있다.[26] 이것은 무위이치(無爲而治)와 유사한 논리로서 군권을 제한하고 의식 있는 사대부의 역할을 강화하려는 뜻으로 이해할 수 있다.

군주는 자신의 자질이 강양(剛陽)한지 아니면 음유(陰柔)한지를 스스로 판단하여 자질에 알맞은 정치를 해야 한다. 새로운 제도를 창시하고 구조를 새롭게 하는 힘든 일은 강명(剛明)한 재질을 갖춘 군주가 아니면 안 된

---

25) 『伊川易傳』, 同人卦 九五爻辭傳, "九五, 君位而爻不取人君同人之義者, 蓋五專以私暱, 應於二而, 失其中正之德, 人君當與天下大同, 而獨私一人非君道也. 又先隔則號咷, 後遇則笑, 是私暱之情, 非大同之體也. 二之在下, 尙以同於宗爲吝, 況人君乎?" 참조.

26) 『伊川易傳』, 臨卦 六五爻辭傳, "五以柔中順體, 居尊位而下應於二, 剛中之臣, 是能倚任於二, 不勞而治, 以知臨下者也. 夫以一人之身, 臨乎天下之廣, 若區區自任, 豈能周於萬事? 故自任其知者, 適足爲不知, 唯能取天下之善, 任天下之聰明則无所不周, 是不自任其知則其知大矣. 五順應於九二剛中之賢, 任之以臨下, 乃己以明知臨天下, 大君之所宜也. 其吉可知." 참조.

다. 유약한 자질을 가진 사람은 강하고 어진 신하를 등용하여 선대의 구업을 잘 계승하여 명예를 지키는 것에 만족해야 한다. 만약 군주가 자신의 능력을 넘어서는 큰일을 도모하는 것은 바람직하지 못하다고 이천은 판단한다.[27]

군주의 언행은 천하에 지대한 영향을 미친다. 따라서 군주의 일심(一心)은 천하의 큰 근본으로서 중시된다. 천하가 잘 다스려지는가 어지러운가, 풍속이 아름다운가 그렇지 못한가 하는 것이 모두 군주의 일신에 달린 것이다. 그러므로 이천에 따르면 군주는 천하의 풍속을 관찰하여 그것이 군자의 도인지 그렇지 않은지를 보고서 자신이 정치를 잘했는지 못 했는지를 평가한다.[28]

군주는 최고 권력을 장악하고서도 겸손하고 부드러운 덕을 지녀야 하겠지만, 군주가 부드럽고 겸손하기만 해서는 올바른 군도라고 할 수 없다. 겸유(謙柔)의 덕에다 위무(威武)의 권위를 서로 조화시켜야 비로소 천하를 회유하여 복속시킬 수 있다. 만일 유순한 도만 쓰면 능멸하고 업신여김이 생기기 때문이다. 한편으로는 유화(柔和)로 아랫사람을 대하여 뭇 사람의 뜻이 기꺼이 따르게 하고, 다른 한편으로는 위엄을 보여 외경하게 하여 어느 한쪽으로 치우치지 않도록 해야 한다고 이천은 주장한다.

"인군이 되고서 겸순(謙順)의 덕을 지키면 천하의 민심이 귀의한다. 그러나 군도는 겸손하고 부드러운 덕만을 오로지 숭상해서는 안 된다. 반드시 위무

---

27) 『伊川易傳』, 蠱卦 六五爻辭傳, "雖能下應剛陽之賢而倚任之, 然己實陰柔, 故不能爲創始開基之事, 承其舊業則可矣, 故爲幹父之蠱. 夫創業垂統之事, 非剛明之才則不能, 繼世之君, 雖柔弱之資, 苟能任剛賢, 則可以爲善繼而成令譽也. 太甲成王, 皆以臣而用譽者也." 참조.

28) 『伊川易傳』, 觀卦 九五爻辭傳, "九五, 居人君之位, 時之治亂, 俗之美惡, 係乎己而已. 觀己之生, 若天下之俗, 皆君子矣, 則是己之所爲政化善也, 乃无咎矣. 若天下之俗, 未合君子之道, 則是己之所爲政治未善, 不能免於咎也." 참조.

(威武)를 기다려 서로 조화를 이룬 다음에야 천하를 감싸 복종시킬 수 있다. 그러므로 쳐들어가 정벌하는 것이 유리하다. 위덕(威德)이 나란히 빛난 다음에야 군도의 마땅함을 다하여 이롭지 않음이 없다. 대개 육오(六五)의 겸손하고 부드러운 덕이 지나침을 막는 것이 마땅하므로 이러한 뜻을 발하였다."[29]

"유순(柔順)만을 오로지 숭상하면 업신여김과 태만함이 발생한다. 그러므로 반드시 위엄있게 해야 길하다. 위여(威如)란 위엄이 있는 것을 이른다. 유화(柔和)와 믿음으로 아랫사람을 대하면 뭇사람의 뜻이 즐겨 좇는다. 그리고 동시에 위엄으로써 (군주를) 외경하게 하여 잘 대처하니 길할 것을 알 수 있다."[30]

군주는 정치에 있어서 일차적으로 정교(政教)를 닦아 백성들이 생업에 힘쓰며 염치를 알게 해야지 위엄과 형벌을 숭상해서는 안 된다. 돼지는 사납고 조급한 동물이고 특히 그 어금니가 사납고 예리하다. 그 어금니를 힘으로 제지하려 들면 수고만 할 따름이고 성과는 없다. 그러나 거세하면 어금니를 그대로 두어도 사납고 조급함이 스스로 그치게 된다. 마찬가지로 천하의 백성들에게 사욕과 악이 없을 수 없지만, 그것을 힘으로만 제재하면 아무리 법이 세밀하고 형이 엄해도 감당할 수 없다. 문제의 본질을 직시하고 발본색원의 대책을 구상해야 한다. 즉 백성들이 교육을 통해 양심이 깨이고 생업을 통해 삶을 잘 살 수 있도록 해주면 설사 상을 주어도 남의 것을 훔치지는 않을 것이다. 그러므로 형벌을 엄히 하기보다는 정교(政教)를 닦는 것이 더 중요하다는 입장을 이천은 제시한다.[31] 이 점

---

29) 『伊川易傳』, 謙卦 六五爻辭傳, "爲人君而持謙順, 天下所歸心也. 然君道, 不可專尙謙柔, 必須威武相濟然後, 能懷服天下, 故利用行侵伐也. 威德並著然後, 盡君道之宜, 而无所不利也. 蓋五之謙柔, 當防於過, 故發此義."

30) 『伊川易傳』, 大有卦 六五爻辭傳, "若專尙柔順, 則陵慢生矣. 故必威如, 則吉. 威如, 有威嚴之謂也. 旣以柔和孚信, 接於下, 衆志說從. 又有威嚴使之有畏, 善處有者也, 吉可知矣."

에서 보면 이천은 인간성에 대해 기본적으로 낙관적이며, 정치적 이상주의를 지향하고 있음을 알 수 있다.

이천에 따르면 군주가 훌륭한 정치를 하려면 사회현상의 원인을 올바르게 인식하고, 어떤 현상이나 정책이 초래할 결과를 정확히 추리할 수 있어야 한다. 사태의 원인을 바르게 진단해야만 사태를 치유할 방법을 인식할 수 있고, 앞으로의 결과를 정확히 판단해야만 대비책을 마련할 수 있다. 그리고 사태 치유의 방법을 잘 인식해야만 폐단을 개혁할 수 있고, 대비책을 잘 세워야 좋은 결과가 오래갈 수 있기 때문이다.[32]

2) 사대부의 행동규범

군자 또는 사대부가 덕을 기르고 학문을 닦는 것은 천하에 도를 펴서 온 백성들과 도를 함께 누리기 위함이다. 사대부에게 현실의 정치 세계는 도를 실현하는 장(場)이나. 따라서 정치 참여는 적극 긍정된다. 그러나 정치 참여가 도의 이념을 실현하는 유일한 방법은 아니다. 때로는 홀로 도를 지키고 실천하며 살아야 할 경우도 많이 있다. 예컨대 도와 덕을 안고서도 때를 만나지 못해서 고결하게 스스로를 지키는 사람, 지족지도(止足之道)를 알고서 물러나 스스로를 보존하는 사람, 능력과 분수를 헤아려 남이 알아주기를 구하지 않는 자, 맑은 절개로 스스로를 지켜서 천하의 일을 대단치 않게 여기고 홀로 자기 몸을 깨끗이 하는 사람 등 다양한 경우

---

31) 『伊川易傳』, 大畜卦 六五爻에 대한 해석(傳) 참조.

32) 『伊川易傳』, 蠱卦 卦辭傳, "治蠱之道, 當思慮其先後三日, 蓋推原先後, 爲救弊可久之道, 先甲謂先於此究其所以然也. 後甲謂後於此, 慮其將然也. 一日二日至於三日, 言慮之深推之遠也. 究其所以然則知救之之道, 慮其將然則知備之之方. 善救則前弊可革, 善備則後利可久. 此古之聖王, 所以新天下而垂後世也. 後之治蠱者, 不明聖人先甲後甲之誡, 慮淺而事近, 故勞於救世而亂不革, 功未及成而弊已生矣." 참조.

의 차이가 있으나, 이들은 모두 한결같이 스스로 자기의 일을 고상히 하는 자라고 이천은 말한다.[33)]

그러나 정상적 상황이라면 사대부가 학문을 닦고 자신을 수양하는 것은 궁극적으로 '겸선천하(謙善天下)'에 뜻이 있으므로 정치 참여를 통해 도를 사회적으로 실현하는 데 이바지해야 한다. 재능을 안고 스스로를 지키는 것은 밝은 임금을 만나지 못해서 그 도를 쓸 수가 없어서 부득이한 것이다. 이천은 재능을 안고 벼슬에 나아가지 않는 것이 결코 군자의 본뜻은 아니라고 말한다.[34)]

사대부가 정치 참여를 통해 신하로서 군주를 보필하면서 가장 경계해야 할 일은, 능력 있는 신하가 최고위직에 있으면서 천하의 민심이 군주가 아닌 신하에게로 기울어지는 것이다. 신하의 도는 모든 은혜와 위엄이 군주에게서 나오도록 해야지 그것이 마치 신하에게서 나오는 것처럼 보이게 되면, 군주로부터 의심받아 위태롭게 되기 쉽다. 오직 속으로부터 믿음과 정성을 쌓고 행동이 도에 합치되어 명철하게 처신할 때만 의심을 면할 수 있다. 이런 좋은 예로서 이천은 이윤(伊尹)과 주공(周公)과 공명(孔明)을 들고 있다.[35)]

---

33) 『伊川易傳』, 蠱卦 上九爻辭傳, "不屈道以徇時, 既不得施設於天下, 則自善其身, 尊高敦尙其事, 守其志節而已. 士之自高尙, 亦非一道. 有懷抱道德, 不偶於時而高潔自守者. 有知止足之道, 退而自保者. 有量能度分, 安於不求知者. 有淸介自守, 不屑天下之事, 獨潔其身者. 所處雖有得失小大之殊, 皆自高尙其事者也. 象所謂志可則者, 進退合道者也." 참조.

34) 『伊川易傳』, 觀卦 六四爻辭傳, "君子懷負才業, 志在乎兼善天下, 然有卷懷自守者, 蓋時无明君, 莫能用其道, 不得已也. 豈君子之志哉?" 참조.

35) 『伊川易傳』, 隨卦 九四爻辭傳, "九四, 以陽剛之才, 處臣位之極, 若於隨, 有獲則雖正亦凶, 有獲謂得天下之心, 隨於己. 爲臣之道, 當使恩威, 一出於上, 衆心皆隨於君, 若人心從己, 危疑之道也. 故凶. 居此地者奈何? 唯孚誠積於中, 動爲合於道, 以明哲處之則又何咎. 古之人有行之者, 伊尹周公孔明是也. 皆德及於民而民隨之, 其得民之隨, 所以成其君之功, 致其國之安. 其至誠存乎中是有孚也. 其所施爲无不中道, 在道也, 唯其明哲, 故能如是. 以明也復何過咎之有, 是以下信而上不疑, 位極而无逼上之嫌, 勢重而无專强之過, 非聖人大賢則

신하의 도는 주공(周公)이 모범을 잘 보여준 바와 같이 공로를 세우고도 한결같이 겸손해야 한다. 사람이란 누구나 높은 자리에 있고 더구나 공로를 세우면 교만해지기 쉽다. 그러나 그러면 군주의 의혹과 주위의 비난을 사게 된다. 오직 군자만이 어떤 경우에나 자만하지 않고 겸유의 덕을 자연스럽게 실천할 수 있다.[36] 따라서 훌륭한 사대부가 되기 위해서는 온전한 인격의 수양이 먼저 이루어지지 않으면 안 된다.

지배 엘리트에는 군자의 도를 따르는 그룹과 소인의 도를 따르는 그룹이 있다. 군자와 소인의 도는 서로 모순관계일 수밖에 없다. 이천은 음양소장(陰陽消長)의 이치를 선악의 윤리적 관점에서 군자와 소인의 역학관계로 해석한다. 즉 복(復)괘는 "군자의 도가 쇠퇴함이 극에 다다라 다시 성장하는 것이다."로, 태(泰)괘는 "군자는 안에 있고 소인은 밖에 있으니, 이는 군자의 도가 성장하고 소인의 도는 쇠퇴하는 것으로서 태평한 까닭이 된다."로, 쾌(夬)괘는 "군자의 도는 성장하고, 소인은 소멸하여 장차 끝장나려는 때이다."로, 구(姤)괘는 "군자와 소인은 도가 다른데 소인이 비록 힘이 미약한 때라도 군자를 해치려는 마음이 없는 적이 없다. (소인의 힘이) 미약할 때 미리 막으면 해칠 수가 없다."로, 둔(遯)괘는 "소인이 점차 왕성해지고 군자는 물러나 피한다."로, 비(否)괘는 "소인의 도가 자라고 군자의 도가 소멸하는 상이다."로, 박(剝)괘는 "뭇 소인들이 군자를 벗겨서 없애려 하므로 군자는 갈 곳이 있으면 이롭지 않다. 오직 마땅히 들어가는

不能也." 참조.

36) 『伊川易傳』, 謙卦 九三爻辭傳, "九三, 以陽剛之德而居下體, 爲衆陰所宗履, 得其位爲下之上, 是上爲君所任, 下爲衆所從, 有功勞而持謙德者也. 故曰勞謙, 古之人有當之者, 周公是也. 身當天下之大任, 上奉幼弱之主, 謙恭自牧, 夔夔如畏然, 可謂有勞而能謙矣. 既能勞謙, 又須君子行之, 有終則吉, 夫樂高喜勝, 人之常情, 平時能謙, 固已鮮矣. 況有功勞可尊乎, 雖使知謙之善, 勉而爲之, 若矜負之心不忘, 則不能常久, 欲其有終不可得也. 唯君子安履謙順, 乃其常行, 故久而不變, 乃所謂有終, 有終則吉也. 九三, 以剛居正能終者也, 此爻之德最盛, 故象辭特重." 참조.

뜻으로 숨어서 때에 따라 움직이며 소인의 해를 면한다."로 해석한다.

요컨대 군자의 당은 소인의 당과의 싸움에서 늘 때를 보아서 비록 작은 수의 소인이라고 하더라도 그들이 세를 형성하지 못하도록 조기에 막아야 한다. 설사 군자의 당이 우세하더라도 소인의 반격을 경계하지 않으면 안 된다. 그리고 때로는 세가 불리하면 물러나 다음 기회를 기다려야 하고, 또 공세를 취할 때가 무르익으면 공개적으로 소인을 물리치고 진정한 개혁을 해야 한다. 참다운 사대부 계층은 천리(天理)를 수호하는 군자의 당으로서 현실의 상황에 따라 수시로 변역하면서 천리의 이념을 실현하기 위해 굳게 분투해야 한다. 사대부는 천리의 정치적 · 사회적 실천을 책임으로 자임하는 한에서 그 존재 의미가 있는 것이다.

군주이건 신하이건 또는 정치에 참여했건 은퇴했건 간에 사대부 사회의 엘리트가 국가공동체에서 올바른 정치를 하기 위해서는 먼저 자기 가정부터 잘 다스려야 한다. 유가 윤리에서 가정을 잘 다스리는 것은 이상적 국가 정치의 모델이고, 근본이다. 이천은 사대부가 가정을 잘 다스리기 위해서는 인정(人情)에 사로잡혀 치우치지 않고, 엄격한 법도로서 가정 내에서 부자와 부부, 형제와 장유 사이에 예법의 질서가 확립되어야 한다고 주장한다.[37] 그리고 부모가 중심이 되어 위엄과 법도를 유지해야 한다고 하여 가장 내외(內外)의 공동 책임을 강조한다. 또한 가장이 가정을 이끄는 것은 단순히 외적으로 순종을 강제하는 것이 아니라, 마음으로부터의 자발적인 동의와 진실한 화합이 이루어져 상호 참된 사랑에 의해 뒷받침 되도록 해야 한다. 그러기 위해서 치가지도(治家之道)는 궁극적으로 자신을 엄하게 다스리고 매사에 지성(至誠)을 다하는 '정신(正身)'의 '수기지도(修己之道)'에 기초를 둔다. 이천역전에서는 성(誠)과 경(敬)이 수신과

37) 이하 이천의 가정 윤리에 관한 내용은 『伊川易傳』의 家人卦에 대한 해석을 주로 참고.

제가, 치국과 평천하를 실현하는 근본으로 철두철미하게 강조된다.

6. 이천역전의 한계와 의의

이천역전(伊川易傳)은 의리적 관점에서 『주역』의 경문(經文) 내용에 윤리적 · 철학적 의미를 부여하였다. 유가적 의리를 해석의 이념적 기초로 받아들였지만, 도가사상의 영향도 나타난다. 예컨대 '무아(无我)' 또는 '망아(忘我)' 와 '불거기공(不居其功)' 을 강조한 것을 그 예로 들 수 있다.[38]

오늘날의 관점에서 보면 이천역전의 윤리 사상 가운데는 받아들이기 어려운 점도 있다. 특히 여성이 남성에 순종해야 하는 것을 자연의 이치로 보는 것은 남녀평등을 지향하는 현대에는 받아들이기 어렵다. 또한 신분에 따른 위계질서를 인정하고, 민(民)을 수동적으로 보아 군주와 사대부의 지도에 따라야만 하는 것으로 본다든지, 군(君)이라는 절대적 권위를 중심으로 사회를 보는 시각 등은 민주주의 시대의 관념과 조화할 수 없는 것이다. 이러한 점들은 이천 역학의 시대적 한계를 보여 주는 것이다.

그럼에도 불구하고 사대부에게 높은 도덕적 · 정치적 책임을 요구하는 이천역전의 사상은 당시로서는 합리적인 내용이 많다. 특히 본래 복서(卜筮)를 위해 만들어져 신비적 성격을 많이 지닌 주역을 철저하게 합리적으로 해석하여 삶의 실천적 지혜로 발전시키고자 한 노력은 높이 평가할 만하다. 오래된 고전의 포대에 새로운 시대정신을 불어넣은 이천의 철학 방법은 오늘날 동양학을 공부하는 후학에게 방법론적으로 시사하는 바가 적지 않다.

---

38) '无我' '忘我' 는 艮卦 卦辭에 대한 伊川易傳의 해석을, '不居其功' 은 坤卦 文言과 損卦 初九爻辭에 대한 해석을 참조.

이천역전의 인간상은 자연이 주는 도덕적 의미를 반성하여 삶을 언제나 성(誠)의 정신과 경의 태도로 순리에 맞게 살아감으로써 공동체와 조화를 이루고 자연과 균형을 이루기를 지향한다.

또한 즐거움 속에서도 어려움을 대비하고 삼가며, 고난 속에서도 희망의 빛을 포기하지 않고 시(時)의 흐름에 맞추어 오직 순리(順理)에 따른 경건한 실천을 추구한다. 인간은 자연에 대한 철학적 반성과 주체적 실천을 통해 존재의 대질서와 조화를 이루는 가운데 자아를 새롭게 생성해 가는 창조적 주체가 될 수 있음을 이천역전은 시사하고 있다.

제5장

역(易)과 한국문화

1. 역과 동아시아의 사유 방식

한국의 국기는 태극기이다. 이것이 우연이라면 우연일 수도 있지만 한국문화의 심층석 특성과 맞닿아 있다고 볼 수 있다. 고대 동이(東夷)문화는 한국문화의 기원을 이해하는 데 중요한 관건이 된다. 동이족의 동이문화, 동이족이 지배층이 되어 건설한 은나라의 문화에는 이미 갑골문이 있었고, 그것이 한자의 기원이었다는 것은 주지의 사실이다. 그런데 역과 관련된 팔괘 역시 이미 동이문화에 있었다는 사실은 시사하는 바가 매우 크다. 우리 문화는 그 기원부터 역과 밀접한 관계를 맺고 있음을 알 수 있다. 역은 특정 국가나 민족의 사상이나 문화가 아니라 동아시아의 보편적 사유 방식과 관련이 깊다.

2. 역과 한국문화

한국의 현대문화에 대한 올바른 이해를 위해서도 역학적 사유가 우리 문화에 미친 심대한 영향에 대해서 정확한 인식이 필요하다. 한국문화는 역학을 수용하는 데서 그치지 않고 역학을 응용하여 새로운 가치를 창조하는 데까지 나간 점에서 그 의의가 더욱 크다. 예를 들면 우리는 역학사상을 응용하여 태극기를 만들었고, 훈민정음을 창제하였으며, 사상의학(四象醫學)을 정립하였고, 정역(正易)을 창조하였다.

전통 학문에서 역의 위상은 현대 과학에서 수학과 유사하다. 현대 학문에서 대부분의 과학은 수학의 기초와 수학의 방법론을 토대로 이론을 구성하는 것처럼 동아시아 전통문화에서 역은 사유 방식의 기본 논리를 제공하였으며, 인생관 · 세계관 · 우주관의 기본 틀을 제공하였다. 종교와 음악, 예술과 건축, 정치와 사회, 과학과 기술을 바라보는 기본 개념과 프레임을 제공하였다.

역은 한국문화에 많은 영향을 끼쳤다. 태극기가 국기가 된 것은 우연인 것처럼 보일 수 있지만 사실은 그만큼 우리 민족이 무의식적으로 태극을 소중히 여겨온 것이 국기를 만드는 데 반영된 것 같다. 태극 문양은 송나라 주돈이의 태극도설이 발표된 1070년경보다 한참 전인 신라시대 682년에 건립한 감은사 기단에 이미 그려져 있었다. 그리고 고려 인종 갑자년(1144년)에 죽은 호부상서 검교태위 허재(許載)의 석관(石棺) 천판(天板) 무늬 한복판에도 태극 도형이 선명히 새겨져 있다. 이처럼 태극 도형은 한국인이 고래로 애호하던 길상무늬였다. 그래서 조선시대 향교의 출입문 한가운데 음양태극 또는 삼태극을 그렸다.

일본의 일장기나 중국의 청천백일기, 오성홍기가 태양 또는 별 중심인데 한국의 태극기는 음과 양이 조화를 이룬 태극이라서 비슷한 문화권의 중국이나 일본과도 대조된다. 세계의 많은 국기가 빛나는 태양이나 별을 형상화한 것에 비해서 우리 태극기에는 빛나는 양과 그늘진 음이 함께 그려져 있다. 또한 많은 나라의 국기가 자유 · 평등 · 박애 등 인간적 가치에 중점을 두고 있다. 그런데 우리는 인간적 가치뿐 아니라 천지인의 조화라는 좀 더 크고 넓은 가치를 이념으로 추구한다. 이러한 한국문화에서 살아가는 한국인은 무의식적으로 우주론적 사유를 가까이할 수밖에 없게 되어 있다. 태극기뿐만이 아니라 우리의 전통 생활 문화에서 생활용품 · 장식용품에도 태극 문양을 즐겨 애호하였다. 태극 문양은 베개나 퇴침 마구리, 노리개, 벼루, 태극선, 대북, 법고, 소고, 장고 등에서도 손쉽게 찾아볼 수 있다. 태극 문양은 우리 민족에게 성스러운 길상으로서 행복과 행운을 가져다준다고 믿어졌다.

역은 한국문화의 창조에 있어서 큰 사상적 기반이 되었음을 간과할 수 없다. 한국문화가 낳은 최고의 세계적 발명품인 훈민정음이 주역의 원리에 기반을 두고 창제되었다는 사실은 주목해야 할 것이다. 일생 역학과 훈민정음을 깊이 연구하신 학산 이정호 선생은 "훈민정음(訓民正音)은 어학서(語學書)인 동시에 일종의 역학서(易學書)이다."라고 하였는데 이것은 과언이 아니다. 우리는 훈민정음해례 「제자해」의 첫머리에서 훈민정음 글자 창제의 근본원리로서 주역의 태극 · 음양 · 오행 사상이 전제되어 있음을 발견할 수 있다.

"하늘과 땅의 이치는 하나의 음양과 오행뿐이다. 곤괘와 복괘의 사이가 태극이 되고 움직이고 고요한 후에 음양이 된다. 무릇 생명을 지닌 무리로서 하늘과 땅의 사이에 있는 자 음양을 두고 어디로 가랴. 그러므로 사람의 목소리도 다 음양의 이치가 있건마는 돌이켜 사람이 살피지 못할 뿐이다. 이제 정음 지으신 것도 애초에 꾀로 일삼고 힘으로 찾아낸 것이 아니라, 다만 그 목소리에 따라 그 이치를 다하였을 뿐이다."[39]

예컨대 훈민정음 가운뎃소리(中聲)의 기본자인 ·, ㅡ, ㅣ의 창제 원리를 살펴보자. 훈민정음해례 「제자해」에 따르면 ·은 하늘을 본받아 둥근 원을 형상화한 것이고, ㅡ는 땅을 본받아 평평한 것을 형상화한 것이며, ㅣ는 사람을 본받아 사람이 서 있는 것을 형상화한 것이라고 한다. 이것은 주역의 천지인(天地人) 삼재(三才) 사상을 중성(中聲)의 기본자를 창제하는 데 응용하였음을 보여준다.

종교문화에서도 역학의 영향은 크다. 특히 조선 후기에 일어난 신종교에서는 갈등과 상극의 선천시대가 가고 평화와 상생의 새 시대가 도래한다는 후천개벽 사상이 나타났다. 일부(一夫) 김항(金恒: 1826~1898)이 지은 정역(正易)은 신종교 사상가들에게 큰 영향을 미쳤다. 김항은 억음존양의 선천시대를 대신하여 조양율음(調陽律陰)의 새로운 도덕과 평화를 지향하는 정역을 창조하였다. 정역은 문왕팔괘로 상징되는 세계를 선천으로 보고, 정역팔괘가 제시하는 세계를 후천으로 하는 새로운 선후천의 기준을 제시한다. 후천 세계는 선천 세계의 모순과 갈등이 극복되어 음과 양이 조화를 이루는 이상세계이다. 여기서 음양의 조화는 단순히 남녀 간의 조화만이 아니라, 신분 간의 갈등을 포함하여 사회의 대립적 가치를 통합하는 것이다. 이러한 이상세계를 유리세계(琉璃世界)라고 불렀다.

정역이 제시하는 이념의 인간학적 의의를 학산 이정호는 다음과 같이 해명한다.

39) 이정호, 『국문영문해설역주 훈민정음』, 아세아문화사, 2017, 31쪽. 원문은 다음과 같다. "天地之道, 一陰陽五行而已. 坤復之間爲太極, 而動靜之後爲陰陽. 凡有生類在天地之間者, 捨陰陽而何之. 故人之聲音, 皆有陰陽之理, 人不察耳. 正音之作, 初非智營而力索, 但因其聲音而極其理而已."

"경제가 균형을 이루고 인권이 존중되며 자유가 보장되고 사랑이 충만한 사회는 행복한 사회이고, 남녀가 평등하며 피차가 존중되고 서로 아끼며 사랑하는 사람은 행복한 사람이다. 정역은 이렇게 조화된 사회의 조성과 이렇게 조화된 인간의 완성을 지향하고 있다."[40)]

정역이 추구하는 유리세계는 유교적 가치만이 아니라 도교와 불교의 가치마저 포용하는 큰 틀의 조화를 추구한다. 이처럼 우리는 중국의 주역을 받아들이고 이해하는 것에서 그치지 않고 정역이라는 독창적 역을 창조하였다. 정역은 19세기 후반기와 20세기 한국 신종교의 후천개벽·해원상생 사상에 심대한 영향을 미쳤다.

역학은 전통 의학에도 큰 영향을 주었다. 인체 장부의 조직과 그 상호 관계를 설명하는 데 있어서 역학의 팔괘와 오행의 원리가 응용되었다. 조선 후기에 사상의학(四象醫學)이라는 독창적 의학 이론을 정립한 동무 이제마(1836~1900)의 사상에도 역의 영향을 찾아볼 수 있다. 이제마는 인간의 인체와 체질 유형을 설명하는 데 있어서 태양, 태음, 소양, 소음의 개념을 사용하였다. 이제마에 따르면 태양인의 성정(性情)은 애성노정(哀性怒情)이고 애성노정에 의해 폐대간소(肺大肝小)한 장리(臟理)를 갖게 된다. 소양인의 성정은 노성애정(怒性哀情)이고 이러한 성정으로 인해 비대신소(脾大腎小)하다. 태음인의 성정은 희성락정(喜性樂情)이고 간대폐소(肝大肺小)하다. 소음인의 성정은 락성희정(樂性喜情)이고 신대비소(腎大脾小)하다고 설명한다. 이처럼 선천적으로 타고난 체질에 따라 성정이 다르고 장부(臟腑)의 크고 작은 것이 다르므로 생리(生理)가 다를 수밖에 없다고 인식한다. 이에 따라 병과 병증도 다르므로 처방도 다르게 하여야 한다.

40) 이정호, 『정역』, 아세아문화사, 1988, 115쪽.

이제마는 사상 철학에 따라 인간의 유형을 네 가지로 나누어 특성을 분석하였다. 이제마의 학설에 따르면 태양인은 성질이 잘 소통하고 교우(交遇)에 재간이 있다. 소양인은 성질이 강무(剛武)하고 사무에 재간이 있고, 태음인은 성질이 잘 성취하고 거처(居處)에 재간이 있고, 소음인은 성질이 잘 단중(端重)하고 당여(黨與)에 재간이 있다고 한다. 태양인은 항상 급박한 마음이 있으므로 한 걸음 물러나 마음을 안정하고 고요하게 해야 한다. 소양인은 항상 두려운 마음이 있으므로 마음을 안정하고 고요하게 하여야 한다. 태음인은 항상 겁내는 마음이 있으므로 그것을 안정하고 고요하게 하여야 한다. 소음인은 항상 불안정한 마음이 있다. 이제마의 사상 철학에 따르면 사람은 자신의 타고난 사상에 따라 성격의 특징과 장단점이 다르므로 장점을 살리고 단점을 극복하며 그것에 맞는 삶을 사는 것이 행복하다고 할 수 있겠다. 만약 타고난 사상(四象)의 체질에 역행하는 일을 한다면 성공하기도 어렵고 행복하기도 쉽지 않을 것이다.

조선조 성리학자들에게도 역학의 영향은 지대하였다. 조선에서 삼경 중에서 주역에 대한 주역언해가 가장 먼저 선조 38년(1606년)에 이루어졌다. 주역은 성리학의 철학적 근거를 제공하는 최고의 이론서였다. 퇴계 이황 · 율곡 이이 · 여헌 장현광 · 우암 송시열 등 최고의 성리학자들은 동시에 최고의 역학자이기도 하였다. 조선의 성리학을 집대성한 율곡의 『성학집요』에도 주역과 관련된 내용이 풍부하다. 예를 들면 안민장(安民章)에서 절용생재(節用生財)에 관해서 설명하면서 주역의 절(節)괘 단전에 나오는 "천지에 절도가 있어서 사시가 이루어진다. 절(節)로써 법도를 만들어서 재물을 상하지 않고 백성을 해롭게 하지 않는다.(天地節而四時成. 節以制度, 不傷財, 不害民.)"를 인용하고, 또한 손(損)괘전에 나오는 "손(損)은 지나침을 덜어서 알맞은 중으로 나아감이다. 들뜬 끄트머리를 덜어내고 근본의 실함으로 나아간다.(損者, 損過而就中, 損浮末而就本實也.)"를 인용하고 있다.

율곡 이이 · 서애 류성룡 · 다산 정약용 등 조선의 대표적 경세론자들은 제도와 법의 개혁을 위해서 변통을 강조하였는데, 변통론도 이론적으로 주역에 근거를 두고 있다. 많은 왕과 정치 이론가들은 정치적 상황을 진단하고 해석하기 위해서 주역의 괘와 효를 활용하였다. 주역은 현실 진단과 처방을 위한 개념 도구를 제공했다. 이것은 왕조실록에 잘 나타나 있다.

우리가 일상 언어 속에서 즐겨 쓰는 용어 가운데도 주역의 영향이 들어 있다. 우리가 흔히 사용하는 '혁명', '혁신', '수요', '계몽', '미제', '소송', '여행', '관찰', '은둔', '손익', '곤란', '풍요', '항상' 등등의 단어들은 주역의 64괘의 명칭과 밀접한 관련이 있다. 이 밖에도 "궁하면 통한다." "모든 것은 변한다." "선을 쌓은 집에는 반드시 남은 경사가 있고, 불선을 쌓은 집에는 반드시 남은 재앙이 있다.(積善之家必有餘慶, 積不善之家必有餘殃)" 등 주역의 중요한 사상과 문구가 한국인의 사고방식과 인생관, 윤리관, 세계관, 정치관, 미학관에 일정한 영향을 주었다. 변화와 역동적인 것을 좋아하고 음양의 조화와 균형을 중시하고, 화복(禍福)의 상호 의존, 위기와 기회의 상호 전화, 극대와 극소의 상통, 음양의 감응 등 주역의 핵심 논리와 사상이 한국인의 사유 방식과 한국문화의 기본 틀에 의식적 무의식적으로 많은 영향을 주었다. 역이 한국문화에 끼친 영향은 긍정적 측면도 많이 있지만, 정도가 지나쳐서 부정적 측면을 드러내기도 하였음을 부인할 수는 없다. 요컨대 빛과 그림자를 통합적으로 고려할 필요가 있다.

3. 현대와 역학적 사유

우리는 오늘 서구의 원자론적, 실체론적, 이원론적 사고를 넘어서 관계론적, 상관론적, 통섭적 사유를 가능하게 하는 새로운 패러다임이 요구되는 시대에 살고 있다. 역학은 이 세상을 부단한 변화의 과정으로 인식하면서도 변화 속에서 일정한 질서와 균형을 강조한다. 인간과 인간 사이뿐 아니라, 천 · 지 · 인 사이의 조화를 중시한다. 기후변화의 위기에서 역의 천 · 지 · 인 삼재 조화의 가치를 새롭게 음미해야 한다. 그리고 한국 사회가 정치적으로 양극화되어 사생결단의 투쟁을 일삼는 오늘에 있어서 음양의 순환과 균형, 상호 의존을 중시하는 역학적 사유를 통해서 한국 사회가 정치적 · 사회적 양극화를 지양하는 논리를 개발하지 않으면 한국은 미래에 지속적 발전을 계속하기가 쉽지 않을 수 있다.

역은 부단한 변화와 변통, 그리고 변화에 대한 적응을 중시하고, 대립자의 상호 보완적 균형, 천지인 삼재의 조화를 강조한다. 이러한 역의 근본정신과 원리가 21세기 지구촌의 위기를 타개하고 미래를 새롭게 혁신하는 사상적 자양분이 될 수도 있다. 서구에 그리스 철학이라는 뿌리가 있다면 주역은 동아시아 사상의 원천으로서 과거뿐만이 아니라 미래에도 새로운 사유의 문을 여는 계기가 될 수 있을 것이다.

이상에서 살펴본 바와 같이 역은 한국문화에서 상층 지식인의 지적 세계뿐 아니라 일반 서민의 생활세계에 이르기까지 철학, 종교, 정치, 사회, 언어, 의학, 천문학, 과학, 기술, 예술, 디자인 등 전반에 걸쳐서 한국인의 의식과 무의식에 많은 영향을 미쳐왔다. 우리 민족은 역사적으로 역의 사상을 응용해서 한국만의 고유하면서도 세계적인 문화를 창조해 왔다고 볼 수 있다.

3부

자아와 수양의 기술

“

병을 다스리는 것에 비유하면

경(敬)은 모든 병에 잘 듣는 약(藥)과 같다.

”

제6장

퇴계와 율곡의 수양론

1. 머리말

조선 유학을 대표하는 퇴계 이황(1501~1570)과 율곡 이이(1536~1584)의 철학에 대해서는 많은 비교 연구가 있었다. 특히 이기론과 심성론에 대해 많은 비교 연구가 이루어졌다. 그런데 이기론과 심성론의 차이가 수양론에서는 어떤 방식으로 나타나는지에 대해서도 구명할 필요가 있다. 퇴계와 율곡 각각의 수양론에 관해서는 많은 연구가 이루어졌지만, 이들 두 사람의 수양론을 체계적으로 비교한 연구는 드물다. 퇴계의 수양론은 경(敬)을 중심으로 연구되었다. 이에 비해 율곡의 수양론은 성(誠)을 중심으로 또는 성과 경을 아우르는 성경을 중심으로 연구되는가 하면, 교기질(矯氣質)을 중시하는 연구도 나타났다. 퇴계뿐만 아니라 율곡도 경을 중시한 것은 사실이다. 그런데 퇴계의 경과 율곡의 경이 무엇이 같고, 무엇이 다른가 하는 문제에 대해서도 비교할 필요가 있다. 또한 율곡이 기질 변화를 중시하였다면 퇴계는 이 문제에 대해 어떻게 생각하였는지도 고찰할 필요가 있다.

율곡은 23세 되던 1558년에 당시 58세이던 퇴계를 찾아서 가르침을 받기 시작해서 1570년 35세 때까지 여러 차례 서신을 주고받으며 가르침을 청한다. 그러나 단순히 가르침을 청하는 수준을 넘어서 퇴계와 다른 의견을 개진한다. 두 사람이 주고받은 서신을 보면 두 사람의 관심과 입장의 차이와 쟁점을 확인할 수 있다. 퇴계는 알려진 바와 같이 『심경』을 매우 애독하였다. 마치 원나라 허형(許衡)이 『소학』을 신명처럼 공경하고 부모처럼 받든 것처럼 퇴계는 『심경』을 그렇게 중시하였다. 『심경』을 통해서 퇴계는 자신을 수양하는 방법을 터득해 나갔다. 율곡도 『심경』을 거론하고는 있지만, 그는 흐트러진 마음을 수렴하는데 『소학』이 더 잘 구비되어 있다고 보았다.[1] 그리고 정복심(程復心: 1279~1368)이 그린 「심학도」에 대해서도 퇴계는 대체로 옳다고 여겨서 『성학십도』에 포함했다. 그러나 율곡은 「심학도」에 많은 오류가 있다고 보았다. 「심학도」에서 심학 관련 주요 개념을 배열한 순서가 논리적으로 적절하지 않다는 것이다. 예컨대 '구방심' 은 초학자의 대략적인 학문 방법에 해당하는 것임에도 불구하고 오히려 보다 높고 정밀한 단계인 '극기복례' 보다 뒤에 나온다는 것이다.[2] 이에 대해서 퇴계는 구방심은 학문의 첫 시작 단계뿐만 아니라 높은 단계에서도 필요하다고 여겼다.[3] 퇴계는 정복심의 「심학도」가 나름의 의

1) 『栗谷全書』 권32, 「語錄 下」, "李正郎叔獻歷訪曰: 收放心, 莫如小學一書. 若心經等書, 切己則有之, 不如小學之該備焉." 참조.

2) 『栗谷全書』 권14, 「上退溪先生問目」, "林隱程氏心學圖, 可疑處甚多. 試言其略 …… 旣曰愼獨克復心在, 而乃曰求放心. 雖反覆推之, 終是失序. 閤下推衍, 至以顔子爲求放心, 此亦未安. 大抵聖賢之言, 有精有粗. 不可就其精者而强求其粗, 就其粗者而强求其精也. 孟子求放心之說, 泛爲學者言也, 是粗底也. 孔子克己復禮之說, 專爲顔子而言也, 是精底也. 今於其精底, 必抑而卑之, 使爲粗. 於其粗底, 必引而高之, 使爲精. 則雖是說得行, 豈是平正底道理耶?" 참조.

3) 『退溪集』 권14, 「答李叔獻」, "其求放心之在第四, 此中學者亦有詆訾之者. 大抵此三字, 以略綽之見, 粗疎而論, 必皆如來諭之云. 非但今時之論如此, 前賢之論, 亦有如此者. 然若其理

미가 있으므로 함부로 그것을 뒤집는 것은 옳지 않다고 여겼다.

율곡의 사상을 계승하는 율곡학파 학자들은 정민정의 『심경부주』에 대해 매우 비판적이었다. 『심경부주』의 가장 큰 문제점은 은밀하게 육상산의 학문을 높이는 내용 즉 도문학보다 육상산이 중시하는 존덕성을 우선으로 하는 사상이라고 본다.[4] 율곡도 육상산의 학은 선학과 같다고 비판하였다.[5] 그러나 퇴계는 『심경부주』가 존덕성에 치우치는 문제점에 대해서 잘 의식하고 있었지만, 그럼에도 불구하고 『심경부주』에 대해서 호의적이었다. 왜냐하면 『심경부주』가 주자학의 말폐를 극복하는 데 긍정적 의미가 있다고 보았기 때문이다.[6] 퇴계가 수양론에서 『심경』과 『심경부

其事至於此而已, 孟子當言曰, 學問之始, 當求其放心, 足矣. 何得謂學問之道無他云云耶? 明道又當曰, 聖賢教人, 其初, 且欲人將已放之心云云, 足矣. 何得曰聖賢千言萬語, 只是欲人將已放之心, 約之使反復入身來耶? …… 然則程氏敍次之意, 亦不當遽加貶駁也." 참조.

4) "정민정은 망령되이 주자가 만년에 논한 바가 자주 존덕성을 주로 하여 초년에 자주 도문학을 주로 한 것과 같지 않다는 사실을 들어서 드디어는 존덕성을 오로지 주로 하는 것을 주자의 정론으로 삼았다. 그래서 매번 도문학에 대해 심히 억누르는데, 이는 주자의 뜻을 반드시 몰라서가 아니라 고의로 이렇게 하여 사람들을 몰아서 사설(邪說)을 전도하고 천하의 후세를 육상산의 학으로 귀결시키려 하니 그것이 의도하는 뜻과 속셈이 심히 교묘하다고 할 수 있다. 그러나 편파적이고 문란한 학설은 그 허점을 분별하기가 어렵고, 성인을 무함한 죄는 홍수보다 심하다. 주자의 학도가 된 사람이 이러한 것을 밝게 변별하여 통렬하게 끊지 않을 수 있겠는가?" (한원진, 『南塘集』 권23, 19쪽, 「心經附註箚疑」)

5) "육상산이 주자와 같은 세대에 출생하여 치지(致知)의 공을 배격하여, 지루하고 번잡하여 진리를 잃는다고 여겨 오로지 본심(本心) 공부만 하였는데, 이것도 함양하는 데는 도움이 없는 것은 아니나 배우는 자는 반드시 지식과 실천을 병행하여야 합니다. 만일 도리도 모르고 시비도 가릴 줄 모른다면 마음을 보존한다는 것이 무엇에 의거하겠습니까. 만일 정좌(靜坐)만을 한다고 모든 진리가 스스로 밝혀진다면, 공자는 어찌하여 반드시, "문(文)에 박학하여야 한다." 하였겠으며, 자사는 어찌하여 반드시, "학문에 연유하여야만 한다." 하였겠습니까. 이것은 피음(詖淫)·사둔(邪遁)의 선학의 설과 가깝지 않겠습니까? …… 육상산의 학은 말은 반드시 공자와 맹자를 일컫고, 행실은 반드시 효제에 근거하였으나, 그 마음을 쓰는 정미한 곳은 선학과 같습니다." (『국역 율곡전서(V) - 성학집요』, 한국정신문화연구원, 1985, 92쪽.)

주』를 중시하였다면, 율곡은 구체적 행위규범이 담긴 『소학』, 중화(中和) 사상이 담긴 『중용』, 격물치지에서 평천하까지 포괄하는 『대학』을 중시하였다. 율곡은 『성학집요』 통설(統說)에서도 『중용』 1장과 『대학』 수장(首章)을 설명하고 있다.[7] 율곡은 『대학』과 『중용』이 학문의 이념과 방법론을 가장 체계적으로 서술하고 있다고 보아서 이 책을 중시하였다. 그의 주저인 『성학집요』도 크게 보면 『대학』의 체계를 따라서 서술하고 있다. 율곡은 『대학』에 대해서 "선현이 『대학』을 표장(表章)하여 규모를 세웠사옵니다. 성현의 천만 가지 교훈이 모두 여기에 벗어나지 않사오니, 이것이 요령을 얻게 하는 방법입니다."[8]라고 설명한다. 소학에 대해서는 『성학집요』에서 "주자의 소학서가 강령이 매우 좋아서 날로 쓰는 데 가장 적절하며 비록 대학의 성공에 이르더라도 역시 여기에서 벗어나지 아니한다."[9]라는 진순(陳淳)의 말을 인용하고 있다. 이것은 율곡이 얼마나 소학을 중시하는지를 잘 보여준다. 퇴계의 『성학십도』에도 「소학도」와 「대학도」가 포함되어 있기는 하지만, 퇴계의 수양론에 있어서는 『소학』과 『대학』이 상대적으로 『심경』만큼 비중이 큰 것은 아니다.

이 글에서는 퇴계와 율곡의 수양론에서 수양의 목표와 경지, 성인에 이르기 위한 수양의 방법론을 중심으로 비교하고자 한다. 물론 두 사람은 동시대의 주자학자로서 공통점이 많이 있는 것이 사실이다. 그렇지만 주자학을 이해하는 방식에 차이가 있으므로 두 사람의 입장과 강조점의 차

---

6) 주자학의 말폐란 박문(博文)에만 힘쓰고 약례(約禮)를 소홀히 하여 학문이 인격 수양과 도덕 실천으로 이어지지 못하고 귀로 듣고 입으로 말하는 병폐에 빠지는 것이다. 그러므로 퇴계는 존덕성 공부를 통해 글뜻(文義)에 얽매이는 폐단을 바로잡는 것이 필요하다고 보았다.(『退溪集』 권41, 「心經後論」 참조.)

7) 『聖學輯要』(『栗谷全書』 권19), 제1 「統說」 참조.

8) 『국역 율곡전서(V) - 성학집요』, 한국정신문화연구원, 1985, 8쪽.

9) 『국역 율곡전서(V) - 성학집요』, 한국정신문화연구원, 1985, 48쪽.

이를 중심으로 비교하여 살펴보고자 한다.

2. 수양의 목표와 경지 비교

퇴계나 율곡은 모두 수양의 목표를 성인(聖人)이 되는 것에 둔다. 이 점은 공통적이다. 그리고 학문함에 있어서 성인이 되겠다는 목표를 세우는 것 즉 입지(立志)가 우선이라고 보았다.[10] 수양의 대상은 물론 마음과 몸을 포괄하지만, 퇴계에게 있어서는 마음을 다스리는 심학에 초점이 있다. 퇴계는 학문의 도는 방심(放心)을 구하는 데 있다는 맹자의 명제를 무엇보다 중시한다.[11] 이에 따라 퇴계의 심학은 경을 통해 마음을 다스리는 데 주력한다. 이에 비해 율곡은 마음을 바르게 하는 정심(正心)을 중시하면서도 또한 몸을 단속하는 검신(檢身)을 아울러 강조한다.[12] 율곡은 '정심'은 안을 다스리는 것이고, '검신'은 밖을 다스리는 것이라 한다.

율곡에 따르면 마음은 몸의 주인이고 몸은 마음을 담는 그릇이다. 주인이 바르면 그릇도 당연히 바르지만, 몸을 검칙(檢飭)하고 가지런히 하는 노력을 해야 한다. 그 방법은 용모와 보고 듣는 것과 언어와 위의(威儀)를 한결같이 천칙(天則) 즉 예에 따르는 것이다.[13] 또한 율곡은 정기(正氣)를 잘 기르는 양기(養氣)와 기질을 바르게 하는 교기질(矯氣質)을 강조하는 데

---

10) 퇴계도 『聖學十圖』 「進聖學十圖箚」에서 '先須立志'를 말하고 있고, 율곡도 『聖學輯要』 제2 「修己 上」 제2장에서 立志로부터 수기를 논하고 있다.

11) 퇴계는 맹자의 "學問之道無他, 求其放心而已矣."와 정명도의 "聖賢千言萬語, 只是欲人將已放之心,約之使反復入身來."라는 구절을 근거로 하여 '求放心'이 학문의 시작뿐 아니라 마침에까지 이르는 중요한 수양법이라고 보았다.(『退溪集』 권14, 「答李叔獻」 참조.)

12) 『聖學輯要』(『栗谷全書』 권21), 제2 「修己 中」 제9장 검신(檢身) 참조.

13) 『栗谷全書』 권21, 43쪽, "其用功之方, 不過容貌視聽言語威儀一循天則而已." 참조.

이것도 몸의 수양과 관련이 있다. 율곡은 마음을 바르게 하는 데만 치중하고 몸의 외모 단속을 소홀히 하는 사람을 다음과 같이 비판한다.

> "만일 그의 타고난 바탕이 욕심이 적어서 물욕의 유인을 받지 않고 마음 편하게 혼자서 즐기며, 다만 안으로 마음을 바르게만 하며, 반드시 외모에 구속할 것이 없다고 하는 이도 역시 도에는 들어갈 수 없고 끝내 세속 중의 호인(好人)이 되고 말 것입니다. 더구나 외모가 장엄하지 못하면 마음도 게으르게 되어 방탕으로 흘러 들어가지 않을 것을 보장하지 못하는 것이니, 이래서 그 마음을 바로 하고서도 또 그 몸을 잘 다스리지 않을 수 없는 것입니다."[14]

퇴계는 경의 방법으로 '정제엄숙'을 강조하는 데 '정제엄숙'은 마음가짐뿐만 아니라 몸가짐을 포함하는 것이다. 그리고 『성학십도』 제3「소학도」에도 몸가짐과 관련된 '경신(敬身)'이 있다. 그러나 전체적으로 퇴계와 율곡의 수양론을 비교하면 퇴계는 마음 수양에 무게 중심이 있고, 율곡은 마음을 바르게 하는 것과 함께 몸을 다스리는 것에 대해서도 상당히 강조하는 차이점이 있다.

수양을 통해서 궁극적으로는 성인이 되고자 하는 점은 공통적이지만, 궁극적 경지를 표현하는 데 있어서 두 사람 사이에 차이가 있다. 퇴계는 이상적인 수양의 상태를 인욕이 제거되고 천리가 보존되어 마음과 이(理)가 하나가 된 경지 즉 '심여이일(心與理一)'[15]하여 "마음이 원하는 대로 해도 법도를 넘지 않음(從心所欲不踰矩)"의 자유에 이르기를 추구한다.[16] 이

---

14) 『국역 율곡전서(V) - 성학집요』, 한국정신문화연구원, 1985, 148쪽.

15) 『退溪集』 권25, 「答鄭子中別紙」, "道體流行於日用應酬之間, 無有頃刻停息. 故必有事而勿忘, 不容毫髮安排. 故須勿正與助長, 然後心與理一. 而道體之在我, 無虧欠, 無壅遏矣." 참조.

에 비해 율곡은 중화(中和)를 온전히 실현하는 '치중화(致中和)' 를 이상적 경지로 추구한다. 율곡의 설명을 들어보자.

"대개 천명의 성은 명덕의 갖춘 바이요, 솔성의 도는 명덕의 행한 바이며, 수도의 교는 신민의 법도입니다. 계구라는 것은 정존하여 마음을 바르게 하는 유요, 신독이라는 것은 동찰하여 뜻을 진실되게 하는 유요, 중화(中和)를 이룩하여 위육(位育)한다는 것은 명덕 · 신민이 지극히 착한 데에 그쳐 명덕을 천하에 밝히는 것을 말함입니다. 다만 미치는 바가 많고 적음이 있으며, 공효가 넓고 좁음이 있습니다. 치중화의 공이 한 가정에 그치면 곧 한 가정의 천지가 안정되고, 만물이 생육하여 명덕이 한 가정에서 밝을 것이고, 한 나라에 그치면 한 나라의 천지가 안정되고 만물이 생육하여 명덕이 한 나라에 밝아질 것이며, 천하에 미친다면 곧 천하의 천지가 안정되고 만물이 생육하여, 명덕이 천하에 밝을 것입니다."[17]

"오직 사람만이 기의 바르고 통한 것을 얻었다. 그러나 맑고 흐리고 순수하고 잡박함이 만 가지로 같지 않아서 천지의 순일함과 같지는 않았다. 단 사람의 마음은 허명통철(虛靈洞徹)하고 모든 이치를 구비하고 있어서 흐린 것은 변화시켜서 맑게 할 수 있고 잡박한 것은 변화시켜서 순수하게 만들 수 있다. 그러므로 수양의 공부는 오직 사람에게만 있다. 수양의 극치는 (중화를 온전히 실현하여) 천지를 제자리에 안정시키고 만물을 잘 육성하는 데 있다. 그런 다음에야 우리 인간이 할 수 있는 일이 끝나는 것이다."[18]

---

16) 『退溪集』 권7, 「進聖學十圖箚 幷圖」(「心學圖說」), "戒懼以下, 是存天理處工夫. 必至於從心, 則心卽體欲卽用, 體卽道用卽義, 聲爲律而身爲度. 可以見不思而得, 不勉而中矣."

17) 『국역 율곡전서(V) - 성학집요』, 한국정신문화연구원, 1985, 20쪽.

18) 『栗谷全書』 권10, 「答成浩原 - 壬申」, "惟人也, 得氣之正且通者. 而淸濁粹駁, 有萬不同, 非若天地之純一矣. 但心之爲物, 虛靈洞徹, 萬理具備. 濁者可變而之淸, 駁者可變而之粹.

율곡은 인간이 수양의 극치에 이르게 되면 궁극적으로 '치중화' 에 도달할 수 있다고 보았다. 만약 인간이 '치중화' 에 도달하게 되면 그것은 큰 공효를 수반하게 된다. 그래서 가까이는 가정이라는 천지에서부터 넓게는 국가라는 천지를 더 넓게는 천하라는 천지를 안정되게 하고 그곳의 만물을 잘 생육하게 할 수 있다고 율곡은 인식한다. 퇴계가 마음 수양을 통해서 사욕으로부터 해방되어 '마음과 이(理)가 하나된(心與理一)' 경지를 추구한다면, 율곡은 수양을 통해서 중화를 실현하여 그 공효가 가정, 국가, 천하에 나타나는 것을 목표로 하였다.

3. 수양 방법 비교

1) 거경과 궁리

거경(居敬)과 궁리(窮理)는 성리학적 수양론의 두 축이라고 할 수 있다. 주자학자들은 이 두 가지 방법을 모두 중시하지만, 학자에 따라 강조점에 차이가 있다.[19] 퇴계는 『심경부주』를 중시하였는데 『심경부주』는 '도문학' 에 비해 '존덕성' 을 강조한다. 주자가 만년에 존덕성을 중시한 것처럼 서술한 내용을 포함하고 있다.[20] 『심경부주』를 중시한 퇴계의 수양론은 존덕성과 관련이 깊은 거경에 중심이 있다고 할 수 있다. 물론 퇴계가 궁리를 소홀히 했다고 할 수는 없지만, 상대적으로 거경을 더 중시한다는

故修爲之功, 獨在於人. 而修爲之極, 至於位天地育萬物, 然後吾人之能事畢矣."

19) 주자의 수양론에 대해서는 다음의 논문이 참고됨. 이상돈, 「주자의 存養省察論」, 『한국철학논집』 38집, 한국철학사연구회, 2013.

20) 성백효 역주, 『譯註 心經附註』, 전통문화연구회, 2003, 387-397쪽 참조.

의미이다. 퇴계는 격물궁리에 비해 지경(持敬)이 더 어렵고 더 근본적이라고 보았다. 그래서 다음과 같이 만약 경을 잘 유지하면 이(理)는 잘 밝혀지고 격물도 잘 될 수 있다고 인식하였다.

> "편지에서 지경(持敬)은 쉬운 것 같은데 격물이 어렵다고 하셨는데 이것은 내 생각과 다릅니다. 격물이 진실로 쉽지 않지만, 그러나 또한 지경이 어찌 쉽겠습니까? 대개 경은 철두철미합니다. 참으로 지경의 방법을 안다면 이는 밝아지고 마음은 안정됩니다. 경으로 격물하면 물이 나의 거울에서 도망칠 수 없고, 경으로 일에 응하면 일이 마음의 누가 될 수 없으니, 격물에 무슨 어려움이 있고 마음에 하나의 잡념도 없다는 것에 무슨 의혹이 있겠습니까!"[21]

이에 비해서 율곡은 『성학집요』에서 궁리를 매우 중시하여 자세히 서술하고 있다. 율곡은 수양 공부의 방법으로 '거경'과 '궁리'와 '역행'을 제시한다[22] 즉 율곡에게 '궁리'는 '거경' '역행'과 더불어 수양 공부의 3대 방법인 것이다. 또한 율곡은 그 순서에서도 거경보다 궁리가 우선이라고 생각한다. 『성학집요』에서도 궁리가 거경과 관련된 정심(正心)보다도 앞에 나온다. 율곡은 격물궁리를 소홀히 하고 존덕성만 강조하는 육상산에 대해 "만일 도리도 모르고 시비도 가릴 줄 모른다면 마음을 보존한다는 것이 무엇에 의거하겠습니까?"[23]라고 비판한다. 율곡은 『성학집요』 「궁리」에서 주자의 말을 인용하여 격물치지의 의미와 필요성을 자세히 설명하고, 독서의 방법에 대해서 소학 · 사서 · 육경 · 사기 순으로 설명하

---

21) 『退溪集』 권28, 「答金惇敍 - 癸丑」, "來喩又謂持敬似易而格物難, 此與愚見異矣. 格物固不易, 然持敬亦豈易乎? 蓋敬者, 徹頭徹尾. 苟能知持敬之方, 則理明而心定. 以之格物, 則物不能逃吾之鑑. 以之應事.則事不能爲心之累. 何難於格物, 何疑於心不有一事耶!"
22) 『栗谷全書』 권20, 3쪽, "修己之功, 不出於居敬窮理力行三者."
23) 『국역 율곡전서(V) - 성학집요』, 한국정신문화연구원, 1985, 92쪽.

고, 이어서 천지와 인/물의 이치에 대해 큰 대강을 서술하고 있다.[24] 끝으로 궁리하는 이유는 궁극적으로 실천에 있으므로 궁리와 실천의 관계는 변증법적임을 강조한다.[25] 율곡이 궁리를 중시하는 것은 고요할 때 궁리를 통해서 이를 충분히 탐구하지 않다가 일이 발생하고 나서 이를 탐구하면 이미 늦어서 체계적이고 효과적으로 대처하기 어려울 수 있기 때문이다.[26] 또한 궁리를 통해서 사물의 이를 정확히 인식하고 시비를 바르게 판단할 능력을 갖추어야 수양도 올바르게 할 수 있다고 믿었기 때문이다.

이상과 같이 수양 방법에서 두 사람은 존덕성과 도문학, 거경과 궁리를 함께 중시하면서도 퇴계는 상대적으로 존덕성과 거경을 율곡은 상대적으로 도문학과 궁리를 더 강조하는 특징을 보여준다.

2) 경(敬)의 수양법

(1) 퇴계의 경

퇴계에게 있어 수양 방법은 철두철미 경(敬)으로 일관한다. 퇴계는 경을 모든 병에 잘 듣는 약에 비유한다. 『성학십도』도 경의 원리를 중심으로 구성되어 있다.[27] 퇴계는 경에 대해 정이(程頤)의 '정제엄숙(整齊嚴肅: 몸가짐을 가지런히 하고 마음을 엄숙히 함)'과 '주일무적(主一無適: 마음을 전일하게 하여 흐트러지지 않도록 함)', 사량좌(謝良佐)의 '상성성법(常惺惺法: 항상 정신이 또렷이 깨어있도록 함)', 윤돈(尹焞)의 '기심수렴불용일물(其心收斂不容一物: 마음이 안으로 통일되어 하나의 잡된 생각도 일어나지 않음)'을

---

24) 『聖學輯要』(『栗谷全書』 권20), 「修己 상, 窮理」, 18-68쪽 참조.

25) 『聖學輯要』(『栗谷全書』 권20), 「修己 상, 窮理」, 68쪽 참조.

26) 『栗谷全書』 권9, 「上退溪李先生別紙」, "不先窮理, 而每事臨時商量, 則商量一事時, 他事已蹉過, 安得齊頭應接. 譬如五色同現鏡中, 而鏡之明體, 不隨色變, 同時缺照." 참조.

27) 『聖學十圖』 第5 「大學圖」, "今玆十圖, 皆以敬爲主焉." 참조.

통해 설명하면서 이 네 가지가 서로 다른 것이 아니라 상통하는 것이라고 설명한다.

> "병을 다스리는 것에 비유하면 경(敬)은 모든 병에 잘 듣는 약(藥)과 같다. (……) 마땅히 정이천의 정제엄숙을 먼저 행하여 오래도록 풀어지지 않으면 마음이 하나로 통일되어 편벽된 것을 막아내지 않음이 없게 된다. 외면적으로 엄숙함을 견지하고 내면적으로 마음이 통일되면 정이의 이른바 '주일무적(主一無適)'과 윤돈의 이른바 "마음이 안으로 통일되어 하나의 잡된 생각도 일어나지 않음(其心收斂不容一物)'과 사량좌의 이른바 '상성성(常惺惺)'이 모두 그 가운데 있는 것이지, 이것들이 서로 별개의 공부가 아니다."[28]

퇴계는 위의 네 가지 경 공부 가운데 처음에는 '정제엄숙' 공부부터 시작하는 것이 좋다고 한다. 경은 성학의 시작과 끝을 이루는 방법이다. 소학 단계에서도 경을 통해서 본원을 함양해야 하고, 대학 공부에서도 경에 의해서 덕으로 나아가고 업을 닦아 명덕 신민의 공효를 이룰 수 있다.[29] 퇴계에 의하면 경의 방법은 마음을 재계하고 장중하고 고요하고 전일한 상태(齋莊靜一) 가운데 보존하는 것이라고 한다. 그리고 보고 듣지 못하는 것에서도 계신공구를 더 엄하고 더 공경하게 하고, 은미하고 홀로 처한 곳에서도 성찰하기를 더욱 정밀하게 해야 한다고 한다.[30]

---

28) 『退溪集』 권29, 「答金而精」, "譬之治病, 敬是百病之藥. …… 當以程夫子整齊嚴肅爲先, 久而不解, 則所謂心便一而無非僻之干者, 可驗其不我欺矣. 外嚴肅而中心一, 則所謂主一無適, 所謂其心收斂不容一物, 所謂常惺惺者, 皆在其中, 不待各條別做一段工夫也."

29) 『退溪集』 권7, 「進聖學十圖箚 幷圖」(「小學圖」), "吾聞敬之一字, 聖學之所以成始而成終者也. 爲小學者 不由乎此, 固無以涵養本源, 而謹夫灑掃應對進退之節與夫六藝之教. 爲大學者不由乎此, 亦無以開發聰明, 進德修業, 而致夫明德新民之功也." 참조.

30) 『退溪集』 권7,「進聖學十圖箚」, "其爲之之法, 必也存此心於齋莊靜一之中, 窮此理於學問思

퇴계는 경 공부에 있어서 정(靜)과 동(動) 가운데 어느 한쪽으로 치우치면 안 된다고 인식한다. 도가처럼 일을 싫어하고 고요함을 구하여〔厭事求靜〕 마침내 좌망(坐忘)으로 치달아서는 안 된다. 일이 없을 때라고 해서 상성성(常惺惺)만 하려고 하고 생각하려고 하지 않으면 정(靜)에 치우쳐 움직이지 않으려는 것이다. 다른 한편으로 생각함을 쉬지 않고 궁리를 그치려 하지 않는 것은 동(動)에 치우쳐 고요한 때가 없는 것이다. 이러한 양극단은 바람직하지 못하다.[31] 그러면 어떻게 해야 하는가?

"평상시에 일이 없을 때는 본원을 함양하여 밖으로는 엄연히 생각하는 것 같고 안으로는 하나를 주로 하여 또렷이 깨어있어야 하는 때이다. 그러다가 한 생각이 싹트면 나쁜 생각이면 막고 천리이면 보존한다. 대개 일이 없을 때는 마땅히 정(靜)으로 존양하여야 한다. 그러나 만약 마땅히 생각할 것이 있으면 생각하되 생각이 한가지에 집중되어 다른 곳으로 치닫지 않으면 이것은 정 가운데의 동(靜中之動)으로서 마음을 보존하는데 해가 됨이 없다."[32]

퇴계에 따르면 일이 없을 때는 정(靜)으로 존양하여 본원을 함양하고, 그러다가 생각해야 할 일이 있으면 마땅히 생각하되 하나를 주로 하여 생각을 집중해야 하고, 생각이 싹틀 때는 그 생각의 옳고 그름을 성찰하여야 한다. 또한 퇴계는 경을 통한 수양에 있어서 맹자가 말한 '물망(勿忘)'과 '물조장(勿助長)'의 태도를 중시한다.[33] 수양에 있어서 수양하려는 목

辨之際. 不睹不聞之前, 所以戒懼者愈嚴愈敬. 隱微幽獨之處, 所以省察者愈精愈密." 참조.

31) 『退溪集』 권28, 「答金惇敍 - 丁巳」 참조.

32) 『退溪集』 권28, 「答金惇敍 - 丁巳」, "平居無事, 是涵養本原地頭. 外儼若思, 中心主一惺惺然時也. 一念之萌, 但遏其邪而存其理爾, 一切排遣不得. 蓋無事時固當靜以存養. 然如有所當思而思, 能主一無走作,是乃靜中之動, 恐無害於持心也." 참조.

33) 『退溪集』 권28, 「答金惇敍 - 丁巳」, "明道寫字時甚敬. 固非要字好, 亦非要字不好, 但敬於

표 의식을 망각해서는 안 되지만 조급하게 성과를 내려고 해서는 안 되고, 오랜 지속적 노력을 통해 자연스럽게 자기 변화를 이루어야 한다. 경의 수양을 통해서 마음은 명경지수와 같아진다. 그렇게 되면 "마음이 사물에 대해 아직 오지 않으면 미리 마중하지 않고, 바야흐로 오면 모두 비추고, 이미 응하고 나서는 그것에 더 이상 머물지 않는다. 마음의 본체가 담연한 것이 명경지수와 같아 비록 날마다 만사를 접해도 마음속에 일찍이 하나의 생각도 머물지 않는다. 그렇게 되면 일찍이 어찌 마음에 해가 됨이 있겠는가!"[34]라고 하였다.

퇴계는 경의 수양에 있어서 일상을 벗어나지 않는 가운데 현실에서의 수양, 정(靜)이나 동(動)의 어느 한쪽에만 치우치지 않고 동정(動靜)을 관통하는 것을 중시한다. 그리고 퇴계는 경을 이론으로 아는 것보다 행하는 것이 어려우며, 행하는 것이 어려운 것이 아니라 오랫동안 지속적으로 실천하는 것이 어렵다고 보았다.[35]

경의 실천과 관련된 구체적 방법에 대해서는 『성학십도』 제9 「경재잠도」와 제10 「숙흥야매잠도」에 자세히 나타나 있다. 「경재잠도」에서는 다양한 상황별로 「숙흥야매잠도」에서는 새벽에 일어나서 밤에 잠자리에 들기까지 시간의 흐름에 따른 구체적인 경공부 방법을 제시하고 있다.[36] 이를 통해 퇴계는 고요할 때나 움직일 때나 어느 곳에서나 어느 때에나 경으로 존양 성찰하여야 성인이 될 수 있다고 인식하였다.[37]

寫字而已. 字之工, 隨其才分工力, 而自有所就耳. 此卽必有事焉而勿正, 心勿忘勿助長之見於事者. 乃聖賢心法如此, 不獨寫字爲然也." 참조.

34) 『退溪集』 권28, 「答金惇敍 - 癸丑」, "心之於事物, 未來而不迎, 方來而畢照, 旣應而不留. 本體湛然, 如明鏡止水. 雖日接萬事, 而心中未嘗有一物, 尙安有爲心害哉!"

35) 『退溪集』 권14, 「答李叔獻」 "惟此理, 非知難而行難, 非行難而能眞積力久爲尤難." 참조.

36) 강희복, 「退溪 心學에서의 敬과 즐거움(樂)」, 『한국철학논집』 제21집, 한국철학사연구회, 2007, 53쪽 참조.

퇴계는 경은 모든 병을 치료하는 약과 같다고 인식하였으며, 『성학십도』도 경을 위주로 하고 있다.[38] 퇴계는 경으로 마음을 주재(主宰)하여야 인욕을 물리치고 천리를 보존할 수 있다고 생각하였다. 요컨대 퇴계에게 있어서 경은 사(思)와 학(學)을 겸하고 동(動)과 정(靜)을 관통하고 안(內)과 밖(外)을 합하고 드러난 것(顯)과 은미한 것(微)을 일관하는 보편적 수양법이다.[39]

⑵ 율곡의 경

퇴계뿐 아니라 율곡 역시 『성학집요』「수기상(修己 上)」 제3장의 수렴(收斂)과 「수기 중(修己 中)」 제8장의 정심(正心)에서 경에 대해 자세하게 설명하고 있다. 율곡도 퇴계처럼 경은 성학의 시작과 끝이라고 인식한다.[40] 율곡은 수렴을 소학 공부로 보아서 용지(容止), 언어, 마음의 수렴에 대해서 경과 관련해 설명하고 있다.[41] 정심에서는 함양과 성찰로 나누어서 경의 방법을 중심으로 논한다.[42] 또한 율곡은 『성학집요』에서 '경의 의미', '경으로 인욕을 이김', '마음의 병통 다스리기', '경과 두려움', '경은 낮에뿐 아니라 밤에도 계속되어야 함', '경으로 덕을 모음' 등의 주제와 관련된 성인의 말씀과 주석을 서술하고 이에 대한 자신의 설명을 덧붙이고 있다.[43] 율곡은 『성학집요』에서 경과 관련된 주제를 매우 체계적으로 잘 종

37) 『聖學十圖』 第10「夙興夜寐箴圖」, "此一靜一動, 隨處隨時, 存養省察, 交致其功之法也. 果能如是, 則不遺地頭, 而無毫釐之差. 不失時分, 而無須臾之間. 二者竝進, 作聖之要, 其在斯乎!" 참조.

38) 『聖學十圖』 第5「大學圖」," 今玆十圖, 皆以敬爲主焉." 참조.

39) 『退溪集』 권7, 「進聖學十圖箚」, "持敬者, 又所以兼思學, 貫動靜, 合內外, 一顯微之道也."

40) 『聖學輯要』(『栗谷全書』 권20), 「修己 上, 收斂」, "臣按: 敬者, 聖學之始終也."

41) 『聖學輯要』(『栗谷全書』 권20), 「修己 上, 收斂」 참조.

42) 『聖學輯要』(『栗谷全書』 권21), 「修己 中, 正心」 참조.

43) 『栗谷全書』 권21, 27쪽-34쪽 참조.

합하여 설명하고 있다. 이것을 볼 때 퇴계뿐 아니라 율곡의 수양론에서도 경은 매우 중요한 의미를 지니고 있음을 알 수 있다.

율곡에 의하면 미발(未發)에서 마음은 적연(寂然)하여 아무런 생각도 없지만 적연한 가운데도 지각은 어둡지 않다. 그래서 충막무짐(沖漠無朕)하지만 만상(萬象)이 삼연(森然)하게 갖추어져 있는 것과 같다고 하였다. 이러한 미발의 경지에서 경으로 지켜서 함양해야 한다. 미발에서 경으로 함양함에 있어서는 고요하여 생각이 일어나지 않게 하고 성성(惺惺)하여 조금도 혼매(昏昧)하지 않도록 해야 한다고 보았다.[44] 그러다가 마음에 한 생각이 싹트면 이것이 천리인지 인욕인지를 살펴서 만일 천리이면 잘 인도하여 막히지 않게 하고, 만약 인욕이라면 막고 끊어야 한다.

또한 율곡은 마음의 본체와 작용이 미발에서의 중(中)과 이발에서의 화(和)를 온전히 이루는 것을 방해하는 원인으로서 어두움과 어지러움〔昏亂〕의 병통을 지적하고, 이것을 극복할 방법에 대해서 논하고 있다.[45] 어두움의 병통에는 지혼(智昏)과 기혼(氣昏)이 있고, 어지러움(亂)의 병통에는 악념(惡念)으로 인한 것과 부념(浮念) 즉 허튼 생각으로 인한 것이 있다. 어두움의 병통에서 지혼이란 궁리를 못 하여 시비에 몽매한 것을 가리킨다. 기혼이란 게으르고, 방일하여 잠잘 생각만 하는 것이다. 어지러움의 병통에서 악념이란 외물에 유혹되어 계산하고 비교하는 사욕을 가리킨다. 부념은 선도 아니고 악도 아닌 잡생각이 끝없이 일어나는 것을 말한다. 보통 사람들은 이 두 가지 병통으로 인해 물에 감응하기 전에 어둡거나 어지러워서 미발의 중을 잃고, 물에 감응해서는 과불급에 기울어 이발

---

44) 『聖學輯要』(『栗谷全書』 권21), 「修己 中, 正心」, 21쪽 참조.

45) 『聖學輯要』(『栗谷全書』 권21), 「修己 中, 正心」, "心之本體, 湛然虛明, 如鑑之空, 如衡之平. 而感物而動, 七情應焉者, 此是心之用也. 惟其氣拘而欲蔽, 本體不能立, 故其用或失其正, 其病在於昏與亂而已." 참조.

의 화를 실현하지 못한다.[46] 율곡에 따르면 이러한 병통을 치료하기 위해서는 군자는 궁리하여 선을 밝히고 뜻을 돈독하게 하여 기를 잘 거느려야 하며, 미발에서는 함양으로 성(誠)을 보존하고 이발에서는 성찰하여 거짓됨을 제거하여야 한다.[47]

율곡은 "주일무적(主一無適)은 경의 요법(要法)이고, 수작만변(酬酌萬變)은 경의 활법(活法)"[48]이고, "정(靜) 가운데 주일무적은 경의 체요, 동(動) 가운데 수작만변하여 그 주재(主宰)를 잃지 않음은 경의 용(用)이다."[49]라고 하여 경에 있어서 '동정여일(動靜如一)'과 '체용불리(體用不離)'를 이상으로 인식한다.[50] 그런데 율곡의 경사상에서는 경의 요법(主一無適)을 통해 경의 활법(酬酌萬變)으로 나아가고, 경의 체에서 경의 용으로 나아가 현실의 복잡한 일처리를 법도에 맞게 능숙하게 처리하는데 많은 관심을 보여주고 있다.[51] 이에 비해 퇴계는 경에 의해 인욕을 제거하고 천리를 보존하여 마음과 이가 합일되는 경지를 중시하는 특징을 보여준다.

---

46) 『聖學輯要』(『栗谷全書』 권21), 「修己 中, 正心」, "昏之病有二. 一曰智昏, 謂不能窮理, 昧乎是非也. 二曰氣昏, 謂怠惰放倒, 每有睡思也. 亂之病有二. 一曰惡念, 謂誘於外物, 計較私欲也. 二曰浮念, 謂掉擧散亂, 掉擧念起之貌, 相續不斷也, 此念非善非惡, 故謂之浮念. 常人困於二病, 未感物時, 非昏則亂, 旣失未發之中矣. 其感物也, 非過則不及, 豈得其已發之和乎!" 참조.

47) 『聖學輯要』(『栗谷全書』 권21), 「修己 中, 正心」, "君子以是爲憂. 故窮理以明善, 篤志以帥氣, 涵養以存誠, 省察以去僞, 以治其昏亂." 참조.

48) 『栗谷全書』 권9, 「上退溪李先生別紙 - 戊午」, "主一無適, 敬之要法. 酬酢萬變, 敬之活法."

49) 『栗谷全書』 권9, 「上退溪李先生別紙 - 戊午」, "蓋靜中主一無適, 敬之體也. 動中酬酢萬變而不失其主宰者, 敬之用也."

50) 『栗谷全書』 권9, 「上退溪李先生別紙 - 戊午」, "動靜如一, 體用不離者, 乃敬之至善也." 참조.

51) 율곡은 주일(主一)의 공부와 현실의 복잡한 일처리를 잘 조화시킨 예로 순(舜)임금의 활동을 거론한다.(『栗谷全書』 권9, 「上退溪李先生別紙 - 戊午」 참조.)

(3) 퇴계와 율곡의 경 비교

퇴계와 율곡은 모두 경은 학문의 시작(始)과 마침(終)으로 미발과 이발, 정(靜)과 동(動)에 모두 해당하는 중요한 수양법이라고 인식한다. 그런데 경에 의한 미발의 공부에서 두 사람 사이에 차이가 있다. 퇴계는 미발에서 경에 의해 본원을 함양하고 마음의 본체인 천리(인의예지)를 존양하는 것을 중시한다. 그렇게 해야 4단이 잘 발휘될 수 있기 때문이다. 그런데 율곡에게 미발의 공부는 마음의 본체인 천리를 함양하는 것보다는 지각이 정적(靜寂)하여 염려(念慮)가 생기지 않게 하고 성성(惺惺)하여 혼매(昏昧)하지 않도록 하는 것이 중요하다. 그래서 저울이 평평하고 거울이 맑은 것처럼 되어야 사물을 바르게 지각하고 시비를 바르게 판단하여 과불급에 빠지지 않고 중(中)을 지킬 수 있기 때문이다. 또한 경 공부에 있어서 퇴계는 상대적으로 마음이 고요할 때 미발(未發)에서의 존양 공부를 강조한다면, 율곡은 상대적으로 마음이 막 발할 때 뜻이 어디를 향하는지를 살피는 이발(已發)에서의 성찰 공부를 중시하는 차이가 있다.[52]

경은 학문의 시종(始終)에 다 해당한다. 그런데 퇴계는 상대적으로 학지종(學之終)과 관련된 경에 더 많은 관심을 보인다. 이에 비해 율곡은 함양·성찰과 관련된 정심(正心)에서의 경도 중시하지만, 소학의 수렴 즉 학지시(學之始) 단계의 경도 함께 중시하는 특징을 보여준다. 그리고 퇴계는 경 공부의 과정에서 물망(勿忘)·물조장(勿助長)의 태도를 통해 목표를 잊지 않으면서도 점진적이고 지속적이며 자연스러운 수양을 강조하는 특징을 보여준다.

52) 김형찬, 『율곡이 묻고 퇴계가 답하다』, 바다출판사, 2018, 145-146쪽 참조.

3) 성(誠)과 진적역구(眞積力久)

퇴계 수양론이 경으로 일관하고 있음에 비해 율곡은 경뿐만 아니라 성(誠)과 교기질(矯氣質), 양기(養氣)를 함께 중시하는 특징을 보여준다.[53] 율곡은 만사에 있어서 성실이 없으면 무엇을 해도 성공하기 어렵고, 반면에 성실한 마음으로 하면 무엇을 하든 성공할 수 있다고 보았다.[54] 또한 율곡은 "성의는 수기와 치인의 근본이 된다."[55]라고 주장한다. 만약 성실하지 못하면 뜻을 제대로 세울 수도 없고, 성실하지 못하면 이치를 인식하기도 어렵고, 성실하지 못하면 기질도 변화시킬 수 없다고 보았다.[56] 이처럼 율곡은 성(실)이야말로 수양을 성공시키는 기본 태도로 중시하였다.

율곡이 성(실)을 수양의 기본 태도로 중시한다면, 퇴계는 '진적역구(眞積力久)'를 매우 자주 강조한다.

> "마음이 정(靜)할 때 천리(天理)의 본연을 함양하고, 마음이 동(動)할 때 기미에서 인욕을 결단하여 제거한다. 이와 같이 성실하게 노력을 쌓아 힘쓰기를 오래하여〔眞積力久〕 순수하고 완숙한 경지에 이르면 정할 때는 마음이 텅 비고 동할 때는 곧아서 일상생활에서 비록 백 가지 일이 일어나고 사라지더라도 마음은 진실로 태연자약하다."[57]

---

53) 장승구, 『조선을 움직인 철학자들』, 심산, 2019, 61쪽 참조.

54) 『聖學輯要』(『栗谷全書』 권21), 「修己 中, 誠實」, "一心不實, 萬事皆假, 何往而可行. 一心苟實, 萬事皆眞, 何爲而不成."

55) 『聖學輯要』(『栗谷全書』 권21), 「修己 中, 誠實」, 6쪽, "臣又按: 誠意爲修己治人之根本."

56) 『聖學輯要』(『栗谷全書』 권21), 「修己 中, 誠實」, "如志無誠, 則不立. 理無誠, 則不格. 氣質無誠, 則不能變化." 참조.

57) 『退溪集』 권28, 「答金惇敍 - 丁巳」, "靜而涵天理之本然, 動而決人欲於幾微. 如是眞積力久, 至於純熟, 則靜虛動直, 日用之間, 雖百起百滅, 心固自若."

'진적역구(眞積力久)' 는 원래 『순자』(「권학편」)에 나오는 말인데 퇴계는 이것을 매우 중시한다. '진적역구' 의 의미는 성실하게 노력을 쌓아 힘쓰기를 오래 해야 한다는 것이다. 퇴계에 따르면 수양과 학문은 일조일석에 되는 것이 아니라, 성실하게 오랫동안 노력해야 성과가 조금씩 축적되어 비로소 좋은 효력이 나타난다. 그런데 대부분의 사람이 수양과 학문에 성공하지 못하는 것은 1) 성실(진실)하지 못하고, 2) 성급하게 효과를 기대하고, 3) 꾸준히 지속하지 못하는 병폐가 있다. 그래서 퇴계는 이러한 폐단을 극복하기 위해서는 '진적역구' 하여야 한다고 강조한다. 성인이 되기 위한 수양은 진적역구의 노력으로 점진적으로 자연스럽게 성숙하고 완성될 수 있다고 인식하였다.

두 사람 모두 수양에 있어서 성실하고 진실한 태도를 중시하는 점은 공통적인데 퇴계는 특히 오랫동안의 점진적 노력의 축적을 강조하는 특성을 보여준다.

4) 교기질과 양기

사람의 타고난 기질은 개인에 따라 차이가 있다. 그런데 성인(聖人)이 아닌 대개의 사람은 기질이 편벽되어 있어서 중(中)과는 거리가 있다. 그러므로 기질의 치우친 것을 바르게 잡아 중에 이르도록 해야 한다. 이처럼 기질을 바로잡는 것을 교기질(矯氣質)이라고 한다. 주돈이에 따르면 사람은 강유(剛柔)의 기품을 타고 나는데 강한 기품에도 선/악이 있고, 유한 기품에도 선/악이 있다.[58] 율곡은 수양론에서 "학문해서 얻는 큰 이익은 기질을 변화시키는 데 있다."라는 장재의 말을 인용하여 기질을 바로잡는

58) 周敦頤, 『通書』, "剛, 善, 爲義, 爲直, 爲斷, 爲嚴毅, 爲幹固. 惡, 爲猛, 爲隘, 爲强梁. 柔, 善, 爲慈, 爲順, 爲巽. 惡, 爲懦弱, 爲無斷, 爲邪佞." 참조.

'교기질'을 매우 강조한다.[59] 그리고 교기질의 방법 가운데 공자가 안회에게 일러준 '극기복례(克己復禮)'를 중시한다.[60] 극기복례란 자기의 사욕을 이기고 천리의 절문(節文)인 예로 돌아가는 것이다. 보다 구체적으로 말하면 예가 아니면 보지도 말고, 예가 아니면 듣지도 말며, 말하지도 말고, 행하지도 말아야 한다. 극기복례와 관련한 공자와 안회의 문답은 "심법을 전수하는 절실하고 요긴한 말(傳授心法切要之言)"이라는 주자의 언급에 율곡은 전적으로 동의한다.[61] 율곡은 극기복례가 자기에게 절실한 공부이면서 기질을 변화시키는 중요한 방법이라고 주장한다.[62] 그 외에도 율곡은 기질을 다스리기 위한 학문의 방법으로 『중용』에 나오는 '박학(博學)' '심문(審問)' '신사(愼思)' '명변(明辨)' '독행(篤行)'의 다섯 가지 방법을 제시한다.[63]

율곡에 의하면 기가 맑고 질(質)이 순수한 사람은 지(知)와 행(行)을 힘쓰지 않고도 능하게 되나, 기는 맑지만 질이 잡박한 사람은 알 수는 있어도 능히 행할 수는 없는 한계가 있다. 그러나 궁행에 힘써서 성실하고 독실하게 실천하면 행함이 약한 한계를 극복하고 유약한 사람이라도 강하게 될 수 있다. 반면 질은 순수하나 기가 탁한 사람은 행동에는 능하나 잘 알지 못하는 한계가 있다. 그러나 묻고 배우는 데 힘써서 성실하고 정밀하게 공부하면 지식을 통달할 수 있어서 어리석은 자라도 명석해질 수 있다고 한다.[64] 이처럼 율곡은 기질의 한계를 수양의 노력으로 변화시켜 나

59) 『聖學輯要』(『栗谷全書』 권21), 「修己 中, 矯氣質」 참조.

60) 『聖學輯要』(『栗谷全書』 권21), 「修己 中, 矯氣質」, 8-9쪽 참조.

61) 『聖學輯要』(『栗谷全書』 권21), 「修己 中, 矯氣質」, 11쪽 참조.

62) 『聖學輯要』(『栗谷全書』 권21), 「修己 中, 矯氣質」, 11쪽, "克己, 爲切己工夫, 而變化氣質之要法. 故程朱之言如此."

63) 『聖學輯要』(『栗谷全書』 권21), 「修己 中, 矯氣質」, 11-13쪽 참조.

64) 『聖學輯要』(『栗谷全書』 권21), 「修己 中, 矯氣質」, "氣清而質粹者, 知行不勉而能, 無以尙矣. 氣清而質駁者, 能知而不能行. 若勉於躬行, 必誠必篤, 則行可立而柔者强矣. 質粹而氣

갈 수 있다고 낙관적으로 믿고, 그것의 실행을 위해 '극기복례'를 중시하였다.

율곡은 기질을 바로잡는 것과 함께 올바른 정기(正氣)를 잘 기르는 양기(養氣)의 필요성도 강조한다.[65] 그런데 율곡은 "양기(養氣)는 양심(養心)과 실제로는 하나의 일이다."[66]라고 한다. 양심(良心)이 날마다 자라서 장해를 받지 않아서 가림을 제거하면 호연지기가 성대하게 유행하여 천지와 더불어 몸을 함께 할 수 있다고 보았다. 그런데 양심과 진기(眞氣)를 해치는 것은 이목구비의 감각적 욕망과 사지(四肢)의 욕망이라고 율곡은 진단한다.[67] 따라서 이러한 육체적 욕망을 절제하여야 진기를 온전하게 보존하고 기를 수 있다고 인식하였다.

율곡과 달리 퇴계에게서는 교기질과 양기에 대해 적극적 진술을 하는 대목을 찾기 어렵다.[68] 퇴계에게는 이와 기는 서로 기다리는 주(主)와 자(資)의 관계이기도 하지만, 한쪽이 이기면 다른 한쪽이 지는 승(勝)과 부(負)의 관계이기도 하다.[69] 그러므로 기가 용사하여 이를 이기고 가리지 않도록 이가 기를 제어해야 한다. 따라서 율곡처럼 기질을 바로잡거나 기를 기르는 데 관심을 두기보다는, 퇴계에게는 경으로 미발시에는 마음의 본체를 잘 함양하고 이발(已發)에서는 천리인지 인욕인지를 잘 성찰하는 노력이 중요하다. 퇴계는 기질 변화를 위한 노력보다는 이가 주도권을 가지고 기를 잘 제어할 수 있도록 항상 마음을 경으로 주재하는 것이 중요

濁者, 能行而不能知. 若勉於問學, 必誠必精, 則知可達而愚者明矣." 참조.

65) 『聖學輯要』(『栗谷全書』 권21), 「修己 中, 養氣」 참조.

66) 『聖學輯要』(『栗谷全書』 권21), 「修己 中, 養氣」, "養心養氣, 實是一事."

67) 『聖學輯要』(『栗谷全書』 권21), 「修己 中, 養氣」, "害良心者, 耳目口鼻四肢之欲. 而害眞氣者, 亦不出是欲焉." 참조.

68) 이치억, 「기질의 문제로 본 퇴계와 율곡의 수양론」, 『퇴계학논집』 제21호, 영남퇴계학연구원, 2017, 200-201쪽.

69) 이상익, 『영남성리학연구』, 심산, 2011, 50-51쪽.

하다고 파악한다.

4. 결론: 퇴계와 율곡 수양론의 차이

퇴계와 율곡은 모두 성인이 되기 위한 성학(聖學)을 탐구하였다. 이들이 학문과 수양을 통해 추구하는 목표는 성인이 되는 것이고 세상을 도덕적으로 바르게 하는 것이었지만, 이들의 수양론에는 입장의 차이가 작지 않다. 퇴계가 『심경』(『심경부주』)을 수양의 중요한 텍스트로 여겼다면, 율곡은 상대적으로 『소학』과 『대학』·『중용』을 중시하였다. 퇴계가 생각하는 성인은 마음을 잘 다스려서 인욕이 사라지고 '마음과 이(理)가 하나가 된' 사람이다. 이에 비해 율곡이 이상으로 하는 성인은 생각과 감정과 행동이 중(中)에 잘 들어맞아 치중화(致中和)를 실현하는 사람이다.

퇴계와 율곡은 거경과 궁리를 모두 중시하면서도 상대적으로 퇴계는 거경을 우선하는 데 비해 율곡은 궁리가 거경에 우선한다고 보았다. 퇴계는 거경이 잘 되면 궁리도 잘 이루어질 수 있다고 여겼다. 이에 비해 율곡은 먼저 궁리를 통해 사물의 이치를 올바르게 인식해야 수양과 실천도 바르게 할 수 있다고 이해하였다. 두 사람은 모두 경을 중시하였지만, 퇴계에게 있어서 경은 그의 수양론 전체를 일관하는 핵심적 방법 원리라고 할 수 있다. 율곡은 수양의 시작에 해당하는 '수렴(收斂)으로서의 경' 과 수양의 본론 또는 완성에 해당하는 '함양·성찰의 경' 으로 경을 단계적으로 구분하여 파악한다. 또한 경 공부에서 퇴계는 미발에서 천리를 함양하는 존양을 중시하였다. 이에 비해 상대적으로 율곡은 마음이 발하는 즈음에서의 성찰을 강조한다. 율곡은 경 이외에도 기질을 바로잡는 공부 즉 '교기질(矯氣質)' 과 정기(正氣)를 기르는 공부 즉 '양기(養氣)' 도 중시한다. 반면에 퇴계는 기질 변화나 양기를 적극적으로 강조하지 않는다. 경 공부는 심신을 모두 포함하지만, 퇴계의 경우 마음의 수양에 더 무게 중심을 두었다. 이에 비해 율곡은 마음을 다스리는 것뿐만이 아니라 몸을 단속하는 것도 중요하다고 인식하고 수양의 구체적 방법으로 극기복례를 강조한다.

맹자가 말한 "학문의 도는 방심(放心)을 구하는 데 있다."라는 명제의 해석에 있어서 퇴계와 율곡은 상당한 입장의 차이를 보여준다. 퇴계는 구방심(求放心)이 초학자뿐만이 아니라 수양이 깊은 사람도 힘써야 하는 과제라고 보았다. 그만큼 마음을 지속적으로 통제하는 것이 어렵기 때문이다. 그래서 퇴계는 구방심이 수양의 시작과 끝을 관통하는 중요한 방법이라고 이해하였다.[70] 이에 비해 율곡은 '구방심'은 마음을 수렴하는 것으로서 초학자의 대략적 공부법이고, '구방심'보다는 오히려 공자가 안회에게 말한 '극기복례'가 더욱 정밀한 수양법이라고 이해하였다.[71] 따라서 율곡의 수양론은 예를 중시하는 쪽으로 나가게 된다. 이처럼 두 사람은 수양의 핵심 방법론으로 경을 통한 '구방심'이 더 중요한가 아니면 교기질을 위한 '극기복례'가 더 중요한가에 대해서 서로 다른 입장의 차이를 보여주고 있다.

퇴계는 수양론에서 '구방심'과 같은 주관적 방법과 '거경'처럼 주체적 존덕성의 방법을 중시하고, 점진적이고 자연스럽게 내적 성숙을 추구하는 위기지학(爲己之學)의 특성을 강하게 보여준다. 이에 비해 율곡은 수양론에서 '극기복례'처럼 객관적 방법과 '궁리'처럼 주지적 도문학의 방법을 선호하고, 수양을 통해 '치중화'의 공효를 지향하는 특성을 보여준다. 율곡에게 있어서 성인은 경세(經世)를 통해 세상을 바로잡고 세상을 유익하게 하는 사회적 · 정치적 역할이 중시된다. 반면 퇴계는 적극적인 경세

---

70) 『退溪集』 권14, 「答李叔獻」 참조.

71) 『栗谷全書』 권9, 「上退溪先生問目」 참조.

활동보다는 마음을 닦는 수양을 통해 인격적 모범을 보여주고자 하였다. 그리고 교육을 통해 세상 사람들이 각자 자기 욕망을 절제하고 이(理)를 따라 생활하도록 함으로써 세상이 보다 평화로워지기를 추구하였다.

퇴계와 율곡의 수양론에 대한 비교를 통해서 우리는 두 사람이 이기론과 심성론뿐만 아니라, 수양론에서도 입장과 강조점의 차이가 크다는 것을 확인할 수 있다. 비슷한 시대의 같은 주자학자라 하더라도 철학적 성향과 개인적 기질의 차이에 따라서 수양의 방법에 대한 이해가 다를 수 있고, 이에 따라 서로 다른 방식의 수양론 체계를 발전시켰다. 우리는 이들의 수양론 가운데 자신에게 더 잘 맞는 방법을 택해서 자신을 수양하는 데 활용할 수 있을 것이다.

제7장

다산의 수양론과 서학 사상

1. 머리말

다산 정약용(1762~1836)은 젊은 시절 『천주실의』와 『칠극』 등 서학서를 접하면서 새로운 사상에 눈을 뜨고 이와 함께 유학을 보는 시각도 많은 변화가 생겼다. 물론 그가 나중에 천주교를 배교하였다고 하지만 그의 사상 곳곳에 서학의 영향은 다양한 모습으로 적지 않은 영향을 주고 있다. 유학과 서학은 유사한 측면과 모순적 측면을 동시에 지니고 있다. 다산 사상의 창의성은 그가 유학자이면서도 서학을 수용하여 두 사상이 서로 융합하는 가운데서 새로운 통찰이 생겨난 결과라고 볼 수 있다.

다산은 서학서를 보았지만, 서학서의 개념을 그대로 사용하기보다는 변형해서 사용하는 경우가 많다. 따라서 다산이 새롭게 사용하는 개념의 의미 맥락에 대한 정확한 해석이 요구된다. 다산은 서학 때문에 사환 시기뿐 아니라 신유옥사를 거쳐서 유배 시기에 이르기까지 엄청난 공격과 비판을 받아왔고 가문이 멸문지화를 당하는 비극을 겪었다. 따라서 다산은 내면적으로 서학에 공감하는 사상이 있다고 하더라도 저술함에 있어서는 극도로 표현에 신중하지 않을 수 없었다. 여유당이란 당호가 의미하는 바와 같이 다산은 매우 신중하였다. 그래서 언제나 누가 보아도 문제가 되지 않도록 경전을 해석하면서 원시유교적 근거에 의존해서 자기주장을 펼쳤다. 유교 고전에 근거하지 않는 주자학 비판은 자칫하면 서학 혐의를 쓸 수 있기 때문이다. 그렇게 조심해서 다산이 자기검열을 하면서 저술하였지만, 우리는 그 저술의 행간을 자세히 깊이 들여다보면 서학의 영향을 받은 것을 발견할 수 있다.

다산의 사상이 서학에 열려 있지만 서학을 있는 그대로 무비판적으로 수용한 것은 아니다. 다산은 나름의 관점에서 서학을 비판적으로 수용하여 받아들일 것과 받아들일 수 없는 것을 구분하였다. 이러한 비판적 해석과 수용 가운데서 다산 사상의 창의성이 발휘되게 된다. 하여간 다산 사상의 온전한 이해를 위해서는 서학 사상과의 연관성을 올바르게 파악하지 않으면 안 된다. 이 글에서 우리는 다산의 사상 가운데도 특히 수양론에 초점을 두고 서학과 관련해서 다산 수양론의 형이상학적 근거와 수양 주체에 대한 인식의 변화를 고찰하고, 행사(行事) 개념을 중심으로 다산의 덕론과 수양론의 특성을 살펴보고자 한다.

2. 다산과 서학

다산 사상을 올바르게 이해하기 위해서는 다산이 젊은 시절 접했던 서학 사상 관련 문제를 다루지 않을 수 없다. 서학은 크게 나누어 보면 천주교 신앙과 관련된 종교적 · 사상적 부분과 과학기술적 부분으로 구성되어 있다. 다산은 이 가운데 과학기술적 부분보다는 종교적 · 사상적 부분에 더 큰 관심을 가졌다. 마테오 리치(Matteo Ricci, 1552~1610)가 저술한 대표적 서학서인 『천주실의(天主實義)』는 1603년에 지어졌는데, 이 책은 지어진 지 얼마 되지 않아서 조선에 소개되었다. 그래서 17세기 초 이수광은 『지봉유설』(1614년)에서 유몽인은 『어우야담』(1622년)에서 이미 『천주실의』를 소개하고 있다. 실학자 성호 이익(1681~1763)은 『천주실의』를 깊은 관심을 가지고 읽고, 『천주실의』에 대해 발문(跋文)을 썼다. 이익의 제자 가운데 신후담은 『서학변』을 지어서 『천주실의』에 대한 비판적 입장을 분명히 하였다. 안정복도 『천주실의』의 '혼삼품설(魂三品說)'을 언급하였으나 대체로 부정적 태도를 보였다. 그러나 성호 이익의 제자 가운데는 긍정적 입장에서 서학을 바라보는 학자들도 나타났다. 이가환과 권철신이 대표적이다. 다산은 형 정약전과 함께 성호학파의 학자들과 교유하면서 서학의 영향을 받게 된다.

다산은 23세가 되던 갑진년(1784년) 4월(음력)에 고향 초천에서 형수의 기제를 마치고 이벽(형수의 동생), 정약전 등과 함께 배를 타고 서울로 향했다. 배 안에서 이벽으로부터 처음으로 서교(서학)에 대해 듣고 다산은 큰 충격을 받았다. 그 후 이벽으로부터 『천주실의』와 『칠극』을 얻어서 보고 서학에 본격적으로 마음이 기울게 된다.[72] 같은 해 여름에 정조는 『중용』에 대한 70문항의 문제를 내어서 다산은 이에 대해 답안을 작성하게 되었다. 이때 다산은 이벽과 상의하여 답안을 작성하게 된다. 이것이 다산의 『중용강의』이다. 이 『중용강의』에는 곳곳에 서학의 영향이 많이 보인다. 그런데 다산은 그로부터 30년이 지나서 유배지에서 이벽을 생각하며 『중용자잠(中庸自箴)』을 저술하였다. 이때에도 30년 전과 근본적 입장이 바뀌지 않고 심화하여서 그의 20대 초의 사상이 매우 중요함을 보여주고 있다.

72) 『茶山文集』 권15, 「先仲氏墓誌銘」(『定本』 제3책, 247쪽) 참조.

이후에 다산은 천주교 관련 주요 사건에 매번 깊이 관여된다. 1784년 9월(음력) 이승훈이 이벽의 집에서 영세를 주기 시작하였는데 이때 다산은 이벽, 권일신, 정약전, 최창현 등과 더불어 가장 먼저 초창기에 영세받았다. 이듬해인 1785년 봄에는 김범우의 집에서 신앙공동체 모임을 하다가 형조의 관리들에게 적발을 당했다. 이때 집회에 참석했던 이벽, 이승훈, 권일신 부자, 정약전, 정약종과 함께 다산도 적발되었다가 훈방되었다. 같은 해 천주교도를 자식으로 둔 부모들에게 자식들과의 인연을 끊을 것을 요구하는 태학생들의 통문이 나돌았다. 1787년 10월에는 정약용이 이승훈과 반촌에서 과거공부를 한다고 핑계를 대고서 서학서를 학습한다는 사실이 다산의 동료인 이기경에 의해서 폭로되었다. 1791년에는 호남에서 윤지충과 권상연이 조상 제사를 거부하는 사건이 발생하여 천주교인으로서 처음으로 사형을 당하는, 이른바 진산사건이 있었다. 이 사건을 계기로 많은 양반 출신이 천주교를 배교하게 된다. 다산은 자신이 정미년 이후로 4, 5년 동안은 열심히 서교에 마음을 기울였으나 신해년 진사사건 이후로 나라에서 천주교를 금하자 마음을 끊었다고 진술하였다.[73] 그러나 다산이 본격적으로 신앙을 등지는 배교 행동을 한 것은 1795년(을묘년) 이후이다. 중국인 주문모 신부 사건과 관련하여 박장설의 상소를 계기로 조정에 있는 서학 신봉자에 대한 처벌 논란이 있었다. 그러자 정조는 1795년 7월 이가환을 충주목사로 정약용은 금정찰방으로 좌천하고 이승훈은 예산으로 유배를 보냈다. 금정에서 다산은 천주교도들을 박해하고 이존창 체포에 기여한 공을 세워서 같은 해 겨울에 내직으로 돌아왔다. 그러나 계속되는 반대파들의 비난에 맞서 다산은 1797년(丁巳年) 여름에 자신의 배교를 명백히 밝히는 '자명소(自明疏)'를 정조에게 올린다. 다산

73) 『茶山文集』 권9, 「辨謗辭同副承旨疏」(『定本』 제2책, 167-174쪽) 참조.

을 비판하는 측에서는 자명소의 내용이 진정성이 없다고 반박한다. 그러나 정조는 다산의 자명소를 보고 가상히 여겨 그해 6월 곡산부사로 임명하였다. 1801년 정조 사후에 일어난 신유옥사에서 다산은 주문모 신부의 존재를 밀고하는 등 수사에 협조하여 풀려나서 유배를 가게 된다.

이상에서 보면 다산은 1784년부터 최소한 진산사건이 있던 1791년까지 7여 년간, 본격적 배교 행위를 한 1795년을 기준으로 보면 10여 년간 천주교와 서학 사상에 대해 깊이 관여하였음을 알 수 있다. 그리고 배교 행위도 자발적이라기보다는 정조의 은총이나 반대파의 압력과 같은 외부적 요인이 강했다고 볼 수 있다. 다산이 사상적으로 중요한 시절인 20대에 서학에 깊이 관여한 것은 그의 사상에 근본적 영향을 주었다. 최석우는 다산에서 발견되는 서학 사상의 요소가 신관(神觀), 태극론, 이기론, 음양론, 귀신론, 인성론, 덕행론, 사천론(事天論) 등에 걸쳐서 폭넓고 깊게 영향을 주었다고 한다.[74] 이 글에서는 수양론을 중심으로 해서 다산 사상에 나타나는 서학 사상의 영향과 그 의의를 고찰해 보도록 한다.

3. 수양론의 형이상학적 근거: 태극에서 상제로

유학에서 최고 존재는 천(天)으로 언표된다. 그런데 성리학에서는 최고 존재를 태극(太極) 또는 이(理)로 이해한다. 성리학의 수양론에서 태극은 수양의 근거이자 기준이다. 모든 인간의 마음에 내재한 태극은 수양의 절대적 근거와 기준이 된다. 그런데 이러한 태극은 인격적 존재는 아니다. 태극은 계탁(計度)하거나 조작(造作)할 수 있거나 지성적 능력을 지니고 있

74) 최석우 · 금장태 · 박동옥 · 김옥희, 『다산 정약용의 서학 사상 - 1993년도 다산문화제 기념논총』, 다섯수레, 1993, 66-69쪽 참조.

지는 않다. 다산은 비인격적 태극이 인간의 도덕과 수양의 궁극적 근거가 될 수 없다고 보았다. 인간의 마음을 들여다보고 행위의 선악을 심판할 수 있기 위해서는 궁극적 존재인 천이 인격적 존재가 되지 않으면 안 된다고 생각하였다. 그래서 그는 『중용』에 나오는 천을 인격적 상제(上帝)로 재해석한다.

인격적 상제는 인간에게 '선을 좋아하고 악을 미워하며〔樂善惡惡〕' '덕을 좋아하고 더러운 것을 부끄러워하는〔好德恥汚〕' 선한 본성을 부여하였다.[75] 뿐만이 아니라 상제는 인간의 도심(道心)에 깃들어서 인간에게 선한 길을 인도한다. 다산에 의하면 도심이란 인격적 상제의 목소리와 다르지 않다. 그래서 하늘의 혀가 도심에 붙어 있다고 한다.[76] 우리 인간은 인심과 도심의 갈등 사이에서 항상 고민하게 되는 데 다산에 의하면 도심의 소리는 당위적 도리에 그치는 것이 아니라 곧 인격적 하늘의 목소리이므로 그것은 더욱 절대적으로 실천하지 않으면 안 된다. 이러한 입장의 연장선에서 다산은 『중용』의 신독(愼獨)과 계신공구(戒愼恐懼)도 해석한다. 신독은 다른 사람이 안 보는 홀로 있는 곳에서 삼가는 것으로 해석하기 쉽다. 그런데 다산에 따르면 신독이란 다른 사람은 모르고 나만 아는 일에 대해서 삼가는 것이다.[77] 여기서 중요한 것은 다른 사람은 모른다고 하더라도 인격적 하늘은 인간의 속마음을 훤히 내려다보고 있음을 유의하지 않으면 안 된다.[78] 그러므로 다른 사람이 아느냐 모르느냐와 관계없

75) 『中庸自箴』 권1(『定本』 제6책, 228-229쪽), "蓋人之胚胎旣成, 天則賦之以靈明無形之體, 而其爲物也, 樂善而惡惡,[余有先諱, 每云樂善] 好德而恥汚, 斯之謂性也, 斯之謂性善也." 참조.

76) 『中庸自箴』 권1(『定本』 제6책, 230쪽), "天之喉舌, 寄在道心, 道心之所儆告, 皇天之所命戒也." 참조.

77) 『心經密驗』(『定本』 제6책, 203쪽), "原來愼獨云者, 謂致愼乎己所獨知之事, 非謂致愼乎己所獨處之地也." 참조.

이 언제 어디서나 인간의 마음을 들여다보고 있는 상제의 존재를 인식한다면 우리 인간은 언제나 신독할 수밖에 없다.

'계신공구(戒愼恐懼)' 즉 보이지 않는 것을 경계하고 삼가며 들리지 않는 것을 두려워한다는 것은 무슨 의미인가? 이것은 태극처럼 비인격적이고 지각 능력이 없는 원리를 경계하고 삼가며 두려워하는 것이 아니다. 다산에 의하면 계신공구의 대상은 항상 언제 어디서나 인간의 마음속까지 드려다 보고 있는 인격적 하늘 즉 상제이다. 즉 계신공구의 구체적 대상이 존재하는 것이다. 우리가 상제의 존재를 두려워하게 되면 혼자만 아는 일이라고 하더라고 함부로 나쁜 생각을 할 수 없게 되는 것이다. 그렇게 되면 마음이 저절로 평안해지고 진실해지게 된다. 다산에 따르면 인간은 상제에 대해 계신공구 하므로 곧 신독할 수 있게 된다. 다산은 신독을 성(誠), 또는 지성(至誠)이라고도 한다. 신독이 지성이고, 지성이 신독이라고 한다.[79] 왜냐하면 마음에서 신독하게 되면 자연히 지성의 경지에 도달하기 때문이다. 그리고 지성은 또한 중화(中和)를 가능하게 한다.[80] 다산이 말하는 중화의 개념은 성리학의 중화 개념과 차이가 크다. 주자에 있어서 '중(中)'은 "심지사려(心知思慮)가 아직 발하지 않은 상태"이다. 그러나 다산에 있어서 '중'은 "심지사려가 아직 발하지 않은 상태"가 아니다. 다산에 의하면 '중'이란 항상 경계하고 삼가고 두려워하여 마음을 지극히 평정하고 바르게 갖는 것을 뜻한다.

"이때를 당하여 세심하게 마음을 써서 삼가며 상제를 밝게 섬긴다. 항상 신

---

78) 『中庸自箴』 권1(『定本』 제6책, 233-234쪽), "天之靈明, 直通人心, 無隱不察, 無微不燭, 照臨此室, 日監在玆. 人苟知此, 雖有大膽者, 不能不戒愼恐懼矣." 참조.

79) 『中庸自箴』 권1(『定本』 제6책, 235쪽), "愼獨之爲至誠, 至誠之爲愼獨." 참조.

80) 『中庸自箴』 권1(『定本』 제6책, 236쪽), "致中和者, 至誠也." 참조.

명이 집의 가장 은밀한 구석까지 비추어 임하듯이 여겨서 경계하고 삼가고 두려워한다. 허물이나 교격한 행동이나 치우친 감정이 있는지 두려워한다. 부정을 범할지 두려워하고 나쁜 생각이 싹틀까 두려워한다. 그 마음을 지극히 평정하게 가지고 그 마음을 지극히 바르게 하여 외물이 오는 것을 기다린다. 이것이 어찌 천하의 지극한 중이 아니겠는가?"[81]

그런데 중인(衆人)들은 미발의 때에 눈으로 볼 수 없는 것은 경계하고 삼갈 바가 없다고 하고, 귀로 들을 수 없는 것은 두려워할 바가 없다고 한다. 그래서 숨어 있어서 드러나지 않았다고 해서 천도(天道)를 믿지 않고, 미소해서 드러나지 않았다고 천명(天命)을 두려워하지 않는다. 그러므로 중화도 되지 않는다.[82] 다산에 따르면 신독이 아니면 중도 되지 않고, 신독이 아니면 화도 되지 않는다. 요컨대 중용의 도는 신독이 아니고서는 불가능하다고 한다.[83] 성리학의 수양론에서 중요한 의미를 지니는 신독론에 대해서 다산은 인격적 상제를 전제로 이처럼 새롭게 해석한다.

다산이 수양의 형이상학적 근거를 비인격적 태극이 아니라 인격적 상제로 이해하였는데, 이러한 사상은 서학에 이미 나타나고 있다. 『천주실의』에서는 성리학적 태극론을 비판하고 대신에 인격적 천주가 천지만물을 주재하는 것을 강조한다. 『천주실의』에서는 천지만물의 근거가 태극

81) 『中庸自箴』 권1(『定本』 제6책, 236쪽), "當此之時, 小心翼翼, 昭事上帝. 常若神明照臨屋漏, 戒愼恐懼, 惟恐有過, 矯激之行, 偏倚之情, 惟恐有犯, 惟恐有萌, 持其心至平, 處其心至正, 以待外物之至, 斯豈非天下之至中乎?"

82) 『中庸自箴』 권1(『定本』 제6책, 236쪽), "衆人則不然, 方其未發之時, 謂目之所不睹而無所戒愼, 謂耳之所不聞而無所恐懼, 謂隱之不可現而不信天道, 謂微之不可顯而不畏天命. 思遇一事, 欲作矯激之行, 以欺一世, 思畫一計, 任遂偏倚之情, 以利一身, 當此之時, 其所以爲喜怒哀樂者, 或失之過, 或失之不及, 或失之偏, 或失之有倚." 참조.

83) 『中庸自箴』 권1(『定本』 제6책, 236쪽), "由是觀之, 致中非愼獨不能也, 致和非愼獨不能也, 中庸之道, 非愼獨不能也."

이 아니고 천주임을 논증하고 있다.[84] 모든 존재를 실체와 속성으로 분류하는데 태극은 실체가 아닌 속성에 지나지 않는 것으로 보고 있다.[85]

『천주실의』에서는 태극 또는 이(理)는 이성 능력과 지각 능력이 없다고 한다.(理無靈無覺)[86] 이와 유사하게 다산 역시 이(理)는 이성 능력과 지각 능력이 없다고 한다. "이는 본래 지각 능력이 없다. 또한 위엄과 권능도 없다."[87] 이에 비해서 상제는 인간의 마음속 생각까지 드려다 보고서 선악을 판단하고 심판할 수 있는 지각 능력을 갖추고 있는 존재라고 인식한다.

이상에서 살펴본 바와 같이 다산은 수양론의 형이상학적 근거로서 태극이나 이(理) 대신에 인격적 상제를 강조하고 있다. 이 점은 서학의 사상과 공통적인 모습이라 할 수 있다. 다산은 이러한 상제론에 근거하여 계신공구와 신독과 성(誠)을 강조한다. 상제에 대해 계신공구하여야 신독이 가능하고, 신독하여야 성에 이르게 된다. 그런데 상제에 대해 계신공구하기 위해서는 무엇보다 인격적 상제에 대해 올바르게 인식하는 지천(知天)이 선행되어야 한다. 나산에 의하면 중용은 '지천' 을 수신의 근본으로 한다. 그리고 대학은 '성의' 를 수신의 근본으로 한다. 그런데 중용의 지천과 대학의 성의는 서로 다른 것이 아니다. 왜냐하면 지천하여야 성할 수 있기 때문이다.[88] 그래서 다산은 "대학이 성의를 수신의 근본으로 보는 것과 중용이 지천을 수신의 근본으로 보는 것은 그 뜻은 하나로 통한다."[89]고

84) 마테오 리치, 『천주실의』, 송영배 · 임금자 · 장정란 · 정인재 · 조광 · 최소자 옮김, 서울대학교출판문화원, 2018, 45-49쪽.

85) 마테오 리치, 『천주실의』, 송영배 · 임금자 · 장정란 · 정인재 · 조광 · 최소자 옮김, 서울대학교출판문화원, 2018, 87쪽.

86) 마테오 리치, 『천주실의』, 송영배 · 임금자 · 장정란 · 정인재 · 조광 · 최소자 옮김, 서울대학교출판문화원, 2018, 93쪽.

87) 『中庸自箴』 권1(『定本』 제6책, 233쪽), "理本無知, 亦無威能."

88) 『中庸自箴』 권1(『定本』 제6책, 259쪽), "知天爲修身之本者, 知天而後能誠也." 참조.

89) 『中庸自箴』 권1(『定本』 제6책, 259쪽), "大學以誠意爲修身之本, 中庸以知天爲修身之本,

하였다.

그리고 다산에 따르면 인간은 도심을 통해 마음으로 상제와 대화할 수 있는 존재이다. 상제는 인간에게 때로는 더없이 자상하고 때로는 더없이 엄하게 타이르듯 하기도 하고 명령하듯 하기도 한다.[90] 인간이 내면에서 도심을 통해 상제와 대화하는 것으로 보는 것은, 유학과 서학의 만남을 통해서 이루어진 다산 수양론의 매우 독특한 측면이다. 인간은 내면에서 상제를 마주하는 존재로서 늘 상제를 두려워하고 밝게 섬겨야 한다. 그래서 다산은 '사천(事天)' 또는 '소사상제(昭事上帝)'를 강조한다. 이 두 가지는 실제로 같은 의미이다. 사천하는 방법은 신독을 통해서다. 다산은 신독으로 사천하여야 성인이 될 수 있다고 한다.[91] 이처럼 다산의 수양론은 인격적 천에 근거를 두고 있다. 상제 즉 인격적 천을 알고, 두려워하고, 신독으로 밝게 섬길 때 올바른 수양도 참된 도덕 실천도 가능하게 된다고 인식하였다.

4. 수양의 주체인 인간관의 변화: 이기론에서 신형론(神形論)으로

주자학에서는 인간을 이기론적으로 이해한다. 인간의 존재는 다른 만물과 같이 이와 기로 설명한다. 그래서 건순(健順) 오상(五常)의 덕과 음양 오행의 기로 이루어진다고 본다. 다만 인간은 동물에 비해 우수한 기로

其義一也."

90) 『中庸自箴』 권1(『定本』 제6책, 230쪽), "天之喉舌, 寄在道心, 道心之所儆告, 皇天之所命戒也. 人所不聞, 而已獨諦聽, 莫詳莫嚴, 如詔如誨, 奚但諄諄已乎?" 참조.

91) 『心經密驗』(『定本』 제6책, 220쪽), "若愼獨以事天, 强恕以求仁, 又能恒久而不息, 斯聖人矣." 참조.

이루어지는 차이가 있다. 그런데 여기서 이(理)는 마음과는 의미가 다르다. 주자학에서는 심 즉 마음 작용도 기로 보고 있다. 이에 비해 서학에서는 인간을 신(神)과 형(形)의 결합으로 이원론적으로 이해한다.[92] 『천주실의』에서 정신은 주로 신(神)·혼(魂)·영(靈)으로 표현하고, 육체는 형(形)·신(身)·구각(軀殼)으로 표현하였다. 형상이 없는 신(神)과 형상이 있고 유한한 형(形)이 만나서 인간이 된다는 것이다. "인간은 형(形)과 신(神)의 두 가지가 서로 합해서 사람이 된다."[93] 신 또는 혼과 형으로 이루어진 인간이 죽으면 신체는 죽어도 혼(魂)은 죽지 않고 불멸한다고 한다.[94] 신형이원론과 영혼불멸설이 서학적 인간관의 주요한 특징이라 할 수 있다. 육신의 사후에도 불멸하는 영혼이 있어야만 천주에 의한 심판이 가능하기 때문이다. 서학에서는 신 또는 혼과 형의 이원론으로 인간을 설명하지만, 이 가운데 궁극적인 것 참으로 인간적인 것은 혼이다. 서학은 이러한 신형이원론을 기반으로 사상을 전개하고 있다.

다산 역시 인간을 이기론적으로 설명하기보다는 신형이원론의 입장에서 접근한다. "신(神)과 형(形)이 묘하게 합해서 인간이 된다.〔神形妙合, 乃成爲人〕"[95] 인간은 무형의 신(神)과 유형의 형(形)이 상호 묘하게 결합하여 있는 '신형묘합(神形妙合)'의 존재라는 것이다. 그러다가 죽으면 몸은 사라지지만 신은 혼이 된다고 한다.[96] 신형묘합론은 '신(神)'과 '형(形)'의 이원론을 전제로 한다. 인간을 유형의 체와 무형의 체로 설명한다. 유형의

---

92) 김형효는 다산의 사상을 이기(理氣) 철학이 아니고 '영육(靈肉)'의 철학이라고 부른다.(김형효, 『원효에서 다산까지』, 청계, 2002, 521쪽 참조.)

93) 마테오 리치, 『천주실의』, 송영배·임금자·장정란·정인재·조광·최소자 옮김, 서울대학교출판문화원, 2018, 350쪽. "人以形神兩端, 相結爲人."

94) 마테오 리치, 『천주실의』, 송영배·임금자·장정란·정인재·조광·최소자 옮김, 서울대학교출판문화원, 2018, 124쪽. "人身雖死, 而魂非死, 蓋永存不滅者焉." 참조.

95) 『孟子要義』 권1(『定本』 제7책, 89쪽), "鏞案: 神形妙合, 乃成爲人."

96) 『孟子要義』 권1(『定本』 제7책, 89쪽), "神形妙合 …… 死而離形, 乃名曰魂." 참조.

체는 '형구(形軀)' 또는 '소체(小體)' 라고 하고, 무형의 체는 '심(心)' '신(神)' '영(靈)' '혼(魂)' '대체(大體)' 등으로 부른다고 한다. 인간에게 있어서 무형의 체와 유형의 체는 상호작용하면서 서로 영향을 주고받기는 하지만, 이 두 가지는 그 본질이 다르므로 서로 섞이지 않는다고 한다. "대개 이 영명의 체는 비록 형기의 가운데 거하고 있으나 순수하여 형기와 서로 섞이지 않는다."[97] 이 무형의 체는 허령지각(虛靈知覺)의 능력을 갖는데 다산은 이 무형의 체의 특성을 '영명(靈明)' 이라고 즐겨 표현한다. 하늘이 인간이 태어날 때 영명무형(靈明無形)의 체를 부여하였다고 한다.[98] 영명무형의 체를 다른 곳에서는 '영체(靈體)' 라고 부르기도 하고[99] '영지(靈知)' 라고 칭하기도 한다.[100] 하여간 인간에게 주어진 영명성은 사물을 지각하고 선악과 시비를 판단할 수 있는 능력을 갖추게 하고, 선과 덕을 좋아하게 하고 선과 악 사이에서 자유로운 선택을 가능하게 한다. 그뿐만 아니라 하늘 즉 인격적 상제에게도 영명성이 있어서 인간의 영명성과 서로 통할 수 있다고 보았다.[101]

서학에서 인간은 천주에 의해서 만들어진 존재이다. 즉 신의 피조물이다. 그런데 천주는 인간을 창조하면서 다른 동물과 큰 차이를 두었다. 서학에서는 인간과 동물의 본질적 차이가 강조된다. 식물은 생혼(生魂)이 있

---

97) 『孟子要義』 권2(『定本』 제7책, 209쪽), "蓋此靈明之體, 雖寓於形氣之中, 粹然不與形氣相雜."

98) 『中庸自箴』 권1(『定本』 제6책, 228-229쪽), "蓋人之胚胎旣成, 天則賦之以靈明無形之體." 참조.

99) 『心經密驗』(『定本』 제6책, 198-199쪽), "然吾人靈體, 若論其嗜好, 則樂善而恥惡, 若論其權衡, 則可善可惡, 危而不安, 惡得云純善而無惡乎? …… 總之. 靈體之內, 厥有三理 …… 非吾人靈體之內, 本無此三理也." 참조.

100) 『茶山文集』 권16, 「自撰墓誌銘」(『定本』 제3책, 274-275쪽), "性者, 嗜好也. 有形軀之嗜, 有靈知之嗜, 均謂之性." 참조.

101) 『中庸自箴』 권1(『定本』 제6책, 233-234쪽), "天之靈明, 直通人心, 無隱不察, 無微不燭." 참조.

어서 영양을 섭취하여 성장하며, 동물은 각혼(覺魂) 즉 감각적으로 지각하는 능력을 지니고 있어서 해로운 것을 피하고 이로운 것을 추구한다. 그런데 인간은 생혼과 각혼 뿐만 아니라 영혼이 있어서 선악과 시비를 판단할 수 있는 이성적 능력이 있고, 또한 선악과 시비 가운데 어느 것을 선택할 수 있는 자유의지가 있다는 차별성이 강조된다.[102] 서학에서는 인간과 인간 이외의 다른 동물은 본질적으로 다르다는 점을 강조한다. 양적으로가 아니라 질적으로 전혀 다르다. 성리학의 설명처럼 이는 같은데 기만 다른 것이 아니다.

다산 역시 동물에 비해 인간의 고유한 우월성을 중시한다. 인간은 기질지성뿐인 다른 동물과 달리 도의지성(道義之性)을 가지고 있어서 도심에 따라 시비를 판단하고, 선악을 선택할 수 있는 존재임을 강조한다.[103] 동물은 본능의 지배를 받지만, 인간은 동물과 달리 자유의지가 있다. 다산은 자유의지를 '자주지권(自主之權)'[104] 또는 선을 선택할 수도 악을 선택할 수도 있는 '권형'〔可善可惡之權衡〕[105]으로 표현한다. 서학서인 『성학추술』에서는 다산의 '자주지권'과 유사한 의미의 개념으로 '자전지권(自專之權)'이라는 말을 사용하였다.[106] 다산에 따르면 인간의 의지는 선과

102) 마테오 리치, 『천주실의』, 송영배 · 임금자 · 장정란 · 정인재 · 조광 · 최소자 옮김, 서울대학교출판문화원, 2018, 124-125쪽 참조.

103) 『孟子要義』 권2(『定本』 제7책, 189-191쪽), "且人之於善惡, 皆能自作, 以其能自主張也. 禽獸之於善惡, 不能自作, 以其爲不得不然也. …… 大抵人之所以知覺運動, 趨於食色者, 與禽獸毫無所異. 惟其道心所發, 無形無質. 靈明通慧者, 寓於氣質, 以爲主宰, 故粤自上古, 已有人心道心之說. 人心者, 氣質之所發也, 道心者, 道義之所發也. 人則可有此二心, 若禽獸者, 本所受者氣質之性而已. 除此一性之外, 又安有超形之性, 寓於其體乎?" 참조.

104) 『孟子要義』 권1(『定本』 제7책, 94쪽), "天之於人, 予之以自主之權, 使其欲善則爲善, 欲惡則爲惡, 游移不定, 其權在己, " 참조.

105) 『心經密驗』(『定本』 제6책, 199쪽), "天旣予人以可善可惡之權衡." 참조.

106) 김선희, 「영명으로서의 인간 - 『성학추술』을 통해 본 정약용의 인간론」, 『동양철학연구』 60집, 동양철학연구회, 2009.11. 100-101쪽 참조.

악 사이에서 미리 정해져 있지 않고, 자유로운 상태에서 선과 악 사이에서 선택할 수 있는 능력이 있다. '자주지권' 이 있음으로써 인간의 행위는 인간의 책임으로 돌아가고, 인간은 의지의 선택에 따라서 행위가 공(功)이 될 수도 있고, 죄가 될 수도 있다.[107] 이것은 본능에 따라 행동이 결정되는 동물과는 매우 다른 구조이다.

『천주실의』에 따르면 천지만물은 모두 인간을 위해 만들어진 것이다.[108] 따라서 인간은 천하 만물을 인간의 복리를 위해 자유롭게 이용할 수 있다. 동물에 대해 굳이 살생을 금지할 필요가 없다. 인간이 필요하면 식용으로 써도 죄가 아니다. 천하 만물은 인간의 이용 대상이다. 다산 역시 천지만물이 인간을 위해 존재한다는 인간중심적 세계관을 견지한다.

이상에서 살펴본 『천주실의』에 나오는 서학적 인간관이 다산의 인간관에 어떠한 영향을 주고 있을까? 다산에게 있어 상제는 인간에게 다른 동식물에 없는 낙선오악(樂善惡惡)의 본성과 시비선악을 판단하는 이성, 자유의지의 능력을 주었다. 그런 점에서 인간은 다른 동식물과는 비교할 수 없는 특별한 존재로 이해한다. 다산은 영혼 불멸을 믿었을까? 다산은 사람이 죽으면 신이 형과 분리되어 혼이 된다고 하였다.[109] 죽으면 형 즉, 육체는 소멸하지만, 혼은 무형한 정신적 존재이기 때문에 소멸하지 않는다고 보았을 가능성이 있다.[110] 그래야만 이 세상에서 인간이 행한 선악의

---

107) 『孟子要義』 권1(『定本』 제7책, 94쪽), "天之於人, 予之以自主之權, 使其欲善則爲善, 欲惡則爲惡, 游移不定, 其權在己, 不似禽獸之有定心. 故爲善則實爲己功, 爲惡則實爲己罪. 此心之權也, 非所謂性也." 참조.

108) 마테오 리치, 『천주실의』, 송영배 · 임금자 · 장정란 · 정인재 · 조광 · 최소자 옮김, 서울대학교출판문화원, 2018, 250쪽, "試觀天主生是天地及是萬物, 無一非生之以爲人用者." 참조.

109) 『孟子要義』 권1(『定本』 제7책, 89쪽), "神 …… 死而離形, 乃名曰魂." 참조.

110) 정인재는 다산이 혼이라고 부르는 것은 영혼의 불멸설 쪽으로 기울어지지 않았나 생각이 든다고 하였다. 그 이유는 혼은 결코 기의 취산(聚散)에 의하여 흩어져 없어

행동에 대한 공정한 심판과 그것에 따른 상과 벌이 가능하기 때문이다. 다산은 이 문제에 대해서 구체적 진술을 자세히 하고 있지는 않지만, 행간에 그 의미를 담고 있는 표현을 남기고 있다. "빛나는 하늘의 명을 따라서 순종하면 선이 되고 상서로운 복이 있지만, 하늘의 명을 업신여겨서 거스르면 악이 되고 재앙이 온다."[111] 즉 하늘의 명에 순종한 자와 거역한 자에게는 선악에 따라 복과 재앙의 심판이 있음을 암시한다. 그런데 이 세상 즉 현세에서 심판이 충분히 정의롭다고 보기 어렵다. 그렇기 때문에 진정한 심판을 하기 위해서는 심판받는 대상이 사후에도 존재해야 한다. 그것이 혼이라고 볼 수 있을 것이다.

서학의 이원론적 인간관과 영혼 우위의 인간관을 수용하게 되면 우리는 자연히 육체와 영혼 가운데 어느 것이 영원하고 어느 것이 참된지를 판단할 수 있다. 영혼이 영원하고 참된 자아이다. 따라서 육체의 욕구와 영혼의 욕구가 갈등할 때 당연히 영혼의 욕구를 따라야 한다는 결론이 나온다. 다산에 따르면 성(性)의 의미는 즐겨 좋아하는 기호(嗜好)를 뜻한다. 그런데 기호에는 두 가지가 있다. 영지(靈知)의 기호가 있고 형구(形軀)의 기호가 있다.[112] 영지의 기호는 선을 좋아하고 악을 미워하지만, 형구의 기호는 이익과 쾌락을 추구한다. 영지의 기호는 상제가 인간에게 부여한 것으로서 인간의 진정한 성이라고 할 수 있다. 다산은 『중용』의 '천명지성'을 영지의 기호로 해석한다. 인간은 인격적 하늘이 부여한 영지의 기호를 따라 행하면 선하게 살 수 있다. 그런데 사람들은 이러한 영지의 기

지는 것이 아니기 때문이라고 보았다.(정인재, 「서학과 정다산의 성기호설」, 『다산학』 7, 다산학술문화재단, 2005, 109쪽 참조.)

111) 『中庸自箴』 권1(『定本』 제6책, 233쪽), "赫赫之天命, 循而順之, 則爲善爲祥, 慢而違之, 則爲惡爲殃."

112) 『茶山文集』 권16, 「自撰墓誌銘」(『定本』 제3책, 274-275쪽), "性者, 嗜好也. 有形軀之嗜, 有靈知之嗜, 均謂之性." 참조.

호를 따르지 않고 그것을 거스르고, 형구의 기호를 추구하는 데서 탐욕과 이기심이 발생하고 악을 행하게 된다. 다산처럼 인간을 '신'과 '형' 또는 '영지'와 '형구'로 이원화해서 이해하는 신형이원론적 접근은 서학서(천주실의, 칠극 등)의 인간관과 맥락을 같이 한다.

또한 성을 기호로 보는 것도 『천주실의』에 유사한 내용이 나온다.[113] 이것을 보면 다산의 이원론적 인간 이해와 성기호설은 서학의 영향이 있음을 알 수가 있다. 이러한 성기호설은 성리학의 심성론과 정면으로 충돌하는 것이다. 따라서 다산은 탈성리학적 철학과 수양론을 추구할 수밖에 없었을 것이다.

요컨대 다산은 신형이원론을 기반으로 영지의 기호를 우선으로 인식하고, 인간과 동물의 본질적 차이를 중시한다. 인간은 자유의지에 의한 선택 능력〔自主之權〕이 있고 따라서 책임이 있는 도덕적 존재임을 강조한다. 다산의 이러한 인간 이해는 도덕적 선택과 행동을 강조하는 그의 수양론에 많은 영향을 미치게 된다.

---

113) 마테오 리치, 『천주실의』, 송영배 · 임금자 · 장정란 · 정인재 · 조광 · 최소자 옮김, 서울대학교출판문화원, 2018, 131쪽. "其三曰: 物類之所好惡, 恒與其性相稱焉." 참조. 사물의 좋아하고 싫어하는 것이 그 사물의 성(性)과 서로 상응한다고 하여, 성의 의미를 좋아하고 싫어하는 것 즉 기호와 연관 지어서 해석하고 있다. 그 외에도 『천주실의』 5편에는 "성이 즐겨하는 바[性之所嗜]"라는 표현이 나온다. 다산의 성기호설과 서학의 관련성에 대해서는 정인재, 「서학과 정다산의 성기호설」(『다산학』 7, 다산학술문화재단, 2005, 81-116쪽) 참조.

5. 행사(行事) 중심의 덕론과 수양론

1) 행사 중심의 덕론: 행동적 사랑과 실천의 강조

수양은 덕의 함양·실천과 관련되므로 덕의 의미를 어떻게 인식하느냐 하는 문제는 매우 중요하다. 다산은 덕에 대해서 주자학과 매우 다른 인식을 보여준다. 주자학에서는 인간은 선험적으로 인의예지의 4덕을 타고나며, 따라서 4덕을 실천할 수 있다고 주장한다. 4덕 가운데 대표적 덕인 인(仁)에 대해서 "마음의 덕이고 사랑의 이치이다.〔心之德, 愛之理〕"라고 해석한다. 또한 인을 천지가 만물을 살리는 마음〔天地生物之心〕으로 해석하기도 한다. 그러나 다산은 4덕은 사람에게 본래부터 주어지는 것이 아니라, 행사(行事) 이후에 실천을 통해서 얻어지는 것이라고 주장한다.[114] 따라서 인을 주자처럼 "心之德, 愛之理"라고 해석하지 않는다. 또한 인을 천지가 만물을 살리는 마음으로 이해하는 것을 비판한다.[115] 다산에게 인이란 인간관계에서 상호 간 상대방에 대해 지켜야 할 도리를 다하는 것일 뿐이다.[116] 사람 사이에서 상대방에게 도리를 다하는 실천을 하고서야 비로소 인이라고 할 수 있다. 결코 인이 본래부터 있는 것은 아니다. 그리고 다산은 인의 실천 방법은 서(恕)일 뿐이라고 한다. 즉 사람과 사람 사이에 서로 상대의 인격을 존중하여 내가 원하지 않는 것을 상대에게 시키지 않아야 한다는 것이다. 다산은 인과 서(恕)가 상호 불가분의 관계임을

---

114) 『孟子要義』 권2(『定本』 제7책, 197쪽), "仁義禮智竟成於行事之後, 若以爲在心之理, 則又非本旨." 참조.

115) 『孟子要義』 권1(『定本』 제7책, 72쪽), "若以爲天地生物之心, 又以爲本心全體之德, 則洪勻賦予, 本無不均, 人人腔內, 皆具天地生物之心. 林林葱葱, 無一而非得天之尊爵者也, 豈可通乎?" 참조.

116) 『中庸講義補』 권1(『定本』 제6책, 344쪽), "凡二人之間, 盡其本分者, 斯謂之仁." 참조.

강조한다.

그런데 행위가 있은 다음에 덕(사랑)이 있고, 인 즉 사랑은 공자가 말한 서(恕)와 다르지 않고, 구체적 사랑의 실천이 중요하다고 보는 내용은 서학 서적에도 나오고 있다. 예컨대 『칠극(七克)』에는 실천적 인(사랑)을 강조하는 내용이 다음과 같이 나온다.

> "천주의 사랑은 빈말뿐이 아닌 실제로 행하는 것이다. 어진 사람 또한 그러하다. 성경에 말했다. "너희는 입으로만 사랑하지 말고 실제로 사랑을 행하여라." 지금의 사랑은 입만 크고 손은 작으니 또한 괴이하지 않은가? 참된 사랑이 마음에 있더라도 실제로 행하여 드러나지 않는다면 그 참됨을 증명할 길이 없다. 그래서 말한다. "참사랑이 살아 숨 쉬며 마음에 있더라도 알지 못하니, 반드시 실천하는 행동으로 크게 드러내야 한다. 실천하는 행동으로 드러나지 않는다면, 틀림없이 마음에 있지 않은 것이다." [117)]

또한 『칠극(七克)』에는 사랑의 실천 방법이 서(恕)임을 강조하는 다음과 같은 내용이 나온다.

> "세 번째는 남이다. 남을 사랑하는 것은 서(恕)뿐이다. "자기가 하고 싶지 않은 것을 남에게 하지 말라"는 공자의 말은 천주(天主)께서 말씀하신 "남을 자기처럼 사랑하라"는 것과 같다." [118)]

---

117) 판토하, 『칠극』, 정민 옮김, 김영사, 2021, 192-193쪽. 원문은 다음과 같다. "天主之愛, 非虛言而已, 實行也. 仁人亦然. 經云: 我子勿獨以舌愛, 以實行愛. 今之愛, 舌大手小, 不亦怪? 實愛在心, 不以實行顯, 無以驗實焉. 故曰實愛不知息在心, 必大著於實行, 不著於實行, 必不在心矣."

118) 판토하, 『칠극』, 정민 옮김, 김영사, 2021, 195쪽. "其三, 人也. 愛人者, 恕而已. "己所不欲, 勿施於人." 卽天主所謂 "愛人如己" 是也."

『천주실의』에서도 만물일체의 사랑 같은 추상적인 사랑이 아니라, 인간에 대한 구체적 · 행동적 사랑을 추구한다.

> "누가 배고파하면 먹여 주고, 갈증을 느끼면 물을 마시게 해 주고, 옷이 없으면 입혀 주고, 집이 없으면 재워 주고, 우환이 있으면 동정하고 위로해 주고, 어리석으면 가르쳐 주고, 죄를 지으려 하면 올바른 말로 말리고, 우리를 모욕해도 용서해 주고, 죽으면 장사 지내 주고 그를 위해 대신 하느님께 기도해 주며, 또한 살아서나 죽어서나 하느님을 잊어서는 안 되는 것입니다."[119]

다산도 사회적 배려가 필요한 어려운 이웃에 대한 구체적 사랑을 강조한다. 특히 『목민심서』 「애민육조」에서는 노인, 고아, 궁한 사람들, 상을 당한 사람들, 질병이나 장애가 있는 사람들, 재난을 당한 사람들 등에 대한 목민관의 관심과 제도적 지원을 주장한다.[120] 이러한 주장도 다산의 인에 대한 실천적 해석과 무관하지 않다.

이상에서 살펴본 바와 같이 다산의 덕론은 인의예지의 실천을 강조하고, 인의 실천 방법은 곧 서(恕)라고 인식하고, 생활 속의 구체적 사랑을 중시한다. 행사를 통한 실천 없이는 인의예지의 덕이 성립할 수 없다고 인식한다. 다산의 이러한 행사 중심의 덕론과 비슷한 사상이 『천주실의』와 『칠극』 같은 서학서에도 나타나는 점을 주목할 필요가 있다. 다산의 실천적 덕론에 서학서의 영향이 없지 않았다고 할 수 있다.

---

119) 마테오 리치, 『천주실의』, 송영배 · 임금자 · 장정란 · 정인재 · 조광 · 최소자 옮김, 서울대학교출판문화원, 2018, 369쪽. "必將渠饑則食之, 渴則飮之, …… 且死生不敢忘之."

120) 『牧民心書』 권3(『定本』 제27책, 208-244쪽) 참조.

2) 행사 중심의 수양론

행사를 중시하는 다산의 실천적 덕론은 수양론에도 그대로 이어지고 있다. 주자의 수양론은 거경궁리를 핵심으로 한다. 거경함양과 격물치지를 양축으로 하고 있다. 그중에서도 특히 격물치지(格物致理)가 무엇보다 중요하다. 주자는 『대학』「격물치지보망장(格物致知補亡章)」을 집필하여 격물치지에 대한 자신의 해석을 관철하고자 하였다. 주자는 만물에 대한 폭넓은 격물을 토대로 종국적으로는 활연관통의 경지에 도달하여야 진정한 도덕적 실천이 가능하다고 보았다. 이에 대해서 다산은 인간이 무수한 사물의 이치를 탐구하여 아는 것이 현실적으로 어렵다고 본다. 만물의 이치를 탐구하고 깨닫고 나서 성의정심을 하려면 그것은 현실적으로 거의 불가능하다고 본다.[121] 다산은 격물치지란 것을 별도의 공부로 생각하지 않았다. 격물이란 의(意)·심(心)·신(身)·가(家)·국(國)·천하(天下)의 본말(本末)을 헤아리는 것을 뜻하고, 치지라는 것은 이것의 실천에 있어서 우선순위의 선후를 파악하는 것을 의미한다고 해석한다.[122] 즉 성의정심 수신제가치국평천하를 벗어나서 별도의 격물치지란 없다고 본다. 다산처럼 해석하면 격물치지가 아니라 오히려 성의가 수양의 가장 기초가 된다고 할 수 있다. 다산에 따르면 별도로 격물치지를 하지 않아도 사람에게는 영지(靈知)가 있어서 선악을 판단하여 선을 좋아하고 악을 부끄러워하는 기호가 있기 때문에 그러한 영지의 기호에 따라 실천하면 되는 것이다.

실천을 중시하는 다산의 관점에서 보면 성리학의 수양론은 한편으로

121) 『大學公議』 권1(『定本』 제6책, 102쪽), "答曰: 天下之物, 浩穰汗滿. 巧歷不能窮其數, 博物不能通其理. 雖以堯舜之聖, 予之以彭籛之壽, 必不能悉知其故. 欲待此物之格, 此知之至, 而后始乃誠意, 始乃修身, 則亦以晩矣." 참조.

122) 『大學公議』 권1(『定本』 제6책, 94쪽), "致, 至之也. 格, 量度也. 極知其所先後, 則致知也. 度物之有本末, 則格物也." 참조.

는 지나치게 내면적 마음 다스리기에 치중하고, 다른 한편으로는 외물에 대한 격물치지를 중시한 나머지 주지주의로 치우치는 문제점이 있다. 그래서 결과적으로 현실 생활에서의 실천과 멀어지거나 그것을 소홀히 여기는 부작용이 있다는 것이다. 그래서 다산은 이러한 문제점에 대해 비판하면서 현실의 행사(行事), 응사접물(應事接物)을 중시하는 수양론을 주장한다. 우리는 여기서 이 문제를 『대학』의 '성의정심'과 『맹자』의 '존심양성'에 대한 다산의 실천적 해석을 통해서 살펴보도록 한다.

다산에 따르면 '성의정심'은 그냥 일이 없는 상태에서 막연히 마음을 진실되고 바르게 하는 것이 아니라, 구체적 일을 마주해서 진실되게 하고 구체적 일을 마주해서 바르게 하는 것이라고 한다.[123] 불교가 마음을 다스리는 것을 사업으로 한다면 유가는 사업을 통해서 마음을 다스린다고 다산은 주장한다.[124] 예를 들면 다음과 같다.

> "부모에게 효도하려는 자는 방이 따스한지 살필 때 반드시 성을 다하고, 방이 깨끗한지 살필 때 반드시 성을 다하고, 맛있는 술을 갖출 때 반드시 성을 다하고, 의복을 세탁할 때 반드시 성을 다하고, 술과 고기로 손님을 대접할 때 반드시 성을 다하고, 조용히 완곡하게 간할 때 지나침이 없도록 반드시 성을 다하는 것을 일러서 '성의(誠意)'라고 한다."[125]

이처럼 성의는 인간관계에서 구체적 일을 행함에 있어서 성의를 다하

123) 『大學公議』 권1(『定本』 제6책, 82쪽), "誠意正心, 雖是學者之極工, 每因事而誠之, 因事而正之."

124) 『大學公議』 권1(『定本』 제6책, 82쪽), "佛氏治心之法, 以治心爲事業. 而吾家治心之法, 以事業爲治心." 참조.

125) 『大學公議』 권1(『定本』 제6책, 82쪽), "欲孝於其父者, 察一溫必誠, 察一淸必誠, 具一甘旨必誠, 濯一衣裳必誠, 酒肉以養賓必誠, 幾諫使無過必誠, 斯之謂誠意也."

는 것이고, 정심(正心)도 역시 그러하다. 그런데 성리학은 정심을 치심(治心)으로 이해하여 행사를 떠나 마음 수련에 몰두하는 경향이 있다.[126] 다산에 따르면 공자의 조존설(操存說)도 구체적 일이나 사물에 접해서 실천하는 과정에서 하는 것이다.

> "공자의 조존설(操存說)은 구체적 일이나 사물에 접해서 힘써서 서(恕)를 하여 인을 행하고, 말을 할 때는 반드시 믿음직스럽게 하고, 행동함에 있어서는 공경함을 돈독히 하여 사욕을 따르지 않고 한결같이 도심을 듣는 것이다. 눈을 감고 단정히 앉아서 눈으로 보는 것을 거두고 귀로 듣는 것을 멈추고 빛을 돌려서 반조(反照)하는 것을 함양의 공부로 여기는 것이 아니다."[127]

그러면서 다산은 고학(古學)은 행사에 힘써서 행사를 통해 마음을 다스렸는데 지금의 학문은 마음을 기르는 양심(養心)에 힘써서 마음을 기르느라 행사를 폐하기에 이르렀다고 (당대 성리학의 수양론의 폐단을) 비판한다.[128] 이와 관련하여 맹자의 존심양성론에 대한 성리학자들의 인식도 잘못되었음을 지적한다. 다산에 따르면 맹자의 존심도 행사와 관련된 것이다.

> "맹자의 이른바 존심(存心)이란 매번 행사의 때에 사욕을 제거하고 천명을

---

126) 『大學公議』 권1(『定本』 제6책, 82쪽), "今人以治心爲正心 …… 但古人所謂正心, 在於應事接物, 不在乎主靜凝默." 참조.

127) 『孟子要義』 권2(『定本』 제7책, 204쪽), "孔子之所謂操存者, 欲於應事接物之時, 强恕行仁, 言必忠信, 行必篤敬, 勿循私慾, 一聽道心, 非欲瞑目端坐, 收視息聽, 回光反照, 以爲涵養之功也."

128) 『孟子要義』 권2(『定本』 제7책, 205쪽), "古學用力在行事, 而以行事爲治心, 今學用力在養心, 而以養心至廢事故也." 참조.

따라서 악을 버리고 선을 좇아서 장차 없어지려는 일점 도심을 보존하는 것이다. 이것이 이른바 보존(保存)이다."[129]

반면에 당대 성리학자들의 존심은 다음과 같이 행사를 벗어나 마음공부 그 자체에 몰두하는 경향이 있다.

"후세의 이른바 존심을 한다는 자는 매번 정좌(靜坐)의 때에 보는 것을 거두고 경을 주로 하여 정신을 응결하고 사려를 멈추어 들떠서 일정하지 않은 사람의 마음을 보존하고자 한다. 이것은 이른바 주존(住存)이다."[130]

다산에 따르면 맹자가 뜻하는 양성(養性)의 본래 의미도 행사와 관련된 실천적인 것이다.

"맹자의 이른바 양성이란 오늘 착한 일을 하나 행하고 내일 착한 일을 하나 행하여 의를 모으고 선을 쌓아서 선을 즐기고 악을 부끄러워하는 본성을 길러서 호연지기가 가득 차서 주리지 않게 하는 것이다."[131]

그런데 후세의 양성은 함양으로 의미가 변하여 맹자의 본뜻과 다르게 바뀌었다고 다산은 설명한다. "후세의 이른바 양성이란 것은 눈을 감고 조각처럼 앉아서 오로지 미발 전의 기상을 관조하면서 활발한 경지를 구

---

129) 『孟子要義』 권2(『定本』 제7책, 226쪽), "孟子所謂存心者, 每於行事之時, 去私而循命, 棄惡而從善, 以存此幾希將亡之一點道心, 此所謂保存也."

130) 『孟子要義』 권2(『定本』 제7책, 226쪽), "後世之所謂存心者, 每於靜坐之時, 收視而主敬, 凝神而息慮, 以存此躁擾不定之人心, 此所謂住存也."

131) 『孟子要義』 권2(『定本』 제7책, 226쪽), "孟子之所謂養性者, 今日行一善事, 明日行一善事, 集義積善, 以養其樂善恥惡之性, 使浩然之氣, 充然不餒也."

하니, 이것은 이른바 함양이다."[132)]

이상에서 보는 바와 같이 다산에 따르면 성리학에서는 성의정심이나 존심양성을 주관적 거경함양의 관점에서 해석하여 지나치게 마음공부 자체에 치중한 결과 일상의 실천과 유리되는 경향이 있다. 다산은 일상생활의 행사를 통한 수양을 강조하는데 이것은 다산의 실학적 수양론의 주요한 특징이라고 할 수 있다.

그렇지만 아무리 좋은 덕의 실천이라고 하더라도 일회성으로 그쳐서는 그다지 의미가 없다. 덕의 실천이 반복적으로 지속하고 습관으로 굳어질 때 비로소 참된 수양이 이루어질 수 있다. 그래서 다산은 수양에 있어서 '항상성'·'지속성'을 중시한다. 이것은 그의 '중용'의 '용(庸)'의 의미에 대한 해석에서 잘 드러난다. 용의 의미에 대해서 주자는 평상(平常)이라고 해석한다. 이에 대해 다산은 주자의 해석을 비판하고 용이란 '유상(有常)' 즉 '항상(恒常)'이라고 재해석한다.[133)] 그래서 중용이란 중을 항상 지속해서 실천하는 것이라고 한다. 다산에 따르면 군자의 진덕 수업은 오래함(能久)을 귀하게 여긴다.[134)] 그래서 『주역』에서도 "천지의 도는 항구(恒久)하여 그치지 않는다.", "하늘의 운행은 강건하니 군자는 이것을 본받아 스스로 강해서 쉬지 않는다."라고 하였다. 『논어』에서는 "백성은 드물게 오래 한다."라고 하였다.[135)] 다산은 『상서』·『주역』·『논어』 등의 구절을 종합하여 '용(庸)'의 의미를 '상(常)'으로 해석하여 수양에 있어서 지속적 노력이 중요함을 강조한다.

다산은 인의 실천 방법으로 서(恕)를 강조하였다. 우리가 인간관계에서

---

132) 『孟子要義』 권2(『定本』 제7책, 226쪽), "後世之所謂養性者, 瞑目塑形, 專觀未發前氣象, 以求活潑潑地, 此所謂涵養也."

133) 『中庸自箴』 권1(『定本』 제6책, 238쪽), "庸者, 有常也."

134) 『中庸自箴』 권1(『定本』 제6책, 241쪽), "故君子進德修業, 以能久爲貴." 참조.

135) 『中庸自箴』 권1(『定本』 제6책, 241-242쪽), 참조.

상대에 대해 인을 실천하는 방법은 서라고 보았다. 서란 자기가 상대에게 바라지 않는 것을 상대에게 강요하지 않고, 상대에게 원하는 것을 상대에게 베풀어 주는 것이다. 이 서의 원리가 다산에 의하면 후세에 와서 용서의 의미로 그 뜻이 변질되었다. 서의 본래 의미는 '용서(容恕)'가 아니라 '추서(推恕)'라고 다산은 주장한다.[136] 용서가 다른 사람의 악에 대해 관대하게 대하고 다른 사람을 다스리는 데 주안점이 있다면, 추서는 자기 수양에 주안점을 두고 자기의 선을 행하는 방법이다.[137] 다산에 따르면 서는 백성을 다스리고 일을 다스리는 방법이 아니고, 자기 수양의 공부이다.[138] 그 외에도 "서로써 자신을 수양한다.〔恕以修己〕"라고 하고, "추서는 자신을 수양하는 방법이다.〔推恕者所以自修也〕"[139]라고 하였다. 이처럼 서는 다른 사람과의 관계에서 자신을 수양하는 수양의 방법이라고 다산은 주장한다. 다산은 자기 수양의 방법으로 서를 중시하는데 이것도 그의 수양론의 한 특징이라 할 수 있다. 서도 인간관계에서 상대에게 실천을 통해 자신을 수양하는 것이므로 행사의 수양론과 맥락을 같이 하는 것이다.

요컨대 다산의 수양론은 성리학자들의 정태적이고 내성적인 마음 다스리기(治心) 위주의 수양 방법을 비판하고, 일상생활에서 구체적 행사를 통한 실천적 수양을 강조하는 특징이 있다. 다산의 행사를 중시하는 수양론은 서학에서 덕의 구체적 실천을 강조하는 것과 맥락이 통하는 것으로

136) 『大學公議』 권1(『定本』 제6책, 126쪽), "鏞案: 恕有二種. 一是推恕, 一是容恕. 其在古經, 止有推恕, 本無容恕, 朱子所言者, 蓋容恕也." 참조.

137) 『大學公議』 권1(『定本』 제6책, 127쪽), "推恕者, 主於自修, 所以行己之善也. 容恕者, 主於治人, 所以寬人之惡也."

138) 『中庸講義補』 권1(『定本』 제6책, 312쪽), "忠怒(恕의 오자로 보임)者, 自修之工, 豈所以治民治事者乎?" 참조.

139) 『大學公議』 권1(『定本』 제6책, 126쪽).

서 다산 사상의 중요한 특징이라고 볼 수 있다.

그밖에 수양에 있어서 뉘우침〔悔〕을 중시하는 것도 다산과 서학 사상에 나타나는 공통점이다. 『천주실의』에서는 악을 고치는 핵심은 깊은 뉘우침에 있다고 한다.

> "그러므로 악을 고치는 핵심은 오직 깊은 뉘우침에 있다. 자신이 예전에 이미 잘못한 것을 뉘우쳐서 다시는 감히 그렇게 하지 않겠다고 스스로 맹세하면 마음은 이미 목욕하여 덕의 보배로운 옷을 입을 수 있다."[140]

다산 역시 『심경밀험』에서 주역의 익(益)괘와 관련하여 수양에 있어서 뉘우침이 중요하다고 강조한다.[141] 정이천은 자신을 죄주고 자책하는 것은 없을 수 없지만, 그러나 마음속에 뉘우침을 오랫동안 머무르게 해서는 안 된다고 하였다. 그러나 이에 대해서 다산은 이천과 의견을 달리한다. 다산에 의하면 이천의 학문은 마음을 깨끗이 하여 아무런 생각도 없게 하고자 함으로 죄에 대해 뉘우치는 것도 가슴 속에 머물지 않게 하고자 하였다. 다산은 지나간 허물에 대해 눈물 흘리며 뉘우치고 일생 잊지 않아야 비로소 새로운 허물을 다시 짓지 않는다고 한다. 주역의 회린(悔吝)에 대해서 살펴보면 뉘우침〔悔〕은 허물을 고치는 것이고, 인색〔吝〕은 허물을 고치지 않는 것이다. 뉘우치면 끝내 길하고 인색하면 끝내 흉하다는 것이 성인의 경계라고 한다.[142] 다산은 수양에 있어서 잘못된 허물을 반

---

140) 마테오 리치, 『천주실의』, 송영배 · 임금자 · 장정란 · 정인재 · 조광 · 최소자 옮김, 서울대학교출판문화원, 2018, 363쪽. "故改惡之要, 惟在深悔, 悔其昔所已犯, 自誓弗敢再蹈, 心之既沐, 德之寶服可衣焉."

141) 『心經密驗』(『定本』 제6책), 206쪽 참조.

142) 『心經密驗』(『定本』 제6책, 206쪽), "伊川曰: 罪己責躬, 不可無. 然亦不當長留在心胸爲悔 …… 周易專觀悔吝. 悔者能改過也, 吝者不改過也. 悔則終吉, 吝則終凶, 聖人之戒

복하지 않기 위해서는 자신의 과오에 대한 뉘우침이 매우 중요하다고 인식하였다. 이처럼 뉘우침을 강조하는 것은 서학과 공통된 사상이라고 할 수 있다.

6. 맺음말: 다산 수양론에서 서학 사상의 영향과 그 의의

다산은 인격신으로서 상제의 존재를 재인식하고, 상제를 궁극적 존재로 하는 수양론을 정립하였다. 또한 상제의 존재에 대한 섬김은 현실적으로 사람에 대한 사랑으로 표현된다. 그래서 다산의 수양론에서 인(仁)은 전통적인 성리학적 인사상에 비해 사람에 대한 행동적 사랑을 강조하는 특징이 있는데 이 점도 서학과 공통적이다. 또한 이와 관련하여 다산에게 있어서 서(恕)는 인의 실천 방법이기도 하고 자기 수양의 방법으로 인식되기도 한다. 주자학에서 덕은 선험적으로 주어진 것이라면, 다산은 덕은 행동을 통해서 획득되는 것임을 주장하여 실행을 강조한다. 이처럼 덕을 선험적인 것이 아니라 경험적 실행과 연관시켜 이해하는 것도 서학과 공통되는 측면이다. 또한 성리학에서 그다지 중시하지 않는 회(悔) 개념을 강조하는 것도 다산과 서학의 공통점이다. 그리고 만물 일체가 아닌 인간중심주의, 인간과 동물의 차별성, 인간의 자유의지를 강조하는 것도 다산과 서학이 공유하는 사상이다.

다산의 수양론이 서학 사상의 영향을 받았지만, 서학 사상을 받아들이지 않은 부분도 많다. 예컨대 『천주실의』나 『칠극』에서는 이 세상 즉 현세는 잠시 지나가는 곳으로서 참된 세상이 아니고 참된 세상은 내세의 천국

也." 참조.

이라는 관념이 강하다.[143] 이 현세는 천국을 위해서 준비하는 곳이지 궁극적인 세계는 아니다. 즉 현세가 아니라 천국이 궁극적 중심이다. 수양에서도 이것은 중요하다. 그런데 다산의 사상에서는 현세가 아닌 내세 중심적 경향이 잘 보이지 않는다. 다산이 천국의 구원을 말하지 않았다고 해서 그것을 완전히 부정했다고 단정할 수는 없다. 왜냐하면 다산도 현세 인간의 행위에 대한 상제의 심판이 있고 그러한 심판은 인간의 선악에 대한 상과 벌을 전제하는 것이다. 상과 벌이 현세에서 충분하지 않다면 내세를 요청하지 않을 수 없기 때문이다. 또한 다산은 인간을 신형묘합의 존재로 보는데, 사후에 백은 흩어지지만, 혼은 계속 존재하는 것으로 이해하였을 가능성이 있다. 그렇다면 그러한 혼을 위한 세계가 필요하므로 천국의 존재를 완전히 부정하는 것은 아니다. 그런데도 다산으로서는 조선의 유교적 사회에서 내세나 천국에 대해 직접적으로 언급하는 데는 한계가 있었을 것이다. 또한 『천주실의』와 『칠극』에는 '천주를 사랑하라〔愛天主〕' 는 개념이 많이 나오지만, 다산에게 상제는 사랑의 대상이 아니고 외경과 섬김의 대상이다. 이 점에서도 다산과 서학 사상에는 차이가 있다. 다산은 서학 사상을 대담하게 자신의 사상에 수용하였지만, 그러나 유교적 가치와 조화될 수 있는 범위에서 선택적으로 받아들였다고 할 수 있다.

다산은 인격적 절대자인 상제에 대한 섬김을 중시하지만, 선과 악은 사람과 사람 사이의 관계에서 상대에게 잘하느냐 못하느냐에 달려 있다고 본다.[144] 하늘이 사람의 선악을 살피는 것은 항상 인륜에 있다고 한다.[145]

---

143) 마테오 리치, 『천주실의』, 송영배 · 임금자 · 장정란 · 정인재 · 조광 · 최소자 옮김, 서울대학교출판문화원, 2018, 120쪽 참조.

144) 『大學公議』 권1(『定本』 제6책, 136쪽), "人生斯世, 其萬善萬惡, 皆起於人與人之相接. 人與人之相接而盡其本分, 斯謂之仁." 참조.

145) 『中庸自箴』 권1(『定本』 제6책, 229쪽), "天之所以察人善惡, 恒在人倫."

즉 상제와의 관계에서 상제에 대한 태도에 따라 선과 악이 나누어지는 것이 아니라, 인간관계에서 선과 악이 나누어진다고 보는 것은 다산이 인격신을 받아들임에도 불구하고 유교적 인륜성을 여전히 중시한다는 것을 보여주고 있다. 다산은 인간관계에서 인륜을 다하는 것과 하늘을 섬기는 것이 둘이 아니라고 본다.[146] 그리고 유교 심성수양론에서 중시하는 도심을 상제의 목소리로 해석한다. 다산은 자기 수양과 하늘을 섬기는 방법은 인륜에 힘쓰는 것에 있다고 한다.[147] 이처럼 수양과 도덕 실천과 상제에 대한 섬김을 일치시키는 다산의 수양론은 유학과 서학의 만남을 통한 독창적 사상이라고 할 수 있다. 이점은 다산 수양론의 중요한 특징으로 지적할 수 있을 것이다.

다산은 외면적으로는 수사학 즉 원시 유학으로 돌아가는 것처럼 보이지만 사실은 서학과의 만남을 통해서 새로운 유학을 정립하고자 하였고, 수양론에서 주자학과 비교할 때 많은 근본적 차이점을 보여주고 있다. 다산이 수양론을 비롯한 그의 사상에서 서학의 영향을 상당히 받았음은 분명하지만, 그는 서학을 있는 그대로 수용하지 않고, 나름의 선택적 · 비판적 수용을 하였다. 동서 사상의 융합을 통한 새로운 사상의 정립에 있어서 서학의 영향은 매우 중요하고 의미가 깊다고 할 수 있다. 서학을 비판적으로 수용한 다산은 한편으로는 내면적으로 상제를 섬기면서 다른 한편으로는 사회적으로 인을 실천함으로써 자신을 수양함과 동시에 사회적으로 이바지하는 방향으로 수기치인의 유교적 이념을 구현하는 새로운 논리를 모색하였다.

---

146) 『中庸自箴』 권1(『定本』 제6책, 253쪽), "天之所以察人善惡, 恒在人倫, 善於人倫, 則可以事天矣." 참조.

147) 『中庸自箴』 권1(『定本』 제6책, 229쪽), "人之所以修身事天, 亦以人倫致力."

4부

윤리와 관계의 기술

   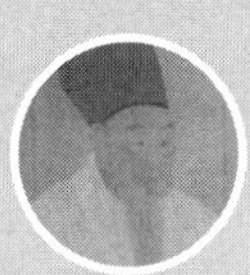  

"하늘과 사람은 하나의 이치이므로 감응하는 것은 어긋남이 없습니다.
인사(人事)만 참으로 다했다면 응하지 않을 천리가 없는 것입니다."

제8장

퇴계 사상과 환경윤리

1. 들어가는 말

환경문제가 인류 초미의 관심사로 대두하면서 자연과 환경에 대한 인식을 새김도하지 않을 수 없다. 이와 함께 전통적 자연관과 세계관에 대한 평가에서도 큰 변화가 있게 된다. 전근대적인 것으로 치부했던 전통적 자연관과 세계관이 생태 철학의 관점에서 보면 적극적 의미를 띠고 새롭게 다가오기 때문이다. 장구한 인류 역사에 비추어 보면 전근대 농업문명의 역사는 수천 년을 유지했지만, 근대의 산업문명은 불과 몇백 년에 지나지 않는다. 전통 문명이 생태적으로 더 건강한 문명이었다는 사실이 밝혀지면서 전통 사상에 대해서도 새로운 차원의 조명이 필요하게 되었다. 이런 측면에서 퇴계 사상을 환경윤리적 관점에서 조명해 보고자 한다. 우선 퇴계의 자연관을 살펴보고, 퇴계의 경(敬)사상이 환경윤리적으로 지니는 의미를 탐색해 보기로 한다.

2. 퇴계의 도학적 자연관

1) 근대의 자연관

퇴계 사상의 환경윤리적 의미를 탐구하기 위해서 먼저 퇴계가 자연에 대해서 어떠한 사상을 견지하였는지를 살펴보도록 한다. '자연(自然)이란 무엇인가?' 하는 자연 개념 자체도 역사적으로 사회적으로 변천해 왔다. 그러나 동양과 서양을 막론하고 고대로 갈수록 인간을 자연과 동질적(同質的)으로 파악하는 상호융합적(相互融合的) 자연관이 우세하다면, 근대로 오면서는 자연과 인간의 분리가 강하게 추진된다.[1] 그리스의 자연(physics) 개념은 인간은 물론 영혼(靈魂)과 신(神)들도 포함하는 지극히 포괄적인 것이었다. 그리스의 자연(또는 우주)은 그 자체 어떤 질서를 가지고 존재하며, 죽은 정적인 것이 아니라 살아서 발전하고 성장하는 것으로서 생각되었으며, 소우주(microcosms)라는 말에서도 함축되어 있듯이 자연과 인간 사이에는 긴밀한 유비(analogy) 관계가 있었다.

그러다가 기독교의 자연 개념은 자연관에 새로운 전기를 제공한다. 모든 존재는 신에 의해 무로부터 창조되었다. 피조물 가운데서도 인간은 신의 형상을 닮은 지고(至高)한 존재로 표상되며, 자연은 인간에 마주하는 제삼자로서 정립되어 인간에 봉사해야 하는 존재가 된다. 신은 섭리에 의해 인간에게 이익이 되게 우주의 운행을 지배하고 이리하여 자연은 존재의 위계 서열상 하위에 놓이고, 인간은 불완전하나마 신의 모상(模像)으로서 신 다음 가는 이성을 분유(分有)함으로써 신에 가까운 위치에서 자연을 바라보게 된다. 이러한 기독교적 자연관의 발전에 반비례하여 자기의 의

---

1) 이하 서구의 자연관에 대한 소개는 菊川忠夫 編譯, 『自然の哲學』, 御茶の水書房, 1981, pp.102-105 참조.

지를 지닌 스스로 성장하고 발전하는 고대적 자연관은 모습을 감추어 간다. 이 점에서 근대는 중세의 기독교적 자연관과의 단절이 아니라 철저화라고 하겠다.

근대로 오면서 인간은 신의 자리를 내신 차지하여 자연을 (거리를 두고) 조망하고, 자연법칙을 파악함으로써 인간은 자연을 마음대로 조작하고 통제하게 된다. 근대인에게 자연은 신의 질서를 보여주는 정적(靜的)·수동적·기계적 대상물로서 나타나게 된다. 하이데거에 따르면 근대인에게 자연은 '주요 에너지원(源)의 저장고'로서 표상되는가 하면, 자연과학은 자연을 '계산할 수 있는 힘의 연관으로' 추적해 닦아세운다.[2] 그래서 이러한 자연관은 결과적으로 자연계의 필연적 변화와 운동 법칙의 존재를 확신하고 그 발견을 장려하여 근대과학의 발전에 기여하였다. 그러나 이러한 인간과 자연의 이분법적 대립에 기초한 근대의 기계적·대상적·법칙적 자연관은 생명과 인간의 신비감을 파괴하고 존재의 연대성을 붕괴시킴으로써 '자연으로부터 인간의 소외'·'자연 파괴'·'환경오염'이라는 가공할 만한 위기를 초래하였다.

2) 퇴계의 자연관

그러면 퇴계에게 자연이란 무엇인가? 그것은 그의 이기(理氣)존재론과 밀접한 관련이 있다. 퇴계에 따르면 자연이란 이(理)가 기(氣)를 통해서 현상하는 것이다. 음양오행(陰陽五行)이라는 기의 현상에는 원형이정(元亨利貞)이라는 이(理)의 원리가 내재해 있는 것이다.[3] 그런데 퇴계의 존재론에서 세계는 궁극적으로 하나의 이(또는 태극)에 의해 통일적으로 지배된다.

2) M. 하이데거, 『기술과 전향』, 이기상 옮김, 서광사, 1993, 957 참조.

3) 『陶山全書三』 권8, p.13. 「天命圖說」 第一節論天命之理 참조.

이는 건순(健順) · 원형이정(元亨利貞)의 덕으로 전개되고, 그것이 외화된 것이 음양과 오행이며, 자연은 음양과 오행의 다양한 상호작용으로 빚어지는 만물과 만사의 운동이다. 여기서 자연 만물은 근원적으로 보면 존재론적으로 연속되어 있다. 그것은 하나의 이(理)를 근거로 하고 있으며, 기 역시 바르고 치우치고, 맑고 흐리고, 순수하고 잡박한 양상의 차이에도 불구하고 근원적으로는 일원적이기 때문이다. 따라서 자연은 그 현상적 다양성에도 불구하고 근원적으로는 하나의 유기적 전체로서 그 연속성을 본질로 한다. 이 점에서 자연은 하나의 동족(同族)이고, 혈연(血緣)의 관계와 유사하다. 그래서 장횡거는 하늘을 아버지에, 땅을 어머니에, 백성을 동포로, 만물을 벗으로 비유하는 대가족적(大家族的) 세계관을 「서명(西銘)」에서 피력하였다. 퇴계 역시 이러한 입장을 『성학십도(聖學十圖)』에서 그대로 수용하고 있다. 유기적 전체로서의 연속적 자연관에서 자연은 근대의 그것과 같이 기계적 · 물리적인 것이 아니라, 생명 그 자체이다. 자연은 하나의 거대한 살아있는 생명의 흐름이고, 만물은 그 속에서 타고난 저마다의 본성의 실현을 이루어 나가고 있는 것이다. 생명으로서의 자연은 역동적이며 창조적이다. 생명체로서의 자연은 이(理)에 따라 역동적으로 자아의 본성을 실현해 나가는 창조적 과정에 있을 뿐이다. 생명체로서 역동적으로 자기 본성을 실현해 가는 만물의 총화, 그리고 창조적 생육과정으로서의 자연은 아름다움과 순수성 그 자체라고 할 수 있다. 이러한 연속적 · 생명적 · 창조적 · 심미적 자연관에 있어서 인간의 위치는 어떠한가? 인간 역시 자연과 거리를 둔 지배자나 관리 · 정복자이기보다는 인간 자체가 자연의 원리와 생명의 흐름 속에서 이해되고 있다. 자연은 인간 존재의 원천이고 모태로서 인간이 자기 수양을 통해서 부단히 지향해야 할 질서의 이상으로 이해된다.[4)]

3) 퇴계의 삶에 있어서 자연의 의미

퇴계의 철학에서 자연의 의미는 무엇인가? 퇴계는 그의 전 학문을 통하여 종교적 경지로까지 고양된 천리(天理) 그대로의 도덕성을 추구한다. 그러나 현실의 인간 사회는 퇴계가 추구하는 '본연지성(本然之性)'·'도심(道心)'·'사단(四端)' 보다는 언제나 '기질지성(氣質之性)'·'인욕(人欲)'·'칠정(七情)' 에 의해 좌우되고 있다. 인간들은 소유와 권력과 명예에의 욕망, 이기심, 감성적 욕망에 사로잡혀 불인(不仁)과 불의(不義), 무례(無禮)와 무지(無知)와 불신(不信)이 난무한다. 이러한 현실에서 퇴계의 도덕적·정신적 이상은 한낱 추상적 당위로만 여겨진다. 퇴계의 생애 동안 역사적으로 정치적 변란이 매우 심했다. 그가 태어나기 3년 전 즉 연산군 4년인 1498년의 무오사화부터 4살 때인 1504년의 갑자사화, 19세인 1519년 중종 조에 발생한 기묘사화, 명종 때인 1545년에 발발한 을사사화에 이르기까지 권력을 둘러싼 음모와 참극이 연속되어서 사림이 심각한 화를 당하던 미증유의 어려운 시기를 살았다. 이러한 혼란 속에서 중종, 인종, 명종, 선조에 걸쳐 약 40년에 이르는 벼슬 생활을 하면서 무려 일곱 번이나 진퇴를 거듭하였다. 현실 사회의 추악한 부패와 부조리에 식상한 퇴계는 때로는 현실에서 눈을 돌리고자 하였다. 퇴계는 의식의 입으로는 인륜을 말하면서 무의식의 깊은 곳에서는 순수한 자연의 세계를 향한다. 퇴계에게 있어서 자연의 세계야말로 아무런 인욕의 사사로움도 찾아볼 수 없고 천리가 유행하여 사계절마다 무궁한 조화(造化)의 아름다움을 보여주는 것이다.

---

4) 『退溪言行錄』 권4, 「論理氣」: "問鳶飛魚躍, 與有事勿正勿忘物助之義, 同者何也? 先生曰鳶飛魚躍狀化育流行上下昭著莫非此理之用, 天惟無欲故理氣流行自然無一息間斷, 人亦必有所事而無期待去念助長之病, 則本體呈露, 妙用顯行, 亦無一息之間, 其象乃如此." 참조.

"이슬 머금은 풀잎은 곱게 물가에 둘러 있고
조그만 못 맑고 깨끗하여 모래조차 없구나
구름 날고 새가 지나감은 서로 통함이 있건만
한갓 제비가 때때로 물 차는 것이 두렵구나"[5]

퇴계는 사회 지향적 철학자이기보다는 전원(田園)의 철학자요 시인이었다. 자연, 전원이야말로 역사 현실에서 상처받은 퇴계의 마음이 자유롭게 쉴 수 있는 정신의 고향이요, 생명의 근원이요, 미(美)의 세계이다. 퇴계의 자연관은 그가 지은 수많은 시 가운데 잘 나타나 있다. 퇴계는 철학자 이상으로 시인이다. 철학자로서의 퇴계는 주자를 따랐지만, 시인으로서의 퇴계는 일찍부터 자연과 전원생활의 한거(閑居)를 찬미하는 도연명의 시와 인격을 누구보다 사모하였다.[6] 실제로 그의 시 가운데는 자연의 아름다움과 자연에의 몰입을 나타낸 것이 많다.

"호탕한 봄바람에 날씨조차 화사하니
파릇파릇 좋은 나무 산언덕에 가득하이
한 내의 푸른 물은 마음 밝은 거울인데
만 그루 복사꽃은 눈부신 노을일레
조화는 물에 어찌 사사가 용납되리
뭇심정 이로부터 다투어 나불대네
산새는 숨은 사람 의향을 모르고서
다정스레 우짖으며 해지는 줄 모르누나"(陶山暮春偶吟)[7]

---

5) 〔年譜〕 18세條 "露草夭夭繞水涯, 小塘淸活淨無沙, 雲飛鳥過元相管, 只怕時時燕蹴波." 퇴계가 18세에 지은 이 詩에 대해서 金富倫은 "謂天理流行而恐人欲間之"라고 평하였다.
6) 『退溪全書』, 年譜 권1.: "愛淵明詩慕其爲人"(14세)

또한 '목동문답가(牧童問答歌)' 에서는 소먹이 목동의 입을 빌어서 재상(宰相)이나 장수나 문인과 같은 사람들의 세속적 부귀공명이 뜬구름처럼 덧없음을 풍자하고 자연 속에서의 자유로운 삶을 예찬한다.

"(……) 기산(箕山)의 귀 씻기와 상류(上流)의 소 먹이기
즐겁고 즐거움을
너희는 모르리라.
내 노래 한 곡조를
부르거든 드러보소.
장안(長安)을 돌아보니
풍진(風塵)이 아득하다.
부귀는 부운(浮雲)이라
이 통소(洞簫)한 곡조의
행화촌(杏花村)을 찾으리라"[8)]

그는 벼슬살이 가운데도 가능한 자연을 가까이하기를 원해서 산수 경관이 뛰어난 단양과 풍기군수를 자원하였으며, 소백산에서 유산을 즐기기도 하였다.[9)] 노년에는 더욱더 벼슬로부터 물러나 산수에서 독서에 심취하기도 하고 자연의 아름다움에서 세속의 구차한 일들을 잊은 듯했다. 퇴계의 제자인 정유일(鄭惟一)은 이렇게 증언한다. "늘그막에 도산에 땅을 잡아 집을 지어 책을 간직했다. …… 혹시 꽃 피는 아침이나 달 밝은 저녁

7) 『國譯退溪詩』(2), 辛鎬烈 譯, 한국정신문화연구원, 1990, pp.296-297.

8) 李家源, 『退溪學及其系譜的硏究』, 退溪學硏究院, 1989, pp.77-88.

9) 『退溪言行錄』 권3 「樂山水」: "郡(풍기군)에 소백산이 있으니, 곧 남쪽 갈래의 名山이다. 선생은 일찍이 말을 타고 혼자 가서 그 봉우리에 오르기도 하다가 여러 날 만에야 돌아오곤 하였는데, 飄然히 南嶽의 興이 있었다.(김성일)"

에는 혼자 조그마한 배를 타고 물굽이를 따라 오르내리다가 홍이 다하면 돌아왔다. 경서에 마음을 잠그고 계산(溪山)에 홍을 붙이어 퇴연(頹然)히 세상 생각이 없는 것 같았다."[10)]

그러면 퇴계는 자연의 세계로 도피하였단 말인가? 아니 그는 누구보다도 현실 사회에서의 인륜을 중시하지 않는가? 퇴계의 도덕주의와 자연주의적 성향은 일견 모순되는 듯 보인다. 그러나 반드시 그런 것은 아니다. 인간은 도덕적 주체로서 인륜 세계에서 윤리 규범의 실천에 최선을 다할 때 인간됨을 지킬 수 있다. 그러나 다른 한편으로 현실 세계에서 도덕적 이상의 완전한 실현은 현실적으로 불가능에 가깝다. 그렇다면 인간은 어디에서 순수하고 자유로운 진리의 세계를 발견할 수 있단 말인가? 그것은 마음의 세계일 수도 있고 자연의 세계일 수도 있을 것이다. 그래서 현실의 인간 사회에서 풍기는 인욕의 소란스러움이 퇴계로 하여금 때로는 그의 눈을 향내적 정신의 세계로 돌리게끔 하기도 하고, 때로는 순수한 아름다움을 간직한 자연의 세계를 향하게 하기도 하는 것이다.

요컨대 퇴계에게 자연은, 자연과학적 탐구 대상이나 경제적 생산수단으로서의 적극적 의미는 약한 듯이 보인다. 오히려 천도가 전개되고 생명이 약동하는 진리와 생명의 세계이며, 인욕이 용사하지 않는 순수성의 세계이고, 시시각각 계절의 아름다움이 펼쳐지는 미의 세계이고, 무엇보다도 인간존재를 받치고 있는 무한한 근원으로서 현존재의 모태이다. 우리는 이러한 퇴계의 자연관을 도학적 자연관이라고 부를 수 있을 것이다.

---

10)『退溪言行錄』 권3 「樂山水」: "晩卜地於陶山, 築室藏書 (……) 或於花朝月夕, 獨升小艇, 沿回上下, 興盡而返, 玩心經籍, 寄興溪山, 頹然若無當世之念矣. (鄭惟一)"

3. 퇴계 사상에서 자연의 내재적 가치

퇴계를 비롯한 성리학자들 사상의 중요한 특징의 하나는 선진유학의 '인(仁)' 사상을 크게 확장한 점이다. 즉 선진유학에서 인간과 인간 사이에 성립하던 행위의 덕으로서의 인을 우주론적으로 승화시킨 것이다. 그래서 인은 개개인 마음의 덕일 뿐 아니라, 천지가 만물을 낳고 기르는 우주정신 자체가 인이다.(天地生物之心曰仁) 우주는 가치론적으로 중립적인 존재가 아니라 생명을 낳고 생장시키는 선한 정신을 그 본질로 한다. 동시에 만물은 천지(天地)의 인(仁)으로 말미암아 생명을 갖게 된 천지의 자녀이고, 또한 만물의 관계는 존재의 형제라고 할 수 있다. 「서명(西銘)」의 세계관은 이러한 정신을 잘 표현하고 있다. 퇴계는 「서명」의 가족적 세계관을 좋아하여 『성학십도』에 두 번째로 넣었다. 정이천(程伊川)이 어린 황제가 봄날에 버드나무 가지를 꺾으며 노는 광경을 보고서 "막 봄이 되어 생겨나는 것을 아무런 이유도 없이 꺾어서는 안됩니다."라고 훈계한 것은 도학자의 생명 존중 정신을 잘 표현한 에피소드라고 할 수 있다.

성리학에서는 천지와 만물을 인간의 이익을 위한 도구적 가치로만 대하지는 않는다. 천지는 인간존재의 원천이자 모델이다. 천지는 도덕적 삶의 모방 대상으로서 당연히 내재적 가치를 지닌다. 만물도 역시 인간과 다소 차이가 있다고 하더라도 천지(天地)의 생물지심(生物之心: 만물을 낳고 살리는 마음)에 의해 생겨난 존재이다. 그리고 그 자체 인의예지의 이(理)를 잠재적으로 지닌 존재로서 내재적 가치를 지닌다. 인간이나 동물이나 건순오상(健順五常)의 덕을 리로 타고나지만, 단지 동물은 기질의 막힘으로 인해 그것이 제한적으로 나타날 뿐이다. 퇴계는 성학(聖學)은 인(仁)을 구하는 데 있다고 하였다.[11] 이의 핵심은 인에 있으므로 퇴계의 이(理)의 철학은 인(仁)의 철학과 다르지 않다. 퇴계의 인의 철학은, 천지의 본질이 인이며 만물은 인에 의해서 생겨난다고 여긴다. 그러한 인을 최대한 온전하게 발휘하도록 하는 것이 선이고, 인을 해치는 것이 곧 악이라고 인식한다. 퇴계에 의하면 기의 차이에도 불구하고 식물과 동물을 포함하여 만물에는 태극이 내재한다. 지극히 선한 태극을 나누어 가진 만물은 내재적 가치를 지니며, 따라서 일정한 도덕적 지위를 지닌다고 할 수 있다. 물론 동물의 경우 도덕적 본성을 실현하는데 한계가 있고, 기로 인해 많은 제약을 받는 것이 사실이지만 그것이 동물의 도덕적 지위를 부정하는 것은 아니다. 도덕적 의지와 행위 수행 능력을 갖추는 것이 도덕적 지위의 충분조건은 될 수 있지만, 필요조건은 아니기 때문이다.

크게 보면 퇴계는 천지와 만물의 도덕적 지위를 긍정하고, 자연의 내재적 가치를 인정했다고 볼 수 있다. 그러나 다른 한편으로 '이일분수(理一分殊)'의 '분수(分殊)' 원리에 의하면 비록 자연 만물의 내재적 가치를 인정한다고 하더라도 그것의 가치를 인간과 완전히 대등하다고 보지는 않는다고 할 수 있다.

4. 퇴계의 경(敬)사상과 환경윤리

1) 퇴계의 경사상

퇴계의 핵심 사상은 경(敬)에 있다고 할 수 있다. 퇴계에 따르면 경은 고요할 때와 움직일 때, 말할 때와 침묵할 때, 거처할 때와 기동할 때를 막론하고 일관되게 유지해야 하는 것이다. 『논어』에서 공자가 "평거(平居)에는

11) 『陶山全書一』 권7, p.15 『西銘』: "蓋聖學在於求仁."

용의(容儀)를 바르게 하고, 일을 처리함에서는 내심(內心)을 삼간다.(居處恭, 執事敬)"라고 하였고, 『주역』 곤괘(坤卦)에는 "경으로써 안(心)을 곧게 하고, 의로써 밖(身)을 바르게 한다.(敬以直內, 義以方外)"라는 구절에 경의 개념이 나타난다. 송대에 와서 경은 학문 방법론으로 정착하게 된다. 그리하여 정이천(程伊川)은 "경은 하나를 주로 하는 것(主一之謂敬)"이라 하고, 그 하나란 것은 "마음이 전일(專一)하여 둘 셋으로 엇갈림이 없는 것(無適之謂一)"이라고 하였다. 그리고 그의 제자인 사상채(謝上蔡)는 "마음을 항상 또렷 또렷이 하는 것(常惺惺法)"이라 하였다. 또한 윤화정(尹和靖)은 "경이란 마음이 안으로 통일되어 하나의 잡된 물도 받아들이지 않음(敬者其心收斂不容一物)"으로 설명하였다. 이와 같은 경 공부에 대한 다양한 이론을 종합하여 퇴계는 다음과 같이 통일적으로 설명한다.

> "병을 다스리는 것에 비유하면 경(敬)은 모든 병에 잘 듣는 약(藥)과 같다. (……) 마땅히 정이천(程伊川)의 정제엄숙(整齊嚴肅)을 먼저 행하여 오래도록 풀어지지 않으면 마음이 한결같아지게 되어 편벽된 것을 막아내지 않음이 없게 된다. 외면적으로 엄숙함을 견지하고 내면적으로 마음이 한결같이 되면 정이천(程伊川)의 이른바 '주일무적(主一無適)'과, 윤화정(尹和靖)의 이른바 '마음이 안으로 통일되어 하나의 잡된 물(物)도 받아들이지 않음'과 사상채(謝上蔡)의 이른바 '상성성(常惺惺)'이 모두 그 가운데에 있는 것이지 각각의 방법이 서로 별개의 공부가 아니다."[12]

12) 『陶山全書二』 권41, pp.11-12. 『答金而精』: "譬之治病, 敬是百病之藥. (……) 當以程夫子整齊嚴肅爲先, 久而不懈, 則所謂心便一, 而無非僻之干者, 可驗其不我欺矣. 外嚴肅而中心一, 則所謂主一無適, 所謂其心收斂不容一物, 所謂常惺惺者, 皆在其中, 不待各條別做一段工夫也."

여기서 퇴계는 외면적으로 정제(整齊)되고 엄숙한 태도를 갖춤으로써 마침내 내면적으로도 한결같이 통일되고 각성된 의식을 유지할 수 있음을 주장하고 있다. 사람의 마음은 형상이 없어서 들고남이 일정하지 못하므로 반드시 객관적 표준을 가지고 마음을 통제하고 균형을 유지하도록 해야 한다. 여기서 객관적 표준이란 곧 보고, 듣고, 말하고, 행동하는 것이나 용모 · 사기(辭氣) 등에 있어서 예에 따르는 것이다. 예에 의해 이런 외적 행동거지를 정제엄숙(整齊嚴肅)하게 하는 데서 지경(持敬) 공부를 시작해서 지속해 나가면, 이러한 외적 태도의 변화는 내적 심의 상태에 영향을 주어서 본래의 마음을 보존할 수 있다고 퇴계는 인식한다.[13] 또한 퇴계는 경이란 움직임이 없는 고요한 정적(靜的) 상태에서뿐만이 아니라, 일상생활에서 기거(起居)하고 행사(行事)하는 가운데서 수행해야 할 일에 마음을 집중하고 한결같이 하는 동적(動的) 상태에서의 경에 주의해야 한다. 그래서 죽은 경이 아니라 살아있는 경이 되도록 해야 함을 강조한다.[14] 이 경에 의해서 우리는 외부의 감각적 자극에 의한 유혹을 물리치고 본연의 마음을 지킴으로써 명경지수(明鏡止水)처럼 담연하여 무사시(無事時)에는 아무런 걸림 없는 평정한 마음을, 유사시(有事時)에는 객관적 상황에 가장 적합하게 보편적 규범을 실현할 수 있어야 한다. 일이 없을 때나 일이 있을 때를 막론하고 마음에 아무런 걸림이 없는 평정을 유지할 수 있어야 한다.

---

13) 『陶山全書三』 권51, pp.28-29. 「答李宏4中」: "先生嘗答何叔京書略曰: 持敬尤須就視聽言動容貌辭氣上做工夫. 蓋人心無形, 出人不定, 須就規矩繩墨上守定, 便自內外帖然. 誠能莊整齊肅, 則放僻邪侈决知其無所容矣. 此日用工夫至要約處, 於此驗之, 則知內外未始相離, 而所謂莊整齊肅者, 正所以存其心也. 滉竊謂四先生言敬之中, 程子整齊嚴肅一段, 卽朱子此書之意所從出, 始學之所當先莫切於此, 由此而人, 至於力久功深而有得焉, 則所謂三方入處皆在其中者, 始信其不我欺矣." 참조.

14) 『陶山全書』 권45, p.18. 「答禹景善問目」: "存心端坐, 固爲居敬. 起居行事, 心專一, 則亦豈非居敬者乎? (……) 學者, 靜中固當存心端坐, 而動處尤當致力. 遇這事而心在這事, 遇那事心在那事然後可謂敬矣. 若致力於靜而頓忘於動, 則不幾於禪乎?" 참조.

2) 만물(존재 일반)에 대한 경외의 태도로서의 경

퇴계의 경사상에서 경의 대상은 반드시 사람으로 제한하지 않는다. 만사와 만물 즉 모든 온갖 종류의 일과 (동물과 식물을 포함한) 온갖 종류의 사물이 경의 대상이 된다. 경의 윤리는 우리가 존재 일반을 대할 때 언제나 한결같이 경건할 것을 요구한다. 경건하다는 것은 상대의 존재를 인정하고 존중하는 것과 다르지 않다. 비록 하찮아 보이는 생명이라 하더라도 그것은 우주정신 또는 천지 생물지심(天地生物之心)의 표현이다. 그리고 만물은 근원적으로 하나의 기로부터 분화된 존재로서 서로 기적으로 감응하는 존재이다. 또한 만물은 태극의 이를 분유(分有)하고 있다. 따라서 우리 인간은 만물을 공경하게 대해야 한다. 다르게 말하면 만물을 도구적 가치로 대하기보다는 내재적 가치를 지닌 고유한 존재로 대해야 한다는 것이다. 물론 우리 인간이 생존하기 위해서 불가피하게 대상 존재의 생명을 빼앗을 수도 있고, 그것을 인간적 목적을 위해 이용하고 조작할 수도 있다. 그러나 그러한 불인한 행위는 불가피한 상황에서 즉 더 큰 불인을 막거나 더 큰 인을 위해 필요한 경우에만 최소한으로 제한되어야 할 것이다. 경사상은 만물을 마치 인격을 대하듯 님을 모시듯 존중하고 경외해야 함을 뜻한다. 만물에 대한 차별 없는 존중과 경외의 사상은 환경윤리적으로 매우 깊은 의미를 지닌다고 하겠다.

3) 자기에 대한 통제와 절제로서의 경(절욕적 삶의 방식으로서의 경)

지금과 같은 고도 소비사회는 생태적 세계관과 배치될 수밖에 없다. 인간의 풍족한 소비 행위는 자연의 대상을 희생시킨 위에서 가능하기 때문이다. 현대인의 자유로운 소비의 이면에는 동물과 식물을 포함한 만물과 생태계의 희생과 파괴가 숨어 있다. 생태적 세계관에서는 소비가 미덕이 아니라, 절제가 미덕일 수밖에 없다. 절제하기 위해서는 인간이 자신의 욕망을 통제할 수 있는 고도의 도덕적 품성의 단련이 요구된다. 이러한 도덕적 품성은 결코 하루아침에 만들어지는 것이 아니라 오랫동안의 점진적 수양이 계속되어야 한다. 경의 윤리학은 자기의 욕망을 이기고 언제나 자연과(또는 대상과) 조화를 이루도록 이성적 판단력에 따라 행위를 할 것을 강조한다. 경은 물질적 가치나 육체적 쾌락보다 정신적 가치와 정신적 즐거움을 중시한다. 이러한 경의 윤리를 받아들일 때 우리는 물질적 · 소비적 자아관으로부터 해방될 수 있다. 정신적 가치에서 만족과 즐거움을 누릴 수 있을 때 우리는 물질적으로 다소 궁핍한 상황도 보다 쉽게 이길 수 있을 것이다. 우리는 경의 윤리에 의해 자신에 대한 통제력을 높이고, 자기의 어진 본성을 유지 발전시킴으로써 생태계의 평화를 지킬 수 있을 것이다.

퇴계는 대량생산과 대량 소비가 아니라 검약과 절제의 미덕을 매우 강조하였을 뿐만 아니라 몸소 실천하였다.[15] 여기서 퇴계의 이익 추구 문제에 대한 견해를 고찰해 볼 필요가 있다. 퇴계는 근본적 입장에서 보면 "이익이란 도의의 조화이다.(利者義之和也)"라는 명제에서도 나타나듯이 이익과 도의가 모순 관계라고는 생각지 않는다. 그러나 오로지 이익만을 도모하는 것은 이것으로부터 천하의 악이 비롯된다고 보았다.

> "이(利)의 근본에서 말하면, '이(利)란 의(義)의 조화(和)이다' 라는 말이 좋지 못할 것이 없습니다. 『주역』에서 말하는 '이로움과 이롭지 못함', 『서경』에

15) 『陶山全書一』 권6, p.57. 「戊辰六條疏」 제6조: "崇儉約, 禁奢侈, 以裕公私之財力者不可緩" 또한 『退溪言行錄』 卷2 「居家」 편은 퇴계 선생의 평소 검소한 생활 모습을 잘 전하고 있다.

서 말하는 '이용(利用)' 등도 같은 의미로 쓰인 것입니다. 사람이 이(利)를 위하는 것으로 말하면 군자에 있어서는 마음에 위하는 바가 있기 때문에 해가 되고, 보통 사람에 있어서는 사기(邪氣)와 탐욕의 구렁텅이가 되는 것이니, 천하의 악이 모두 여기서 생기는 것입니다."[16)]

여기서 퇴계는 이익 자체와 오로지 이익만을 추구하는 마음을 구분하여 전자는 좋지만, 후자는 인간을 일체의 악으로 이끄는 계기가 되므로 나쁘다고 생각한다. 그 대신 그는 천리를 따르면 따로 이익을 추구하지 않더라도 스스로 이롭지 않음이 없다는 명제를 받아들인다.[17)] 즉 인간의 사사로운 욕망에 기인하는 이익의 추구는 부정하면서도 우주 자연의 이법에 겸손하게 따르는 것이야말로 인간에게 자연스럽게 그러나 참된 이익을 가져다줄 것이라고 그는 인식하였다. 이익은 그 자체로서 인간이 작위적으로 추구해야 할 목적 개념이 될 때 온갖 악이 이것으로부터 발생한다. 그러므로 이익은 의식과 행위의 목적 개념으로서가 아니라, 도의에 따른 올바른 삶의 자연스러운 귀결로서 주어지는 것이어야 하고 또 주어질 수 있다고 보는 것이다. 여기서 퇴계는 도덕적 삶과 이로운 삶의 궁극적 일치를 전제하는 낙관적 태도를 보여 주고 있다.

16) 『陶山全書二』 권25, p.30. 「答黃仲擧論白鹿洞規集解」: "自利之本而言之, '利者,義之和', 非有不善. 如『易』言 '利不利', 『書』言 '利用' 之類是也. 自人之爲利而言之, 在君子, 則爲心有所爲之害; 在衆人, 則爲邪氣貪欲之坑塹. 天下之惡, 皆生於此."

17) 위의 책, 권25, p.38. 「重答黃仲擧」: "如云循天理,則不求利而自無不利者是也."

5. 맺음말: 퇴계의 경사상과 생태지향적 삶

퇴계의 이(理)의 철학에서 이의 본질은 인(仁)에 있고, 인의 본질은 생명을 살리는 것이고 불인(不仁)이란 생명을 해치고 죽이는 것에 다름 아니다. 생명을 살리면서 다른 생명과 함께 조화로운 삶을 사는 것이 퇴계 주리 철학의 근본정신이다. 다른 생명과 함께 살기 위해서는 사적인 욕망을 극복해야 한다. 만약에 개인의 사적인 욕망을 이기지 못하면 개체의 욕망을 위해서 수많은 생명이 도구로서 이용되고 희생될 수 있기 때문이다. 그래서 퇴계는 경에 의해 인욕의 사사로움을 경계하고 천리의 공공성에 자신을 맡겨야 한다고 본 것이다. 경에 의해 자신의 감각적 인욕을 극복하고 도덕적 천리의 부름에 자신을 일치시킬 때 우리는 대상의 지배와 소비에서 오는 쾌락의 유혹을 이길 수 있다. 이러한 유혹을 이길 때 비로소 우리는 생태계의 내재적 가치를 인정하고 만물과 평화로운 공존을 유지함으로써 생태계의 평화 이념을 실천할 수 있을 것이다. 이와 같이 볼 때 퇴계의 경사상은 생태지향적 삶을 위한 중요한 환경윤리적 사상이 될 수 있다.

제9장

율곡의 감응론(感應論): 어떻게 하늘(자연) · 타자와 감응하는가

1. 머리말

동아시아에서는 고대부터 천지만물을 기의 흐름으로 이해하였다. 서구의 원자론과는 다르게 만물은 기로 이루어지고 만물 사이에는 서로 기로 감응한다고 보았다.[18] 그래서 사람과 사람 사이는 물론이고, 사람과 자연 만물 사이에도 감응하고, 사람과 귀신 · 사람과 하늘 사이에도 서로 감응한다고 보았다.[19] 감응의 의미는 A와 B가 직접 또는 간접으로 서로 느껴서 반응하는 것을 의미한다.[20] 즉 A의 언행이 B에게 느껴져서 B의

18) 김희정에 따르면 "감응의 논리는 서구 근대과학이 들어오기 전까지 약 2천 년 동안 중국뿐 아니라 동아시아인의 사유와 우주론을 지배했다" 고 한다.(김희정, 「중국고대 감응관의 형성」, 『동양철학』 26, 한국동양철학회, 2006, 96쪽.)

19) 이러한 동아시아 감응관(感應觀)의 형성에 대해서는 김희정, 『몸 · 국가 · 우주 하나를 꿈꾸다』, 궁리, 2008, 148-154쪽 참조.

20) 이현선은 감응의 의미에 대해서 " '감응' 은 일차적으로 자극과 반응을 가리킨다. 그것은 인간이 외부 대상과 접촉에 자연스럽게 반응하는 데서 나타나는 일정한 경향성과 관련된다." 고 한다.(이현선, 「신유학의 감응론을 통해 본 '소통' 의 가능성」, 『윤리

상응하는 반응을 유발하는 것이다. 감응과 상통하는 개념으로는 '감통(感通)', '감화(感化)' 가 있다. 감통은 A의 언행이 B에게 전달되어 B가 느끼고 A와 통하게 되는 것이다. 그리고 감화란 A의 언행으로 인해 B가 느껴서 바르게 변화하는 것이다. 이 글에서는 좁은 의미의 감응뿐 아니라, 감통과 감화를 포함하는 넓은 의미의 감응에 대해서 다루고자 한다.

감응과 관련되는 사상은 주역(周易)에서 찾아볼 수 있다. 주역 가운데도 특히 함괘(咸卦)에 잘 나타나 있다.[21] 상괘(上卦)는 소녀(少女)를 뜻하는 태(兌)괘, 하괘(下卦)는 소남(少男)을 뜻하는 간(艮)괘로 이루어져 있다. 그래서 함괘는 아래의 소남과 위의 소녀가 즉 남과 여 또는 양과 음의 두 기가 아래위에서 서로 교감하면서 감응하는 모습을 상징한다.[22] 주역에는 함괘 뿐만 아니라 중부(中孚)괘에도 감응과 관련된 내용이 있다. 중부괘 구이(九二)효에 보면 "우는 학이 그늘에 있는데 그 새끼가 화답한다."[23]라고 하였다. 여기서 어미 학이 그늘에서 우는 것을 새끼 학이 듣고서 느껴서 어미 학에 화답하는 반응을 보인다. 이것은 어미 학과 새끼 학 사이의 감응 현상을 잘 보여주고 있다. 주역에서는 상괘의 4효와 하괘의 1효, 상괘의 5효와 하괘의 2효, 상괘의 6효와 하괘의 3효가 서로 응하는 관계에 있다고 보고, 특히 음과 양이 서로 응할 때 이를 정응(正應)이라고 하여 좋게 본다. 상하괘의 음과 양이 서로 조화롭게 응하는 지천태(地天泰)괘는 매우 길한 괘에 속한다.

학』 제4권 2호, 한국윤리학회, 2015, 81쪽.) 함괘에 나타난 음양 감응에 대해서는 이천승, 「음양감응을 통해 본 유교의 자연과 인간에 대한 이해」, 『동양철학연구』 54, 동양철학연구회, 2008, 122-123쪽 참조.

21) 주역 함괘에 나타난 음양 감응에 대해서는 이천승, 「음양감응을 통해 본 유교의 자연과 인간에 대한 이해」, 『동양철학연구』 54, 동양철학연구회, 2008, 122-123쪽 참조.

22) 『周易』, 「咸卦」, "彖曰: 咸感也. 柔上而剛下, 二氣感應以相與, 止而說, 男下女." 참조.

23) 『周易』, 「中孚卦」, "九二, 鳴鶴在陰, 其子和之."

한편 『서경』 「홍범」에서는 자연의 기상과 군주의 정치가 서로 감응하는 것으로 이해한다. 예컨대 군주가 공경하면 비가 순조롭고, 잘 다스리면 햇볕이 순조롭고, 지혜로우면 따뜻함이 순조롭고, 지모가 있으면 추위가 순조롭고, 성(聖)스러우면 바람이 순조롭다. 반면에 군주가 광적이면 비가 과하고, 참월하면 햇볕이 지나치고, 지나치게 놀면 오랫동안 따뜻하고, 조급하면 오랫동안 추위가 따르고, 몽매하면 오랫동안 바람이 따른다.[24] 『관자』에서는 "선한 기운으로 사람을 맞이하면 형제처럼 친해지고, 악한 기운으로 사람을 맞이하면 흉기처럼 해치게 된다."[25]라 하였다. 이것은 사람과 사람 사이에서 상대방을 대할 때 선한 기운으로 대하느냐 악한 기운으로 대하느냐에 따라서 상대도 아주 다르게 감응한다는 것을 보여주고 있다.

역사를 통해서 우리는 사람들이 지극한 정성을 다하면 다른 사람이 감응하는 일을 많이 볼 수 있다. 사람뿐만 아니라 동물도 인간에게 감응하는 이야기를 많이 들을 수 있다. 특히 개나 호랑이 등이 사람의 정성에 감응하여 사람을 도운 이야기가 많이 전한다. 나아가 지극한 정성은 귀신을 감동하게 하고 하늘조차 감응하게 한다고 말한다. 그래서 지성감천(至誠感天)이라고 한다.

이상익은 유교에서 말하는 감응을 '도덕적 감응'과 '정서적 감응'으로 대별한다.[26] 도덕적 감응의 예로는 통치자가 모범을 보이면 백성들이 저절로 감화되는 것을 들고, 정서적 감응은 '여민동락(與民同樂)'처럼 통치자와 백성이 부모와 자식처럼 서로 친애하는 것을 들었다. 감응은 크게

---

24) 『尙書』, 「洪範」, "曰休徵: 曰肅, 時雨若, 曰乂, 時暘若, 曰哲, 時燠若, 曰謀, 時寒若, 曰聲, 時風若. 曰咎徵, 曰狂, 恒雨若, 曰僭, 恒暘若, 曰豫, 恒燠若, 曰急, 恒寒若, 曰蒙, 恒風若." 참조.

25) 『管子』, 「內業」, "善氣迎人, 親於弟兄. 惡氣迎人, 害於戎兵."

26) 이상익, 『현대문명과 유교적 성찰』, 심산, 2018, 434쪽.

보면 음과 양의 감응, 사람(의 선악)과 하늘의 (화복의) 감응, 인간과 자연의 감응, 인간과 인간의 감응, 인간과 만물의 감응, 물(物)과 물(物)의 감응 등으로 나누어 살펴볼 수 있다. 인간 사이의 감응에서는 특히 부모/자식, 형/제, 자/매, 남/녀, 부/부, 군/신, 군/민, 붕우/붕우 사이를 포함하여 다양한 인간관계에 적용할 수 있을 것이다.

율곡(栗谷) 이이(李珥, 1536~1584)에 따르면 천지와 만상은 구분해서 보면 서로 각자 다른 모습으로 보이지만, 합해서 보면 같은 하나의 기이고 하나의 기가 운화(運化)하는 것이다.[27] 그러므로 천지 만상이 기를 통해서 서로 영향을 주고받는 감응이 가능하다.[28] 율곡의 기발이승일도설(氣發理乘一途說)과 관련해 볼 때 만물은 기를 통해서 서로 감응하지만, 기에는 이(理)가 타고 있으므로 기를 통해서 이가 구현될 때 비로소 진정한 올바른 감응이 가능할 것으로 볼 수 있다. 율곡은 책(策)을 비롯한 저술에서 감응, 감통, 감화에 관한 다수의 글을 남기고 있다. 이들 글에서 율곡은 일상생활과 역사 속에서 일어난 감응의 사례와 현상들을 분석하여 감응이 가능한 조건과 불가능한 조건, 감응이 이루어지지 않는 이유와 원인들, 그리고 감응의 전제로서의 성(誠)과 감응의 범위, 하늘(자연)과 사람 사이의 감응 등의 문제를 다루고 있다. 이와 같은 주제를 중심으로 율곡의 감응에 대한 사상을 종합적으로 고찰하고, 그것이 갖는 의미를 성찰해 보고자 한다. 이를 위해서 『율곡전서』에 나오는 율곡의 글 가운데 감응과 관련된 책(策), 기(記) 등을 중점적으로 분석하기로 한다.[29]

---

27) 『栗谷全書』 권14, 60쪽, 「天道策」, "一氣運化, 散爲萬殊. 分而言之, 則天地萬象各一氣也. 合而言之, 則天地萬象同一氣也." 참조.

28) 정우진은 감응의 철학에서 "개체 사이에서 일어나는 감응을 가능하게 하는 것은 기(氣)다."라고 한다.(정우진, 『감응의 철학』, 소나무, 2016, 183쪽.)

29) 감응론과 관련된 율곡의 주요 논저에는 이씨감천기(李氏感天記), 천도책(天道策), 신선책(神仙策), 기도책(祈禱策), 천도인사책(天道人事策), 성책(誠策), 화책(化策) 등이 있다.

2. 천인감응(天人感應)

1) 하늘과 인간 사이의 감응

감응에는 인간과 인간 사이의 감응도 있지만 인간과 하늘 사이의 감응도 있다. 여기서 하늘이 반드시 인격천을 의미하는 것은 아니다. 인간이 노력할 때 하늘은 그 노력에 대해 상응하는 응답을 한다. 예컨대 인간이 선한 뜻으로 좋은 일을 하면 하늘이 좋은 결과를 응답으로 이루어주는 때가 있다. 반대로 나쁜 뜻으로 악행을 하면 하늘이 그것에 대해 상응하는 징벌을 할 때가 있다. 이럴 경우 인간과 하늘이 서로 감응한다고 한다. 그렇지 않고 인간의 선악 행동이 하늘에 의해 정당한 보답이나 징벌로 이어지지 못할 때는 감응이 제대로 이루어지지 않은 것으로 볼 수 있다. 천의 선한 의지를 믿는 유교적 관점에서 보면 천인감응의 문제는 대단히 중요하다고 할 수 있다.

역사를 보면 분명히 민의를 저버리고 악행을 일삼는 듯 보이는 자가 천하를 차지하는가 하면 반대로 민의를 존중하고 올바른 정의를 위해 헌신하는 의로운 인물이 현실에서 실패하는 경우도 많이 볼 수 있다. 예컨대 진시황, 조조, 칭기즈칸 같은 인물은 사람 죽이기를 좋아하고 덕이 아니라 힘으로 세상을 제압한 인물인데도 불구하고 현실에서 일정한 성공을 거두었다. 반면에 유비와 제갈공명과 같은 사람은 백성을 위하고 의에 따라 살려고 노력을 다했음에도 불구하고 현실 역사에서 크게 성공하지 못했다. 그렇다면 하늘은 왜 인간의 순역(順逆)에 대해 올바르게 반응하여 순한 자에게 길함을 주고 역한 자에게 흉함을 주지 않는가? 이런 물음을 제기할 수 있다. 율곡은 이 문제에 대해 어떻게 인식하였을까? 율곡의 이 문제에 대한 기본적 인식은 다음과 같다.

"하늘은 친한 사람이 따로 있는 것이 아니고 오직 덕이 있는 사람을 도와줍니다. 덕을 따르는 자는 길하고 덕을 거스르는 자는 흉한 것이니 하늘과 사람의 감응하는 이치를 여기에서 알 수 있습니다."[30]

즉 하늘은 인간이 덕을 따르느냐 아니면 덕을 거스르는 행동을 하느냐에 따라 거기에 상응하는 (길과 흉의) 감응을 보인다는 것이다. 이처럼 율곡은 하늘과 인간 사이에 선악의 감응을 기본적으로 신뢰하고 있다. 그러면서도 율곡은 현실의 성공을 위해서는 몇 가지 측면의 조건이 충족되어야 한다고 본다. 행위자가 도덕적으로 선한 동기를 갖는 것은 성공을 위한 필요조건이지 충분조건은 아니다. 율곡에 따르면 현실의 성공을 위해서는 선한 동기뿐만 아니라, 때(時)와 형세(勢)도 함께 고려해야 한다. 여기서 때란 적절한 기회 포착을 말하고, 형세란 인간 세상의 세력 관계를 의미한다. 아무리 선한 도덕적 동기에서 행동한다고 하더라고 때를 잘못 판단하거나 형세를 정확히 고려하지 못하면 현실적으로 성공하기 어려울 수 있다. 반대로 때와 형세를 얻으면 도덕적으로 순하지 않은 경우에도 성공할 수 있는데, 진시황과 수문제와 원세조가 그 예이다.[31] 율곡은 때와 형세뿐만 아니라 나아가 덕(德)과 힘(力)을 헤아리는 것도 중요하다고 인식한다. 설사 다른 조건이 좋다고 하더라도 평소에 닦은 덕이 부족하거나 역량이 충분하지 않음에도 불구하고 좋은 의도만 믿고 함부로 거사를 하면 성공하지 못한다고 한다.[32]

---

30) 『栗谷全書』 拾遺 권6, 9쪽, 「天道人事策」, "皇天無親, 惟德是輔. 順德者吉, 逆德者凶, 天人感應之理, 斯可知矣."

31) 『栗谷全書』 拾遺 권6, 12쪽, 「天道人事策」, "且秦皇之所以幷呑者, 當戰國之世, 皇綱絶矣, 王澤竭矣, 秦以雍州之地, 虎視山東, 則可謂得其時矣. 自孝公以來, 務農力戰, 國富兵强, 而遠交近攻, 則可謂得其勢矣. …… 又有其勢. 以故威加六合, 身履至尊, 遂使衣冠之地, 盡爲氈裘之域, 此所謂夷狄之有君, 不如諸夏之亡也." 참조.

율곡에 따르면 하늘의 감응을 얻으려면 도덕적 선함과 함께 덕을 갖추고 자신의 힘을 헤아리며 때와 형세를 고려하여 사람이 할 도리 즉 인사에 있어서 종합적으로 최선을 다해야 한다. 그렇지 못하여 인사를 다하지 못하고서는 하늘의 감응을 바랄 수가 없다.

> "덕이 사람을 복종시킬 만하지 못하고 힘이 사람을 이길 수 없다면 비록 순하여도 성공할 수 없을 것입니다. 힘이 사람을 이길 만하고 또 무도한 세상에 처해 있으면 비록 역(逆)하여도 반드시 홍할 것입니다. 성공과 실패가 혹 역순(逆順)과 관계가 없을 수도 있는 것은 실로 이 때문입니다. 하늘과 사람은 하나의 이치이므로 감응하는 것은 어긋남이 없습니다. 인사만 참으로 다했다면 응하지 않을 천리가 없는 것입니다."[33]

율곡이 여기서 말하는 '진인사(盡人事)'는 도덕적 의지, 덕과 힘을 헤아림, 객관적 때와 형세를 올바르게 조성하는 일이 어우러져야 함을 의미한다고 할 수 있겠다. 하늘과 인간이 서로 감응하는 것은 맞지만, 인사에 있어서 최선을 다하지 않고서 하늘의 감응만을 바라는 것은 올바르지 않다고 율곡은 인식한다.[34] 그리고 인사(人事)에 순(順)한 자에게는 하늘은 은연중 도와주지만, 반대로 인사에 역(逆)한 자에게는 하늘이 은연중 벌주기 때문에 오래 가지 못하다고 한다. 그 예로 진시황이 세운 진나라와 수

---

32) 『栗谷全書』 拾遺 권6, 11쪽, 「天道人事策」, "不修德, 不度力, 而自恃其順者, 動必無成." 참조.

33) 『栗谷全書』 拾遺 권6, 13쪽, 「天道人事策」, "德不足以服人, 力不足以勝人, 則雖順而無成. 力足以勝人, 而又處無道之世, 則雖逆而必興. 成敗之或不在逆順者, 良以此也. 天人一理, 感應不差, 人事之苟盡, 則未有不應之天理也."

34) 『栗谷全書』 拾遺 권6, 11-12쪽, 「天道人事策」, "今玆人事之不盡, 而求應於天道者, 何異於小其聲, 而求響之大者哉." 참조.

문제가 세운 수나라와 쿠빌라이가 세운 원나라가 오래가지 못하고 역사적으로 단명한 것을 들었다.[35] 요컨대 율곡에 따르면 하늘은 결국 덕에 순(順)한 자를 돕고, 역(逆)한 자를 돕지 않아서 천인감응이 어긋나지 않음을 보여주므로 무엇보다 덕을 닦는 데 힘써야 한다.

> "시경에 이르기를, "하늘이 밝으사 너의 나가는 걸 살피시고 하늘이 밝으사 너의 노니는 걸 살피신다." 하였으니 하늘과 사람의 감응은 마치 그림자가 몸을 따르는 것과 같아 속일 수 없는 것입니다. 아! 후세 임금이 진실로 덕을 닦고 힘에 의지하지 않는다면 천명과 인심이 기대하지 않아도 저절로 이르러올 것입니다. 천도의 변함을 어찌 근심할 것이 있겠습니까?"[36]

2) 자연과 인간 사이의 감응

율곡에 의하면 천지만물은 음양오행의 기로 형성되었다. 그런데 음양의 두 기가 조화를 이루면 자연이 정상적인 질서를 유지하고, 만약에 음양의 두 기가 조화를 이루지 못하면 자연의 질서가 무너져 변괴가 일어난다. 여기서 음양의 기가 조화를 유지하느냐 잃느냐 하는 것은 인사와 무관한 순전히 자연만의 문제가 아니다. 왜냐하면 사람은 천지의 마음으로서 사람의 마음은 천지의 마음에, 사람의 기는 천지의 기에 영향을 주기 때문이다.[37] 그러므로 만약 성왕이 덕으로 세상을 잘 다스리면 그것이 자

---

35) 『栗谷全書』 拾遺 권6, 13-14쪽, 「天道人事策」, "秦皇并吞, 而纔及一世, 天下鼎沸, 劉項一呼, 而函關遂擧. 隋文混一, 而繼嗣非人, 身且不保, 晉陽兵起, 而社稷爲墟. 胡元滅宋, 而曾未百年, 義旗雲集, 帖睦北竄, 而妖氛肅淸. 可謂天反佑逆乎?" 참조.

36) 『栗谷全書』 拾遺 권6, 14쪽, 「天道人事策」, "詩曰: 昊天曰明, 及爾出王. 昊天曰旦, 及爾游衍. 天人之感應, 如影之隨形, 必不誣矣. 噫! 後之人君, 苟能惟德是修, 不恃其力, 則人心天命, 不期然而自至. 天道之變, 何足憂乎?"

연에도 나타나서 자연의 모든 것이 질서 있고 조화롭게 된다.

> "성왕이 백성을 다스리면 하늘과 땅이 서로 통하여 5일에 한 번 바람 불고 10일에 한 번 비 오는 것 또한 떳떳한 것입니다. 이처럼 덕이 있으면 반드시 감응이 있습니다. 천도가 어찌 사사로이 후히 대함이 있겠습니까"[38)]

반면 인간의 원기(冤氣)는 가뭄을 가져올 수 있다. 무왕이 은(殷)을 쳐서 이긴 것은 천하의 원기를 소멸시키고, 진경(眞卿)이 옥사를 판결한 것은 한 지방의 원기를 해소하기에 충분하였으므로 그러고 나서 단비가 내린 것은 이상하지 않다고 율곡은 설명한다.[39)] 율곡은 "인군이 자기의 마음을 바로하여 조정을 바로잡고, 조정을 바로하여 사방을 바로잡고, 사방이 바르면 천지의 기운도 발라진다."라는 사상에 근거하여 "천지의 기운이 바르면 일식과 월식이 어떻게 있고 별들이 별의 궤도를 이탈하겠는가."라고 하였다.[40)] 그리고 "마음이 화평하면 형체도 화평하고, 형체가 화평하면 기운도 화평하며, 기운이 화평하면 천지의 화평이 호응한다."라는 사상에 기초하여 "천지의 기운이 화평하면 우레 · 번개 · 벼락이 어찌 위엄을 부리고 바람 · 구름 · 서리 · 눈이 어찌 그 제때를 잃을 것인가"라고 하였

---

37) 『栗谷全書』 권14, 55-56쪽, 「天道策」, "二氣苟調, 則彼麗乎天者不失其度, 降于地者必順其時, 風雲雷電皆囿於和氣矣, 此則理之常也. 二氣不調, 則其行也失其度, 其發也失其時, 風雲雷電皆出於乖氣矣, 此則理之變也. 然而人者, 天地之心也. 人之心正, 則天地之心亦正. 人之氣順, 則天地之氣亦順矣. 然則理之常理之變者, 其可一委於天道乎." 참조.

38) 『栗谷全書』 권14, 59쪽, 「天道策」, "聖王臨民, 天地交泰, 五日一風, 十日一雨, 亦其常也. 有如此之德, 則必有如此之應矣. 天道豈有私厚歟."

39) 『栗谷全書』 권14, 59쪽, 「天道策」, "夫冤氣者, 招旱之由也. 是故, 一女懷冤, 尙致赤地. 則武王之克殷, 足以消天下之冤氣矣. 眞卿之決獄, 足以消一隅之冤氣矣. 甘雨之霔, 不足怪矣. 참조.

40) 『栗谷全書』 권14, 60쪽, 「天道策」, "愚聞人君正其心以正朝廷, 正朝廷以正四方, 四方正則天地之氣亦正矣. …… 天地之氣旣正, 則日月安有薄蝕, 星辰安有失躔者哉?" 참조.

다.[41] 이처럼 율곡은 군주의 마음(덕) 및 정치와 자연의 질서 사이에는 밀접한 연관 관계가 있다고 보았다. 그래서 율곡은 다음과 같이 천도의 질서와 군주의 덕 사이에 일정한 감응 관계가 성립된다고 이해한다.

> "하늘은 비와 햇볕과 따사로움과 추위와 바람으로써 만물을 생성하고, 인군(仁君)은 엄숙과 다스림과 슬기와 계획과 성스러움으로써 위로 천도에 호응하는 것이니 하늘이 때맞춰 비를 내리는 것은 바로 임금의 엄숙과 같고 때때로 햇볕을 쬐어 주는 것은 임금의 다스림과 같고 때때로 따사롭게 하는 것은 임금 슬기의 응험이고 때때로 추워지는 것은 계획의 응험이고 때때로 바람이 부는 것은 성스러움의 응험입니다. 이것으로써 관찰하건대 천지가 제자리에 위치하고 만물이 육성되는 것이 어찌 임금 한 사람의 수덕(修德)에 달린 것이 아니겠습니까"[42]

율곡은 『성학집요』 「근천계(謹天戒)」에서도 하늘은 인군이 정치를 어떻게 하느냐에 따라서 상서로운 징조가 나타날 수도 있고 재이(災異)가 나타날 수도 있다고 한다.[43] 이(理)가 정상적일 때에는 인군이 정치를 잘하면

41) 『栗谷全書』 권14, 60쪽, 「天道策」, "又聞心和則形和, 形和則氣和, 氣和則天地之和應矣. …… 天地之氣旣和, 則雷電霹靂, 豈洩其威. 風雲霜雪, 豈失其時?" 참조.

42) 『國譯 栗谷全書』(Ⅳ), 한국정신문화연구원, 1996, 70-71쪽.

43) 상서(祥瑞)와 재이(災異)를 통한 천인감응에 대해서는 한나라 동중서가 주장하였다. 동중서의 천인감응론에 대해서는 다음 논문을 참고. 김동민, 「동중서 춘추학의 천인감응론에 대한 고찰」, 『동양철학연구』 36, 동양철학연구회, 2004; 정해왕, 「동중서의 천인감응설과 그 정치성」, 『동양문화연구』 16, 영산대학교 동양문화연구원, 2013. 정해왕에 따르면 동중서의 천인감응설은 왕권을 견제하는 측면도 있지만, 현실의 승자는 천의 감응을 받았으므로 선하고 현실의 패자는 천의 감응을 받지 못하였으므로 악으로 분류하여 권력을 정당화할 수 있는 문제점을 안고 있다.(정해왕 위의 논문 218쪽) 이에 비해 율곡의 천인감응론은 왕권을 정당화하기보다는 왕에게 덕치를 위한 수양을 강조하는 의미를 강하게 지니고 있다는 점에서 동중서의 사상과 차이가 있다.

화기(和氣)가 하늘로 올라가 상서로운 일이 발생하는 반면 정치가 어지러우면 괴기(乖氣)가 위로 하늘로 올라가 재이가 발생한다는 것이다.[44] 때로는 이수(理數)의 변(變)으로 인해 선을 해도 상서로운 징조가 나타나지 않거나 악을 해도 재이가 나타나지 않을 수도 있다. 그런데 현명한 군주는 재이를 보고서 정사를 닦고 반성하면 재이가 상서로움으로 변할 수 있다. 반면에 어리석은 군주는 재이가 없다고 안주하다가 도리어 재앙을 초래할 수 있다.[45] 이처럼 율곡은 인간의 정치 행위와 자연의 조화로움 또는 조화로움의 상실은 서로 상응하고 감응하는 것으로 파악하고 있다.

율곡의 「천도책」에 나타난 인간의 정치와 자연현상의 상호감응에 대한 사상은 현대적 관점에서 보면 부분적으로 문제가 없지 않다. 예컨대 일식과 월식은 천문학적 법칙에 따라 발생하는 것일 뿐 인간이 정치를 잘하고 못하는 문제와는 무관하다. 그런데 율곡은 이것을 상호 연관해서 파악한다. 물론 이것은 율곡 사상만의 문제라기보다는 그 당시의 천인 관계에 대한 일반적 인식을 반영하는 것이다. 그런데 현대에 와서는 인간이 잘못된 행위로 생태계를 파괴하여서 심각한 위기가 발생하고 있다. 인간의 행위가 자연 생태계에 영향을 미치는 것은 명확하다. 자연 생태계에서 발생하는 이상 현상을 인간의 정치 활동과 상호 연관해서 파악하는 율곡의 설명은 생태철학적 관점에서 현대적으로 재조명할 필요가 있다.

율곡에게 하늘 또는 자연은 인간의 행위와 무관하게 자연법칙에 따라서만 움직이는 무심한 기계적인 것이 아니다. 오히려 인간의 마음, 인간의 기운, 인간의 행위와 서로 감응하는 인간적 하늘이고 인간적 자연이

44) 『栗谷全書』 권25(『聖學輯要7』), 23쪽, 「爲政 下, 謹天戒」, "臣案: 人者天地之心也. 人君能行善政, 和氣感乎上, 則休祥至焉. 多行非道, 乖氣感乎上, 則災異作焉." 참조.

45) 『栗谷全書』 권25(『聖學輯要7』), 23쪽, 「爲政 下, 謹天戒」, "善不見祥, 惡不見災者, 數之變也. 聖賢之君, 因災修省, 則災變爲祥. 庸暗之主, 狃於無災, 則反招殃禍. 此必然之勢也." 참조.

다. 이것을 율곡은 '천인일리(天人一理)' 라고 표현한다. 즉 천(天)으로 표상되는 하늘 또는 자연은 인간과 하나의 동일한 이치이기 때문에 서로 감응하게 된다고 인식한다.[46)]

3. 감응의 범위와 감응이 되지 않는 이유

1) 감응의 범위

감응의 효과는 일정한 사건이나 일정한 지역에만 나타날 수도 있고, 보편적으로 두루 나타날 수도 있다. 율곡에 의하면 현인은 성(誠)의 일부만 구현하므로 특정한 사건이나 일정한 지역에 제한적으로 감응의 효과가 나타난다면, 성인은 성의 전체를 실천하므로 감응의 효과도 천하에 두루 넓게 나타날 수 있다고 한다.

첫째로, 특정 사건에 감응의 효험이 미치는 경우가 있다. 후한 때 유곤(劉昆)이 강릉령(江陵令)으로 근무 중에 강릉에 화재가 발생하였을 때 불을 향하여 머리를 조아리고 기도하자 비가 내리고 바람이 그쳐 불이 꺼졌다는 고사가 있다. 율곡은 이에 대해서 유곤의 성(誠)이 백성을 구하기에 전일했기 때문이라고 설명한다.[47)] 또한 효성이 지극한 왕상(王祥)이 자신의 어머니가 생선을 먹고 싶어 하자 추운 겨울 얼어붙은 강에 가서 고기를

---

46) 천인감응이나 친인합일이나 천과 인의 이치가 기본적으로 하나 즉 같다고 보는 점은 공통적이다. 그러나 천인감응설은 천과 인 사이의 상호작용을 강조하는 데 비해, 천인합일은 천도와 일치하는 인간의 삶을 이상으로 설정하고 수양의 노력을 통해 이러한 이상경지에 도달하고자 하는 것에 초점이 있다고 할 수 있다.

47) 『栗谷全書』 拾遺 권6, 15쪽, 「誠策」, "劉昆守江陵, 而向火扣頭, 以致反風之效, 則其誠一於救民而已." 참조.

잡으려고 얼음을 깨려고 하는데 얼음이 저절로 깨지면서 잉어 두 마리가 튀어나왔다는 고사가 있다. 이에 대해 율곡은 왕상의 성이 고기를 구하기에 간절하여 강에 가서 얼음을 두들기자, 그의 성이 물을 감동케 하여서 그렇게 되었다고 설명한다.[48] 이처럼 인간이 어떤 한쪽으로 간절한 정성을 갖게 되면 특정한 사건에 감응의 효과가 나타날 수 있다.

둘째로, 특정 사건을 넘어서 일정 지역에 감응의 효과가 미칠 수도 있다. 예를 들면 문옹(文翁)이 촉군(蜀郡)을 다스려 풍속을 유아(儒雅)하게 변화시켜 촉인(蜀人)이 제로(齊魯) 사람처럼 된 것, 황패(黃霸)가 영천(穎川)을 지킬 때에 백성에게 착한 일을 권면하여 영천 읍에 봉황새가 와서 운 것, 장감(張堪)이 백성을 다스릴 때 부유하게 해주어 어양(漁陽) 사람이 맥수가(麥穗歌)를 부른 것, 한유가 조주자사를 하면서 학교를 설립하여 백성을 가르치는 등 선정을 베풀자, 조주의 백성이 산 사람을 받드는 사당을 세운 것 등등이다.[49] 이것들은 특정 지역의 위정자가 성을 다하여 정사를 잘 베푼 효험으로 감응의 효과가 특정 사건을 넘어서 일정 지역에 넓게 나타난 것이다. 그러나 이것도 성인의 지극한 성에는 미치지 못한다.

셋째로, 가장 이상적인 것은 특정 사건이나 특정 지역을 넘어서 세상에 두루 넓게 적용되는 감응이다. 이것은 이상적 성인에 의해서만 가능하다. 율곡에 의하면 최고 성인의 성(誠)은 "세워주면 서고 움직이면 화하고 편히 해주면 오게 되고" "움직이기만 하면 대대로 천하의 법이 되고 천하를 경륜한다."[50]라고 한다. 세상에 두루 보편적으로 미치는 감응은 유교의

---

48) 『栗谷全書』 拾遺 권6, 16쪽, 「誠策」, "王祥之誠, 切於得魚, 則臨河扣氷, 而我誠可以感乎物矣. 참조.

49) 『栗谷全書』 拾遺 권6, 16쪽, 「誠策」, "至若文翁之治蜀郡, 變以儒雅, 則蜀人之化爲齊魯者, 因其敎導之誠也. 黃霸之守穎川, 勸民爲善, 則穎邑之鳳鳥來鳴者, 因其仁愛之誠也. 漁陽之人歌麥穗者, 張堪以誠臨民, 而致殷富故也. 潮州之民立生祠者, 昌黎以誠敎民, 而興學校故也." 참조.

정치적 이상이다. 유학자들은 이러한 감응이 고대 성왕이 다스리는 시대에 가능하였다고 주장하지만, 현실 역사에서 이러한 이상이 실현되었다고 보기는 어렵다. 단지 지성(至誠)을 구현하는 성인이 이 세상을 다스릴 때 올 수 있는 이상적 비전을 표현한 것이라고 할 수 있을 것이다.

2) 감응(감화)이 되지 않는 이유

아무리 성인이 노력해도 감응하지 않고 감화되지 않는 사람들이 있다. 예컨대 요와 순은 비록 성인이었지만 그들의 아들인 단주와 상균은 놀기만을 좋아하고 거만하고 포학하였다. 이에 대해 율곡은 이것은 요와 순의 문제가 아니라 단주와 상균의 자포자기 때문이라고 한다. 그리고 주공이 동생의 도리를 다했음에도 형인 관숙은 주나라의 사직을 위태롭게 하였는데 이것도 관숙의 자포자기 때문이라고 율곡은 해명한다.

> "요와 순은 아비의 도리를 다했는데도 단주와 상균이 감화되지 않았고, 주공은 아우의 도리를 다했는데도 관숙이 감화되지 않았으니, 이 어찌 그들이 자포자기한 탓이 아니겠습니까. 놀기만을 좋아하고 거만과 포학을 일삼은 것은 단주의 포기이고 상균은 단주와 똑같다고 일컬어졌으니 그 위인을 상상할 수 있습니다. 화심(禍心)을 품고 사직을 위태롭게 하려고 유언(流言)을 퍼뜨려 난을 선동한 것은 관숙의 포기입니다. 요와 순과 주공이 어떻게 그들을 감화시키겠습니까."[51]

---

50) 『栗谷全書』 拾遺 권6, 16쪽, 「誠策」, "鳳鳴麥穗之治, 雖曰誠矣. 豈若聖人立斯立動斯和綏斯來之誠乎? 儒雅興學之化, 雖曰誠矣. 豈若聖人動而世爲天下法, 經綸天下之誠乎?" 참조.

51) 『國譯 栗谷全書』(IV), 한국정신문화연구원, 1996, 447쪽.

성탕(成湯)의 충성에도 불구하고 걸(桀)이 변화하지 못하거나 문왕의 충성에도 불구하고 주(紂)가 바뀌지 않은 것도 탕과 문왕의 정성이 부족해서가 아니라 걸주가 자포자기하였기 때문이라고 한다.[52] 율곡에 따르면 '자포자기(自暴自棄)' 에서 '자포' 란 (예의를) 거절하고 믿지 않는 것을 뜻하고 '자기' 는 (인과 의를) 끊어버리고 노력하지 않는 것을 말한다.[53] 하우(下愚)가 자포자기하면 성인이라고 하더라도 감응, 감화에 한계가 있다고 인식한다.

그리고 역사적 차원에서 인간이 지극한 성(誠)의 노력을 다함에도 감응이 없는 것은, '이수(理數)의 상(常)' 이 아니라 '이수의 변(變)' 을 만나서 그러한 것이라고 율곡은 설명한다.

> "은이 망할 무렵에 삼인(三仁)의 성이 지극하였지만 끝내 목야의 주살을 구하지 못했고, 한의 말엽에 공명의 성이 지극했건만 끝내 회복의 계책을 이루지 못했고, 악비의 뜻은 오랑캐를 멸하기에 간절하였으니 성하다 할 수 있지만 끝내 간신의 해를 면치 못하였고, 문천상의 뜻은 송을 일으키기에 간절하였으니 성하다 할 수 있지만 끝내 애산의 패전에 도움이 되지 못하였으니 …… 구한 것은 큰 데다 이수의 변한 때를 만난 때문입니다."[54]

그러면 율곡이 말하는 '이수(理數)의 변' 은 무엇일까? 그것은 역사 속에

52) 『栗谷全書』 拾遺 권6, 20-21쪽, 「化策」, "且得臣如伊尹者, 而使之五就桀, 則成湯之忠盛矣. 率商之畔國以事紂, 則文王之忠, 亦盛矣. 天命未去, 則其所以事君之道, 何所不至哉? 然而終不能化者, 豈非桀紂自暴自棄之罪哉?" 참조.

53) 『栗谷全書』 拾遺 권6, 20쪽, 「化策」, "夫自暴者, 拒之而不信. 自棄者, 絶之而不爲." 맹자는 자포(自暴)란 말할 때마다 예의를 비방하는 것을 일컫고, 자기(自棄)란 나는 인의를 행할 수 없다고 스스로를 버리는 것을 가리킨다고 하였다.

54) 『國譯 栗谷全書』(IV), 한국정신문화연구원, 1996, 442쪽.

서 이수가 정당한 천리의 법칙을 따르지 않고, 비정상적으로 진행되는 것을 말하는 것으로 보인다. 율곡에 따르면 공자와 맹자 같은 성인이 그 시대에 세상을 크게 감화시키지 못한 것은 덕이 부족해서가 아니라 형세(形勢)가 불가능하였기 때문이라고 한다.[55] 아무리 성인이라 하더라도 '이수의 변'을 만나서 형세가 따르지 않으면 세상을 크게 감화시킬 수 없다는 것이다. 천지가 태평해지고 다스려지는 것은 '이수의 상' 때문이고, 반대로 천지가 비색(否塞)해서 어지러워지는 것은 '이수의 변' 때문이다. 그런데 '이수의 변'을 만나서 세(勢)가 받쳐주지 않으므로 공자의 감화가 천하에 두루 미치지 못했다고 설명한다. 그럼에도 불구하고 율곡은 공자가 감화시키지 못한 가운데도 감화시킨 것이 있다고 주장한다.

> "공자는 이미 3천의 제자를 두었고, 또 중도재가 되었을 적에는 사방이 본받았으니, 감화가 한 도(都)에 입혀진 것이요, 재상의 일을 섭행할 적에는 노국(魯國)이 크게 다스려졌으니, 감화가 일국에 미친 것이오, 협곡에서 회합할 적에는 제인(齊人)이 외복(畏服)하였으니, 감화가 이웃 나라에 미쳤던 것입니다."[56]

이상에서 보듯이 인간의 지극한 노력에도 불구하고 감화, 감응이 되지 않는 이유는 그 시대가 '이수의 상'이 아니라 '이수의 변'을 만난 때문이라고 율곡은 설명한다. '이수의 변'을 만나서 세가 따르지 않으면 덕이 있어도 널리 감화를 시킬 수는 없다고 한다. 또한 시대적으로는 '이수의 상'을 만났다고 하더라도 개인적으로 하우(下愚)여서 자포자기하는 사람에 대해서는 성인으로서도 감화할 수 없는 경우가 있다고 한다. 요컨대

55) 『栗谷全書』 拾遺 권6, 22쪽, 「化策」, "孔孟之不能化者, 非其德不足也, 勢不能也." 참조.
56) 『國譯 栗谷全書』(IV), 한국정신문화연구원, 1996, 448-449쪽.

율곡에 따르면 사람이 최선을 다해도 감응 또는 감화되지 않는 것은 그 시대가 '이수의 변' 을 만났거나 아니면 특정 개인이 하우(下愚)여서 자포자기하였기 때문이라고 할 수 있다.

4. 기도와 감응

사람의 기도는 과연 하늘을 감응시킬 수 있을까? 사람들은 간절한 소원이 있을 때 정성을 다하여 하늘에 기도하면 하늘이 감응해서 소원을 들어주기도 한다고 믿는다. 예컨대 하늘에 빌어서 병을 낫게 하고 목숨을 연장하는 사례가 있다. 그런데 어느 때는 하늘이 사람의 기도에 감응해 효험이 나타나기도 하고, 어떤 때는 기도에도 불구하고 효험이 나타나지 않는 경우도 있다. 기도는 과연 하늘을 감응시킬 수 있을까? 있다면 언제 어떤 조건에서 가능할까? 율곡은 정성이 지극하면 기도가 하늘을 감동시켜 감응이 일어날 가능성이 있다고 인정한다.

> "간혹 충신과 효자가 임금을 사랑하고 어버이를 사모하는 마음에서 차마 보고만 있지를 못하여, 신에게 기도를 드리기도 하고, 하늘에 기도를 드리기도 하면서, 임금과 어버이의 수명을 연장할 방법을 모두 동원하게 되는데, 정성이 지극한 나머지 드디어 감응하게 되니, 이것도 또한 천리의 혹 그럴 수도 있는 것입니다."[57]

율곡에 따르면 사람의 기운이 흩어져서 죽는 것은 이치의 떳떳한 것이

57) 『國譯 栗谷全書』(IV), 한국정신문화연구원, 1996, 391쪽.

기 때문에 마땅히 흩어져야 하는 때에는 흩어져야 한다. 그런데 마땅히 흩어져야 할 기운 가운데도 아직 흩어지지 않은 기운이 있을 때는 정성을 다하면 그 기운이 흩어지지 않아서 살아날 수 있다. 그러나 이미 기운이 반드시 흩어지고 남음이 없는 때라면 지극한 정성을 다해도 살아날 수 없다고 한다.[58]

그리고 기도는 (자취가 드러나지 않게) 마음으로 내면에서 할 수도 있고, 밖으로 자취가 드러나게 할 수도 있다. 자취가 있는 기도는 그 정성이 밖으로 발현되고, 자취가 없는 기도는 그 정성이 안에 담겨 있다. 성인의 경우 천하를 위한 공심(公心)으로 기도를 드리는 자는 기도의 자취가 있고, 한 개인을 위한 사심(私心)으로 기도를 드리는 자는 그 기도가 자취가 없다고 한다.[59] 율곡에 의하면 성인의 기도는 자기 자신을 위한 이기적 기도가 아니라, 부모나 군주나 나라를 위한 마음에서 우러나서 해야 한다고 본다. 주공이 병든 무왕 대신에 자기가 대신 죽게 해달라고 기도한 것은 천하와 종묘사직을 위한 것이지, 다만 무왕 한 몸만을 위한 것은 아니다. 이때 주공의 기도는 천하와 사직을 위한 공심으로 기도한 것이기 때문에 자취가 있다고 율곡은 설명한다.[60] 그러나 성인이 사적인 목적으로 기도할 때는 (자취가 드러나지 않게) 마음속으로 조용히 하늘에 묵도하여 다른 사람은 알지 못하게 된다고 한다. 예컨대 순임금과 증자는 효자였으므로 고수와 증점의 죽음에 임해서 그냥 있지 않고 당연히 기도하였겠지만, 사

---

58) 『栗谷全書』 拾遺 권6, 8쪽, 「祈禱策」," 氣散而死者, 理之常者也. 當散而不散者, 理之不常者也. 於其當散之中, 必有萬一不散之氣, 故有其誠則其氣不散, 無其誠則其氣散矣. 苟其必散而無餘, 則雖有至誠, 亦不能救矣." 참조.

59) 『栗谷全書』 拾遺 권6, 10쪽, 「祈禱策」, "且夫有迹之禱, 其誠發外. 無迹之禱, 其誠在內. 以公天下之心禱之者, 其禱必有其迹矣. 以私一人之心禱之者, 其禱必無其迹矣." 참조.

60) 『栗谷全書』 拾遺 권6, 10쪽, 「祈禱策」, "商辛初殪, 頑民未化, 而武王遽崩. 則天下之治亂, 未可知也.宗社之安危, 未可必也. 然則周公請以身代者, 爲天下也, 爲宗社也, 非特爲武王一身也, 豈非公天下者乎? 此所以至誠發外而有迹者也." 참조.

적인 목적이었으므로 정성이 마음 안에 있었고 밖으로 자취가 없었다고 율곡은 설명한다.[61] 그런데 성인이 아닌 경우에는 다리의 살점을 베어내고 약을 구해야 부모의 병환을 구할 수 있고, 밤중에 하늘에 기도를 드려야 부모의 수명이 연장될 수 있으므로 (사적인 목적을 위한 기도의 경우라고 하더라도) 자취가 없을 수 없다고 한다.[62]

그런데 율곡에 의하면 기도의 결과가 중요한 것은 아니다. 왜냐하면 사람의 뜻대로 되지 않는 천명(天命)이란 것이 있기 때문이다.[63] 중요한 것은 인간으로서 할 수 있는 부분 즉 정성을 지극히 다하느냐 그렇지 않느냐이다. 즉 인간의 도리를 다하느냐가 중요하다.

> "기운이 흩어지는 것이 당연한 데 흩어지지 않고 남아 있는 것은 천명이요, 반드시 다 흩어지고 남아 있지 않은 것도 또한 천명입니다. 그 정성이 지극하냐, 지극하지 않으냐 하는 것은 인간의 도리이니, 인간은 인간에게 있는 도리만 다하면 되는 것입니다."[64]

율곡은 「이씨감천기(李氏感天記)」에서 자신의 외조모 이씨가 기도로 하늘을 감응시킨 사례를 기록하였다.[65] 「이씨감천기」에 따르면 율곡의 외

61) 『栗谷全書』 拾遺 권6, 10-11쪽, 「祈禱策」, "若瞽叟, 曾點, 乃匹夫耳. 其生死不繫於天下宗社, 則虞舜曾子愛日之誠, 只爲其親耳, 豈非私一人者乎? 此所以至誠在內而無迹者也." 『國譯 栗谷全書』(Ⅳ), 한국정신문화연구원, 1996, 395쪽 참조.

62) 『栗谷全書』 拾遺 권6, 11쪽, 「祈禱策」, "若王薦, 叔謙, 鄠人, 則其至誠不及聖人. 故必待割股訪藥, 然後母疾乃瘳. 必待夜禱於天, 然後父壽乃延. 此所以不能無迹者也." 참조.

63) 예컨대 주공이 무왕을 위해 기도한 것은 효험이 있었던 반면 순임금과 증자의 정성은 하늘의 감응을 얻지 못하였다. 율곡에 따르면 전자는 기운이 흩어지는 것이 당연하지만 흩어지지 않은 기운이 남아 있었기 때문에 가능한 것이었고, 후자는 즉 고수와 증점이 죽은 것은 그 기운이 모두 흩어지고 남아 있지 않았기 때문이라고 한다. 그러나 어느 쪽이든 모두 천명이라고 본다.

64) 『國譯 栗谷全書』(Ⅳ), 한국정신문화연구원, 1996, 395쪽.

조모 이씨의 남편인 신진사가 병으로 쓰러져 누워서 피를 토하고 죽기 직전에 이른 적이 있다. 그러자 이씨는 남편을 위하여 지극한 정성으로 하늘에 간절히 기도하였다. 그러고 나서 신인(神人)이 신진사에게 병이 나을 것이라고 알려주었고, 과연 신인의 말대로 신진사의 병이 기적적으로 나아서 회복되었다고 한다. 율곡은 자기 외가에서 일어난 기도가 감응의 효험을 가져온 구체적 사례를 들어서 알고 있었으므로 기도의 효과에 대해서 어느 정도 신뢰하지 않을 수 없었을 것이다. 그런데 율곡은 간절한 기도가 원하는 것을 이루는 감응 효과의 가능성을 인정하지만, 기도는 자기 자신을 위한 것이 아니라 부모나 나라를 위하는 도덕적인 마음에서 우러나와야 한다고 여겼다.

율곡은 기도를 성인이 (천하와 나라를 위하는) 공심에서 하는 자취가 있는 기도, 성인이 (부모를 위한 것처럼 사적인 목적을 위해서 하는) 사심에서 하는 자취가 없는 기도, 그리고 성인은 아니지만 지극한 정성을 가지고 자취가 드러나게 하는 기도 등으로 구분한다. 율곡은 지극한 정성으로 하는 기도가 경우에 따라 감응의 효과를 가져오는 것을 믿었지만, 기도한다고 무조건 그것이 받아들여지는 것으로 생각하지는 않았다. 인간이 기의 자연법칙을 벗어나는 것은 불가능하기 때문이다. 또한 율곡은 기도가 받아들여지거나 그렇지 않거나 모두 천명이기 때문에 사람으로서는 인사를 다하고 천명을 따라야 한다고 인식한다. 그렇다면 기도의 대상은 누구인가? 그것은 조상의 영, 귀신, 천지신명, 하늘 등으로 상정해 볼 수 있다. 율곡은 주공이 위독한 무왕을 살게 해달라고 삼왕(三王)[66]에게 기도한 것도 결국은 하늘에 기도한 것과 같다고 본다. 왜냐하면 삼왕의 영혼이 하늘에 올라가 있기 때문이다.[67] 그런데 어떻게 해서 인간의 간절한 기도가 하늘

65) 『栗谷全書』 권14, 28-30쪽, 「李氏感天記」 참조.

66) 삼왕이란 태왕(太王) · 왕계(王季) · 문왕(文王)을 지칭함.

이나 귀신을 감응시켜서 효과를 가져올 수 있는지에 대해서 율곡은 합리적 설명은 제시하지 못하고, 단지 주공의 기도처럼 기도의 성공 사례를 제시하는 데 그치고 있다.

5. 감응과 성(誠)

사람이나 하늘과 감응하기 위해서는 무엇보다 성(誠)이 중요하다. 『중용』에서도 내면의 성은 밖으로 점차 드러나 변화시킨다고 하였다. "마음이 성실하면 그것이 밖으로 드러나고, 드러나면 점차 현저해지고, 현저해지면 밝아지고, 밝아지면 감동되고, 감동되면 변하고, 변하면 화한다."[68] 율곡은 작은 감응은 비록 작은 성으로도 효험을 볼 수 있지만, 큰 감응은 지극한 성이 아니면 감통시킬 수 없다고 언명한다.[69]

율곡에 따르면 하늘은 실리(實理)로 화육하는 공이 있고, 사람은 실심(實心)으로 감통에 이르는 효과가 있다. 그런데 이른바 실리나 실심이나 그 원리는 성(誠)일 뿐이라고 한다.[70] 천리에 순수해서 성의 전체를 얻으면 성인이 되고, 마음의 일단만 진실하여 성의 일부를 얻은 사람은 현인이 된다.[71] 성의 본체는 은미하지만, 발용은 매우 현저하다. 그래서 (성은)

---

67) 『栗谷全書』 拾遺 권5, 9쪽, 「祈禱策」, "其所以告于三王者, 乃所以告天也. 何則, 三王之靈, 昇而在天, 是亦天也. 詩不云乎? 文王在上, 於昭于天. 天與三王, 豈有異哉?" 참조.

68) 『중용』 23장, "誠則形, 形則著, 著則明, 明則動, 動則變, 變則化."

69) 『栗谷全書』 拾遺 권6, 17쪽, 「誠策」, "應之小者, 雖以小誠, 可見其效也. 應之大者, 非至誠, 不能感通也." 참조.

70) 『栗谷全書』 拾遺 권6, 15쪽, 「誠策」, "天以實理而有化育之功, 人以實心而致感通之效. 所謂實理實心者, 不過曰誠而已矣." 참조.

71) 『栗谷全書』 拾遺 권6, 15쪽, 「誠策」, "純乎天理, 而得誠之全者, 聖人也. 實其一端, 而得誠之偏者, 賢者也." 참조.

천지에도 이를 수 있고, 귀신도 움직일 수 있고, 사람의 마음도 복종시킬 수 있다. 그러나 때로 성이 제대로 작용하지 못하는 것은 이수의 변(理數之變) 때문이라고 한다.[72)]

율곡에 의하면 하늘의 성은 원형이정(元亨利貞)이고, 사람의 성은 인의예지이다. 율곡은 성은 음양의 두 기가 나란히 운행하고, 사계절이 교대로 운행하고, 해와 달이 밝고, 산악이 높고, 강과 바다가 깊은 원리라고 인식한다. 그러므로 성이 없으면 물이 없다고 한다.[73)] 이처럼 율곡에게 성은 인간의 도덕적 덕목에 그치지 않고, 천지와 만물의 존재 원리이기도 하다. 그리고 율곡은 성이 진실무망(眞實无妄)이라고 하는 것은 이(理)의 본연을 가리키는 것이고, 속이지 않는다(不欺)는 것은 그 마음을 가리키는 것이라고 이해한다. 진실무망에 도달하기 위해서는 속이지 않는 '불기지심(不欺之心)' 으로 채워야 한다.[74)] 율곡은 성을 위한 공부의 시작은 반드시 근독(謹獨)에 근본을 둔다고 주장한다.[75)]

감응은 성(誠)에 의해서 가능하다. 따라서 인간은 성을 이해하고 실천해야 이 세상의 사람과 사물에 긍정적 감응을 가져올 수 있다. 성은 율곡의 감응론에서뿐만 아니라, 율곡 철학 전반에서 매우 중요한 핵심 개념이다. 그래서 율곡은 성이 없으면 뜻을 세울 수도 없고, 이치도 인식하기 어

---

72) 『栗谷全書』 拾遺 권6, 15쪽, 「誠策」, "其體甚微,而其用甚顯. 故天地而以格, 鬼神可以動, 人心可以服矣. 然而或有不能格, 不能動, 不能服者, 因其理數之變耳. 非誠之未至也." 참조.

73) 『栗谷全書』 拾遺 권6, 18쪽, 「誠策」, "故元亨利貞, 天之誠也. 仁義禮智, 性之誠也. 二氣無此誠, 則不可以竝運. 四時無此誠, 則不可以錯行. 日月以之明, 山嶽以之高, 河海以之深, 故曰不誠無物." 참조.

74) 『栗谷全書』 拾遺 권6, 15쪽, 「誠策」, "夫先儒之論誠不一. 而徐氏所謂無妄者, 指其理而言之. 李氏所謂不欺者, 指其心而言也. 眞實無妄者, 理之本然. 而所以至於無妄者, 亦以不欺之心充之耳." 참조.

75) 『栗谷全書』 拾遺 권6, 15쪽, 「誠策」, "其所以致中和, 位天地, 育萬物者, 雖有莫測之用, 莫大之效, 而用功之始, 則必本於謹獨." 참조.

렵고, 기질도 변화시킬 수 없다고도 하였다.[76] 또한 성의(誠意)는 수기와 치인의 근본이 된다고 하였다.[77]

그리고 언행(言行)은 감응의 추기(樞機)이므로, 언행을 어떻게 하느냐 하는 것은 감응에 있어서 매우 중요하다. 율곡에 따르면 언행이 선하면 화기(和氣)가 응하고 언행이 선하지 않으면 어그러진 기가 응한다. 그런데 화기가 지극하면 천지가 제자리를 잡고 만물이 잘 자란다. 반면에 어그러진 기가 지극하면 천지가 닫히고 현인이 숨어버린다.[78] 이와 같이 군자가 천하를 움직이는 것은 언행에 달려 있으므로 언행을 삼가지 않으면 안 된다고 율곡은 주장한다. 율곡의 감응론에서 감응을 위해서는 성이 필수적이고, 또한 감응은 언행을 통해서 이루어지므로 언행을 선하고 신중하게 하도록 노력해야 한다.

6. 맺음말: 감응에 있어서 인간의 노력과 그 한계

율곡은 천지만물이 모두 기로 이루어진 한몸이므로 서로 기가 통한다고 보았다. 그래서 인간의 마음이 바르면 천지의 마음도 바르게 되고, 인간의 기가 순(順)하면 천지의 기도 순하게 된다고 하였다.[79] 따라서 인간이 주위에 좋은 영향을 미치기 위해서는 자신의 몸과 마음을 바르게 수양

76) 『栗谷全書』 권21(『聖學輯要3』), 6쪽, 「修己 中, 誠實」, "如志無誠, 則不立. 理無誠, 則不格. 氣質無誠, 則不能變化.".

77) 『栗谷全書』 권21(『聖學輯要3』), 6쪽, 「修己 中, 誠實」, "臣又按: 誠意, 爲修己治人之根本."

78) 『栗谷全書』 권20(『聖學輯要2』), 12쪽, 「修己 上, 收斂」, "君子言行善, 則和氣應之. 不善, 則乖氣應之. 和之至, 則天地位, 萬物育. 乖之至, 則天地閉 賢人隱. 故曰動天地也." 참조.

79) 『栗谷全書』 拾遺 권5, 6쪽, 「神仙策」, "蓋聞天地萬物, 本吾一體. 吾之心正, 則天地之心亦正矣. 吾之氣順, 則天地之氣亦順矣." 참조.

하는 것이 중요하다. 율곡에 따르면 인간이 수양을 통해 덕을 길러서 선한 도덕적 동기를 가지고 때와 형세를 고려하여 성을 다하면 정상적 상황(理數之常)에서는 하늘을 감응시켜서 원하는 좋은 결과가 올 수 있다. 하늘과 인간 사이에는 서로 감응이 이루어져서 대체로는 선에는 길(吉)이, 악에는 흉한 것이 대응한다고 보았다. 그 과정에서 때로는 기도가 효과를 가져오기도 한다. 다른 한편에서 율곡은 사람의 주체적 노력에도 불구하고 감응이 이루어지지 않는 경우도 있다고 한다. 예컨대 사람이 아무리 노력하여도 역사를 바꿀 수가 없는 경우가 있다. 그것에 대해서 율곡은 '이수(理數)의 변(變)' 또는 '형세(形勢)' 때문이라고 한다. 아무리 주관적 요소가 좋다고 하더라고 객관적인 이수나 형세가 따르지 않으면 한계가 있을 수 있다는 것이다. 또한 인간 사이의 감응에서도 성인과 같은 위대한 존재가 아무리 노력한다고 하더라고 상대방이 자포자기하면 어쩔 수 없다고 한다.

인간의 주관적 의도와 노력이 객관적 이수(理數)와 잘 조화를 이룰 때 비로소 이상적인 감응이 이루어질 수 있다. '이수의 변' 이나 형세 때문에 감응이 인간의 뜻대로 되지 않을 수도 있지만, 율곡의 감응론에서는 인간이 수양하고 선을 위해서 최선의 노력을 다하는 '진인사(盡人事)' 를 중시한다. 인간의 힘으로 어쩔 수 없는 천명이 있다고 하더라도 인간은 자신의 노력이 가능한 영역에서는 최선을 다하고 천명을 기다리는 것이 인간의 도리라고 율곡은 인식한다.

율곡의 감응론 가운데 현대적으로 수용하기 다소 어려운 부분도 있다. 예컨대 일식과 월식은 인간 사회의 일과 무관하게 일어나는 자연법칙에 따른 현상이다. 그런데 율곡은 이런 현상까지 인간의 도덕적 · 정치적 잘못된 행위의 결과로 설명한다. 이러한 설명은 문제가 없지 않다. 그렇지만 현대 생태계 위기는 인간의 잘못된 사회적 · 경제적 · 정치적 행위와 생태계 파괴가 상호 연관이 있음을 잘 보여준다. 이 점에서 인간과 자연의 상호감응 체계를 잘못되었다고 볼 수만도 없음을 알 수 있다. 하여간 율곡은 우리 인간이 다른 인간이나 동물, 나아가 자연이나 하늘에 어떤 영향을 미칠 수 있다고 보고, 좋은 영향을 주기 위해서는 어떻게 해야 하는지 그리고 그 한계는 무엇인지를 잘 보여주고 있다.

율곡의 감응론에서 천지의 기가 조화를 이루는 데 있어서 성왕, 군왕, 성인, 군자의 역할이 매우 중시된다. 군왕이 정치를 어떻게 하느냐에 따라서 천지가 조화롭게 될 수도 있고 그렇지 않을 수도 있다. 군왕이 이상적 왕도 정치를 구현할 때 천지가 조화로운 기운으로 가득하고 온전한 질서를 유지할 수 있을 것이다. 왕도 정치의 구현을 위해서는 군왕의 역할뿐 아니라 군왕을 잘 보좌하여 이상정치를 실현할 수 있는 사대부의 역할 또한 중요하다. 그러나 꼭 군왕이나 벼슬을 하는 사대부가 아니라고 하더라도 평범한 보통 사람도 스스로가 노력하고 수양한 만큼 자기가 소속된 세계에서 조화를 구현하는 데 기여할 수 있다. 그것이 가정이 될 수도, 마을이 될 수도 있고, 지역사회가 될 수도 있을 것이다.

요컨대 율곡의 감응론은 이수나 형세와 같은 객관적·구조적 요인에 대한 고려도 하지만, 무엇보다도 인간의 주체적 수양과 노력, 실천을 강조한다. 인간은 도덕적 수양과 실천 정도에 비례해서 주위 세계에 긍정적 감응을 불러일으킬 수 있고, 사회의 평화와 조화에 기여할 수 있다고 본다. 이 점에서 율곡의 감응론은 그의 도덕수양론 및 도학 정치철학과 밀접한 연관을 지니고 있다. 율곡은 도덕적 수양에 기초한 인간의 감응 능력에 대해서 낙관적으로 신뢰하고 있으며, 인사에 최선을 다하면 주위의 인간과 주변 세계·역사 세계에 긍정적 감응을 가져올 수 있다는 희망을 보여주고 있다.

또한 율곡은 인간의 선/악 행위가 하늘에 의해 길/흉으로 감응된다는 믿음을 강하게 보여준다. 율곡은 도덕적 또는 부도덕한 행위는 빠르고 더딘 정도의 차이는 있지만 하늘에 의해 반드시 상응하는 보응이 있다는 천인 사이의 도덕적 선악 감응론을 주장하고 있다. 이것은 도덕은 그 자체로도 의미가 있고 권장되어야 하지만, 결과론적으로도 (예외적 경우가 없지는 않지만) 대체로 행위자에게 긍정적 도움이 된다는 의식을 갖게 해준다. 이 점에서 이(理)를 따르는 것은 도덕적 의무이기도 하지만, 좋은 감응을 얻기 위해서도 꼭 필요하다고 할 수 있다. 이처럼 율곡의 감응론은 도덕적 선악의 행위와 그것이 가져오는 길흉의 감응 효과가 밀접한 상관관계가 있음에 주목하는 특징이 있다.

율곡 감응론은 감응이 되지 않는 이유는 '이수의 변' '형세' '하우의 자포자기' 에 원인을 돌린다. 그런데 감응을 어렵게 하는 '이수의 변' 이나 '하우의 기질' 은 왜 일어나는지에 대한 설명이 부재하다. 또한 기도가 어떻게 하늘을 감동시켜서 감응의 효과를 가져오는지에 대한 합리적 설명도 부족한 점이 한계로 지적될 수 있다. 그러나 동아시아 전통 사상에서 중요한 믿음인 감응 현상에 대해서 율곡은 비교적 체계적이고 합리적으로 설명하고 있는 점에서 그 의의가 크다. 현대사회에서 인간과 자연의 감응 문제, 인간과 인간 또는 인간과 동물 사이의 감응 문제를 어떻게 바라보아야 하는지, 다른 존재와 어떻게 소통해야 하고 환경을 어떻게 긍정적으로 변화시킬 수 있는지, 그리고 이러한 과정에서 인간의 정당한 역할과 한계는 무엇인가 하는 문제에 접근하는 데 있어서 율곡의 감응론은 많은 시사점을 제시하고 있다.

제10장

다산의 행사 윤리론

1. 머리말

유교를 국가 이념으로 하는 조선시대에 윤리는 모든 가치 가운데 최상위의 위치를 차지하였다. 지배 이념인 성리학 자체도 넓은 의미의 윤리학이라고 보아도 과언은 아니다. 조선 사회에서 윤리교육은 선비와 그들에 의해 경영되는 국가의 핵심 과제의 하나였다. 실학의 집대성자로 평가받는 다산 정약용(1762~1836)도 사회 개혁뿐만이 아니라 윤리의 문제에도 깊은 관심을 보였다. 다산은 성리학적 윤리 사상 체계에 대해 깊은 의문을 가졌고, 새로운 윤리학의 정립을 시도하였다.[80] 이 글에서 우리는 다산 정약용이 윤리와 윤리교육의 문제에 대해서 어떤 생각을 하였는지를 살펴보고자 한다. 다산은 윤리와 관련하여 아동용 윤리 교재로 『제경(弟經)』을 편찬하였고, 성인을 위해서는 사서(四書)를 새롭게 해석하였으며,

80) 다산 정약용의 윤리 사상에 대한 연구로는 다음과 같은 논저가 참고 된다. 장승구, 「다산 정약용의 윤리 사상 연구 - 주자 윤리 사상과의 비교를 중심으로」, 『한국철학논집』 제21집, 2007.9; 장승희,『다산 윤리 사상 연구』, 경인문화사, 2005.

『소학』과 『심경』에 대해서도 주석 작업을 하였다. 조선시대에 아동용 윤리 교과서로서 『소학』이 통용되고 있었음에도 불구하고 다산은 왜 『제경(弟經)』을 편저하였는지 알아보기 위해서 『제경』의 내용과 특성을 분석하고, 성인들의 윤리를 위해서는 어떤 원리와 수양 방법을 제시하였는지를 검토하고, 지역 공동체의 윤리를 위한 목민관의 역할에 대한 인식을 살펴보고자 한다.

2. 다산 윤리학의 인성론적 철학적 근거

윤리의 문제는 인간을 어떻게 이해하느냐 하는 물음과 긴밀한 연관이 있다. 그러므로 우리는 여기서 다산의 윤리론을 고찰하기에 앞서 다산의 인간 이해를 먼저 고찰할 필요가 있다. 다산은 인간을 어떤 존재로 이해하였을까? 동양 인성론을 단순하게 말하면 성선설과 성악설로 대별할 수 있다. 성선설과 성악설 가운데 어느 쪽에 무게 중심을 두느냐에 따라서 윤리교육의 방법에 차이가 있을 수밖에 없다. 다산의 인간 이해가 성선설과 성악설 가운데 어느 쪽에 초점을 두느냐 하는 문제는 단순하지 않고 복잡 미묘하다. 성(性)은 곧 기호(嗜好)를 의미하고 사람의 기호는 선을 즐기고 악을 부끄러워한다는 다산의 주장을 보면 다산은 성선론자인 것처럼 보인다. 즉 그는 본성을 그 자체로 선하게 본다는 점에서 맹자와 비슷한 관점인 것처럼 보인다. 그러나 다른 한편에서 다산은 인간이란 현실적으로 물욕에 가려서 악에의 가능성 또한 매우 강하다는 사실을 인정한다. 우리 인간이 실제 생활에서 선을 행하기는 어렵고 악을 행하기는 쉽다는 사실을 다산은 수용한다. 다만 다산은 악의 경향성이 기질에 의해 영향받는다는 주장은 부정한다. 선과 악 사이의 선택은 자유의지에 의해서 이루어진다고 본다. 요컨대 본성상으로는 선에의 경향성이 강하지만, 현실적으로는 악에의 가능성이 더 강하고, 자유의지의 측면에서는 선과 악 사이에서 어느 쪽이나 자유롭게 선택할 수 있다고 설명하는 것이다.[81)]

다른 한편에서 다산은 대체(마음)의 기호와 소체(형구)의 기호 사이에서 선과 악의 갈등이 있다고 보기도 하고, 또 다른 관점에서는 악의 기원이 몸에만 있는 것이 아니라 영혼에도 있다고 인식한다. 그러면 다산 사상 속에 있는 이러한 복잡한 인간 이해와 윤리교육은 어떠한 연관이 있는 것일까? 성기호설 또는 대체의 기호에 초점을 두게 되면 인간의 본성을 잘 이끌어주고 계발해 주는 솔성(率性)을 중요한 방법으로 보게 한다. 반면 악에의 현실적 경향성이나 소체(형구)의 기호에 초점을 두면, 악에의 강력한 경향이나 소체의 기호를 억제하기 위해서는 엄격한 법, 그리고 상제라는 초월적 존재의 필요성이 부각된다. 인간이 현실적으로 범하기 쉬운 강력한 악의 유혹을 이길 수 있으려면 법률적 제재에 대한 두려움이 어느 정도 필요하다. 그러나 이것만으로도 충분할 수는 없다. 왜냐하면 교묘하게 공권력의 눈을 속이면서 악을 행할 수 있기 때문이다. 그러므로 선악을 투명하게 감시하고 공평하게 심판하고, 상과 벌을 공정하게 부과하는 정의로운 상제의 존재가 요청된다. 또한 선과 악 사이에서 자유의지를 바르게 구사하기 위해서는 혼자만 아는 것에서도 마음을 항상 진실 되게 하는 신독(愼獨)의 수양이 요구되며, 또한 상제의 존재를 의식하고 계신공구(戒愼恐懼)하는 태도를 길러주는 것이 필요하다. 그리고 소체의 기호를 어느 정도 충족시켜 줄 수 있는 물질적 조건이나 제도적 여건도 조성되어야 한다.

---

81) 정약용, 『心經密驗』, 「心性總義」, "言乎其性, 則樂善而恥惡, 此孟子所謂性善也. 言乎其權衡, 則可善而可惡, 此告子湍水之喩, 揚雄善惡渾之說所由作也. 言乎其行事, 則難善而易惡, 此荀卿性惡之說所由作也." 参조.

주자 윤리 이론의 궁극적 근거는 태극(또는 理)이다. 태극이 우주의 본체이고 모든 만물이 태극으로부터 존재 근거를 갖는다. 인간의 도덕적 본성 역시 태극으로부터 유래한다. 그런데 이 태극은 비인격적인 존재이다. 비인격적 태극을 만일 궁극적 존재로 여긴다면 인간은 그러한 태극은 두려워하지 않게 된다. 왜냐하면 비인격적 태극(또는 理)이 인간의 선악을 식별하고 심판할 능력을 갖추고 있지는 않기 때문이다.

> 군자가 어두운 방 가운데 처해서도 두려워하고 조심하면서 감히 악을 저지르지 않는 것은 상제가 있어서 임하는 것을 알기 때문이다. 지금 명(命) · 성(性) · 도(道) · 교(敎)를 모두 하나의 리(理)로 돌려버리면 리(理)는 본디 인지할 수도 없고, 위엄도 없는데 무엇을 경계하고 삼가며 무엇을 두려워한다는 말인가?[82)]

다산은 인간의 행위를 도덕적으로 이끌 수 있으려면 인격적 특성을 지닌 상제와 같은 존재가 있어야 한다고 생각한다. 상제는 인간의 모든 사고와 행위를 투명하게 들여다보고 심판하고 상벌을 내릴 수 있는 능력과 권능을 지니기 때문이다. 다산에게 상제는 단순히 윤리적 요청에 그치는 것이 아니라, 실존하는 존재이기도 하다. 다산은 윤리와 윤리교육의 궁극적 근거를 인격적 상제의 존재에 두고 있다. 여기서 상제의 존재를 어떻게 증명할 수 있느냐 하는 어려운 철학적 문제에 봉착하게 된다. 그리고 상제의 존재를 받아들이지 않는 사람에게는 어떻게 윤리교육을 실시할 것인가 하는 난문이 제기된다. 그러나 그 시대 대부분의 사람에게 상제의 존재는 가슴 속에 막연하게나마 어느 정도 받아들여지고 있었을 것으로

---

82) 정약용, 『中庸自箴』 권1, 5쪽, "君子處暗室之中, 戰戰栗栗, 不敢爲惡, 知其有上帝臨女也. 今以命性道教, 悉歸之於一理, 則理本無知, 亦無威能, 何所戒而慎之, 何所恐而懼之乎?"

보인다. 다산은 사람들의 가슴 깊은 곳에 있는 상제의 존재를 환기해서 윤리적 삶의 근원으로 삼고자 한 것으로 볼 수 있을 것이다.

3.『제경(弟經)』과 아동의 윤리

다산은 아동의 윤리와 관련하여『제경(弟經)』이라는 텍스트를 편찬하였다.『제경』은 그 저자가 다산의 아들인 것으로 간주하기도 하였다.[83] 다산의 아들이『제경』을 짓겠다고 편지를 올리자, 다산이 이에 대해서『제경』을 어떻게 지으면 좋은지 지침을 내린 서한이 있기 때문에 이를 근거로 이 책의 편저자가 다산의 아들로 여겨졌다. 그런데 황병기의 연구에 의하면 최근에 발견된 필사본『제경』(윤동옥씨 소장본)에는 '탁옹(籜翁) 음훈(音訓)' 이라고 되어 있다.[84] 탁옹은 정약용이 강진 유배 시절에 사용하던 호의 하나이나. 정약용이 음과 훈을 달았다는 의미이다. 발문을 쓴 사람은 다산의 제자인 이청인데, 이청은『제경』 이편(二篇)은 열수(洌水) 정선생이 편집한 것이라고 명기하고 있다. 다산은 유배지에서 인근의 아동을 모아서 가르치면서 이들을 교육할 적합한 교재의 필요성을 느꼈다. 그래서 지은 것이 자학서인『아학편』과, 아동용 윤리교육을 위해 편저한『제경(弟經)』이다.

기존에『소학』과 같은 아동용 윤리교육 교재가 있었음에도 왜 다산은『제경』을 새롭게 편찬하였을까?『소학』은 오륜과 관련되는 교훈적인 내

83)『弟經』의 저작자와 문헌에 대한 분석은, 황병기,「『제경(弟經)』의 체제 분석과 저작자 연구」(『다산과 현대』 01, 연세대 강진다산실학연구원, 2008년 12월, 369-391쪽) 참조.

84) 황병기,「『제경(弟經)』의 체제 분석과 저작자 연구」,『다산과 현대』 1, 연세대 강진다산실학연구원, 2008년 12월, 370쪽.

용을 중심으로 『예기』는 물론, 『효경』, 『논어』, 『맹자』 등 다양한 경전에서 인용하고 있다. 이에 비해서 『제경』은 『예기』의 「곡례」, 「내칙」, 「소의」, 「옥조」 편, 그리고 『소학』의 일부 조목 내용을 중심으로 편집하였다. 그런데 『예기』의 「곡례」, 「내칙」, 「소의」, 「옥조」 편의 내용도 사실상 『소학』에 이미 들어있는 내용이 대다수이다. 다산의 『제경』은 비록 편저이고 음과 훈을 단 것에 불과하지만, 『소학』과의 비교를 통해서 무엇을 빼고 무엇을 덧보태었는지를 살펴보면, 우리는 이를 통해서 다산의 윤리교육에 대한 견해를 밝힐 수 있을 것이다. 우선 다산이 자신의 두 아들에게 보낸 편지에서 밝힌 『제경』에 대한 언급을 살펴보자.

옛날에 안지(顔芝)는 『효경(孝經)』의 전(傳)을 내었고, 마융(馬融)은 『충경(忠經)』을 지었으며, 진덕수(眞德秀)는 『심경(心經)』을 편찬하였다. 너희들이 『제경(弟經)』을 지으려 하니, 매우 좋은 일이다. 그 문목(門目)은 정연하고 난잡하지 않아야 하므로, 시험 삼아 아래와 같이 열거해 보니, 다시 헤아려 보는 것이 좋을 것이다.

원본(原本) 제1. 예를 들면 '효제(孝悌)는 아마도 인(仁)을 행하는 근본일 것이다.' 라고 한 것과 같은 『논어』 · 『맹자』 · 『중용』 · 『대학』 · 『예기』 중에서 격언(格言) 10여 조항을 취하여 머리를 삼는다.

기거(起居) 제2. '아랫목에 앉지 않으며, 중문(中門)에 서지 않으며' '빨리 걷지 않고 천천히 가라.' 고 한 것과 같은 종류로 한다.

음식(飮食) 제3. '밥숟갈을 크게 뜨고 국을 마시지 않는다.' 라고 한 것과 같은 종류로 한다.

의복(衣服) 제4. '어린이는 비단으로 바지와 저고리를 해 입히지 않는다.' 라고 한 것과 같은 종류로 한다.

언어(言語) 제5. '남의 말을 표절하지 말라.' 는 것과 같은 종류로 한다.

시청(視聽) 제6. '남의 은밀한 곳을 엿보지 말며' '소리가 없는 곳에서도 듣는다.' 라는 것과 같은 종류로 한다.

집사(執事) 제7. '자리를 받들고 어느 곳으로 향할 것인지 여쭈며' '궤장(几杖)을 올리고 궁시(弓矢)를 올린다.' 는 것과 같은 종류로 한다.

추공(推功) 제8. '공경〔弟〕이 사냥〔獀狩〕에 까지 통하였다.' '농부가 밭이랑을 양보한다.' 는 것과 같은 종류와 양로(養老) · 향음주(鄕飮酒) 등의 종류로 한다.

경서(經書)나 예문 중에서, 12조에 해당되는 성인들의 말씀을 뽑아 윗부분에 기록하고, 그 아랫부분에는 『소학』 · 『명신록』 · 『십칠사(十七史)』 등에 있는 효자들의 훌륭한 전기(傳記)와 정한봉(鄭漢奉)의 『일찬(日纂)』과 『퇴계언행록(退溪言行錄)』 · 『해동명신록(海東名臣錄)』 · 『조야수언(朝野粹言)』 중에서 공경〔弟〕에 절실한 가언(嘉言) · 선행(善行)의 글을 절요(節要)해서 다시 12조항을 만들어 그 아랫부분에 기록하도록 한다.[85]

다산이 스스로 제시한 문목과 그 체계는 다르지만, 현존 『제경』에도 그 내용상으로 보면 아동이 일상생활에서 배워고 지켜야 할 행동 규범을 담고 있다. 즉 기거, 음식, 의복, 언어, 시청(보고 듣는 것), 집사(執事) 등의 내용이 실려 있어서 비록 형식은 다르고 규모는 작지만 사실상 문목과 내용에 있어서는 크게 다르지 않다고 볼 수 있다.[86] 『제경』은 부모에 대한 효, 스승에 대한 예의, 어른에게 지켜야 할 규범을 포함하여 생활상에 지켜야 일상적 행동 규범을 포괄하고 있다.

『소학』은 『효경』의 내용을 많이 인용하고 있는데, 『효경』은 효라는 덕

---

85) 정약용, 『국역 다산시문집 IX』 28~29, 민족문화추진회, 1986.

86) 장승구, 「다산 정약용의 권학사상」, 율곡학회, 『율곡사상연구』 제21집, 2010년 12월, 377쪽 참고.

목을 다분히 이데올로기화하고 있는 대목이 많다. 이에 비해서『제경』은 효와 관련된 내용도 많이 있긴 하지만『효경』에 비해서는 효를 이데올로기화하는 부분이 적고, 실생활과 관련하여 부모에게 행해야 할 구체적 예절을 위주로 하고 있다.

『제경』은『소학』에 비해 양적으로도 간결할 뿐만 아니라 과도하게 효를 이념화 · 교조화 · 절대화하는 내용이 상당히 빠져있고, 아동에게 무리가 되지 않는 합리적 수준에서 실천할 수 있는 행위 규범을 담고 있다. 다산은『소학』의 내용 가운데는 아동을 대상으로 하는 교재로는 부적절한 부분이 들어가 있다고 비판하였다. 예컨대『소학』에는 태교에 관한 내용도 있는데 태교는 아이를 가지려는 성인에게 필요한 내용이지, 아동이 배워야 할 교육 내용은 아니다. 또한『소학』에는 맹모삼천과 같은 교훈적인 내용이 들어가 있는데 다산은 이 이야기는 역사적 사실과 다른 것임을 지적한다. 아무리 교육적인 의도에서 만들어진 이야기라고 하더라도 역사적 사실과 다른 것을 아동에게 가르칠 필요는 없다고 여긴다. 또한 지극한 효자의 예로서 등장하는 진(晋) 왕상(王祥)의 효행 이야기[87]와 같은 신비적 고사에 대해 다산은 그다지 호의적으로 생각하지 않았다. 이처럼 다산이 기존의『소학』에서 문제가 있다고 여기는 부분이『제경』에서는 빠져있다.

또한『소학』에는 아동만이 아니라 성인을 대상으로 하는 내용도 있고, 아동에게는 이해가 어려운 도덕원리에 대한 것도 있다. 그러나『제경』은 순수하게 아동 수준에 눈높이를 맞추어 편집하였다.『소학』에는 어려서

87) 예컨대 왕상의 어머니가 겨울철에 물고기를 싫어하니 왕상이 얼음을 깨고 고기를 잡으려고 하는데 갑자기 얼음이 저절로 풀리면서 잉어가 뛰어나왔다는 고사가 있고, 또한 왕상의 어머니가 참새 구운 것을 드시고 싶어하니 갑자기 수십 마리의 참새가 왕상이 쳐 놓은 장막 속으로 날아들어서 그것을 가지고 어머니를 봉양했다는 이야기가『소학』의「선행편」에 나온다.

부터 70세까지의 일이 기록되어 있으나, 『제경』에는 남자의 경우는 13세까지 여자도 15세 미만까지의 일만을 적고 있어서 이 책 독자의 연령대에 맞추고 있다. 또한 『소학』의 명륜에는 부자유친, 군신유의, 부부유별, 장유유서, 붕우유신 다섯 조목에 대해 설명하지만, 『제경』에는 부자유친과 장유유서에 대한 내용이 다수이고, 남녀의 역할에 대한 내용이 일부 있다. 이것은 아동 대상이기 때문에 군신에 대한 내용을 포함하지 않았다고 볼 수 있다. 김영호는 『제경』에 대해 "인간의 상하관계를 중심으로 종적인 측면에서 접근한 윤리론이라기보다 평등적인 교우관계를 중심으로 횡적인 측면에서 접근한 윤리론으로서 다산의 평등사상을 엿보게 하는 귀중한 자료이다."[88]라고 하였는데 이것은 사실과 다르다. 『제경』도 인간관계에서 횡적이라기보다는 종적인 측면의 내용이 위주를 이루고 있음을 부인할 수 없다. 『제경』은 다산이 어려운 단어에 대해 음과 훈을 달긴 하였지만 편집서로서의 한계가 있다. 다음은 『제경』의 내용 구성을 차례에 따라 간략히 살펴보도록 한다.

「곡례」는 자식으로서 부모를 섬기는 예절, 선생에 대한 예절, 어른에 대한 예절, 남녀 간의 예절, 식사 예절 등으로 구성되어 있다. 「옥조」에서는 부모에 대한 예절, 일반적 예절 등을 다루고, 「소의」에서는 어른에 대한 예절, 일반적 예절 등을 다루고 있다. 「내칙」에서는 대부분 부모를 섬기는 예절이 주를 이루고 있고, 그다음에는 생애에 걸려서 연차에 따라 해야 할 일에 대한 내용, 남녀 간의 예절 등을 다루고 있다.

이처럼 『제경』은 실생활에서 행사와 관련된 것에 초점을 두고 있다. 기거, 언어, 음식, 의복 등 실생활과 밀접한 내용을 위주로 하고 있다. 다산은 인의예지의 덕이 선험적으로 존재하는 것이 아니라, 일상에서의 행사

88) 김영호, 「해제」(『여유당전서보유』 제2권, 경인문화사, 1975), 3-4쪽.

즉 실천을 통해서 얻어지는 것이고[89], 수양 또한 행사를 통해서 이루어져야 한다는 사실을 강조하였다.[90] 이렇게 본다면 행사 중심의 다산 윤리 사상이 『제경』 편찬에서도 어느 정도 반영되었다고 볼 수 있을 것이다.

4. 성인의 윤리 – 서(恕)의 원리와 마음 수양의 문제

아동들에게는 일상에서 행위 중심의 생활 예절을 가르치는 것이 효과적이고 중요하지만, 나이가 들어 성인이 되면 윤리적 원리를 이해하고 적용하는 교육이 필요하다. 다산은 유교의 윤리적 원리를 무엇이라고 인식하였을까?

사서(四書)는 유교 윤리의 핵심적 내용을 담고 있다. 그런데 사서의 의미 해석을 둘러싸고 다산은 주자와 견해를 달리하였다. 다산은 주자의 해석을 절대시하지 않고, 독자적으로 새로운 해석을 추구하였다. 그리하여 『논어고금주』, 『맹자요의』, 『대학강의』, 『대학공의』, 『중용강의보』, 『중용자잠』 등을 저술하였다. 『논어』, 『맹자』, 『대학』, 『중용』은 서로 저자가 다른 텍스트이지만, 다산은 이들 텍스트에는 공통되고 일관된 원리가 내재해 있다고 본다. 다산에 따르면 이러한 원리를 공자는 『논어』에서 "오도일이관지(吾道一以貫之)"라고 하였고, 『대학』에서는 "혈구지도(絜矩之道)"라고 하였고, 맹자는 "만물개비어아(萬物皆備於我)"라 하였고, 중용에서는 "충서위도불원(忠恕違道不遠)"이라고 하였다.

공자는 자신의 도가 하나의 통일된 원리로 수렴된다고 하였다. '일이

89) 정약용, 『孟子要義』 권1, 22쪽, "鏞案: 仁義禮智之名, 成於行事之後. 故愛人而後謂之仁, 愛人之先仁之名未立也. ……" 참조.

90) 정약용, 『大學公議』 권1, 13쪽, "先聖之治心繕性, 每在於行事. 行事不外於人倫." 참조..

관지(一以貫之)' 즉 하나의 통일된 원리는 서(恕), 또는 충서(忠恕)라고 하였다. '일이관지' 의 의미에 대해서 성리학에 오면 상당히 추상적인 형이상학적 해석을 하고 있지만, 다산은 이것을 윤리적 실천 원리로 이해한다. 『대학』에서는 이를 '혈구지도' 로 표현한다.

> 윗사람에게 싫어하는 바로써 아랫사람을 부리지 말며, 아랫사람에게 싫어하는 바로써 윗사람을 섬기지 말며, 앞사람에게 싫어하는 바로써 뒷사람에게 먼저 하지 말며, 뒷사람에게 싫어하는 바로써 앞사람을 따르지 말며, 오른쪽 사람에게 싫어하는 바로써 왼쪽 사람을 사귀지 말며, 왼쪽 사람에게 싫어하는 바로써 오른쪽 사람을 사귀지 말라. 이것을 일러서 혈구지도(絜矩之道)라고 한다.[91]

맹자는 "만물개비어아(萬物皆備於我)" 즉 만물이 모두 나에게 갖추어져 있다고 하였는데, 다산은 이 명제를 다음과 같이 해석한다.[92] 즉 내가 내 감정을 미루어서 타인의 마음을 헤아릴 수 있다는 것이다. 내 마음이나 타인의 마음이 기본적으로 유사하므로 타인의 마음을 미루어 헤아려서 내가 싫어하는 것을 타인에게 강요해서는 안 되고, 내가 좋아하는 바는 타인도 좋아하므로 타인이 이룰 수 있도록 도와주어야 한다는 것이다.

일이관지의 원리로서의 '서' 는 모두 모든 인간은 평등하고 존엄한 인격을 지녔다는 것을 전제한다. 평등하고 존엄한 인격을 지닌 인간은 서로를 도구가 아니라 목적으로 대해야 한다. 그러므로 자기가 싫어하는 것을 타인에게 강요해서는 안 된다. 도리어 내가 바라는 것을 타인이 이루도록

---

91) 『大學』 傳十章, "所惡於上, 毋以使下; 所惡於下, 毋以事上; 所惡於前, 毋以先後; 所惡於後, 毋以從前; 所惡於右, 毋以交於左; 所惡於左, 毋以交於右. 此之謂絜矩之道."

92) 정약용, 『孟子要義』 권2, 39-40쪽 참조.

적극적으로 도와주고 배려해야 한다. 이러한 상호 합리성이야말로 모든 인간관계에서 적용되어야 한다. 이것을 공자는 '서' 또는 '충서' 라고 하였다. 주자는 충서를 충과 서로 나누어 충은 "진기지위충(盡己之謂忠)" 서는 "추기지위서(推己之謂恕)" 로 구분하지만, 다산은 충서란 실심으로 서를 행하는 것으로 이해한다.[93] 유교의 최고 덕목인 인이란 충서를 통해서 구현되는 것이므로, 충서와 인은 결코 둘이 아니다. 이러한 근본적 도덕 원칙을 이해한다면 모든 사회생활에서 성숙하고 인격적인 도덕적 삶을 실천할 수 있을 것이다. 아동 단계에서는 일상에서 행위 중심으로 예절교육이 중시되지만, 성장하여 아동 단계를 벗어나게 되면 충서와 같은 상호 합리적 도덕원리를 이해하는 것이 윤리교육의 핵심적 과제가 된다. 이 원리를 이해하게 되면 이 원리를 응용하여 사회생활에서 합리적이고 성숙한 대인 관계를 맺고 차원 높은 도덕성을 구현할 수 있기 때문이다.

다산은 후기에 가면 마음의 은밀한 내면에서의 선악 갈등 문제에 깊은 관심을 두고, 마음을 어떻게 다스릴까에 대해 고민하였다. 이 문제는 다산의 저작 가운데서도 특히 『중용자잠』과 『심경밀험』에 주로 나타난다. 선악은 행동으로 드러나기 이전에 마음에서 처음 발아된다. 따라서 마음을 어떻게 닦고 수양하느냐 하는 문제가 긴요하게 된다. 여기서 신독이 중요한 주제로 부각된다. 인간은 마음속에서 부단히 선과 악 사이에서 갈등을 겪는 구조를 피할 수가 없다. 한편에서는 천명지성이 요구하는 도덕적 삶의 요구와 다른 한편에서는 인욕이 추구하는 이기적 욕망 사이에서 치열한 갈등을 겪는다. 이것을 다산은 '영명의 기호' 와 '형구의 기호' 사이의 갈등으로도 지칭한다. 즉 영혼이 좋아하는 바와 육신이 좋아하는바 사이에서 도덕적 갈등을 겪는다. 여기서 도심의 소리는 곧 상제의 목소리

93) 정약용, 『大學公議 · 大學講義 · 小學枝言 · 心經密驗』, 이광호 외 역, 사암, 2016, 506쪽. "惟實心行恕者謂之忠恕."

이기도 하다. 천 즉 상제는 도심을 통하여 인간에게 도덕적 메시지를 건넨다.

> 하늘의 목구멍과 혀는 도심에 붙어 있다. 도심이 경고하는 바는 하늘이 명령하고 경계하는 바이다. 다른 사람은 못 들어도 나는 홀로 듣는데 (하늘의 소리는) 더할 나위 없이 상세하고 엄하여 고하는 것 같기도 하고 훈계하는 것 같기도 하다. 간곡하게 타이를 뿐이겠는가! 일이 착하지 않으면 도심은 부끄러이 여긴다. 부끄러움이 발하는 것은 천명이 간곡히 타이름이다. 행동에 착하지 못함이 있으면 도심은 후회한다. 후회하는 마음이 발하는 것은 천명이 간곡히 타이름이다. …… 천명을 본심(本心)에서 구하는 것은 성인이 하늘을 밝게 섬기는 학문이다.[94]

도심을 통한 하늘의 목소리는 개인의 내면적 양심 속에서 너무나 밝고 분명한데 때론 타이르고 때론 엄하기도 하다. 천의 목소리로서의 도심을 중시하는 관점에서 보면 다산의 도덕은 내면 지향성도 지니고 있다. 상제의 존재를 계신공구하는 자세, 그리고 홀로 아는 것에 대해서도 삼가는 신독은 마음 중심 윤리에서 매우 중요한 수양의 과제이다.

> 하늘의 영명함은 사람의 마음에 곧바로 통한다. 아무리 은미한 것도 살피지 못하는 것이 없고, 아무리 작은 것이라도 밝히지 않음이 없다. 이 방에 밝게 임하여 날마다 여기를 내려본다. 이것을 안다면 아무리 대담한 사람이라고 하더

---

94) 정약용, 『中庸自箴』 권1, 3-4쪽, "天之喉舌, 寄在道心. 道心之所儆告, 皇天之所命戒也. 人所不聞, 而已獨諦聽, 莫詳莫嚴, 如詔如誨. 奚但諄諄已乎! 事之不善, 道心愧之. 愧怍之發, 諄諄乎天命也. 行有不善, 道心悔之. 悔恨之發, 諄諄乎天命也. …… 求天命於本心者, 聖人昭事之學也."

라도 계신 · 공구하지 않을 수 없다.[95]

'보이지 않는 것' 을 삼가하고 '들리지 않는 것' 을 두려워한다고 하는데 '보이지 않는 것' '들리지 않는 것' 의 의미에 대해서 다산은 주자와 다른 해석을 한다. 다산에 의하면 여기서 '보이지 않는 것' 이란 하늘 즉 상제의 체이고, '들리지 않는 것' 은 하늘 즉 상제의 소리이다.[96] 상제의 존재는 감각적 눈과 귀에는 보이지 않고 들리지 않지만, 마음의 귀로 목소리를 들을 수 있다. 그러므로 보이지 않고 들리지 않는다 하더라도 두려워하지 않으면 안 된다. 세상 사람이 다 모르고 나 혼자서만 아는 것이라고 하더라도 삼가야 한다. 이러한 계신공구와 신독의 수양이 뒷받침되어야 우리 인간은 자연스럽게 도심을 상제의 명령으로 알고 기꺼이 따를 수 있게 된다. 다산에 있어서 상제는 기적을 행하는 신비의 신이라기보다는 도심을 통해서 올바른 삶을 안내하는 윤리적 존재로서의 의미가 강하다.

윤리적 존재로서의 상제에 대한 올바른 이해가 윤리교육의 측면에서도 매우 중요한 것이다. 상제의 존재를 이해하고 수용하게 되면 우리는 도심의 명을 좀 더 자연스럽게 따라서 윤리적 삶을 실천할 수 있기 때문이다. 다산은 아마도 우리 인간은 누구나 마음 깊은 곳에서 상제의 목소리를 들을 수 있다고 여기는 것으로 보인다. 상제는 우리에게 선을 좋아하고 악을 부끄러워하는 본성을 부여하고 인간의 마음을 늘 내려다보고 대화하는 존재이다. 이러한 상제의 존재를 올바르게 아는 것이야말로 진정한 윤리교육에서 핵심적 위치를 차지한다고 할 수 있을 것이다.

---

95) 정약용, 『中庸自箴』 권1, 5쪽, "天之靈明, 直通人心. 無隱不察, 無微不燭. 照臨此室, 日監在玆. 人苟知此, 雖有大膽者, 不能不戒愼恐懼矣."

96) 정약용, 『中庸自箴』 권1, 4쪽, "箴曰: 所不睹者何也, 天之體也. 所不聞者何也, 天之聲也." 참조.

주자는 『대학』의 격물치지에 대한 해석을 통해 올바른 행위를 위해서는 먼저 의리의 규범에 대한 탐구와 인식이 선행되어야 한다고 보았다. 즉 선지후행론이다. 따라서 주자에게는 도덕적 실천에 있어서 격물치지가 매우 중요한 과제이다. 주자의 격물치지론에 의하면 올바른 실천을 위해서는 천지자연과 천하 만물 그리고 고금의 역사와 인물에 대해서 폭넓게 연구하여 그것의 원리를 인식할 필요가 있다. 다산은 천하 만물을 연구하는 것이 유한한 생명과 능력을 가진 인간으로서 가능하지도 않을 뿐만 아니라, 그러한 탐구가 도덕적 삶을 위해 반드시 필요한 것도 아니라는 입장이다.[97)]

다산은 격물치지의 의미를 주자와 다르게 해석한다. 격물의 물이란 성의 · 정심 · 수신 · 제가 · 치국 · 평천하에서 뜻, 마음, 몸, 가정, 나라, 천하를 지칭하는 것이고, 격물은 이것들(의 실천 순서를)을 헤아리는 것이다. 치지란 성의 · 정심 · 수신 · 제가 · 치국 · 평천하 실천의 우선순위를 아는 것이라고 해석한다.[98)] 다산은 격물치지보다는 성의(誠意)가 더욱 근본적이라고 인식한다. 물 즉 뜻, 마음, 몸, 가정, 나라, 천하의 시작이면서 끝이 성이라고〔誠者物之終始〕하여 성(의)을 중시하였다.[99)]

이상에서 보듯이 다산에 따르면 올바른 삶을 위해서는 유교 윤리의 핵심 원리인 서(恕)에 대한 올바른 이해와 함께 윤리의 궁극적 원천이자 근거인 상제에 대한 신독과 계신공구의 마음 수양이 필요하다. 또한 신독을 통해서 마음을 거짓 없이 진실 되게 하는 성의에 도달하여 일상에서 만나는 모든 사람을 성의로 대하고 모든 일을 성의로 대처하도록 하여야 한다.

---

97) 다산의 주자 격물치지론에 대한 비판적 입장은, 『大學公議』 권1, 20쪽 참조.

98) 정약용, 『大學公議』 권1, 15쪽, "極知其所先後, 則致知也. 度物之有本末, 則格物也." 참조.

99) 정약용, 『大學公議』 권1, 15쪽, "誠之爲物, 貫徹始終. 誠以誠意, 誠以正心, 誠以修身, 誠以治家國, 誠以平天下. 故中庸曰誠者物之終始也." 참조.

이것은 최소 윤리의 범위를 넘어서는 것이며, 높은 윤리적 이상을 위해서는 평생을 두고 지속적으로 수행이 이루어져야 함을 의미하는 것이다.

5. 목민관과 공동체의 윤리

조선시대에는 교육 또는 윤리교육은 교육 전문가의 문제일 뿐만 아니라, 지역 공동체를 다스리는 목민관의 주요 임무이기도 하다. 다산의 『목민심서』에 의하면 목민관이 일정 지역을 다스림에 있어서 경제적 · 행정적 · 법률적인 것뿐만이 아니라, 지역민에 대한 교육 특히 윤리교육도 중요한 과제이다. 지역민을 위한 윤리교육의 방법 중에 핵심적인 것은 향약을 통한 교육이다. 다산에 의하면 목민관은 여씨향약(呂氏鄕約), 진씨향약(陳氏鄕約), 주자방유문(朱子榜諭文), 『오륜행실도(五倫行實圖)』 등을 참고하여 그 가운데서 아름다운 행실 수십 가지를 가려 뽑아서 책을 한 권 만들어서 우리말로 수십 부를 베껴서 여러 면에 반포하고, 각 면에서 젊은이 백여 명을 선발하여 농한기에 열흘에 한 번씩 강송하게 하고 나아가 다른 사람에게 권유해서 깨우치게 해야 한다고 보았다. 그리고 향약에서 금계(禁戒)하는 조목을 많이 범하면 벌로써 책망하고 범죄자가 적으면 상으로 장려한다. 또한 목민관은 효자와 순손, 화목한 행실이 있는 사람은 포상하고, 불효하고 우애가 없고 상습적으로 악한 사람은 근절시키는 정치를 해야 한다고 다산은 말한다.[100)]

그러나 향약의 시행 과정에서 실제로는 많은 부작용이 있음을 주목하고, 이러한 문제를 피하기 위해서는 신중하게 시행해야 한다고 다산은 생

100) 정약용, 『국역 목민심서4』, 다산연구회 역주, 창작과 비평사, 1984, 14-15쪽 참조.

각하였다. 다산이 가장 우려하는 것은 토호나 간사한 사람이 향약의 권한을 장악하고 좌지우지하면서 주민을 선도하기는커녕 괴롭히는 것이다. 향약 시행의 잘못된 사례를 다산은 다음과 같이 거론한다.

> 수령으로 뜻은 높으나 재주가 엉성한 자는 반드시 향약을 실행하는 데 이 경우에 향약의 해가 도둑보다 더 심하다. 토호와 향족이 집강에 임명되어 스스로 약장이나 혹은 헌장이라 칭하고, 그 아래 공원(公員) · 직월(直月) 등 명목을 두어서 향권을 제 마음대로 휘둘러 백성을 위협 · 공갈하여 술을 토색하고 곡식을 징수하는 데, 그들의 요구는 끝이 없다. 백성들의 드러나지 않는 허물을 적발하여 뇌물을 받고 보답을 요구해서, 나가서는 이르는 곳마다 술과 고기가 질펀하고 집에서는 송사를 처리한다고 소란스러우며, 부역은 어리석은 백성에게 떠맡기고 농사는 그들을 끌어다 짓는다. 수령은 또 송첩(訟牒)을 향약에 위임하여 그에게 조사 · 보고케 하니, 세력을 믿고 작간(作奸)하는 것이 끝이 없다. …… 이루 미루어 말한다면 향약은 가볍게 논의할 수 없는 것이요, 깊이 강구하고 곰곰이 생각해야만 실행할 수 있는 것이다.[101)]

조선시대는 유교를 국교로 하였던 만큼 유교 이념에 부합하는 효자, 열녀, 충신에 대해서 국가적으로나 사회적으로 많이 표창하였다. 그런데 조선 후기로 오면서 유교의 충 · 효 · 열이 이데올로기화되면서 그것을 빙자해서 국가로부터 부당하게 명예와 이익을 취하는 사람이 적지 않았다. 즉 유교 도덕을 이용해서 자신을 드러내고 이익을 취하는 비도덕적 행동이 만연하였던 것이다. 목민관이 이러한 사이비 효자, 사이비 열녀, 사이비 충신을 함부로 미화하거나 표창하여 백성들의 과격한 행동을 권장해서는

---

101) 정약용, 『국역 목민심서4』, 다산연구회 역주, 창작과 비평사, 1984, 12-13쪽.

안 된다고 다산은 강조한다. 함부로 표창해서는 안 되는 효자의 사례는 다음과 같은 것이 있다.

효라는 것은 인륜의 지극한 것이다. 그러나 평소에 유순한 모습과 부드러운 낯빛으로 우선 부모의 뜻을 받든다는 생각을 가지고서 부모의 마음을 봉양하는 것은 한 고을에 드러날 수 없다고 해서 손가락을 자르거나 허벅지 살을 베어서 처참한 절의를 만드는 자가 많다. 비록 그 뛰어난 행동은 사람마다 따를 수 없지만, 대저 손가락을 자르고 허벅지 살을 베는 것은 순임금과 증자가 행한 바가 아니요, 주공과 공자가 말한 바도 아니며 구경(九經)이 남긴 글에서도 고증할 바가 없는 것이다. 군자는 이런 일에 진실로 조심스러워 말하기 어려운 것이다. 참새가 저절로 줄에 걸리고 잉어가 얼음 밖으로 뛰어오르는 상서와 죽순이 솟아오르고 잣나무가 마르는 이적은 지성이 하늘에 다다른 것이라 천 년에 한 번 있는 기적인데 오늘날 집안에서 서장(書狀)을 짓고 고을에서 첩문(牒文)을 지을 때 모두 이런 얘기가 들어 있으니 나는 아마도 하늘이 기적을 내림이 이같이 많지는 않을 것으로 생각한다. 아주 조금이라도 그 가운데 허위를 감추고 있을 것 같으면 지극히 선한 것을 차지하려고 꾀한 일이 도리어 큰 죄악으로 돌아갈 것이니, 이 또한 사람의 자손으로서 마땅히 삼가야 할 바이다.[102)]

부모를 위한다고 손가락을 자르거나 허벅지 살을 베는 자해 행위 또는 효도의 기적을 조작하는 것은 바람직하지 않고 합리적이지 않으므로 함부로 표창해서는 안 된다고 보았다. 열녀 표창의 잘못된 사례에 대해서도 다산은 다음과 같은 예를 들고 있다.

---

102) 정약용, 『국역 목민심서4』, 다산연구회 역주, 창작과 비평사, 1984, 37-38쪽.

열녀의 정표 또한 헤아려서 합당하게 할 것이다. 혹 도적이나 오랑캐가 그 몸을 겁탈하려고 닥쳐 몸이 더럽혀지게 될 지경이면 죽음이 본시 당연하다. 만약 젊어서 지아비를 여의고 부끄럽고 한스러움을 감당하지 못해 스스로 목을 매거나 독약을 마셔서 편협한 성질대로 한 경우에는 결단코 기리고 장려해서는 아니 될 것이니 그 실정을 자세히 탐지할 것이다. 혹 시부모가 그 박복한 것을 나무란 것에 말미암았거나 혹은 시아주버니가 그 병의 빌미를 의심하여 한마디 마음을 건드린 말이 자살을 결의한 원인이 되었거나 혹은 감정이 예민하여 슬픔과 한이 더욱 절박하여 길게 내다보지 못한 따위들은 모두 그 명예를 널리 퍼뜨릴 필요가 없다. 오직 슬픔을 머금고 아픔을 참으면서 시부모를 잘 봉양하고 어린 자식을 길러냄으로써 시집의 가문을 지키는 것이야말로 지극한 행실이다. 그것이 비록 사람을 놀라게 한 절개는 없지마는 수령은 마땅히 그 숨은 빛을 드러나게 하여서 풍성(風聲)을 세울 것이다.[103]

이상에서 보듯이 다산은 젊은 과부가 스스로 자진했다고 해서 그 진실을 따져보지 않고 무조건 열녀로 칭송하고 장려해서는 안 된다고 주장한다. 허위로 국가유공자 공적을 조작해서 국가로부터 보훈 혜택을 받는 사람이 지금도 가끔 있는데 조선시대에도 이런 일이 드물지 않게 발생하였다. 다산은 나라에 대한 충을 빙자한 다음과 같은 위선의 사례를 들어 경계를 당부한다.

의병으로 나갔다가 조그만 공도 못 세운 채 창칼에 죽어 그 풍절이 뛰어난 자의 경우 당시 대신과 관찰사가 모두 조정에 알렸다. 지금 수백 년이 지난 뒤에 추가해서 사실을 조작하고 사적을 꾸며서 위에 전달하려고 꾀하는 경우는

---

103) 정약용, 『국역 목민심서4』, 다산연구회 역주, 창작과 비평사, 1984, 38-39쪽.

대부분 그대로 믿어서는 아니 된다. 이런 경우에는 비록 내 속마음을 드러낼 필요는 없으나 마땅히 십분 따지고 시간을 미루어서 임금을 속이는 죄에 빠지지 않도록 하는 것이 좋을 것이다.[104]

목민관은 다스리는 관할 주민의 도덕성을 고양하기 위해서 도덕적인 사람들을 발굴하고 표창하는 데 힘써야 하는 의무를 다산은 강조한다. 그러나 세속에서 유교 도덕을 실천한 사람으로 칭송하는 사람을 무턱대고 표창해서는 안 되고 진실을 제대로 가려서 사이비와 참된 덕행을 잘 변별할 필요가 있음을 역설한다. 목민관은 지역 공동체 주민의 도덕성 함양을 위해서 향약의 보급과 시행을 위해 노력해야 하지만, 향약의 시행 과정에서 나타나는 부작용에 대해서도 유의해야 하며, 유교 도덕을 빙자하여 개인과 가문의 이익을 도모하는 부도덕한 위선에 대해서도 경계하여야 한다고 보았다.

6. 맺음말

다산은 아동을 위한 적절한 윤리교육의 교재가 필요하다고 여겨서 『제경』을 편찬하였다. 이 저서를 통해 다산은 생활 중심 · 행위 중심의 실용적 아동 윤리교육의 텍스트를 구성하고자 하였다. 또한 다산은 사서(四書)의 새로운 해석을 통해서 유교 윤리의 원리를 '서(恕)'의 관점에서 설명하고, 원리 중심의 윤리론을 제기한다. 그리고 『중용자잠』 · 『심경밀험』에서는 내면적 마음에서 상제와의 인격적 관계를 중시하는 마음 중심의 윤

104) 정약용, 『국역 목민심서4』, 다산연구회 역주, 창작과 비평사, 1984, 39쪽.

리론을 전개해 보여주고 있다. 다산은 인간의 마음이 선하고 진실 되기 위해서는 상제의 존재를 믿고 경외하는 계신공구와 신독이 중요하다고 인식하였다. 다산의 윤리론은 크게 보면 행위 중심 · 원리 중심 · 마음 중심의 세 가지 층위로 구성되어 있다고 할 수 있다. 그리고 다산은 지역 공동체의 도덕성 함양을 위한 목민관의 적극적 역할도 강조하였다. 다산은 윤리와 관련하여 당대의 잘못된 세태 풍속을 비판하였다. 다산이 비판하였던 잘못된 세태의 하나는 효자 · 충 · 열녀에 대한 국가의 표창을 악용하여 사이비들이 자신들의 이익을 위해 선행을 조작하는 것이다. 다산은 윤리를 악용하는 비윤리적 관행을 바로잡고 윤리의 본래적 가치를 회복하고 진정한 도덕적 공동체를 만들기 위하여 노력하였다. 그리고 윤리의 궁극적 근거와 기초를 형이상학적 태극이 아니라 인격적 상제의 존재에서 찾고자 하였다. 이것은 상제의 존재를 받아들이지 못하는 사람들에게는 설득력에 한계가 있다는 문제를 남긴다.

5부

생사관과 인생의 기술

"

살아서는 인간의 도리를 다하고
죽어서는 천지의 품에서 편안히 쉰다.

"

제11장

유교의 삶과 죽음에 대한 이해

1. 들어가는 말

유교는 한국과 중국, 일본, 베트남을 비롯한 동아시아 지역의 문화에 지대한 영향을 미쳤다. 삶과 죽음을 바라보는 시각과 관점에도 많은 영향을 미쳤다. 한국의 전통문화에서 유교는 불교와 함께 삶의 방식과 사생관에 가장 많은 영향을 끼쳤다. 특히 조선시대 500여 년간 유교적 가치관이 한국인의 생활 전반에 큰 영향을 미치면서 삶과 죽음을 바라보는 관점에도 상당한 영향을 주었다.

유대인에게 탈무드가 있다면 동아시아인들에게는 유교 고전이 있어서 동아시아인의 사상과 의식의 형성에 큰 영향을 끼쳐왔다. 유교는 공자가 체계화하였지만, 공자 이전에도 유교적 문화와 가르침은 존재하였다. 공자는 그것을 학문적 수준에서 의식적으로 체계화하였고, 맹자와 순자 등 후학은 공자의 가르침을 더욱 정교하게 발전시켜 나갔다. 유교는 "인간이 어떻게 살아야 하는가?"라는 실존적 화두에 대한 응답이다. 유교는 삶의 문제를 본격적으로 다루고 있으며, 삶의 기술을 고도로 발전시킨 삶의 지혜 학문이다. 그뿐만 아니라 죽음에 대한 인식과 태도에도 많은 관심을 보여주고 있다. 유교는 다른 종교와 사상에 비해서 사자에 대한 애도와 추모를 강조한다. 이러한 유교에서 삶과 죽음의 문제를 어떻게 이해하고 있는지, 그것이 현대인에게 주는 의미는 무엇인지를 성찰할 필요가 있다.

유교에서의 삶과 죽음 문제와 관련된 기존 연구는, 유교의 상례와 제례를 위주로 하는 연구, 불교나 기독교와 유교의 생사관을 비교하는 연구, 서구 철학의 생사관과 비교하는 경우 등으로 나누어 볼 수 있다. 기존 연구에서는 생사관이라고 하지만 실제로는 죽음의 문제를 주로 다루고 상대적으로 삶의 문제에 대한 설명은 부족한 한계가 있다. 우리는 이 글에서 유교에서 바라보는 삶이란 무엇인지? 유교에서 바라보는 죽음이란 무엇인지? 그리고 유교 생사관의 특성과 의의는 무엇인지를 종합적으로 살펴보고, 유교 생사관의 현대적 의미를 음미해 보도록 한다.

2. 유교의 삶에 대한 이해

1) 삶의 터전으로서의 가정

유교에서 인간은 가정에서 태어나고 성장하여 성인이 되고 결혼하고, 또한 늙어가며 가족이 보는 가운데 세상을 떠나고, 죽어서도 가족으로부터 애도와 추모를 받는다. 유교에서 삶이란 가정이란 터전을 떠나서 설명할 수 없다. 유교에서 가정이란 삶의 의미를 찾게 해주는 가장 중요한 원천이다. 가정은 하나의 작은 세계이고, 천지의 축소판이다. 이 세계와 천하도 가정과 유비적으로 이해된다.[1] 우리가 태어나서 가정에서 처음으로 만나는 사람이 곧 부모와 형제 등 가족이다. 이러한 가족 간의 사랑이 유교적 가치 체계에서 가장 기본적이면서 가장 소중한 가치이다. 가정은 의식주의 생존 문제를 해결하는 것뿐만 아니라, 도덕적 규범과 정신적 가치를 배우고 익히는 교육의 장이기도 하다. 그뿐만 아니라 가정은 종교 공동체이기도 하다. 유교에서 가장은 제사장이고 조상은 신앙의 대상이고 가족과 후손은 신도이기 때문이다. 이처럼 유교에서 가정은 삶의 불가결한 기반이고, 생명의 연속성을 이어가는 가족공동체의 중심이다. 그래서 유교에서는 자식의 부모(조상)에 대한 효, 부모의 자식에 대한 사랑(慈), 형제간의 우애인 제(弟)를 무엇보다 중요한 가치로 여긴다.

2) 인간다운 삶을 위한 예와 도덕

인간은 누구나 자연적으로 감정을 지닌다. 유교에서는 인간의 감정을 크게 기쁨, 노여움, 슬픔, 두려움, 사랑함, 미워함, 욕망함 등 7가지로 분석한다.[2)] 이러한 감정 자체가 나쁘다고 보지는 않는다. 그러나 이러한 감정이 지나치거나 부적절하게 표출되면 주변 사람에게 고통을 초래할 수 있다. 유교는 인간이 관계적 존재라는 사실을 중시한다. 삶은 인간관계의 네트워크 속에서 이루어진다. 그러므로 관계의 네트워크에 인접해 있는 주위 사람에게 고통을 주지 않기 위해서는 감정은 적절한 정도에서 절제해야 한다. 그래서 예가 중요하다. 예는 감정과 욕망을 적절한 선에서 한도 지워주는 기준이다. 인간의 삶은 동물과 달리 자연적 본능이 아니라 도덕적 · 문화적 예의 규범을 따를 때 사회적 질서가 유지될 수 있다. 유교는 다른 가치보다 질서와 조화를 중시한다. 인간 사회의 질서와 조화를

1) 예컨대 장재(張載)의 「서명(西銘)」에서는 하늘을 아버지로 부르고 땅을 어머니로 부르며 백성을 나와 핏줄을 같이 하는 동포로 여기고 만물을 벗으로 묘사하고 있다.

2) 『禮記』「禮運」, "何謂人情, 喜怒哀懼愛惡欲, 七情弗學而能."

위해 유교는 예를 강조한다. 예는 가정에서의 가례, 지역사회에서의 향당예, 학교에서의 예, 군대에서의 예, 조정에서의 예, 외교 관계에서의 예 등 사회생활 전반에 적용된다. 일반인에게 있어서는 관혼상제 등 가례와 향당에서의 예가 특히 중요하다. 유교에서 개인의 삶은 사회 전 영역을 규제하는 예에 의해서 규정된다. 개인은 태어나면서부터 죽을 때까지 자유의지에 의한 선택보다는 사회에 이미 존재하는 예에 따라서 자신의 삶을 살 수밖에 없다.[3] 전통의 권위에 의해 정당화되는 예는 그 사회의 개인에게는 부정하기 어려운 현실이다. 물론 시대에 따라서 예에도 변화가 있기는 하지만 유교 사회에서 개인의 삶은 예의 형식에 의해서 규정된다는 사실은 중요하다. 예는 두 가지 모습을 가지고 있다. 하나는 사회의 질서와 조화를 가능하게 하는 합리적 도덕적 규범의 측면이다. 다른 하나는 장/유, 귀/천, 남/여 등의 구분을 당연시하고 사회적 차별을 정당화하며 개인의 자유를 억압하는 어두운 측면이다. 빛과 그림자와 같은 예의 이러한 두 측면을 떠나서 유교 사회에서의 인간 삶을 이해하기는 어렵다. 또한 유교 사회에서 이러한 예는 도덕과 엄밀하게 구별하기도 어렵다. 그래서 유교 사회에서는 예를 잘 지키는 것이 도덕을 잘 지키는 것으로 인식되는 경우가 많다.

인간의 삶을 다른 동물의 생존과 구분해 주는 것은 인간에게는 도덕이 있다는 것이다. 맹자에 따르면 인간은 태어날 때부터 하늘로부터 선한 본성 또는 덕성을 부여받는다. 그러나 타고난 선한 본성과 덕성을 실천으로 옮기는 것은 보통 사람에게는 자연적이지 않다. 스승으로부터의 배움의

3) 김동노에 의하면 유교의 『소학』, 『주자가례』에는 "개인이 생각하는 방식은 물론이며, 개인의 몸가짐, 동작, 공간배치, 눈길, 의복에 이르기까지 실제로 훈육의 영역 밖에 놓여있는 것을 찾기 힘들 정도로 엄밀하게 규정되어 있다."고 한다.(「유교의 예와 미시적 권력관계」, 『유교의 예와 현대적 해석』, 청계, 2004, 67쪽.)

과정이 필요하다. 태어나면서부터 타고난 선한 본성을 자연스럽게 실현하는 사람도 있지만, 대개의 사람은 힘들게 배우고 힘들게 노력해야 덕을 실천할 수 있다. 『논어』는 "배우고 때로 익히면 또한 즐겁지 아니한가!(學而時習之 不亦說乎!)"라는 첫 구절로부터 시작한다. 이처럼 유교에서는 배움의 중요성을 강조한다. 유교에서 인간의 삶은 배움의 과정이다. 인간이 인간답게 살기 위해서는 가르침을 받지 않으면 안 된다. 배움의 과정은 어머니 뱃속에서 태교부터 시작해서 세상을 떠날 때까지 계속된다. 이것을 크게 나누면 소학과 대학의 과정으로 구분할 수 있다. 소학에서는 물을 뿌리고 비로 쓰며 부름이나 물음에 응답하고 어른에게 예의 바르게 나아가고 뒤로 물러나는(灑掃應對進退) 범절부터 오륜(五倫)을 익히는 것과 같이 인간으로서 지켜야 할 기초 예절에 중점을 둔다. 대학에서는 격물·치지(格物致知)부터 수신·제가·치국·평천하(修身齊家治國平天下)에 이르기까지 자신을 수양하고 가정과 국가사회를 다스리기 위한 덕과 지혜를 함양하는 데 힘쓴다.

배움의 핵심은 사람으로서 갖추어야 할 덕과 예이다. 가정 윤리에 해당하는 효도·우애·사랑을 기초로 하여 오륜 즉 부자유친·부부유별·장유유서·군신유의·붕우유신의 규범이 무엇보다 중시된다. 그리고 사회적 존재로서 사회생활에 필요한 구체적 예를 배워야 하며, 악(樂)도 배워야 한다. 또한 역사, 문학에 해당하는 시(詩), 자연과 사회 변화의 원리를 탐구하는 주역 등 고급의 지식도 배워야 한다. 유교에서 배움은 삶의 한 시기가 아니라 사는 동안 지속적으로 계속해야 하는 것이다. 그 목표는 가장 인간다운 인간이고 탁월한 인간인 군자, 그리고 군자보다 더 완전한 존재인 성인에 도달하기까지 계속되어야 하는 것이다.

참된 삶은 덕을 실천하는 것이고, 덕을 쌓아가는 과정이다. 가장 중요한 덕은 사랑(仁), 정의(義), 예(禮), 지혜로움(智)이다. 자기의 욕심과 이익만 생각해서는 사람답지 못하다. 이 세상은 더불어 살아가는 것이다. 따라서 우리는 타인을 배려할 줄 알아야 한다. 타인의 입장을 역지사지(易地思之)로 헤아리고 공평한 관점에서 대할 필요가 있다. 이 점에서 삶의 본질은 인간답게 더불어 살아가기 위하여 사랑(仁)과 정의(義)를 실천하는 데 있다고 할 수 있다. 부모와 자식 사이의 자(慈)와 효(孝)라는 사랑, 형과 동생 사이의 우애(悌)라는 사랑, 사람과 사람 사이에 서로 아껴주는 사랑(愛人)이 없다면 그리고 인간으로서 의로움이 없다면 그것은 인간다운 삶이라고 보기 어렵다. 인과 의를 실천하는 것은 도덕적 의무이기도 하지만, 인간에게 진정한 삶의 즐거움을 주기도 한다. 왜냐하면 인과 의는 인간의 착한 본성에서 우러나오는 것이기 때문이다.

3) 삶에 있어서 즐거움과 고난 그리고 궁극 경지

불교에서는 삶을 괴로움의 바다(苦海)라고 한다. 하지만 유교에서 삶은 괴로움이 아니라 축복이다. 삶은 근본적으로 좋은 것이다. 무엇보다 인간의 삶은 사랑이다. 부모의 자식에 대한 사랑이 있고, 자식의 부모에 대한 사랑이 있으며, 형제간에 우애가 있다. 이러한 효제자(孝悌慈)의 사랑이 삶의 근본 정조이다. 모르는 사람에 대해서도 인간은 기본적으로 측은지심이 있기 때문에 사랑을 베풀게 된다. 사랑은 충서(忠恕)의 원리에 의해 지역사회와 세상에 두루 확대된다. 삶의 즐거움에는 사랑의 즐거움 외에도 배우는 즐거움, 음악의 즐거움, 자연이 주는 즐거움, 양심에 따라 살아가는 의로운 삶의 즐거움 등이 있다. 유교에서는 오복(五福)이라고 하여 다섯 가지 복을 특별히 중시한다. 첫째는 장수, 둘째는 부유함, 셋째는 건강함, 넷째는 덕을 좋아하여 즐겨 행함, 다섯째는 고종명(考終命)이다.[4] 고종명이란 덕 있는 삶을 살다가 천수를 다 누리고 평온한 임종을 맞이하는 것이다. 삶이 좋은 것이기 때문에 오래 사는 장수가 복이다. 또한 이왕이면 부유하고 건강하게 사는 것이 복이다. 게다가 인간으로서 마땅한 덕을 따르는 삶이 참으로 복된 것이다. 그리고 인간으로서 인간답게 살다가 하늘이 주는 생명을 충분히 누리고 평온한 마침을 누리는 것, 즉 고종명은 삶의 마지막 중요한 복이라고 인식한다.

그러나 실제 인간 삶의 과정은 순탄하지만은 않다. 비록 아무리 배우고 도덕적 삶을 산다고 하더라도 인과 의를 실천하는 과정에서 수많은 고난을 겪게 된다. 이러한 고난에는 가난과 천함, 실패와 좌절, 질병과 생명의 위협, 사회적 · 정치적 고난 등이 포함된다. 역사를 보면 훌륭한 사람들은 많은 고난을 겪으면서 위대한 인품을 단련한다. 맹자는 "인간은 우환(憂患) 속에서 살아나고, 안락(安樂) 속에서 죽어간다."라고 하였다.[5] 또한 맹자는 고난에는 인간을 위대하게 단련시키는 하늘의 뜻이 있다고 본다.

> "하늘이 장차 이 사람에게 큰 임무를 내릴 때는 반드시 먼저 그 마음과 뜻을 괴롭게 하고, 근육과 뼈를 힘들게 하며, 그 몸과 피부를 굶주리게 하고, 그 몸을 궁핍하게 하여 그 하는 일을 어긋나게 하고 어지럽게 한다. 이렇게 하여 마음을 움직이고 성질을 참게 하여 그 할 수 없었던 능력을 증가시키고 더욱 이롭게 하려고 함이다."[6]

이와 같이 삶에서 겪는 고난이 나쁘기만 한 것이 아니다. 인간은 고난을 통해서 단련되고 성숙할 수 있기 때문이다. 따라서 살아가면서 부귀라

4) 『書經』, 「洪範」, "五福, 一曰壽, 二曰富, 三曰康寧, 四曰攸好德, 五曰考終命."

5) 『孟子』, 「告子 下」, "入則無法家拂士, 出則無敵國外患者, 國恒亡. 然後知生於憂患而死於安樂也." 참조.

6) 『孟子』「告子 下」, "孟子曰: 天將降大任於是人也, 必先苦其心志, 勞其筋骨, 餓其體膚, 空乏其身, 行拂亂其所爲, 所以動心忍性, 曾益其所不能."

는 선물을 받을 때는 그것으로 삶을 윤택하게 가꾸고, 반대로 빈천의 고난을 겪을 때는 자기 성숙의 계기로 여겨야 한다.[7] 궁극적으로는 하늘이 인간의 삶을 이끈다. 천명을 생각하면서 고난을 피하려고만 하지 말고 사람의 도리를 다해야 하는 것이다. 고난을 통해 사람은 훌륭한 인격으로 완성된다. 공자도 어려서 부친을 잃고 비천한 조건에서 성장하였으며, 뜻을 펴기 위해 다른 나라로 다니는 과정에서 많은 고난을 겪었다. 예컨대 광(匡) 땅에서 포위되어 위험한 적이 있었고, 송나라에서는 환퇴(桓魋)에게 생명의 위협을 받기도 하였고, 진나라와 채나라 국경에서 위급한 사태를 겪기도 하였다.[8] 공자는 이러한 고난을 겪으면서도 죽음을 두려워하지 않고 사명을 완수하기 위해 분투하였다.

유교에서 삶은 배움과 도덕성의 실천을 통해서 궁극적으로는 완전한 자아실현, 인격의 완성을 지향한다. 공자는 40세에 불혹(不惑), 50세에 지천명(知天命), 60세에 이순(耳順), 70세에는 "마음이 원하는 대로 해도 법도를 넘지 않음(從心所慾不踰矩)"이라고 하여 자신의 인격이 부단한 수양의 노력을 통해 점진적으로 완성되었음을 표현하였다. 내성외왕(內聖外王)이라는 자아의 완전한 실현이 삶의 궁극적 의미라고 할 수 있다. 그것은 사람이 하늘로부터 타고난 덕성의 완전한 구현이다. 외왕(外王)이 반드시 정치 참여를 전제로 하는 것은 아니다. 자신의 삶을 통해서 세상에 모범을 보이거나 가정을 잘 이끌거나[9] 교육이나 저술을 통해서도 더 나은 사회를 만드는 데 기여할 수 있다면 그것은 넓은 의미의 외왕이다. 공자와 맹자도 만년에는 저술과 교육을 통해서 다음 세대에 도를 전해주는 일을 통해서

---

7) 張載, 「西銘」, "…… 富貴福澤, 將以厚吾之生也. 貧賤憂戚, 庸玉汝於成也." 참조

8) 시라카와 시즈카 지음, 장원철 · 정영실 옮김, 『공자전』, 펄북스, 2016, 62-66쪽 참조.

9) 『論語』 「爲政」, "或謂孔子曰: "子奚不爲政?" 子曰: "『書』云: '孝乎! 惟孝, 友于兄弟, 施於有政.' 是亦爲政. 奚其爲爲政?" 참조.

더 나은 세상을 만들고자 하였다. 증자의 "선비는 마음이 넓고 굳세지 않으면 안 된다. 맡은 책임이 무겁고 갈 길은 멀기 때문이다. 인(仁)의 실현을 자기 책임으로 삼으니 (책임이) 무겁지 않겠는가? 죽은 다음에야 그만두니 또한 (갈 길이) 멀지 않겠는가?"[10]라는 언명에 의하면 유교에서 삶의 본질은 인 곧 사랑과 정의를 실천하는 도덕적 여정이라고 할 수 있다.

이상에서 보듯이 유교의 삶에 대한 이해는 기본적으로 긍정적이고 낙관적이며 현세주의적이고 공동체주의적이며 도덕주의적 특성이 강하다고 할 수 있다. 반면 삶에 대한 비관주의적 · 내세주의적 · 개인주의적 · 신앙적 지향은 상대적으로 약한다고 할 수 있다.

3. 유교의 죽음에 대한 이해

1) 죽음에 대한 현세주의적 이해

자로(子路)가 공자에게 귀신을 섬기는 것에 관해서 묻자, 공자는 "사람을 섬길 줄도 모르는데 어찌 귀신을 섬길 줄 알겠는가?" 그리고 죽음에 관해서 묻자, "삶도 모르는데 어찌 죽음을 알겠는가?"[11]라고 답변하였다. 또한 공자는 그가 사랑했던 수제자 안회가 일찍 세상을 뜨자 "아아! 하늘이 나를 버렸구나! 하늘이 나를 버렸어!"[12]라고 하고, 그를 위해 곡하고 애통해하였다. 『논어』를 비롯한 유교 경전에는 죽음 자체나 사후세계에

10) 『論語』「泰伯」, "士不可以不弘毅, 任重而道遠. 仁以爲己任, 不亦重乎? 死而後已, 不亦遠乎?"

11) 『論語』「先進」, "季路問事鬼神, 子曰: "未能事人, 焉能事鬼?" 曰: "敢問死." 曰: "未知生, 焉知死?"

12) 『論語』「先進」, "顔淵死, 子曰: 噫! 天喪予! 天喪予!"

대한 적극적 언설은 보이지 않는다. 오로지 현세에서의 인간다운 삶에 대해서만 주로 논하고 있다. 죽고사는 것은 인간이 어쩔 수 없는 운명으로 받아들인다.[13] 다만 인간으로서 할 수 있는 것은 죽은 자를 위해 장례를 정중하게 예에 맞추어 지내고, 또한 제사를 통해 추모하는 것이다. 죽음이라는 피할 수 없는 운명은 받아들이되 인간으로서 할 수 있는 예에 초점을 두고 있는 것이다.

유교에서 인간의 생명은 (정)기가 모여서 이루어지는 것이고, 죽음은 (정)기가 흩어지는 것이라고 이해한다. 사람의 몸은 혼(魂)과 백(魄)의 성곽과 같다. 혼은 기의 신령한 것이고, 백은 정(精)의 신령한 것이다. 죽으면 혼기는 하늘로 올라가고 정백은 땅으로 돌아가게 된다.[14] 그래서 기가 흩어지는 것이다. 그러나 기가 흩어진다고 하더라도 금방 흩어지는 것은 아니다. 그러므로 후손이 정성을 다하면 완전히 흩어지지 않은 조상의 기가 감응하여 제사를 받을 수 있다고 본다. 그렇지만 죽은 사람의 기는 종국적으로는 흩어지고 만다고 인식한다. 율곡은 귀신의 존재에 대해서 다음과 같이 말한다.

> "사람이 죽은 귀신만은 있다고도 할 수 없고, 없다고도 말할 수 없습니다. 그 까닭은 왜 그런가 하면 그 정성이 있으면 그 신이 있어 있다고 할 수 있고, 그 정성이 없으면 그 신이 없어 없다고 할 수 있기 때문입니다."[15]

여기서 우리는 율곡이 귀신의 존재를 부정도 긍정도 하지 않는 애매한

---

13) 『論語』「顔淵」, "子夏曰: 商聞之矣. 死生有命, 富貴在天." 참조.

14) 『栗谷全書』 拾遺 권4, 「死生鬼神策」 "人之一身, 魂魄之郛郭也. 魂者, 氣之神也. 魄者, 精之神也. 其生也伸而爲神, 其死也屈而爲鬼. 魂氣升于天, 精魄歸于地." 참조.

15) 『栗谷全書』 拾遺 권4, 「死生鬼神策」 "惟人死之鬼, 則不可謂之有, 不可謂之無. 其故何哉? 有其誠, 則有其神而可謂有矣. 無其誠, 則無其神而可謂無矣."

입장을 보게 된다. 귀신의 존재를 부정하면 제사의 근거가 사라지고, 귀신의 존재를 인정하기에는 합리적 근거가 부족하기 때문이다. 그래서 율곡은 귀신의 존재를 있다고도 할 수 없고, 없다고도 할 수 없다는 모호한 입장을 보여준다. 그런데 율곡은 중요한 것은 사람이 정성으로 귀신을 대하느냐 그렇지 않으냐 하는 주관적 태도의 문제라고 본다. 율곡은 대가 오래된 먼 조상도 그 기(氣)는 비록 소멸하였지만, 감통할 수 있는 이(理)는 멸한 것이 아니므로 정성을 다하면 감통할 수 있다고 한다.[16] 그래서 죽은 지 오래되지 않으면 기로 감응하고 죽은 지 오래된 사람은 이(理)로써 감응할 수 있다고 한다.[17]

유교에서는 조상의 생명이 후손을 통해 이어진다고 인식한다. 후손의 생명 속에는 조상의 핏줄이 이어지고 또한 후손의 생명은 그다음 후손에 의해 계승된다고 생각한다. 가족은 생명의 핏줄이 이어지는 생명 공동체이다. 또한 조상이 선한 일을 하면 후손이 좋은 보답을 받고, 반대로 조상이 나쁜 죄를 지으면 후손이 재앙을 받을 수도 있다고 여긴다.[18] 개인의 죽음은 그것으로 모든 것의 종말이 아니라, 후손을 통해 생명이 전승되는 것이기에 유교에서 자손이 갖는 의미는 매우 크고 중요한 것이다. 후손이 있는 한 죽음은 사멸이 아니라, 더 새로운 생명으로 계승되는 것이기 때문이다. 그래서 할아버지 할머니는 손주를 그렇게 예뻐하고 소중하게 여긴다. 자기의 생명을 이어주기 때문이다. 유교에서 개체 생명의 유한성은 자손과 후손의 생명 연속성을 통해 어느 정도 극복될 수 있다고 본다. 만약 친자식이 없는 경우에는 혈연적으로 가까운 친족 안에서 양자를 입양

---

16) 『栗谷全書』 拾遺 권4, 「死生鬼神策」, "遠代先祖, 固無能感之氣矣. 而一念至誠, 遂致感格者, 雖無能感之氣矣, 而亦有能感之理故也." 참조.

17) 『栗谷全書』 拾遺 권4, 「死生鬼神策」, "其死不久, 則以氣而感. 其死已久, 則以理而感. 或有氣或無氣, 而其感格則一也." 참조.

18) 『周易』, 「坤卦傳」, "積善之家, 必有餘慶. 積惡之家, 必有餘殃." 참조.

하여 가족공동체를 이어간다.

이처럼 유교에서는 죽음에 대해 현세주의적 관점에서 이해한다. 그러므로 현세를 벗어나 사후에 천국에 간다거나 다음 세상에 윤회를 통해 재생한다는 관념이 없다. 개인적 영생 대신에 현실적으로 후손에 의한 가족 공동체(가문)의 무궁한 계승을 소망한다.

2) 죽음에 대한 예학적 공동체주의적 접근

유교는 부모가 살아계실 때 예를 다해서 효도하는 것은 물론이고, 죽었을 때도 예를 매우 중시한다. 왜냐하면 죽음은 한 번 뿐이고 또한 마지막으로서 돌이킬 수 없기 때문이다. 그래서 정교한 상례의 절차를 통해 고인의 죽음을 애도하고 유족의 슬픔을 의례화한다.[19] 또한 그러한 의례 절차를 통해 죽음의 슬픔을 점차 이겨나갈 수 있게 된다. 죽음의 슬픔과 의미는 사자와 가까운 정도에 비례해서 더욱 크다. 사자가 유족에게 남긴 은혜를, 의례를 통해서라도 조금이라도 갚도록 해야 한다. 공자는 3년상이 길다고 여기는 제자에게 사람이 태어나서 부모에게서 최소 3년간 극진한 보살핌을 받으므로 그 은혜를 생각한다면 3년상에는 적절하고 합리적 이유가 있다고 보았다.[20] 유교는 상례를 통해서 고인을 애도하고 죽음

---

19) 상례의 의례 절차는 총 19단계로 구분된다. 초종(初終), 습(襲), 소렴(小殮), 대렴(大斂), 성복(成服), 조상(弔喪), 문상(聞喪), 치장(治葬), 천구(遷柩), 발인(發靷), 급묘(及墓), 반곡(反哭), 우제(虞祭), 졸곡(卒哭), 부제(祔祭), 소상(小喪), 대상(大喪), 담제(禫祭), 길제(吉祭) 등이다.(장철수, 『한국의 관혼상제, 집문당, 1995, 150쪽.)

20) 『論語』「陽貨」, "宰我問: 三年之喪, 期已久矣. 君子三年不爲禮, 禮必壞; 三年不爲樂, 樂必崩. 舊穀旣沒, 新穀旣升, 鑽燧改火, 期可已矣. 子曰: 食夫稻, 衣夫錦, 於女安乎? 曰: 安. 女安則爲之. 夫君子之居喪, 食旨不甘, 聞樂不樂, 居處不安, 故不爲也. 今女安, 則爲之. 宰我出, 子曰: 予之不仁也! 子生三年, 然後免於父母之懷. 夫三年之喪, 天下之通喪也. 予也有三年之愛於其父母乎?" 참조.

의 슬픔을 표현하는 방식과 기회를 제공함으로써 죽음의 아픔을 문화화한다.

3년상을 마쳤다고 해서 죽음의 슬픔이 다 해소되는 것은 아니다. 그래서 상례 다음에는 제례가 뒤를 따른다. 사람이 세상을 떠나도 살아있는 사람들의 기억에서는 영원히 떠나지 않도록 하는 것이 중요하다. 죽은 사람은 비록 육체적으로는 이 세상을 떠나지만, 가족과 후손의 정신세계에서는 영원히 살아서 존재한다. 그래서 유교에서는 제사를 중시하는 것이다. 매년 한 번 돌아오는 기일에는 온 가족이 정성을 다해서 제사를 올리고 제물은 후손들이 나누어 먹는다. 돌아가신 조상은 후손이 올린 제물을 흠향하고 대신에 후손이 바친 음식에 복을 내려주고, 후손은 복을 내려준 음식을 먹으면서 가족과 함께 감사한 마음으로 추모와 화합의 시간을 갖는다. 제사에서는 조상의 귀신이 옆에서 마치 살아있는 것처럼 모셔야 한다.[21] 제사라는 의례를 통해서 최소한 일 년에 한 번은 사자와 살아 있는 사람이 서로 정신적으로 만나서 교감하는 기회를 얻는다. 그래서 조상을 영원히 잊지 않고 기억하며 감사한 마음을 갖도록 한다. 또한 제사를 통해 후손들이 서로 함께 만나서 화합하고 단결하는 계기를 갖게 된다. 다음은 효자의 제사에 임하는 태도를 살펴보자.

"효자가 제사 지내는 데는 그 정성을 다하고 조심하며, 그 믿음을 다하여 믿으며, 그 공경을 다하여 공경하며, 그 예를 다하여 잘못하지 않는다. 나가고 물러가는데 반드시 공경하여, 친히 명령을 듣고 혹 그것을 행하는 것처럼 한다. 효자의 제사는 알 수가 있다. 그 섰을 때는 공경하여 몸을 굽히고, 그 나갈 때는 공경하여 화락하게 하고, 그 음식을 올릴 때는 공경하여 흠향하기를 바란

21) 『論語』 「八佾」, "祭如在, 祭神如神在. 子曰: 吾不與祭, 如不祭." 참조.

다. 물러가서 섰을 때는 장차 명령을 받으려고 하는 것과 같고, 이미 제물을 물리고 나면 공경하고 정숙한 빛을 얼굴에서 없애지 않는다. 이것이 효자의 제사이다."[22)]

유교에서 제사가 지니는 의미는 다음처럼 매우 중요하다.

"제사는 성과 속, 초월과 일상이 분리되지 않은 채 교류하면서 보본의식과 효의 종교성에 근거하여 과거-현재-미래로 이어지는 공동체적 생명 전승의 연속성 확보를 의례적으로 구현하는 제사 공동체를 만들고 유지하는 유교적 의례라고 할 수 있다. 유교적 인륜 공동체는 제사 공동체의 기초 위에 성립하며, 제사는 '신화'의 반복적 재연보다는 '전통'의 역사가 연속적으로 기억되고 창출되는 유교적 의례인 것이다."[23)]

유교는 과거-현재-미래로 이어지는 가족공동체를 구성하여 가족공동체를 통해 삶의 유한성과 죽음의 한계를 극복하고자 하였다. 그리고 가족공동체를 유지하고 결속하는 중요한 의례가 바로 제사라고 할 수 있다.

3) 죽음과 도(인의)의 실현

공자의 제자인 증자는 죽음에 임해서 제자들에게 다음과 같이 말하였다.

"내 발을 보고 내 손을 보아라. 시경에서 말하기를 "전전긍긍하는 것이 마치 깊은 연못가에 있는 것 같고 얇은 얼음을 밟고 있는 것과 같다"고 하였는데,

---

22) 이민수 역해, 『예기』, 혜원출판사, 526쪽.

23) 한국국학진흥원 교육편수실, 『제사와 제례문화』, 한국국학진흥원, 111쪽.

지금부터는 내가 이러한 것에서 벗어나게 되었구나! 애들아!"[24)]

이것은 부모가 물려준 몸이라는 생명을 소중히 여겨야 한다는 의미이다. 공자도 "위태로운 나라에는 들어가지 않고 어지러운 나라에는 살지 않는다. 천하에 도가 있으면 나아가고 도가 없으면 은거한다."[25)]라고 하였다. 생명은 소중하므로 함부로 죽음을 무릅쓰고 삶을 가벼이 여겨서는 안 된다고 인식하였다.

그러나 다른 한편 공자는 "아침에 도를 들으면 저녁에 죽어도 좋다.(朝聞道夕死可矣)"라고 하여 목숨보다 도를 중시하였다. 또한 공자는 뜻있는 선비와 어진 사람은 삶을 추구하느라 인을 해치지 않고, 자신을 죽여서라도 인을 이룬다(殺身成仁)고 하였다.[26)] 맹자 역시 삶도 바라는 것이고 의도 바라는 것이지만 두 가지를 동시에 겸할 수 없다면 삶을 버리고 의를 취해야 한다(舍生取義)고 보았다.[27)] 자장(子張)도 선비는 위험한 것을 보면 목숨을 바쳐야 한다(見危致命)고 하였다.[28)] 은나라의 마지막 임금인 주왕(紂王)이 무도한 폭정을 하자 이를 간해도 듣지 않는 왕을 떠나버린 미사(微子), 간하다가 죽은 비간(比干)을 공자는 어진 사람이라고 칭송한다.[29)]

---

24) 『論語』「泰伯」, "啓予足, 啓予手. 『詩』云: '戰戰兢兢, 如臨深淵, 如履薄氷,' 而今而後, 吾知免夫! 小子!"

25) 『論語』「泰伯」, "危邦不入, 亂邦不居. 天下有道, 則見. 無道, 則隱."

26) 『論語』「衛靈公」, "子曰: 志士仁人, 無求生以害仁, 有殺身以成仁."

27) 『孟子』「告子上」, "孟子曰: "魚, 我所欲也; 熊掌, 亦我所欲也, 二者不可得兼, 舍魚而取熊掌者也. 生, 亦我所欲也; 義, 亦我所欲也, 二者不可得兼, 舍生而取義者也. 生亦我所欲, 所欲有甚于生者, 故不爲苟得也; 死亦我所惡, 所惡有甚于死者, 故患有所不辟也.如使人之所欲莫甚于生, 則凡可以得生者, 何不用也? 使人之所惡莫甚于死者, 則凡可以辟患者, 何不爲也? 由是則生而有不用也, 由是則可以辟患而有不爲也. 是故所欲有甚于生者, 所惡有甚于死者, 非獨賢者有是心也, 人皆有之, 賢者能勿喪耳." 참조.

28) 『論語』「子張」, "子張曰: 士, 見危致命, 見得思義, 祭思敬, 喪思哀, 其可已矣." 참조.

29) 『論語』「微子」, "微子去之, 箕子爲之奴, 比干諫而死. 孔子曰: 殷有三仁焉." 참조.

이처럼 유교에서는 인과 의를 위해서는 죽음조차 두려워하지 말아야 한다고 주장한다. 삶이 소중하지만, 도의 실현을 위해서 때로는 죽음도 불사해야 한다고 본다. 생존보다 더 중요한 가치가 있기 때문이다. 인간은 도의 부름을 외면해서는 안 된다. 그래서 유교의 역사를 보면 무수히 많은 의로운 사람들이 국가와 민족, 학문, 도의 실현을 위해서 기꺼이 목숨을 바쳤다. 그리고 역사는 이들을 기억한다. 인간의 역사 공동체에서 의로운 죽음은 사람들에 의해 선양되고 기억된다. 인간은 사회적 존재이기 때문에 때로는 사회적 존재로서 대의를 지키기 위해 죽음을 택하는 것이 의미 있다고 여긴다. 이러한 죽음은 주체적 · 능동적 죽음이고 의로운 죽음이라고 할 수 있다. 이러한 죽음은 역사 공동체에 의해 기억되고 존중된다.

이처럼 유교에서 죽음은 두려움과 회피의 대상이 아니라 초월의 대상이기도 하다. 인간다운 삶을 위해서 때로는 우리는 죽음을 초월해서 인과 의를 실천해야 한다. 죽음의 때를 두려워하거나 염려하는 것이 아니라 죽음의 순간까지 최선을 다해서 인과 의를 실천하고 죽음의 순간에 우리는 인간으로서 삶의 도리를 다 마치는 것(終)이다. 그래서 유교에서는 사(死)라는 말과 종(終)이라는 표현을 구분한다.[30] 훌륭하고 좋은 죽음은 사(死)가 아니라 종(終)이라고 한다. 인간으로서의 사명을 다했다는 것이다. 유교에서 죽음은 인간이 사명을 다 마치고 다시 천지의 품으로 돌아가는 것이다. 죽음은 최선을 다해서 생을 바르게 산 사람에게는 아름다운 마침일 수 있는 것이다.

생명을 소중히 보전해야 한다는 요구와 인의를 위해서는 죽음을 불사해야 한다는 상호 모순적으로 보이는 사생관이 유교에서 보인다. 그러나

30) 『예기』, 「단궁」, "子張曰: 君子曰終, 小人曰死."

이러한 외형적으로 상호 충돌하는 가르침 사이에서 어떻게 행동할 것인가에 대해서는 일률적인 지침이 있는 것은 아니다. 시중(時中)의 원리에 따라서 현실의 사회 정치적 맥락에 따라서 그리고 사안의 경중(輕重)에 따라서 때로는 삶을 때로는 죽음을 선택해야 하는 것이다.

4) 좋은 죽음과 죽음에 대한 태도

인간의 죽음에는 일찍 죽는 요사(夭死), 벌받아 죽는 질곡사(桎梏死), 죽지 않아도 되는데 헛되이 죽는 도사(徒死), 제명이 아닌데 불행하게 죽는 비명횡사(非命橫死), 오래오래 살다가 나이가 많아서 죽는 노사(老死) 등이 있다. 그러나 유교에서 가치 있게 여기는 것은 의를 위해서 일하다가 죽음을 맞는 절의사(節義死)가 있고, 인간의 사명을 온전히 수행하고 행복한 죽음을 맞이하는 고종명(考終命)이 있다.[31)]

유교에서 인간의 생명은 하늘에 달린 것이다. 최종적으로 하늘만이 인간의 생명을 좌우하는 것이다. 비록 사람에 의해서 죽임당하는 일이 있어도 그것도 궁극적으로는 하늘의 뜻이다. 하늘의 뜻을 인간은 순종하지 않을 수 없다. 그래서 순천명이 요구된다. 어쩔 수 없는 운명 · 천명으로서의 죽음은 인간이 담담히 받아들이지 않으면 안 된다. 의롭지 못한 삶보다는 의로운 죽음이 오히려 더 명예롭고 좋을 수 있다. 또한 죽고 사는 것이 하늘의 명이긴 하지만, 이왕이면 비명에 죽기보다는 자연스러운 명, 정상적인 명에 따라 죽음을 맞는 것이 더 좋다.[32)]

유교에서 죽음을 맞이하는 태도를 몇 가지 살펴보자. 죽음을 앞두고 임

31) 윤용남, 「유가의 생사관과 죽음에 대한 태도」, 『철학논총』 59, 2010.

32) 『孟子』 「盡心 上」, "夭壽不貳, 修身以俟之, 所以立命也. 孟子曰: 莫非命也, 順受其正. 是故知命者, 不立乎巖墻之下. 盡其道而死者, 正命也. 桎梏死者, 非正命也." 참조.

종에 처하는 모습은 그 사람의 평소 수양의 정도를 보여준다. 수양이 깊은 사람은 죽음을 두려워하지 않고 담담하게 받아들이는 태도를 보여준다.

양명학을 개창한 명대 유학자 왕수인(1472~1528)은 죽음을 맞이하여 "나는 간다"라고 초연하게 말하였다. 이에 문인 주적(周積)이 곡하면서 묻기를 "남기실 말씀은 없으십니까?"라고 하자 "이 마음이 밝게 빛나는데 다시 무슨 말을 하겠는가?"라고 하며 말을 마치자, 눈을 감고 세상을 떠났다.[33]

퇴계 이황(1501~1570)은 죽음을 앞두고 제자들에게 말하기를 "평소에 그릇된 식견을 가지고 제군과 같이 종일토록 강론하는 것도 역시 쉽지 않은 일이었다."라고 회고하였다. 세상을 뜨는 날에는 "화분에 심은 매화에 물을 주라"는 말을 하고, 드러누운 자리를 정돈하게 하고 부축받아 일어나 앉아서 편한 듯이 운명하였다고 한다.[34]

서애 류성룡(1542~1607)은 죽음에 임해서 『서경(書經)』의 「홍범편(洪範篇)」을 끝까지 다 읽고서, 시중을 드는 사람에게 당(堂) 가운데 자리를 펴라고 하고서 북쪽을 향하여 정좌하고 편안한 기색으로 세상을 떠났다고 한다.

> "5월 정묘일 밤에 다른 사람이 부축해 주기를 기다리지 않고서 스스로 일어나 앉아서는 말하기를, "오늘은 가슴속이 시원하여 마치 병이 들지 않았을 때와 같다." 하고는, 『서경(書經)』의 「홍범편(洪範篇)」을 끝까지 다 읽었다. 무진일 아침에 큰 호랑이가 울타리 밖에서 소를 잡아먹으려고 엿보고 있었으므로 노복들이 놀라 크게 소리를 쳤다. 그러자 아들인 진(袗)이 공이 놀랄까 걱정스

33) 王守仁, 『王陽明全集』(下), 上海: 上海故籍出版社, 1995, 1324쪽, "開目視曰: 吾去矣! 積泣下, 問何遺言? 先生微哂曰: 此心光名, 亦復何言? 頃之, 瞑目而逝." 참조.

34) 홍승균 · 이윤희 공역, 『퇴계선생언행록』, 퇴계학연구원, 2007, 268-271쪽.

러워 급히 밖으로 나가 저지하니, 공이 아들 단(湍)에게 천천히 이르기를, "네 동생은 바보로구나. 사람이 호랑이를 보고서도 놀라지 않게 하고자 하니, 되겠는가?" 하였다. 그러고는 내의를 빨리 들어오게 한 다음, 손을 잡고 영결을 고하면서 말하기를, "멀리까지 와서 병을 보살펴 주었으니, 성상의 은혜가 망극하다. 며칠이면 경성(京城)에 도착할 수 있겠는가?" 하였다. 그러고는 시중을 들고 있던 자에게 당(堂) 가운데에 자리를 펴라고 한 다음, 북쪽을 향하여 정좌하고는 편안한 기색으로 서거하였다."[35]

율곡 이이(1536~1584)는 죽음에 임해서도 나라의 문제를 걱정하며 세상을 마쳤다.

"갑신년(1584, 선조 17) 1월 3일에 병이 났는데, 14일에 서익(徐益)이 순무사(巡撫使)의 명을 받아 함경도로 가게 되었다는 말을 듣고는 병환을 무릅쓰고 방략(方略) 여섯 조목을 입으로 불러 아우 이우(李瑀)에게 받아쓰게 하여 서익에게 주었다. 이때부터 병이 더욱 심하여 그 이튿날 별세하니, 향년 49세였다."[36]

이상 살펴본 인물들은 살면서 최선을 다해 인의(仁義)를 행하다가 죽음을 맞아서도 두려워하지 않고 담담하게 예에 따라 삶을 아름답게 마무리하였으므로 고종명하였다고 할 수 있다. 이밖에 의(義)의 실천을 위해 죽음을 주체적으로 선택한 인물도 있다. 명나라 방효유(方孝孺: 1357~1402)는 황제의 자리를 찬탈한 연왕(燕王) 주체(朱棣)가 황제 즉위의 조(詔)를 지으라고 하자 죽음을 각오하고 이것을 거부하여 극형을 당하였다. 조선시대

35) 정경세 지음, 정용선 옮김, 『국역 우복집3』, 민족문화추진회, 2005, 427-428쪽.
36) 김장생, 『沙溪全書』 권7, 25, 「李栗谷先生行狀 下」.

단종을 쫓아내고 왕위에 오른 수양대군을 왕으로 인정하기를 거부하고 죽음을 선택한 사육신도 의를 위해서 죽은 절의사에 해당한다. 이들은 자신의 선택과 행동이 자신뿐만 아니라 가족과 주변 사람에게도 큰 불행을 초래할 것을 알면서도 대의를 위해서 스스로 죽음을 선택한 도덕적 생사관을 잘 보여준다. 이들의 거룩한 죽음은 역사 공동체에서 의로운 행위로 칭송되고 영원히 기억됨으로써 시간을 초월하여 불멸의 명예를 얻게 된다. 절의사를 선택한 인물은 천국이나 내세를 믿은 것이 아니라, 인간 공동체의 역사적 심판을 두려워하고 중시하였다고 할 수 있다.

4. 유교 생사관의 특성과 의의

유교의 생사관은 내세나 하늘나라보다는 현세와 지상의 세계를 중심에 놓고 생각하는 현세주의적 특성을 강하게 보여준다. 유교에서는 사후의 세계에 대해서는 적극적 진술을 하지 않는다. 그리고 영혼의 불멸성에 대해서도 적극적 진술이 없다. 오히려 천국의 존재를 믿는 기독교나 윤회를 말하는 불교를 허황하다고 비판한다.[37] 이 점은 지상 세계보다 천국을 중시하는 기독교나 현세에 머무르지 않고 윤회를 믿는 불교의 생사관과 큰 차이를 보여준다. 유교적 합리주의는 사후 세계를 신비의 침묵 속에 묻어두고, 다른 종교처럼 적극적으로 사후 세계를 주장하지 않는 특징을 보여준다. 그렇다고 유교가 사후 귀신의 존재를 완전히 부정하는 것은 아니다. 단지 공자가 말했듯이 귀신을 공경의 대상으로 여기되 멀리하였

37) 예컨대 정도전은 불씨잡변(佛氏雜辨) 가운데 「佛氏輪廻之辨」에서 윤회설을 비판하였고(『三峰集』 권9), 유인석은 기독교의 천당지옥설에 대해 비판하였다.(『義菴集(下)』 권53, 74-75쪽.)

다.[38] 또한 유교는 인격적 천 즉 상제의 존재에 대해서도 부정하지는 않는다. 공자도 자신이 하늘로부터 사명을 받았다고 여겼다. 그럼에도 불구하고 인격적 천이나 귀신의 존재를 적극적으로 언표하지는 않는 것도 사실이다. 여기서 우리는 인격적 천과 귀신의 존재에 대한 유교적 입장의 모호성을 엿볼 수 있다.

유교는 역사 세계 속에서 명예롭고 의로운 이름으로 영원히 기억되느냐 아니면 불의의 악명을 역사에 남기느냐를 중시한다. 명예로운 이름과 명예로운 죽음은 역사에 길이 남아 후손에게 자부심을 가져다주고 그 반대의 경우는 치욕을 안겨줄 수 있다. 유교는 현세에서의 삶에 궁극적 초점을 맞추고 있다. 그러나 형이상학적 요소나 초월적 요소가 전혀 없다고 할 수는 없다. 그렇지만 초월도 일상에서의 내재적 초월이지 일상의 인륜세계를 벗어난 초월은 아니다.

유교에서는 죽음이라는 한계상황에 대한 처절한 실존적 고뇌나 죽음을 향해 나아가는 존재로서의 불안감과 비장감, 사후 세계에 대한 실존적 고뇌는 그다지 중시하지 않는다. 오히려 죽음의 문제나 삶의 중심 문제를 예의 문제로 환원시키는 예 중심의 생사관을 유지하는 것도 중요한 특징이다. 유교에서는 삶과 죽음의 문제를 예를 통해 접근한다. 인간의 지나친 감정은 삶을 그르치고 사회를 교란할 수 있다. 그러므로 이러한 것을 막기 위해서 예를 만들어서 예를 내면화함으로써 지나친 일탈을 막고 개인과 사회의 조화를 유지하고자 하였다. 유교에서 인간이 동물과 다른 중요한 차이는 도덕과 예의에 있다고 본다. 따라서 예의를 지키지 않으면 그것은 참된 사람이라고 보기 어렵다. 살아서도 예의를 지켜야 하며 죽음에 대해서도 상례를 따라서 장례를 지내고 또 제례에 따라 제사를 지내야

---

38) 『論語』, 「雍也」, "樊遲問知, 子曰: 務民之義, 敬鬼神而遠之, 可謂知矣." 참조.

한다.[39] 인간은 예를 통해서 삶에 의미와 질서를 부여하고, 죽음에 대해서도 예의를 통해서 영원한 의미를 부여함으로써 죽음을 초극하려고 하였다.

유교는 불멸성을 얻는 방법을 두 가지 길로 설정하고 있다. 하나는 조상에서 후손으로 이어지는 생명의 연속성을 통해서 불멸성을 얻는 것이고, 다른 하나는 도덕적 행위를 통해 역사에 영원한 이름을 남김으로써 불멸성을 얻는 방법이 있다. 전자가 주로 가족과 관련된다면 후자는 주로 역사 공동체나 학문 공동체와 깊은 관련을 갖는다. 후자와 관련된 불멸성은 삼불후(三不朽)라고 하여 입덕(立德), 입공(立功), 입언(立言)으로 표현하기도 한다.[40]

유교에서 삶은 천명과 도리에 따라서 살아야 하는 것이다. 삶이란 단순히 개인적 욕망을 충족시키는 과정이 아니라, 하늘이 부여한 덕을 실현하고 하늘의 도리에 따라서 살고 하늘의 명을 따라서 살아야 하는 것이다. 그렇게 살다가 죽음이 오면 죽음도 천명으로 여기고 죽어서는 천지의 품에서 편안히 쉬는 것이다. 이러한 사생관을 잘 보여주는 것이 장재(張載)가 「서명(西銘)」에서 말한 "살아서는 나는 순종하여 천지 부모의 명을 섬기고, 죽어서는 나는 편안하다.(存吾順事, 沒吾寧)"[41]의 사상이고, 주자가 공자의 "아침에 도를 들으면 저녁에 죽어도 좋다.(朝聞道夕死可矣)"의 주석에서 말한 "살아서는 도리에 순종하고 죽어서는 편안하다.(生順死安)"[42]이

---

39) 『論語』「爲政」, "子曰: 生事之以禮, 死葬之以禮, 祭之以禮."

40) 『春秋左傳』「襄公 24年」, "豹聞之, 大上有立德, 其次有立功, 其次有立言. 雖久不廢, 此之謂不朽." 참조.

41) 張載, 「西銘」, "…… 富貴福澤, 將以厚吾之生也. 貧賤憂戚, 庸玉汝於成也. 存吾順事, 沒吾寧也." 참조.

42) 주자는 "朝聞道夕死可矣."에 대해 "道者事物當然之理, 苟得聞之, 則生順死安, 無復遺恨矣. 朝夕所以甚言其時之近."라고 주석하였다.

다. 왜 죽어서 편안한 것일까? 살아서 인간의 도리를 다하느라 애썼는데 이제 그 일을 다 마쳤으니 홀가분하고 편안할 수 있는 것이다. 살아서 인간답게 열심히 삶을 영위하였다면 죽음은 더 이상 고통이나 두려움의 대상이 아니라, '편안한 쉼' '위대한 마침' 으로 여겨질 수 있는 것이다. 여기서 우리는 유교 생순사안(生順死安)의 생사관은 도덕적 가치를 지향하며 궁극적으로는 삶뿐만 아니라 죽음도 함께 긍정하는 것임을 알 수 있다.

5. 맺음말

유교적 생사관의 현대적 의미는 무엇인가? 우리 현대인은 오늘날 원자화된 개인으로 자기 이익 추구를 위주로 하는 삶을 살고 있다. 삶을 이익 추구와 욕망 실현의 관점에서 이해하고, 죽음은 부정적인 것으로만 대하는 경향이 있다. 그러다 보니 삶 자체도 지나친 경쟁의식으로 불안과 갈등을 벗어나지 못하고, 죽음을 두려움의 대상으로 생각해서 회피하려고 한다. 이에 비해 유교는 삶을 자기 이익 추구와 자기 욕망의 관점에서만 보지 않고 타인과 사랑을 나누는 인의 실현 과정으로, 그리고 나와 타인의 이익을 조화시키는 의(義)의 실천 과정으로 도덕적 관점에서 이해한다. 그러한 과정에서 삶에 성스러운 의미를 부여한다. 또한 타인과 더불어 살아가는 공동체적 지평에서 삶을 바라본다.

유교적 생사관에 따르면 인간은 죽는다 해서 모든 것이 끝나는 것이 아니라, 죽어서도 후손과 공동체에 의해 제사라는 형식으로 계속 기억되고 재생된다. 그뿐만 아니라 훌륭한 삶을 산 사람에게 있어서 죽음은 삶의 위대한 마침 또는 완성의 의미를 지니며, 사후에 인간은 천지라는 큰 부모의 품에서 편히 쉬는 것으로 이해된다. 기본적으로 삶을 중시하고 생명을 거룩하게 여겨야 하지만 때로는 인과 의의 구현을 위해서 죽음을 주체적으로 선택할 수도 있다. 이러면 설사 죽음에 이른다고 하더라도 그러한 죽음은 공동체에 의해서 정의로운 죽음으로 영원히 기억됨으로써 시간을 초월한 불멸의 존재로 거듭난다. 유교는 죽음을 초극하게 하는 절대적 가치를 인정하고 전제한다. 그것은 인과 의라는 도덕적 가치이다. 그것은 삶의 과정에서 구현해야 할 뿐만 아니라, 때로는 죽음을 불사하면서도 지켜야 하는 것이기도 하다.

인간은 누구나 자기가 오래 살지, 아니면 일찍 죽을지 또한 언제 죽을지를 알지 못하고 죽음에 대해 두려워한다. 유교적 생사관에서 삶과 죽음은 천명에 따라 정해지므로 인간의 의지로 어떻게 할 수 없는 영역이다. 그렇다면 우리는 죽음을 어떻게 대해야 하는가? 이에 대해서 유교는 인간다운 삶에 최선을 다하라고 한다. 그러기 위해서는 어떻게 해야 할까? 그것은 자신을 부단히 도덕적으로 성숙한 존재로 수양하는 것이고, 선을 실천하는 것 즉 인과 의를 행하는 것이다. 오늘 지금 여기서 나에게 가능한 자기 수양과 타인을 위한 선의 실천을 통해 삶의 도덕적 의미를 구현하는 것이 중요하다. 인간의 도덕적 사명을 다하는 삶을 사는 사람에게는 죽음은 더 이상 두려운 것이 아니다. 하늘이 내린 의무를 다한 뒤에 오는 '편안한 쉼' 이요 '아름답고 위대한 마침' 이다. 내세나 천국에서 영생이 없어도 그 자체로 훌륭하고 의미 있고 가치 있는 것이다. 그러나 이러한 유교의 생사관은 개인의 영생을 추구하거나 사후에 내세를 희망하는 사람들에게는 종교성이 부족하게 여겨질 수 있다는 한계가 있다. 그리고 현세주의적 특성으로 인해 현세를 초월하는 형이상학적 가치를 추구하는 데에는 제약이 있을 수 있다.

제12장

노인 사업과 노년을 위한 철학

1. 여헌의 노인 사업론

조선시대 좌의정을 역임한 심수경(1516~1599)은 80세에 아들을 얻었다. 텍시스대 존 구디너프 교수는 97세에 노벨화학상을 수상하였다. 미국의 지미 카터 전 대통령은 이마에 14바늘이나 봉합 치료를 받고서도 95세의 나이로 집짓기 현장에 자원봉사를 하러 나타났다. 황희 정승은 노년이 되어서도 87세까지 무려 24년간 재상직을 맡았다. 철학자 김형석 선생은 100세가 넘는 나이에도 불구하고 경향 각지에서 강연도 하고 글도 쓰고 책도 내면서 활발하게 활동하고 있다. 청춘은 인생의 한 시기가 아니라 마음의 태도에 달려있다고 하지만, 노익장을 과시하는 이런 이야기는 흔한 일은 아니다. 여헌 장현광(1554~1637)도 당시로서는 매우 장수에 속하는 84세까지 살았다. 노년에 몸과 정신이 옛날 같지 않다는 것을 느끼고 노년에 해야 할 일과 하지 말아야 할 일을 고민하면서 「노인사업(老人事業)」이라는 글을 지었다.

여헌은 왜 노인이 되는지 그것을 철학적으로 사유하였다. 여헌에 따르면 우주 만물은 모두 무에서 유가 되었다가 다시 무로 돌아간다. 같은 유라고 하더라고 점차 성장 발전하는 성하는 때가 있고, 성함이 다하면 다시 쇠퇴하는 국면이 있다. 그래서 마침내 무로 돌아간다. 인간도 이러한 존재의 법칙에서 예외가 될 수 없다. 따라서 젊어서는 "비록 천만 명이 있더라도 내가 가서 대적하겠다는 용기를 가지고 단단한 뿌리와 마디를 만나도 무뎌지지 않는 재기(才氣)로서 우리 도를 짊어지고 당세를 경륜하며 우주를 담당하고 천지를 잡겠다는 마음과 담력을 떨치고 뽐낼 수가 있으나" 연로하면 "마치 연기와 안개가 자욱한 가운데에 앉아 있는 것과 같아서 마주 대한 사람의 안면을 살피지 못하고 담장과 벽이 막혀있는 것과 같아서 가까이 있는 사람의 말을 듣지 못하는 것은 이목의 변화이며, 당(堂)과 뜰을 오르내림에 숨이 가쁘고, 응접하여 절하고 읍(揖)함에 넘어지는 것은 기력의 변화이다. 옛날 들은 것을 기억하지 못하여 새로 알기를 바랄 수가 없으며, 옛부터 알던 사람의 성명(姓名)도 모두 잊고 옛날 외던 문자를 모르니, 이는 정신과 혼백의 변화이다."라고 한다.

여헌은 이처럼 노화의 이유를 철학적으로 고찰하고, 또한 노인은 무엇을 하지 말아야 하고 또 무엇을 해야 하는지 성찰한다. 여헌은 노령에 들면 언어를 그치고 경영을 끊고 마음을 비우고 사시의 때에 맡겨야 한다고 말한다. 여기서 언어를 그친다는 것은 외부 일에 간섭하는 것을 그치는 것이고, 집안에서의 일상적 언어까지 그치는 것은 아니다. 경영을 끊는다는 것은 속세의 일을 끊는 것이지 덕을 높이고 업을 넓히는(崇德廣業) 공부를 끊는 것은 아니다. 그리고 마음을 크게 비우는 것도 나쁜 생각이나 잡념을 일으키지 않음을 말하는 것이지, 경(敬)을 주로 하고 성(誠)을 생각하는 것을 그만두는 것은 아니다. 사시의 때에 맡긴다는 것은 모름지기 지나쳐서는 안 된다는 뜻을 보존함이요, 그렇지만 때에 따라서 편안히 하는 도는 보존한다고 하였다.

이처럼 여헌은 노인이 되면 말과 일을 줄이고 욕심을 비워야 한다고 하면서도, 그럼에도 불구하고 노인이 해야 하는 일이 여전히 있다는 것을 강조한다. 그것은 도덕 사업이고 마음 수양 공부이다. 이러한 도덕 사업과 마음 수양 공부를 좀 더 자세히 설명한 것이 「좌벽소제(座壁所題)」에 있다.

"마음을 도와 덕에 두고〔留心道德〕
성과 경으로 마음을 세운다.〔立心敬誠〕 강령(綱領)
고요함과 전일함으로 마음을 보존하고〔存心靜一〕
마음을 무한한 우주에 놀게 한다.〔遊心宇宙〕 주재(主宰)
삼가함으로 마음을 다스리고〔治心謹愼〕
마음을 잡기를 견고하고 곧게 한다.〔操心堅貞〕 용공(用功)
마음을 허명하게 하고〔處心虛明〕
마음을 갖기를 바르고 크게 한다.〔持心正大〕 모범(模範)
마음을 맑고 깨끗하게 하고〔棲心淡白〕
마음을 높고 밝게 갖는다.〔玩心高明〕 보양(補養)
본분을 마음으로 편안히 여기고〔安心本分〕
역경이 있어도 흔들리지 않고 마음을 평안하게 한다.〔平心逆境〕" 기관(機關)

사람이 나이가 들어서 기력은 쇠해도 의식이 있는 한 우리는 마음을 수양할 수 있고, 수양된 마음은 우리를 화평하고 화락한 정신세계로 인도한다. 육체적 기력의 약화로 대외적 활동이 옛날 같지 않지만, 이것은 우리로 하여금 자신을 돌아보고, 그동안 세상살이에 바빠서 방치했던 내면의 정신세계를 아름답고 성숙하게 가꾸는 새로운 사업을 시작하게 하는 것이다.

2. 선비들의 노년 생활

불교에서도 생로병사의 4고를 말하지만, 노년에는 병고(病苦)가 심할 뿐 아니라 사고(死苦)에 대한 걱정도 많고 게다가 생활고까지 겹치는 경우가 많다. 유교에서는 노년을 어떻게 보았을까? 공자는 50세에 천명을 알았고, 60세에 이순(耳順), 70세에 "종심소욕불유구(從心所欲不踰矩)"라고 하였다. 평생을 수양한 선비들은 말년까지 정신을 유지하며 깨끗하게 인생을 마감하였다. 퇴계 이황도 세상을 뜨기 며칠 전까지도 학설을 수정하기도 하였다. 선비들은 인생의 마지막 순간까지 예를 지키며 자기 관리를 하고 인생을 아름답게 정리하고자 하였다. 유교에서는 불로장생을 추구하는 도교를 비판하였지만, 선비들도 나이가 들면 건강 유지를 위해 도교의 내단 수련법을 익혔다.

평생 높은 벼슬도 많이 하고 치적을 많이 남겼을 뿐만 아니라 『임원경제지』라는 대작을 지은 풍석 서유구(1764~1845)조차도 만년에는 자기 인생에서 중요한 다섯 가지를 허비하였다고 해서 자신을 오비거사(五費居士)라고 자칭하였다. 옛사람들도 인생 오십이 되고 보니 49세 동안 잘못 살았다고 뉘우쳤다. 열심히 살았던 사람들조차도 세월이 지나고 나면 후회가 따르기 마련이다. 다산 정약용은 노인이 되어서 '노인일쾌사(老人一快事)'라는 시를 지었다. 만년에 그는 노인이 되어 눈과 귀가 멀어지고, 치아가 모두 빠지고, 머리털마저 다 빠져서 대머리가 된 상태에서도 그것을 고통으로만 보지 않았다. 오히려 그 안에 있는 즐거운 의미를 찾고자 했다. 노년에 머리털이 다 없어지니 머리를 감고 빗질하는 수고로움도 없고 백발의 부끄러움도 면할 수 있다고 긍정적으로 여겼다. 또한 치아가 다 빠지니 치통의 고통이 없어져 밤에 편안히 잠들 수 있고, 시력이 나빠지니 문자에 사로잡혀 시비를 따지는 일에서 벗어나 자유로울 수 있고, 귀가 멀게 되니 세상의 시비 다툼을 듣지 않아도 된다고 자신을 위로한다.

노인의 유쾌한 일(老人一快事)

늙은이의 한 가지 유쾌한 일은
민둥머리가 참으로 유독 좋아라
머리털은 본디 군더더기이건만
처치하는 데 각각 법도가 달라
예문 없는 자들은 땋아 늘이고
귀찮게 여긴 자들은 깎아 버리는데
상투와 총각이 조금 낫기는 하나
폐단이 또한 수다하게 생기었고
높다랗게 어지러이 머리를 꾸미어라
쪽 짓고 비녀 꽂고 비단으로 싸도다.
망건은 머리의 재액이거니와
고관(罟冠)은 어이 그리 비난을 받는고
이제는 머리털이 하나도 없으니
모든 병폐가 어디에 의탁하리오.
감고 빗질하는 수고로움이 없고
백발의 부끄러움 또한 면하여라
……
치아 없는 게 또한 그다음이라
절반만 빠지면 참으로 고통스럽고
완전히 없어야 마음이 편안하네
……
눈 어두운 것 또한 그것이라

다시는 예경 주소 따질 것 없고
다시는 주역 괘사 연구할 것도 없어
평생 동안 문자에 대한 거리낌을
하루아침에 깨끗이 벗을 수 있네
……
귀먹은 것이 또 그다음이로세
세상 소리는 좋은 소리가 없고
모두가 다 시비 다툼뿐이나니
……

- 정약용(1996), 140-145쪽.

다산은 늙어서 머리가 다 빠지고 이가 빠지고 귀와 눈이 어두운 것이 한편으로는 서글프지만, 다른 한편으로는 좋은 점도 있다고 달관하였다. 이처럼 선비들은 운명을 피하지 않고 사랑하였다. 장재는 「서명(西銘)」에서 살아서는 천지라는 부모의 말씀을 잘 따르다가 죽어서는 천지라는 부모의 품에서 편히 쉴 것이라고 하였다.

3. 노년과 무위의 철학

철학에는 유위의 철학이 있는가 하면 무위의 철학도 있다. 유교는 유위의 철학에 속하고 노장이나 불교는 무위의 철학에 속한다. 젊어서는 의욕을 가지고 무언인가를 하려고 하고 무엇인가를 만들고 사회를 새롭게 변화시키고 개혁하려고 한다. 그러나 무위의 철학에서 보면 인간이 하는 모든 것은 대자연의 관점에서 보면 실로 미미하기 짝이 없다. 인간이 태어나서 아무리 열심히 노력해도 자연의 관점에서 보면 그것은 한강에 배가 한번 지나간 것만도 못할 수가 있다. 인간이 무엇을 보태고 바꾸지 않아도 자연은 이미 그 자체로 좋은 것이다. 세상은 이미 구원되어 있다. 우리가 바꾸어야 할 것은 세상이 아니라 세상을 바라보는 마음의 자세와 태도이다. 그래서 깨달은 사람일수록 적극적으로 무엇을 하려고 하기보다는 인위적 욕심을 버리고 자연에 모든 것을 내맡긴다. 그래서 노자는 "무위이무불위(無爲而無不爲)"라고 하였다. 자연의 질서는 의도가 없지만 저절로 되지 않음이 없다. 자연의 일부인 인간도 자연을 배워야 한다. 그래서 노년에는 유위의 철학보다는 무위의 철학을 배울 필요가 있다. 스토아학파에서는 이 세상 모든 것은 로고스(도)의 지배를 받는다고 본다. 인간도 예외가 아니다. 로고스의 법칙을 피할 수 없다면 우리는 그것을 즐겁게 받아들이고 만족해야 한다.

『장자』에는 "털끝이 크고, 태산이 작다."라는 말이 있다. 모든 것이 상대적이기 때문이다. 이런 관점에서 보면 노년이라는 것도 상대적이다. 70대에 비해 60대는 청년이고, 90대에 비해 80대는 청년이고, 120세에 비해 110세는 아직 청년이라고 할 수 있다. 또 다르게 보면 하루 중에도 오전은 청년이고 한낮은 장년이고 저녁은 노년이라고 할 수 있다.

4. 쾌락과 권력을 넘어서

심리학적으로 보면 인간은 젊어서는 리비도가 왕성하므로 성과 사랑의 욕망이 가장 크다. 그러나 중년이 되면 사회적 인정을 받고 싶어 하고 권력에 대한 의지가 강하다. 그러나 성에 대한 욕망과 권력에 대한 욕망이 전부가 아니다. 심리학자 칼 융(Carl Gustav Jung)에 따르면 인간에게는 참된 자아를 발견하고 참된 자아를 실현하려는 종교적 욕망도 있다. 석가나 예수는 자아실현의 욕망을 가장 잘 구현한 사람이다. 동양의 성인은 바로 참된 자아실현의 욕망을 이룬 사람이다. 참된 자아는 천지만물과 일체를 이루는 것이며, 우주와 내가 행복한 조화를 이루게 되는 경지이다. 이러한 경지에 도달하게 되면 다른 사람을 사랑하는 것뿐만 아니라, 다른 동물이나 식물까지도 아끼고 사랑하게 된다. 이런 만물일체의 경지에 이르게 되면 부와 쾌락과 권력에 대한 욕망을 초탈하게 된다.

노년이 되면 사람들은 인간의 고향인 자연에서 더없이 큰 기쁨과 만족과 환희를 느끼게 된다. 그래서 도를 깨달은 사람들은 벼슬을 주어도 그것을 달가워하지 않는다. 오히려 산림에 남아서 자연에서 자유와 행복을 느낀다. 그래서 조선의 선비는 노년이 다가오면 아름다운 자연을 찾아서 자신의 행복을 누린다. 그러나 아름다운 자연을 꼭 찾아가야 하는 것은 아니다. 마음속으로 그런 것을 그리워하는 것도 방법이고, 밤하늘의 별을 바라보며 우주의 아름다움을 감상하는 것도 좋은 방법이다. 우리 은하계에만도 천억 개가 넘은 별이 있고, 이런 은하계가 또한 천억 개가 넘게 우주에 펼쳐져 있다. 여헌 장현광도 마음속으로 즐기는 우주여행을 찬양하였다. 이러한 광대무변한 대우주에서 우주 나이 138억 년 만에 온갖 생명으로 충만한 가장 아름다운 지구에 태어난 것만도 큰 기적이고 어마어마한 은혜가 아닐까? 이것을 알게 된다면 청년과 노년을 떠나서 지구에 살아 존재하는 것이 위대한 축복이고, 잠시 나그네로 지구를 방문한 것만도 대단한 영광이 아닐까?

5. 노년과 삶의 의미

인간이란 종이 이 지구에 출현한 것은 지구의 나이 46억 년에 비하면 극히 최근에 나타난 종이다. 불과 600만 년 전만 하더라도 침팬지와 별로 다르지 않았다. 지금도 침팬지와 인간 사이 유전자 차이는 약 1% 정도밖에 되지 않는다고 한다. 농업혁명에 성공한 지도 불과 1만 년, 산업혁명은 200년, 정보화 혁명은 겨우 40년 정도 밖에 되지 않았다. 우리는 정말 인류 역사상 매우 특이한 시점에 운 좋게 살고 있다고 할 수 있다.

인간은 의미를 추구하는 존재이다. 인간은 어떤 상황에 부닥쳐있다고 하더라도 그 속에서 의미를 찾을 수 있다. 참된 행복은 현재의 자기 삶에서 의미를 발견하느냐 못하느냐에 달려 있다. 삶에서 의미를 발견하면 힘든 일이 있어도 견딜 수 있고 즐겁다. 반면에 삶에서 의미를 느끼지 못하면 아무리 젊은 사람도 삶이 공허하고 무력감을 느끼게 된다. 노년의 삶에도 청년 못지않게 의미가 있다. 청년보다 훨씬 더 의미 있게 생활하는 노인도 많다.

노년에 있어서 삶의 의미는 무엇일까? 그것은 사람에 따라 차이가 있을 수 있다. 어떤 사람은 노년에 종교를 믿으면서 삶의 의미를 찾을 수 있고, 어떤 사람은 그림을 그리거나 글씨를 쓰고 음악을 듣거나 연주하면서 예술에서 삶의 의미를 찾기도 한다. 주위에 보면 매일 성경이나 불경을 몇 페이지씩 쓰시는 분도 있다. 혹은 배우자와 함께 손주를 돌보면서 가족에서 의미를 찾을 수 있고, 아니면 친구와의 만남이나 사회봉사에서 의미를 찾기도 한다. 미국에서는 할아버지 할머니들도 아침 일찍 학교 근처에서 등굣길 학생들의 교통안전을 위해 봉사하는 사람도 많다. 이분들에게는 이것이 노년의 중요한 삶의 의미인 것이다. 아니면 반려동물을 키우거나 화초를 재배하는 데서 의미를 찾기도 한다. 집 근처의 텃밭에서 채소를 재배하는 것도 삶을 의미 있게 하는 것이다. 고전을 함께 읽으면서 고전 속에서 삶의 지혜를 찾아보는 것도 좋은 방법이다. 가정이나 지역사회의 전통과 문화를 잘 유지하고 발전시키는 것도 중요한 삶의 의미가 될 수도 있다. 찾아보면 일상에서 노년에도 할 수 있는 수많은 의미 있는 일들이 있다. 더욱이 요즘 같은 디지털 문명 시대에는 인터넷을 통해 가상공간에서도 다양한 활동을 하면서 생활을 풍요롭게 가꿀 수도 있을 것이다.

인생에서 소홀히 해도 좋은 때는 없다. 인생의 모든 순간은 하늘이 준 축복이고 선물이다. 모든 순간순간을 감사한 마음으로 소중하게 여기고 아름답게 살아가는 '진인사대천명(盡人事待天命)'의 자세가 필요한 것이 아닐까? 인생은 야구와 같아서 9회 말에 무슨 일이 일어날 수도 있기 때문에 언제라도 함부로 살 수가 없다. 여헌이 노인 사업에 대해서 고민한 것처럼 각자에게 맞는 노인 사업을 한번 구상해 보는 것도 좋을 것 같다.

6부

민본주의와 경세의 기술

“

백성이 가장 귀하고,
사직(국가)은 그다음이고,
군주는 가볍다.

”

제13장

민본주의 전통과 자유민주주의

1. 머리말

자유민주주의가 서구에서 들어오기 이전에도 우리나라에는 민본주의 정치 전통이 발전해 오고 있었다. 민본주의는 유교 사상에 기반을 둔 한국·중국 등 동아시아 국가의 중요한 정치 이념이다. 그런데 같은 유교의 영향을 받은 한국·중국·일본이지만, 정치 문화에 있어서 차이가 크다. 현재 중국은 공산당 일당 지배 체제이고, 일본도 자유민주당이 장기간 독주하고 있다. 이에 비해 한국은 보수와 진보 정당이 교대로 권력을 담당하고 다양한 시민단체가 비교적 활발하게 활동하고 있다. 외견상으로는 중국과 한국이 유교의 정치사상에 영향받은 것이 비슷해 보이지만, 내적으로는 차이가 작지 않다. 중국은 원(元)·명(明)·청(淸)을 거치면서 오랫동안 군주전제정치가 정착하였다. 일본은 12세기 말 가마쿠라 막부가 수립되어 19세기 후반에 에도 막부가 붕괴할 때까지 700여 년간 무가(武家) 정권하에서 쇼군이 실질적으로 통치권을 행사하였다. 이에 비해서 조선 왕조는 과거제도를 통해서 선출된 문관 출신의 사대부가 정치에서 주도적인 역할을 하고, 왕권은 다양한 방식으로 제약받았다. 이 점에서 동아시아의 민본주의도 한국과 중국 · 일본 등 국가에 따라 실제 정치에서는 상당히 다른 모습으로 나타나고 있다고 할 수 있다.

민본주의는 과연 자유민주주의와 서로 모순되는 사상인가? 아니면 상호 좋은 관계를 맺는 것이 가능한가? 혹자는 자유민주주의와 민본주의를 모순 관계로 보아서 자유민주주의의 발전을 위해서는 민본주의를 극복해야 하는 것으로 보고, 혹자는 민본주의가 자유민주주의 발전과 조화가 될 수 있다고 보고, 혹자는 동아시아적 정치 현실에서 자유민주주의보다도 오히려 민본주의가 더 적합한 사상이라고 보기도 한다. 자유민주주의와 민본주의의 관계를 올바르게 인식하기 위해서는 먼저 민본주의 자체에 대한 이해가 선행되어야 한다.

우리는 이 글에서 유교 민본주의의 사상적 원류를 고찰하고, 이것이 조선시대에 와서 우리나라에서 어떻게 발전하였는지를 다산 정약용의 사상과 동학사상 등을 중심으로 논하고, 민본주의의 제도적 장치에는 무엇이 있는지를 살펴보도록 한다. 그리고 민본주의와 자유민주주의의 차이점은 무엇이고, 공통점은 무엇인지 그리고 상호 보완점은 무엇인지를 성찰해 보고자 한다. 맺음말에서는 자유민주주의와 관련해서 민본주의에 대한 보수적 관점과 진보적 관점의 두 입장을 비교해서 살펴 보도록 한다.

2. 민본주의 전통의 발전

1) 유교의 민본주의 사상

유교의 고전인 『상서(尙書)』에서는 "백성은 나라의 근본이다. 근본이 확고해야 나라가 평안하다.(民惟邦本, 本固邦寧)"라 하였다. 공자 이래로 유교 지식인은 백성의 입장에서 생각하고 백성을 위해 정치하는 것을 이상으로 하였다. 물론 현실 정치에서는 군주가 백성을 지배하는 도구로 기능하는 경우도 많았다. 그러나 공자와 맹자, 주자와 왕양명 등 대표적 유교 사상가들에게는 백성을 위해 생각하고 학문하고 행동하는 것은 지식인의 본질적 임무였다.

공자는 인간의 본성을 사람 사이에 서로 아끼고 위하는 인(仁)의 덕에서 찾았다. 그리고 인의 구체적 실천 원리로 충서(忠恕)를 제시하였다. 충서는 "자기가 원하지 않는 것을 상대방에게 하지 말라"를 뜻한다. 이 원리는 모든 인간을 도구적 수단이 아니라 인격적 존재로 존대하고 상대의 자유를 함부로 침해하지 말라는 의미를 담고 있다. 상대의 존중은 예의 실천으로 구체화 된다. 공자가 제시한 인, 충서, 예는 민본주의의 사상적 기반을 제시하는 것이다. 이러한 사상을 기초로 공자는 힘이 아닌 덕(德)에 의한 정치, 무(武)가 아닌 문(文)에 의한 정치를 주장하였다.

공자 사상을 계승한 맹자는 "사람은 누구나 요순(堯舜) 같은 존재가 될 수 있다."라고 하였다. 이 언명은 모든 인간의 도덕적 잠재 능력을 평등하게 보는 것이고, 평등한 잠재 능력을 지닌 모든 인간을 평등하고 존엄하게 대하여야 함을 뜻한다. 또한 인간은 자신의 의지로 지금과 다른 삶을 선택할 수 있음을 의미한다. 유교에서 인간은 단순히 이익과 손해에만 좌우되거나, 쾌락이나 공포에 의해서만 움직이는 존재가 아니다. 도덕적 자율성을 가지고 서로 아끼고 협력하며 정의를 추구할 수 있는 존재이다. 모든 개인은 이런 도덕적 품성을 잠재적으로 지니고 있으므로 개인의 자유로운 권리를 존중해야 한다. 맹자는 공자보다 명확하게 정치의 이상을 왕도(王道) 정치로 규정한다. 맹자는 물리적 힘에 근거하여 공포를 기반으로 하는 힘의 정치를 패도 정치로 비판하고, 인간다운 덕에 근거한 민의에 따른 정치를 왕도 정치라고 보았다. 유교가 추구하는 이상적 정치인 왕도 정치는 민의 자유롭고 자발적인 인정과 참여에 기반을 둔 이성적 정치이다. 유교는 그러한 이성적 정치가 고대의 성황에 의해 구현되었음을 강조하면서 현재나 미래에도 실현 가능하다는 메시지를 전하고자 하였다.

우리는 맹자에게서 민본사상의 기본 논리를 찾아볼 수 있다. 맹자는 방벌론(放伐論) 즉 혁명론을 주장하였다. 군주가 군주답지 못하면 즉 백성을 위한 인의(仁義)의 정치를 하지 않고 인의를 해치는 악정을 행한다면, 그러한 사람은 더 이상 군주가 아니라 필부에 지나지 않기 때문에 축출하여도 된다고 하였다.[1] 그리고 "백성이 가장 귀중하고, 사직은 그다음이고, 군주는 대단하지 않다."라고 하였다.[2] 즉 일개 군주보다는 사직이 더 중요하고, 사직보다는 백성이 더 중요하다는 논리를 주장하였다. 이것은 백성을 위해서는 군주는 물론이고 왕조도 바꿀 수 있다는 혁명적 함의를 지닌 주장이다. 참된 군주는 민의에 따라서 백성과 함께 즐기는(與民同樂) 정치를 해야 한다고 보았다. 왜냐하면 권력은 하늘로부터 주어지는 데 하늘의 마음은 백성의 마음과 다르지 않기 때문이다. "하늘은 우리 백성의 눈을 통해서 보고, 하늘은 우리 백성의 귀를 통해서 듣는다."[3] 백성의 마음 즉 민심이 곧 천심이므로 민심을 떠난 정치는 도덕적 정당성이 없는 것으로 인식하였다. 민본주의적 관점에서 보면 군주는 절대적 주권자가 아니라 백성을 위해 봉사하는 존재이다. 주권은 백성에게 있고 군주는 통치권자로서 통치권을 행사할 뿐이다.[4] 그러므로 주권자인 백성은 통치권자인

---

1) 『孟子』, 「梁惠王 下」, "齊宣王問曰: 湯放桀, 武王伐紂, 有諸? 孟子對曰: 於傳有之. 曰: 臣弑其君可乎? 賊仁者謂之賊, 賊義者謂之殘. 殘賊之人, 謂之一夫. 聞誅一夫紂矣, 未聞弑君也." 참고.

2) 『孟子』, 「盡心 下」, "孟子曰: 民爲貴, 社稷次之, 君爲輕."

3) 『孟子』, 「萬章 上」, "太誓曰: 天視自我民視, 天聽自我民聽."

4) 이상익, 『현대문명과 유교적 성찰』(심산, 2018), p.426.

군주가 민의를 위배하는 정치를 하는 경우에는 축출할 수 있는 것이다.

명말 청초(明末 淸初)의 진보적 학자인 황종희(黃宗羲: 1610~1695)는 천하 만민이 주인이고 군주는 객(客)에 불과한데도 불구하고 군주가 자신의 이익을 위해 천하 만민을 착취하고 지배하는 현실에 대해 "천하의 큰 해악은 군주일 뿐이다."라고 군주전제정치를 비판하였다. 황종희에 따르면 신하가 벼슬을 할 때 군주 일가를 위해 무조건 충성할 것이 아니라, 천하 만민을 위해 일해야 한다.

이상의 논의를 통해 우리는 민본주의에 대해서 다음과 같이 정의할 수 있다. "민본주의는 국가를 구성하는 다수의 민(民)을 국가의 근본으로 중시하고, 민의 인격과 권리를 존중하며 민의(民意)에 따라 그들의 이익과 복지를 위해서 정치를 해서 민의 인간다운 삶을 실현하려고 하는 정치사회 사상이다."[5)]

2) 조선의 민본주의 전통의 발전

조선의 사대부들은 유교의 민본 정치사상을 적극적으로 수용하여 더욱 발전시켰다. 조선이라는 나라는 맹자의 '군주보다는 사직이 더 중요하고 사직보다는 백성이 더 중요하다'라는 민본 이념에 기초해서 역성혁명을 통해 건국되었다. 조선의 성리학자들은 민본 이념을 정치에 구현하기 위해서 힘썼다. 이들은 민본 이념을 실현하기 위해 우선 군주의 학문적 수양을 강조하였다. 이를 위해 퇴계는 『성학십도』를 율곡은 『성학집요』를 저술하여 군주의 올바른 정치를 돕고자 하였다. 조선 후기 실학자 다산 정약용(1762~1836)은 민본 사상을 더욱 철저하게 발전시켰다. 다산은

5) 장승구 외, 『민본주의를 넘어서』(청계, 2000), p.199.

「원목(原牧)」에서 백성을 위해서 위정자가 있는 것이지 위정자를 위해서 백성이 있는 것이 아니라고 주장한다. 나아가 정치 지도자란 백성들이 자신들의 문제 해결을 위해 문제 해결 능력을 지닌 자를 지도자로 잠시 추대한 것에서 비롯된다고 인식하였다.

"목민자(牧民者)가 백성을 위해서 있는 것인가, 백성이 목민자를 위해서 있는 것인가? 백성이 속미(粟米)와 마사(麻絲)를 생산하여 목민자를 섬기고, 또 여마(輿馬)와 추종(騶從)을 내어 목민자를 전송(餞送)도 하고 환영도 하며, 또는 고혈(膏血)과 진수(津髓)를 짜내어 목민자를 살찌우고 있으니, 백성이 과연 목민자를 위하여 있는 것일까? 아니다. 그건 아니다. 목민자가 백성을 위하여 있는 것이다.

옛날에야 백성이 있었을 뿐 무슨 목민자가 있었던가. 백성들이 옹기종기 모여 살면서 한 사람이 이웃과 다투다가 해결을 보지 못한 것을 공언(公言)을 잘하는 장자(長者)가 있었으므로 그에게 가서야 해결을 보고 사린(四隣)이 모두 감복한 나머지 그를 추대하여 높이 모시고는 이름을 이정(里正)이라 하였고, 또 여러 마을 백성이 자기 마을에서 해결 못 한 다툼 거리를 가지고 준수하고 식견이 많은 장자를 찾아가 그에게서 해결을 보고는 여러 마을이 모두 감복한 나머지 그를 추대하여 높이 모시고서 이름을 당정(黨正)이라 하였으며, …… 또 사방(四方)의 백(伯)들이 한 사람을 추대하여 그를 우두머리로 삼고는 이름하여 황왕(皇王)이라 하였으니, 따지자면 황왕의 근본은 이정(里正)에서부터 시작된 것으로 백성을 위하여 목민자가 있었던 것임을 알 수 있다."[6]

만약 지도자로 추대된 자가 정치적 문제 해결 능력이 없으면 다시 백성

6) 정약용, 민족문화추진회 편, 『국역 다산시문집 5』, 「원목(原牧)」, (솔, 1996), pp.15-16.

에 의해 소환되는 것이 정당하다고 다산은 「탕론(湯論)」에서 주장한다.

"천자는 여러 사람이 추대해서 만들어진 것이다. 여러 사람이 추대해서 만들어진 것은 또한 여러 사람이 추대하지 않으면 물러나야 하는 것이다. 때문에 5가(家)가 화협하지 못 하게 되면 5가가 의논하여 인장(鄰長)을 바꿀 수가 있고, 5린(鄰)이 화협하지 못 하면 25가가 의논하여 이장(里長)을 바꿀 수가 있고, 구후(九侯)와 팔백(八伯)이 화협하지 못 하면 구후와 팔백이 의논하여 천자를 바꿀 수가 있다. 구후와 팔백이 천자를 바꾸는 것은 5가가 인장을 바꾸고 25가가 이장을 바꾸는 것과 같은 것인데, 누가 신하가 임금을 쳤다고 말할 수 있겠는가. …… 끌어내린 것도 대중이고 올려놓고 존대한 것도 대중이다. 대저 올려놓고 존대하다가 다른 사람을 올려 교체시켰다고 교체시킨 사람을 탓한다면, 이것이 어찌 도리에 맞는 일이겠는가?"[7)]

위정자가 백성을 위해 올바르게 정치를 하지 못하고 도리어 백성을 억압하고 착취하여 민의에 배치되는 행동을 하면 이러한 위정자는 '큰 도둑' 에 불과하다고 다산은 그의 「감사론」에서 비판한다. 그리고 "큰 도적을 제거하지 않으면 백성이 다 죽을 것이다."[8)]라고 하였다. 관(官)의 부당한 지시에 맞서 백성의 이익을 지키기 위해 백성들을 규합하여 저항하는 사람을 다산은 긍정적으로 찬양하기도 한다. 그리고 백성에 의해 추대된 지도자는 법도 백성의 바람〔民望〕을 따라 백성의 편리를 위해 만드는 것이라고 한다. 이러한 다산의 민본 사상은 맹자의 민본론을 한층 더 발전시킨 것이다. 다산의 발전된 민본 사상은 동학사상으로 이어지고 동학혁명으로 실천에 옮겨지게 된다.[9)] 동학사상은 모든 인간은 신분과 젠더, 빈

---

7) 정약용, 민족문화추진회 편,『국역 다산시문집 5』, 「탕론(湯論)」, (솔, 1996), pp.128-129.
8) 정약용, 민족문화추진회 편,『국역 다산시문집 5』, 「감사론(監司論)」, (솔, 1996), p.180.

부와 노소에 관계없이 평등한 존재임을 강조한다. 모든 인간은 천주를 모시고 있는(侍天主) 고귀한 존재로서 사람이 곧 하늘이라고(人乃天) 선언하였다. 따라서 모든 인간은 하늘처럼 존엄하게 대해야 한다.(事人如天) 만약 존엄한 백성이 억압받거나 백성의 뜻이 받아들여지지 않으면 백성들은 스스로 단결하여 저항할 수 있음을 보여주었다. 동학사상에 와서 민본주의는 모든 인간의 평등성과 민의 정치에 대한 직접적 참여가 더욱 강조된다. 갑오동학농민운동에서 농민들이 집강소(執綱所)를 설치하여 지역의 자치행정을 담당하면서 폐정 개혁의 사회 · 정치적 과제를 스스로 설정하고 해결을 시도한 것은 조선의 민본주의 전통의 발전 과정에서 획기적 이정표가 되었다.

3. 민본주의 구현을 위한 제도

민본주의에서는 백성의 기본적 생활 보장을 위한 민생(民生)을 중시한다. 맹자는 백성들이 먹고살 수 있는 경제적 기반이 중요하다고 보고 정

9) 다산이 유배 생활을 하였던 강진 지역에는 다음과 같은 이야기가 전해져 왔다고 한다. "다산의 저서로서 현존본 『경세유표』 이외 별본이 있었는데 그가 강진 유배로부터 해방되기 직전에 이 별본을 밀실에서 저작하였으며 그 가운데에는 자기의 만민 평등의 새 사회를 상세히 묘사하고 그 실현 방법도 제시되었다. 이 책자를 그가 문인 이청과 친승(親僧) 초의(草衣)에게 주어서 비밀히 보관 전포(傳布)할 것을 부탁하였으나 그 전문은 중간에 행방불명되었고 그 일부는 후래(後來) 대원군에게 박해당한 남상교(南尙教), 종삼(鐘三) 부자에까지 전해졌으며 그 일부는 후래(後來) 갑오농민전쟁의 지도자인 전봉준, 김개남 등의 수중에까지 들어가서 그 사상과 전술이 그들에게 많이 이용되었다고 한다. 그리고 갑오농민전쟁이 끝난 뒤에 관군은 그 「괴서(怪書)」의 출처를 조사하기 위하여 다산 유배지 부근 인가와 사찰을 수색한 일까지 있었다고 한다." (안병직, "『경세유표』의 분석", 『세계유산: 다산프로젝트 3일자』, 다산학술문화재단, 2012, p.59, 주21.)

전제(井田制)를 제시하였다. 그리고 상인에게도 과도한 세금을 거두지 못하도록 제한하고자 하였다. 맹자는 점포세는 징수하더라도 상품세는 징수하지 않아서 시장의 교역을 자유롭게 하고, 국경을 출입하는 사람에 대해 검문은 하더라도 통행세는 부과하지 않아서 인적 교류를 자유롭게 하며, 농민에게 공전(公田)에 대한 공동경작 의무는 부과하지만, 사전(私田)에 대해 따로 세금을 부과하지 않아서 농민의 세금에 대한 부담을 줄여주어야 한다고 주장하였다.[10)]

어려운 처지에 있는 사회적 약자에 대한 복지 정책을 민본주의에서는 중시한다. 다산 정약용은 『목민심서』에서 목민관이 유의해야 할 복지 정책을 구체적으로 제시한다. 특히 사회적 배려가 필요한 대표적 집단인 노인, 고아, 궁(窮)한 사람(홀아비, 과부, 늙어 자식이 없는 사람 등), 상(喪)을 당한 사람, 질병이나 장애가 있는 사람들, 재난을 당한 사람들 등에 대한 적극적 복지 행정을 주장하였다.[11)] 유교 민본주의는 사회적 도움이 필요한 사람들에게 실질적 도움을 주는 위민 복지를 중시한다. 정치의 과정과 절차도 중요하지만, 백성들에게 실질적으로 도움과 편의를 주어서 백성을 이롭게 하는 이민(利民)을 강조한다.

민본주의에서는 토론과 공론을 중시한다. 특히 주자학은 정치에서 토론을 통해 공론(公論)으로 국시(國是)를 정할 것을 주장한다. 주자에 따르면 공론이란 "천리(天理)에 따르고 인심(人心)에 부합하여 천하의 모든 사람이 함께 옳게 여기는 것이다."라 하였다. 또한 민본주의는 백성과 군주 그리고 사대부 사이의 의사소통을 중시한다. 왜냐하면 정치는 민심과 민의를 반영하여야 하기 때문이다. 조선시대 정치적 의사소통의 채널과 방법은 다음과 같이 다양하게 전개되었다.[12)] 군주와 신하 사이에 소통하는

10) 장승구 외, 『민본주의를 넘어서』(청계, 2000), p.223.
11) 정약용, 다산연구회 역주, 『역주 목민심서 II』(창작과비평사, 1992), pp.8-66. 참조.

방법으로는 글(書狀)로 하는 방법과 말로 하는 방법이 있다. 글로 하는 일반적인 것에는 상소문이 있다. 상소문에 대해서는 국왕이 비답(批答) 형식으로 답하는 것이 원칙이다. 상소문의 내용이 기밀 유지를 요하는 경우에는 다른 사람이 보지 못하게 봉하여 올리는 '봉사(封事)' 가 있었다. 그 외에도 형식이 간단하고 내용도 행정상의 문제를 주로 하는 차자(箚子), 국왕을 직접 만나 올리는 말을 문서로 만든 계(啓), 구체적인 정책을 건의하는 의(議) 등이 있다. 국왕과 직접 면대하여 말로 하는 것에는 상참(常參), 윤대(輪對), 차대(次代), 진강(進講) 등이 있었고, 왕이 신하를 불러서 마주 대하고 묻고 대화하는 소대(召對), 소견(召見), 인견(引見)도 있었다. 일반 백성들이 자신들의 민원을 직접 고하는 방법으로는 신문고(申聞鼓), 복합(伏閤), 규혼(叫閽), 등장(等狀) 등이 있었고, 그 외에도 상언(上言)과 격쟁(擊錚) 제도도 시행되었다. 상언이란 민이 국왕에게 글을 올려 의사를 표현하는 것이고, 격쟁은 민이 궁궐에 난입하거나 국왕의 외부 행차를 틈타서 징이나 꽹과리 또는 북을 쳐서 이목을 집중시킨 뒤에 민원을 국왕에게 직소하는 방법이다.[13]

군주의 일방적 정치를 견제하기 위해서 군주에게 간하는 것을 전담하는 사간원(司諫院)이란 기관을 설치하여 간관(諫官)으로 하여금 군주의 실정(失政)과 국정의 제반 문제점을 비판하고 견제할 수 있도록 하였다. 그리고 사헌부(司憲府)도 정치의 시비를 논하고 관료들의 비리를 규찰하고 탄핵하여 기강을 잡아서 법을 지키고 민본 이념에 이바지하도록 하였다. 또한 홍문관(弘文館)을 두어서 뛰어난 학자들로 하여금 군주가 민본의 이

---

12) 이상희, "이율곡의 커뮤니케이션 사상", 『율곡학연구총서 - 논문편8』(2008), pp.596-597. 참조.

13) 한상권, 『朝鮮後期 社會와 訴冤制度 - 상언 · 격쟁 연구』(일조각, 1996), 제1장(pp.13-83) 참조.

념을 따라 정치를 바르게 할 수 있도록 학문적으로 보좌하고 진언하는 기능을 담당하게 하였다. 사간원 간관(諫官)과 사헌부 대관(臺官)을 합쳐서 대간(臺諫)이라고 불렀다. 그리고 사간원과 사헌부를 언론양사(言論兩司)라 하고, 홍문관까지 합쳐서 언론삼사(言論三司)라고 불렀다. 이들 권력을 비판하고 견제하는 언론을 담당하는 세 기관의 관원들에게는 특별한 대우를 통해서 신분을 보장해 줌으로써 언론의 자유를 보장하려고 하였다.

또한 유교 민본주의는 교육과 학문을 중시한다. 인간이 인간답게 살기 위해서는 가르침이 필수이기 때문이다. 공자 자신도 신분을 초월하여 배우려는 자들을 제자로 받아들였다. 조선시대에는 수령이 힘써야 할 중요한 임무 가운데 교육 진흥(學校興)이 포함되었다. 사대부 계층에서 교육이 강조되었지만, 시간이 지날수록 서당의 광범위한 확산을 통해 일반 백성들도 교육의 수혜자가 되어갔다. 민본주의는 교육 진흥을 통해 전체 국민의 민도를 높여서 민주주의 발전의 중요한 기틀을 제공하였다.

4. 자유민주주의와 민본주의

자유민주주의는 민주주의 중에서도 개인의 자율성과 자유와 권리를 중시하고, 자유시장경제를 존중하고 정부의 역할에 대한 제한을 강조한다. 자유민주주의가 한국 국민의 자유와 권리를 신장시키고, 경제발전을 가능하게 한 점은 부인하기 어렵다. 그러나 자유민주주의의 부작용도 적지 않다. 개인의 자유와 권리를 강조하다가 보니 공동체적 참여와 연대에는 소홀하고, 또한 포퓰리즘이나 이익집단의 로비에 휩쓸릴 위험성이 있다는 비판을 받는다. 또한 개인의 권리를 강조하는 데 비해 시민적 덕성의 함양에는 소홀한 측면을 지적하기도 한다.

유교적 민본주의 전통을 권위주의적 관점에서 접근하여 자유민주주의와는 모순되는 것으로 바라보는 해석이 적지 않다. 그러나 과연 유교적 민본주의와 자유민주주의를 반드시 상호 모순적으로만 보아야 하는가? 유교의 민본주의에는 자유민주주의와 친화적인 요소가 없는 것일까? 자유민주주의는 인간의 존엄성과 자율성에 대해 긍정하고, 인간의 이성에 대한 신뢰를 기초로 한다. 유교의 중요한 도덕적 · 사회적 원리는 충서(忠恕)이다. 자기가 원하지 않는 바를 타인에게 시켜서는 안 된다는 충서의 원리는, 모든 인간은 상호 인격을 평등하게 존중하고, 서로 자유를 인정해야 한다는 의미를 내포하고 있다. 왜냐하면 자신의 자유가 침해되는 것을 누구도 원하지 않는 만큼 따라서 타인의 자유도 침해해서는 안 되기 때문이다. 유교의 민본주의는 군주의 독재에 맞서 민권을 옹호하고 인간의 자율성을 증대하기 위해서 노력하였다. 맹자는 어떤 권력도 함부로 해서는 안 되는 인간의 고유한 인권과 인격의 가치를 지키고자 하였다. 백성은 강력한 군주 권력의 목적을 위한 도구가 아니고, 오히려 백성 개인과 가족의 인간다운 삶을 위해서 권력이 존재하는 것임을 강조한다. 그래서 백성을 함부로 전쟁에 동원하거나 과도한 부세의 노예로 만들지 말고, 그들로 하여금 자신들의 생업에 힘쓸 수 있도록 하고, 자신들의 삶에 충실할 수 있도록 하고자 하였다. 그리고 기본적인 복지를 누리면서 인간다운 삶을 살 수 있도록 교육을 제공하라고 하였다. 또한 국가의 민간 경제에 대한 간섭의 최소화를 요구하였다.

이념적으로 보면 유교 민본주의에서 국가와 왕의 권력 행사는 무제한적이지 않다. 왕의 권력 행사는 하늘 즉 천명(天命)의 이름으로 또는 성인 예법의 이름으로 제한된다. 예라는 규범의 범위 안에서 행사된다. 또한 왕의 권력을 견제하기 위한 내부적 장치로서 대간 제도를 두고 상소 제도를 두었고, 언론의 자유와 공론의 필요성을 강조하였다. 개인의 생명은 신성한 것이어서 설사 천하를 얻을 수 있다고 하더라도 무고한 개인을 희생하여서는 안 된다고 인식하였다. 또한 국가가 개인의 노동력을 함부로 착취해서는 안 된다. 부역의 시기도 제한해야 한다. 정부가 민간의 이익을 강탈해서는 안 되고 세금도 최소 범위에서 제한해야 한다고 보았다. 이처럼 동아시아 유교 사회에서도 개인의 자유를 강조하지 않은 것은 아니다. 특히 16세기에 양명학이 발전하면서 개인의 자유와 욕망을 긍정하는 이지(李贄: 1527~1602)와 같은 사상가가 등장하기도 하였다. 다산 정약용도 자주지권(自主之權)이라고 하여 개인의 자유의지에 의한 선택의 자유를 매우 중시하고, 또한 선택에 따른 책임의 중요성을 강조하였다. 물론 이러한 민본주의 이념이 역사적으로 실제 정치에서 그대로 실현되지는 않아서 이상과 현실 사이에 괴리가 크다는 점은 부정할 수가 없다.[14] 그러나 비록 현실 정치에서 민본 이념이 잘 구현되지 않았다고 하더라도 이러한 이념이 존재하였다는 것은 정치의 당위적 방향을 지시하는 것이기 때문에 매우 중요하다.

민본주의 사상은 자유민주주의와 이념적으로 공유하는 가치가 적지 않다. 인간 존엄성, 인간의 신뢰, 상호 존중, 도덕적 자율성 중시 등 중요한 원리를 공유한다. 그럼에도 불구하고 민본주의 전통에서는 의회와 같은 대의민주주의 기구가 발전하지 못했고, 삼권분립과 같은 제도가 존재하지 않았다. 또한 백성을 근본으로 여기고 중시하긴 하였지만, 백성들이 정치에 주도적으로 참여하는 것에 대해서는 소극적 태도를 보여주었다. 동아시아의 민본주의와 서구의 자유민주주의는 서로 다른 역사적 배경과 맥락에서 발전해 온 정치사상이다. 그렇지만 양자 사이에는 서로 상호 보완적인 기능을 할 수 있는 측면도 있다. 예컨대 민본주의는 공동체 중시,

14) 조회환, "중국민본주의의 이상과 현실", 『중국연구』 7권(1983), 한국외국어대 중국연구소, pp.5-23. 참조.

상호 관계성 중시, 의무와 질서의 존중, 상호 배려 등의 측면에서 자유민주주의의 약한 고리를 보완할 수 있을 것이다. 이상에서 보면 민본주의 전통이 반드시 자유민주주의와 모순된다고 볼 수는 없다. 자유민주주의와 사상적으로 공유하는 가치를 적지 않게 지니고 있고, 상호 보완적으로 기능할 수 있는 사상적 잠재력을 가지고 있다고 할 수 있다.

5. 맺음말: 민본주의에 대한 두 가지 관점

동아시아에서 민본주의의 의미는 시대와 국가에 따라 차이가 있다. 크게 보면 보수적 관점과 진보적 관점으로 대별할 수 있다. 보수적 관점에서 보면 민주적 절차보다도 국민의 민생을 위하고 국민의 복리를 위한다는 데 중점이 놓인다. 즉 국민을 위한 정치이다. 그러나 진보적 관점은 국민의 민생을 위하고 복리를 위해서 정치를 하는 것을 넘어서 개인의 자유와 국민주권을 기초로 하여 국민에 의한 정치 즉 정치의 과정과 절차에 있어서 국민 참여를 강조하는 입장이다. 이처럼 민본주의를 보는 관점에 있어서 차이가 있기 때문에 어디에 초점을 두느냐에 따라 자유민주주의와의 관계에서도 큰 차이가 있을 수 있다. 후자 즉 진보적 입장에서 보면 자유민주주의와 더욱 큰 친화성을 지닐 수 있다.

중국의 민본주의는 정치에 있어서 민주적 절차보다는 민생을 최우선으로 하고 민생의 개선을 중시하는 정치 이념이다. 일본에서 민본주의는 다이쇼(大正) 시대(1912~1926)에 요시노 사쿠조오(吉野作造: 1878~1933)에 의해 주장되었다. 요시노 사쿠조오에 의하면 민본주의에서 정치의 목적은 국민의 이복(利福)에 있고, 정치의 결정은 국민 전체의 의향에 기초해야 한다는 것을 강조한다. 이러한 사상은 당시의 국가주의나 천황 절대주의와 같은 극우 이념과 사회주의자나 공산주의 같은 좌파 이념 사이에서 중도적 입장을 취하고 있다. 현대 중국이나 20세기 전반의 일본의 민본주의는 보수적 관점에서 민본주의를 해석하는 경향이 강하다. 특히 중국에서는 중국 특색의 사회주의를 추구하면서 민본주의가 자유민주주의와는 다른 방향으로 전개되어 가고 있고[15], 일본은 외형상으로는 자유민주주의이지만 내적으로는 심각한 파벌정치의 한계를 지니고 있다. 상대적으로 한국의 정치적 전통에서는 개인의 자유와 국민주권을 기반으로 국민 참여를 지향하는 진보적 관점의 민본주의가 부각되고 있다.

한국적 전통의 민본주의는 중국이나 일본에 비해 상대적으로 자유민주주의와 더 큰 친화성을 갖는다. 또한 서구 자유민주주의의 한계를 보완해 줄 사상적 자원을 잠재적으로 지니고 있다. 예컨대 정치 참여에 있어서 개인의 덕성 함양의 중시, 개인의 권리만을 주장하지 않고 사회적 관계에서 상호 배려하기, 공동선을 위한 헌신, 공동체에 참가하여 보다 좋은 공동체를 만들어가려는 적극적 공동체 의식 등이 있다. 그러나 민본주의의 한계도 적지 않다. 예컨대 법치주의에 대한 신념이 확고하지 못하고, 개인주의의 가치와 의미에 대한 인식이 부족하고, 자율적으로 자유롭게 자기 삶을 영위하려는 자유 의식이 충분하지 못한 점도 없지 않다. 그럼에도 불구하고 유교의 민본주의를 수용하여 조선시대 500여 년간 우리식으로 발전시켜 온 한국의 민본주의 전통은 오늘날 한국의 자유민주주의 발전에 있어서 소중한 정치문화적 자산이라고 할 수 있다. 전통 민본주의에 대한 온고지신적 성찰을 통해 한국의 자유민주주의를 우리 문화 전통에 맞추어 새롭게 향상하려는 노력이 필요하다고 하겠다.

---

15) 현대 중국의 민본주의에 대한 입장은 베이징대 중국 및 세계연구센터 주임 판웨이(潘維)의 인터뷰 "민본주의가 곧 민주주의" 참조. (판웨이 · 이희옥, "민본주의가 곧 민주주의", 『성균차이나브리프』 5권 1호(2017), 성균중국연구소, pp.10-22.)

제14장

『관자(管子)』의 철학과 법치의 경세론

1. 춘추전국 최고의 경세가 관중과 『관자』

1) 춘추전국 최고의 경세가 관중

관포지교(管鮑之交)라는 유명한 고사성어가 있다. 좋은 친구 사이의 아름다운 우정을 일컫는 관포지교의 주인공인 관중과 포숙아 가운데 관중이 바로 관자(管子)이다. 관중(管仲)의 본래 이름은 관이오(管夷吾)인데 높여서 부를 때는 관자라고 한다. 그의 자(字)가 중(仲)이라서 관중이라고 많이 불린다. 관자는 공자보다도 100여 년 앞선 시대의 인물이다. 우리는 중국 사상을 말할 때 공자나 노자로부터 시작하는데 사실 관자는 공자나 노자보다 시대가 앞선 인물이고, 사상적으로도 주목할 만한 것이 많이 있다. 중천 김충렬도 중국철학사에서 공자보다 앞서 관자의 철학사상을 중요하게 높이 평가하고, 관자를 실천적 철학자라고 언급하였다.

관중은 중국 역사에서 가장 성공하고 유능한 정치인이자 사상가이다. 관중은 춘추전국시대를 통틀어서 가장 유명하고 성공한 인물로서 많은 사람의 본보기이기도 하였다. 자부심이 높기로 유명한 삼국지의 주인공 제갈량조차도 젊은 시절 자신을 관중에 비유할 정도로 관중은 대단한 인물이었다. 공자나 맹자는 학문적으로 덕치와 왕도 정치를 주장하였지만, 현실 정치에서는 성공하였다 할 수 없다. 그러나 관중은 40여 년간 제(齊)나라의 재상으로 있으면서 제나라 환공(桓公)을 도와서 제나라를 최고의 강대국으로 만들었고, 다른 제후국을 외교적으로 지휘하여 패권을 쟁취하는 데 성공한 뛰어난 정치가이자 정치사상가라고 할 수 있다.

관중은 귀족의 후예였으나, 그가 태어났을 때는 이미 몰락한 상태여서 청년 시절을 빈곤하게 보냈다. 젊은 시절부터 생계를 위해서 장사하며 떠돌아다녔다. 관중은 어려운 생활 가운데도 총명하고 배우기를 좋아했으며 큰 꿈을 가지고 있었다. 그래서 학문과 무예를 익히고 병법을 깊이 연구하였다. 관중은 장사하러 여러 나라를 다니면서 각지의 지형, 민속, 경제, 정치 상황 등에 대한 정보를 깊이 숙지하였다. 관중은 친구 포숙아(鮑叔牙)와 더불어 같이 장사도 하고, 전쟁에 출정하기도 하고, 벼슬을 구하기도 하였다. 관중은 재상의 자리에 오르기 전에 많은 실패와 시행착오를 겪었지만, 친구 포숙아의 도움으로 숱한 어려움을 극복할 수 있었다. 그래서 자기를 낳아준 사람은 부모이지만 자기를 알아준 사람은 포숙아라고 고백하였다.

관중은 포숙아와 함께 제나라 군주의 아들 즉 공자(公子)를 맡아서 가르치는 스승이 되었다. 관중은 공자 규를 포숙아는 공자 소백을 가르쳤는데 두 사람은 권력을 놓고 서로 목숨을 건 투쟁을 하였다. 결과는 포숙아가 모시던 소백이 제나라 군주가 되고, 관중이 모시던 규는 죽음에 이르렀다. 모시던 공자가 죽으면 따라 죽는 것이 관례인데 관중은 죽지 않고 살아남았다. 승리한 소백의 편에 섰던 포숙아는 재상이 될 기회가 생겼으나, 포숙아는 자기 대신에 관중을 재상으로 추천하였다. 소백이 바로 제나라 환공이 되었다. 환공은 자기를 죽이려고 하였던 정적을 재상으로 삼고, 관중은 자기가 죽이려고 하였던 제나라 환공의 재상이 되었다.

재상이 된 관중은 환공을 보좌하여 제나라를 새롭게 개혁하여 부강한 나라로 발전시켰다. 농업을 진흥시키고 상공업을 활성화하여 백성들을 부유하게 하는 한편, 뛰어난 인재를 천거하게 하고 행정을 개편하고 군사력과 외교를 강화하였다. 나라가 부유하고 백성이 강하게 되자 강력한 국력을 바탕으로 제후들과의 동맹을 주도하였다. 제나라가 중심이 되어 중원의 제후국 힘을 단결시켜서 존왕양이의 기치 아래 주나라 왕실을 받들고 외부 적들의 침략을 물리쳤다. 그래서 중원의 문화를 지키고 평화를 유지하는 데 크게 기여하였다. 공자는 관중을 평가하기를 “관중은 환공이 제후들을 제패하여 온 천하를 바로잡도록 보필해 주어 백성들이 오늘에 이르기까지 그 은택을 입고 있다. 관중이 없었더라면 나는 아마 머리를 풀어서 늘어뜨리고 옷자락을 왼쪽으로 여미는 오랑캐의 통치하에 살고 있었을 거야!”라고 하면서 관중에게 어질다는 찬사를 아끼지 않았다.

2) 노나라의 『논어』와 제나라의 『관자』

『관자』라는 고전에는 관중이 어떻게 해서 제나라를 혁신하고 어떻게 부강한 나라를 만드는 데 성공하였는지에 대한 사상과 정책이 담겨 있다. 이처럼 중요한 고전임에도 『관자』가 널리 알려지지 않은 것은 중국에서 유교가 국교가 되면서 유교 중심의 가치관이 동아시아를 지배하였기 때문이다. 그래서 유교와 사상이 다른 『관자』는 정당한 평가를 얻지 못하였다. 유교는 인의의 도덕적 가치를 최우선으로 하지만, 관자는 이익을 중시하고 실용적인 가치를 우선으로 한다. 사실 중국인들의 살아가는 모습을 보면 유교적 도덕에 의해서가 아니라 이익을 중시하면서 이익을 좇아서 살아가는 사람이 대부분이다. 이러한 중국인의 이익 추구 경향은 『관자』라는 고전에도 잘 나타나 있다.

『논어』가 노나라의 정치철학을 대변하는 고전이라면 『관자』는 제나라의 정치철학을 대표하는 고전이다. 노나라는 제나라에 비해서 국력이 많이 떨어질 뿐만 아니라 문화가 많이 다르다. 노나라는 예의와 전통, 도덕적 가치를 중시하였다면, 제나라는 공을 세우는 것을 숭상하고 능력 있는 인재를 높이는 상현(尙賢)을 중시하였다. 또한 노나라는 문을 중시하였다면 제나라는 무를 숭상하였다. 이처럼 이웃 국가이지만 정치적 · 문화적 전통이 많이 다르다 할 수 있다. 그런데 공자로 인해서 노나라의 문화를 반영하는 『논어』의 가치가 부각되면서, 제나라의 실용주의적 사상을 대표하는 『관자』라는 책은 정당한 평가를 받지 못하다가 근대에 와서 학자들에 의해서 재평가되고 있다.

『관자』는 정치와 정책에 대한 풍부한 아이디어를 담고 있기 때문에 경세가라면 가까이하지 않을 수 없었다. 정치 · 외교의 구체적 방법론을 간직하고 있기 때문이다. 조선시대에 서애 류성룡도 『관자』를 보고 정책에 활용하였고, 다산 정약용도 관자를 무척 중시하였다. 다산의 저서 『목민심서』의 '목민' 이라는 단어도 바로 『관자』의 첫 편명에 나오는 말이다.

3) 『관자』라는 문헌

『관자(管子)』에 나타난 철학사상에 관한 연구에 앞서 『관자』라는 문헌에 대한 검토를 먼저 할 필요가 있다. 『관자』는 다른 어떤 텍스트보다 저자와 저술 연대에 대해 논란이 많은 저작이다. 저작자에 대해서는 1) 관중(管仲)[16]유저설(遺著說), 2) 비관중유저설, 3) 종합설 등 크게 세 가지 주장이 있다.[17] 관중유저설은 다시 관중 자신이 관자를 지었다는 설, 관중 시대의 사관 기록설, 관중의 제자와 문인이 지었다는 설로 나뉜다. 또한 유저설은 『관자』 전체를 유저로 보는 입장과 경언(經言) 등 일부를 유저로 보는 견해가 있다.

이에 대해 일찍이 송대에 주희는 『관자』를 관중이 지은 것이 아니고, 전국시대 사람이 관중의 언행과 사적(事績)을 모으고 또한 다른 책을 덧붙여 지은 것이라고 하였다.[18] 다른 학자들도 『관자』에 관중 후대에 일어난 일과 인물이 일부 들어있는 점을 들어서 관중이 지은 것이 아니라고 보는 학자가 많다. 관중의 유저가 아니라고 주장하는 쪽에서는 장따이넨(張岱年)처럼 '관중학파'의 저술로 보는 견해와 펑요란(馮友蘭)처럼 직하학궁(稷下學宮)[19]의 학보 또는 논문총집으로 보거나 꾸제강(顧頡剛)처럼 '직하총서'로 보는 견해가 있다.[20] 종합설은 관중의 유저와 관중학파의 저작 또는 직하학사들의 논저가 합쳐져서 지금의 『관자』가 되었다는 주장이다. 『관자』 저자에 대한 연구자들의 주장을 종합해 보면, 관중의 문인·제자와 당시의 사관이 기록한 관중의 언행과 사적이 『관자』의 한 부분을 구성하고, 여기에다가 직하학궁을 중심으로 활동하였던 관중학파 학자들의 저작이 합쳐져서 지금의 『관자』가 이루어진 것으로 파악한다. 비록 관중 자신 직접 지은 것은 아니지만, 관중의 언행과 사적을 토대로 하고, 또

16) 관자의 이름은 夷吾, 자는 仲. 출생 연도는 정확하지 않은데 대략 기원전 725년 전후이며 기원전 645년까지 생존했다. 기원전 685년부터 645년 사이에 약 40년간 제나라 재상을 지내면서 환공을 도와서 제나라를 춘추시대 최강대국으로 발전시킨 명재상이다.

17) 池萬興, 『管子研究』, 北京: 高等教育出版社, 2004. 60-63쪽 참조.

18) 『朱子語類』 권137, "管子非仲所箸. 仲當時任齊國之政, 事甚多. 稍閑時, 又有三歸之溺, 決不是閑工夫著書底人. 著書者是不見用之人也. 其書老莊說話亦有之. 想只是戰國時人收拾仲當時行事言語之類著之, 幷附以它書." 참조.

19) 직하학궁의 역사와 기능 및 직하학에 대해서는 다음 저서가 참고 된다. 바이시(白奚) 저, 『직하학연구』, 이임찬 역, 소나무, 2013.

20) 池萬興, 『管子研究』, 北京: 高等教育出版社, 2004. 5쪽 참조.

한 관중을 추존(推尊)했던 전국시대 관중학파 학자들의 저작이 합쳐져서 지금의 『관자』가 성립된 것이다. 『관자』의 저술 연대는 저자 문제와 밀접히 맞물려 있다. 저술 시기에 대해서는 춘추시대설, 춘추에서 전국시대설, 춘추시대에서 진한시대설, 전국시대설, 전국시대에서 진한시대설 등이 있지만, 관중이 활동하던 춘추시대부터 전국시대 직하학궁이 쇠망하기 전까지로 보는 것이 설득력이 있다고 할 수 있다.

『관자』는 전국 말기에 이미 널리 전파되었고[21], 서한(西漢) 시대에도 읽혔다. 사마천도 『사기(史記)』「관안열전(管晏列傳)」에서 관중의 글을 읽었다고 하였다.[22] 서한의 유향(劉向)이 관자 문헌 564편을 수집하여 중복되는 것을 정리하여 86편으로 편집하여 전하였다. 그 가운데 11편은 제목은 있으나 본문이 남아 있지 않아서 지금은 75편만 내용이 전해오고 있다.

『관자』에는 제법가(齊法家)의 사상이 많이 담겨 있다.[23] 그런데 제법가는 한비자나 상앙의 법가와는 달리 각박하지 않으며 도덕과 예의의 중요성에 대해서도 인정하고 있다. 성악설을 기본으로 하면서도 인간의 정리(情理)를 중시하고 있다. 또한 제법가는 도가적 요소를 흡수하여서 도를 중시하여 법의 근거로 삼고 있다. 이처럼 『관자』에는 법가의 법과 유가의 예, 도가의 도가 융합되어 있을 뿐만이 아니라, 음양오행설 등 다양한 사상의 영향도 반영되어 있다. 그렇다고 해서 『관자』를 단순히 다양한 사상과 학설을 모아놓은 잡가로만 보아서는 안 된다. 『관자』에는 법 · 도 · 예를 융합하여 나라와 세상을 다스리는 방도를 중심으로 하면서도 심신을 수양하는 방법도 논하고 있고, 나아가 자연의 도에 대한 담론까지도 포함

21) 『韓非子』「五蠹」, "今境內之民皆言治, 藏商 · 管之法者家有之." 참조.

22) 『史記』「管晏列傳」, "吾讀管氏牧民, 山高, 乘馬, 輕重, 九府 …… 詳哉其言也." 참조.

23) 제법가(齊法家)의 특징에 대해서는 바이시(白奚), 『직하학연구』, 이임찬 역, 소나무, 2013, 418-419쪽 참조.

하고 있으며 이것이 상호 유기적으로 체계를 이루고 있다.

『관자』는 법가, 도가, 유가 등을 융합하고 있을 뿐만 아니라, 그 내용에 있어서 철학 · 윤리 · 정치 · 외교 · 행정 · 경제 · 자연학 등을 두루 종합하고 있다. 『관자』에 대해 최근 중국학계에서는 활발한 연구가 이루어져 많은 논문과 저서가 나오고 있고, 『管子學刊』이라는 전문 학술지도 간행하고 있다. 이에 비해 국내 학계에서의 연구는 경제사상 · 정치사상 위주이고, 철학 관련은 주로 「심술상」, 「심술하」, 「백심」, 「내업」 등 네 편 위주로 이루어져 왔다. 이 글에서 우리는 유가, 도가, 법가 등 제자백가를 융합한 『관자』에 대해서 도론 · 심성론과 수양론 · 윤리 사상 · 법치 사상을 중심으로 살펴보도록 한다.

2. 도론(道論): 도를 따라야 성공하고 행복할 수 있다

관자 철학의 핵심 개념으로 도(道)가 있다. 중국철학에서 최고 개념인 천(天)에 대한 인식이 『관자』에서는 인격적 주재천에서 벗어나고 있다. 『관자』에서 천은 일정한 법칙에 따라 운행되는 물리적 하늘 또는 자연의 의미가 강하다. "하늘과 땅처럼 공평무사하게 할지니, 어찌 사사로움과 편애함이 있을 것인가?"[24] 천은 지와 나란히 사용되어 물리적 하늘을 뜻하거나 자연환경을 지칭하는 경우가 많다.[25] 천 개념이 인간 행동의 선악을 내려다보고 화와 복을 주는 유의지적 인격신의 의미로부터 탈피하고 있다. 『관자』에서는 천보다는 오히려 도 또는 천도의 개념이 더욱 중요하

24) 관자』「牧民」, 김필수 · 고대혁 · 장승구 · 신창호 역, 소나무, 2015, 29쪽. "如地如天, 何私何親?"

25) 池萬興, 『管子硏究』, 北京: 高等敎育出版社, 2004, 92-93쪽 참조.

다. 『관자』는 도에 대해서 어떻게 이해하고 있는 것일까?

「심술상(心術上)」에서 '허무(虛無)'와 '무형(無形)'을 도라고 규정한다.[26] 즉 도는 구체적 형상이 있는 것이 아니고, 구체적 사물을 이루는 근본적 요소 또는 그것을 규정하는 원리적인 것이다. 이러한 도는 멀리 있지 않지만 이르기는 어렵고, 사람과 함께 가까이 있으면서도 얻기는 어려운 것이라고 한다.[27] 도가 하늘과 땅 사이에 존재하는 것은 크게 말하면 도는 포괄하지 않음이 없고, 작게 말하면 아주 작은 것 안에도 도가 있다.[28] 도는 일정한 형상이 없기 때문에 만물 속에 두루 흐르면서도 스스로는 변하지 않는 불변성을 지닌다.[29] 또한 도는 의도적으로 작위하지 않는 무위성을 속성으로 하기도 한다.[30] 그리고 도는 사람을 편안하게 하지만 말로 설명할 수는 없다.[31] 즉 도는 무형성, 편재성, 불변성, 무위성 등을 특성으로 한다.

도는 감각적으로 파악할 수 있거나, 언어로 충분히 설명할 수 없는 것이다. 도는 만물을 낳고 만물을 완성시키는 만물의 본원이다.[32] 만물이 도로부터 나왔으므로 도는 만물에 보편적으로 편재하면서 만물을 지배하는 존재이다. 도는 다시 천도(天道)와 지도(地道)로 나눌 수 있다. 천의 도는 '비어 있음'〔虛〕이고, 지의 도는 '고요함'〔靜〕한데, 천의 도는 비어 있기 때문에 다함이 없고, 지의 도는 고요하므로 변하지 않는다. 그리고 변하지 않기 때문에 지나침이 없다고 한다.[33]

---

26) 『管子』「心術上」, "虛無無形謂之道." 참조.

27) 『管子』「心術上」, "道, 不遠而難極也, 與人並處而難得也." 참조.

28) 『管子』「心術上」, "道在天地之間也, 其大無外, 其小無內." 참조.

29) 『管子』「心術上」, "天之道, 虛其無形. 虛則不屈, 無形則無所位迕, 無所位迕, 故徧流萬物而不變." 참조.

30) 『管子』「心術上」, "以無爲之謂道." 참조.

31) 『管子』「心術上」, "在道可安而不可說." 참조.

32) 『管子』「內業」, "凡道, 無根無莖, 無葉無榮, 萬物以生, 萬物以成, 命之曰道." 참조.

도와 덕의 관계를 보면, "도가 머무는 곳이 덕"("德者, 道之舍"[34])이다. 그리고 덕이란 만물을 화육(化育)하는 것이다. 도는 비록 무형 무위이지만 도가 머무는 바의 사물의 덕을 떠나서 도가 따로 있는 것은 아니다. 그러므로 도와 덕은 서로 틈이 없다고 한다. 도는 덕의 근거이면서 본질 내용이다.[35]

『관자』는 사람이 도를 따라서 살아야 한다고 본다. 도를 거스르면 살아가거나 성공하기가 어렵다. 특히 천하를 다스리거나 나라를 다스리는 정치에서는 도를 따라야만 백성들의 민심을 얻을 수 있어서 성공할 수 있다. 도는 인간이 그것을 따라서 잘 쓰면 복리를 가져다준다. 도를 지극히 행하면 천하가 복종한다고 한다.

> "도는 한 사람이 써도 남았다는 소리를 듣지 못했고, 천하에 시행해도 부족하다는 소리를 못 들었다. 이것을 일러서 도라고 한다. (도를) 적게 취하면 복을 적게 얻고 크게 취하면 복을 크게 얻는다. 모조리 행하면 천하가 복종하고, 조금도 취하지 아니하면 백성이 이반하고 자신은 상해를 벗어나지 못한다."[36]

인간은 도를 잃으면 죽고 도를 얻으면 산다. 그리고 사람이 하는 일이 성공하느냐 실패하느냐 하는 것도 도를 얻느냐 그렇지 못하냐에 달려있다.[37] 인간은 자신의 행복과 성공을 위해서도 반드시 도를 인식하고 실천하지 않으면 안 된다. 모든 일은 법으로 감독하지만, 법의 근거는 권력에

---

33) 『管子』「心術上」, "天之道虛, 地之道靜, 虛則不屈, 靜則不變. 不變則無過." 참조.

34) 『管子』「心術上」, "德者, 道之舍. 物得以生生, 知得以職道之精." 참조.

35) 張立文 主編, 『道』, 北京: 中國人民大學出版社, 1989. 57쪽.

36) 『管子』「白心」, "道者, 一人用之, 不聞有餘; 天下行之, 不聞不足. 此謂道矣. 小取焉則小得福; 大取焉 則大得福; 盡行之而天下服; 殊無取焉則民反, 其身不免于賊."

37) 『管子』「內業」, "人之所失以死, 所得以生也. 事之所失以敗, 所得以成也." 참조.

서 나오고, 권력은 궁극적으로 도로부터 나온다고 하여[38], 도를 법 위에 두고 있다. 우주와 자연의 도는 인간의 정치 사회규범으로서의 법이 따라야 할 상위의 근거이다.

『관자』는 존재를 설명하기 위해 도 외에도 정기(精氣)라는 개념을 사용한다. 정기는 만물을 구성하는 가장 기본적 요소이다. 정기는 천지간에 충만하여 그것이 크게는 미치지 않는 곳이 없고, 작게는 아무리 적은 곳에도 있지 않는 곳이 없다.

> "무릇 사물이 지닌 정기가 합하면 만물을 생성한다. 땅에서는 오곡을 낳고, 하늘에서는 뭇별이 된다. 천지 사이에 떠돌아다니는 것을 귀신이라 한다. 가슴 속에 간직하고 감추고 있는 사람을 성인이라 한다."[39]

정(精)은 '기(氣)의 정(精)' 즉 기의 정수이다. 기가 있으면 살고 기가 없으면 죽는다고 하여 기가 생명력에 관건이 된다고 본다.[40] 『관자』「심술」 등 4편에서 도의 의미는 그 실제에 있어서 만물을 형성하는 근원적 존재인 '기' 또는 '정기'의 의미와 유사하게 사용하는 경우가 많다. 이 점에서 『관자』의 사상은 유물론적인 것으로 해석하기도 한다.

다른 한편 『관자』는 정기보다 더 구체적인 물질인 지(地)와 수(水)를 만물의 근본으로 중시한다. 「수지」 편에서 지(地)는 만물의 본원이고, 모든 생명의 뿌리라고 인식한다. 또한 수는 지의 혈기로서 근맥(筋脉)의 흐름과 같고, 그래서 물은 재료〔具材〕라고 한다. 물이 만물의 본원이므로, 어떤

---

38) 『管子』「心術上」, "故事督乎法, 法出乎權, 權出乎道." 참조.

39) 『관자』, 김필수 · 고대혁 · 장승구 · 신창호 역, 소나무, 2015, 502쪽.

40) 『管子』「樞言」, "道之在天者, 日也; 其在人者, 心也. 故曰: 有氣則生, 無氣則死, 生者以其氣." 참조.

물 주위에서 사느냐 하는 것은 인간의 심성에까지 큰 영향을 미친다고 이해한다.[41]

요컨대 『관자』는 우주의 근본을 '허무' '무형'의 도 개념으로 설명한다. 도는 무형성, 불변성, 편재성, 무위성을 특성으로 하며 인간이 추구해야 할 규범의 근거이다. 『관자』의 다른 한편에서는 도보다 구체적인 기(氣)와 정기(精氣), 지(地), 수(水)의 개념으로 만물의 역동적 변화와 다양성을 설명한다. 그리고 도와 기는 별개의 것이 아니라, 실제적으로는 서로 통하는 개념으로 사용하기도 한다.[42] 그런데 『관자』에서 도를 지키는 것의 의미는 도덕적 의무라기보다는, 개인과 국가의 존속 발전과 성공을 위해 유리하다는 공리주의적 접근을 취한다. 도와 기와 법, 형이상학과 수양론과 정치론을 유기적 통일적으로 종합한 황로(黃老) 사상이 『관자』의 도론과 사상에 깊이 자리하고 있다.[43]

3. 심성론과 수양론: 안으로는 마음을 고요히 하고 밖으로는 몸을 공경히 하라!

『관자』는 국가 경영에 관한 내용이 중심을 이루고 있지만, 마음과 본성 그리고 심신 수양의 문제에 대해서도 중요하게 논의하고 있다. 「심술상」에서 우리 인간에게 있어서 마음의 지위와 기능을 국가 정치에 있어서 군

---

41) 『管子』「水地」, "夫齊之水遒躁而復, 故其民貪麤而好勇 …… 宋之水輕勁而清, 故其民簡易而好正. 是以聖人之化世也, 其解在水. 故水一則人心正, 水淸則民心易." 참조. 나라별 백성의 성정을 그 나라의 물의 특성과 연관시켜 설명하고 있다.

42) 馮友蘭, 『中國哲學史新編』(第二册), 1980년 수정본, 203쪽.

43) 『管子』와 황로 사상에 대해서는 바이시(白奚), 『직하학연구』, 이임찬 역, 소나무, 2013, 422-445쪽; 김희정, 『몸 · 국가 · 우주 하나를 꿈꾸다』, 궁리, 2008, 15-42쪽 참조.

주의 지위와 기능에 비유하고, 우리 몸의 각종 감각기관은 신하들의 관직에 비유한다.[44] 군주가 제 자리를 잘 지키고 있으면 신하들이 각자 자기 직분을 잘 수행하는 것처럼 마음이 욕심을 버리고 평정을 잘 유지해야 이목구비의 감각기관이 제 기능을 정확하게 발휘할 수 있다. 만일 마음에 욕심이 가득하면 대상이 지나가도 눈이 보지 못하고 소리가 울려도 듣지 못한다고 한다.[45] 그런데 마음은 독립적 실체로 존재하는 것이 아니다. 생명이 있어야 마음이 생각할 수 있고, 또한 생명은 기가 있어야 가능하다. 즉 마음의 활동은 궁극적으로 몸의 기에 의존하는 것으로 이해한다.[46]

정신을 맑게 하는 수양의 단계를 「심술상」에서는 다음과 같이 논한다. "욕심을 버리면 마음이 트이고, 마음이 트이면 고요하고, 고요하면 정밀해지고, 정밀해지면 홀로 선다. 홀로 서면 밝고, 밝으면 신묘하다. 신묘함은 지극히 귀한 것이다."[47] 「심술하」에서는 인식에 대해서도 논한다. 뜻이 전일하고 마음이 한결같으며 이목이 단정하면 멀리 떨어진 증험을 알 수 있다고 한다.[48] 또한 "생각하고 생각하며 또 생각하라. 생각해서 얻지 못하면 귀신이 가르쳐준다고 하는데, 이것은 귀신의 힘이 아니라 정기(精氣)의 지극함에서 오는 것이다."[49]라고 하여 사유의 힘을 강조한다. 즉 올바른 인식을 위해서는 욕심을 제거하고 마음을 고요히 하고 이목의 감각기관을 바르게 하고, 생각을 지극히 하면 문제의 해법을 찾을 수 있다고

44) 『管子』「心術上」, "心之在體, 君之位也; 九竅之有職, 官之分也." 참조.

45) 『管子』「心術上」, "心處其道, 九竅循理; 嗜欲充益, 目不見色, 耳不聞聲." 참조.

46) 『管子』「內業」, "氣, 道乃生, 生乃思, 思乃知, 知乃止矣." 참조.

47) 『管子』「心術上」, "去欲則宣 宣則靜矣 靜則精 精則獨立矣 獨則明 明則神矣 神者至貴也."

48) 『管子』「心術下」, "專於意, 一於心, 耳目端, 知遠之證." 참조.

49) 『管子』「內業」, "思之, 思之, 又重思之. 思之而不通, 鬼神將通之. 非鬼神之力也, 精氣之極也."

한다. 참된 인식을 위해서는 마음의 수양이 무엇보다 중요한 것으로 파악한다.

특히 도를 인식하기 위해서는 먼저 마음이 안정되고 다스려져야 한다. 마음이 안정되고 다스려지면 자연히 이목의 감각기관도 다스려지고 안정이 되어 도를 이해할 수 있게 된다.[50] 마음을 고요히 하는 것과 함께 마음에 아무런 감춤도 없이 텅 비워야 한다. 인위적으로 지혜를 구하려는 생각마저 없어야 한다.[51] 이러한 허의 경지에서 참된 지혜의 문이 열린다.

「내업(內業)」에서는 마음이 평정을 잃는 이유를 근심·즐거움·기쁨·노여움·욕심·이기심〔憂樂喜怒欲利〕이라고도 하고[52], 또는 기쁨·노여움·근심·걱정〔喜怒憂患〕이라고도 한다.[53] 그러면 어떻게 감정을 통제할 수 있을까? 분노를 그치는 데는 시가 좋고, 즐거움을 절제하는 데는 예(禮)만한 것이 없다. 그리고 예에는 경(敬)만한 것이 없고, 다시 경을 지키는 데는 정(靜)만한 것이 없다고 한다. 안으로는 마음을 고요히 하고 밖으로는 몸을 공경히 하면〔內靜外敬〕 본성을 회복할 수 있다고 한다.[54] '내정외경' 을 통해 본성을 회복하고 중정(中正)을 유지하는 것이 요구된다. 그리고 집일(執一) 즉 하나를 지키어 잃지 않아야 만물을 주체적으로 지배할 수 있다고 한다. 군자가 사물을 부리되 사물에 부림을 받지 않으려면 집

---

50) 『管子』「內業」, "何謂解之? 在於心安 我心治 官乃治 我心安 官乃安 治之者心也 安之者心也." 참조.

51) 管子』「心術上」, "故曰: 不潔則神不處. 人皆欲知而莫索之其所以, 知, 彼也, 其所以知, 此也. 不修之此, 焉能知彼? 修之此, 莫能虛矣. 虛者, 無藏也. 故曰: 去知則奚率求矣? 無藏則奚設矣. 無求無設則無慮, 無慮則反覆虛矣." 참조.

52) 『管子』「內業」, "凡心之刑, 自充自盈, 自生自成. 其所以失之, 必以憂樂喜怒欲利. 能去憂樂喜怒欲利, 心乃反濟." 참조.

53) 『管子』「內業」, "凡人之生也, 必以平正, 所以失之, 必以喜怒憂患." 참조.

54) 『管子』「內業」, "是故止怒莫若詩. 去憂莫若樂, 節樂莫若禮, 守禮莫若敎, 守敬莫若靜, 內靜外敬, 能反其性, 性將大定." 참조.

일(執一)이 이루어져야 한다고 인식한다.[55] 「내업」의 수양론에서 중시하는 개념은 하나를 잡는 집일(執一), 중정(中正), 정(靜), 허(虛), 경(敬), 예(禮) 등이다. 허정(虛靜), 집일(執一)은 도가적 개념이고, 경과 예는 유가적 개념이라면, 중은 공통된 덕이라고 할 수 있다. 수양론에서는 유가와 도가 개념이 함께 병용되지만, 도가의 영향이 더 우세하다.

『관자』에서는 마음의 문제뿐만이 아니라, 본성에 대해서도 논하고 있는데 유가의 성선설과는 다르다. 『관자』에 나오는 인간은 대체로 이익을 좋아하고 손해를 싫어하는 본성을 지닌 존재이다. 백성이 이익을 추구하는 것은 물이 아래로 흐르는 것과 같고, 그들은 이익을 위해서라면 어떤 힘든 것도 감수하는 존재라고 인간을 이해한다.

> "무릇 사람의 심정은 이익을 보면 나아가지 않는 사람이 없고, 해로움을 보면 피하지 않는 사람이 없다. 상인들이 장사를 할 때, 하루에 이틀 길을 가고, 밤낮을 가리지 않으며, 천 리를 멀다고 여기지 않는 것은 이익이 앞에 있기 때문이다. 어부가 바다에 들어갈 때, 바다의 깊이가 만 길이나 되는데도 파도에 맞서고, 격류를 거슬러 가면서 백 리를 모험하여 아침 일찍부터 밤늦게까지 바다에서 나오지 않는 것은, 이익이 물에 있기 때문이다. 그러므로 이익이 있는 곳이라면 천 길이나 되는 높은 산이라도 올라가지 않는 곳이 없고, 아무리 깊은 물이라도 들어가지 않는 곳이 없다. 그러므로 나라를 잘 다스리는 군주는 권세와 이익의 근원에 처한다."[56]

> "백성은 이로움이 있으면 오고, 해로움이 있으면 떠난다. 백성이 이익을 좇음은 물이 낮은 곳으로 흐를 때 동서남북을 가리지 않는 것과 같다. 그러므로

55) 『管子』「內業」, "執一不失, 能君萬物. 君子使物, 不爲物使." 참조.

56) 『관자』, 김필수 · 고대혁 · 장승구 · 신창호 역, 소나무, 2015, 550쪽.

백성을 불러오려는 사람은, 먼저 이로움을 일으키면 부르지 않아도 백성이 스스로 찾아온다. 싫어하는 것을 설치하면 불러도 백성이 오지 않는다."[57]

인간은 또한 본성적으로 안락 · 부귀 · 안전 · 생존을 추구한다. 반면에 멸절 · 빈천 · 위태 · 고통은 싫어한다.[58] 『관자』의 정치사상은 이러한 본성론을 기초로 하고 있다. 백성의 본성과 민심을 충족시키는 나라는 유지 발전하고, 그것을 무시하고 거역하는 나라는 존속할 수 없다고 인식한다. 『관자』의 본성론은 맹자와는 매우 다르고, 순자의 성악설에 영향을 주었다고 할 수 있다. 수양론에서는 유가와 도가적 개념, 예컨대 경(敬)과 정(靜)을 아우르는 특성을 보여준다.

4. 윤리 사상: 곡간이 차야 예절을 안다

『관자』에는 성공적인 국가 경영을 위한 정치 · 행정 · 법 · 경제와 관련된 내용이 많지만, 윤리에 대한 관심도 적지 않게 나타나 있다. 세상을 다스리는 데 있어서 필요한 통치자의 윤리, 백성의 윤리와 관련된 것이 많다. 「목민(牧民)」에서는 "곡간이 차면 예절을 알고, 먹고 입는 것이 넉넉하면 영광과 욕됨을 안다."[59]라고 하였다. 윤리의식이 물질적 조건에 영향받는다는 뜻이다. 이것은 윤리의식을 인간 삶의 경제적 조건과 긴밀하게 연결된 것으로 파악하는 것이다.

또한 「목민」에서는 국가를 유지하는 데 필요한 중요한 네 가지 덕목으

57) 『관자』, 김필수 · 고대혁 · 장승구 · 신창호 역, 소나무, 2015, 615쪽.

58) 『管子』「牧民」, "政之所興, 在順民心 …… 民惡滅絶, 我生育之." 참조.

59) 『管子』「牧民」, "倉廩實則知禮節, 衣食足則知榮辱."

로 예(禮) · 의(義) · 염(廉) · 치(恥)를 제시한다. 이 네 가지 가운데 하나가 끊어지면 나라가 기울고, 두 가지가 끊어지면 위태롭고, 세 가지가 끊어지면 뒤집어지고, 네 가지가 끊어지면 망한다고 한다.[60] 즉 예 · 의 · 염 · 치와 같은 도덕적 요인들이 나라를 유지하는 데 핵심적 기능을 수행한다고 인식한다. 국가란 단순히 경제력이나 군사력으로만 유지되는 것이 아니고, 도덕적 요인도 매우 중요하다는 인식을 잘 보여주고 있다. 그런데 여기서 말하는 예 · 의 · 염 · 치의 의미를 살펴보면, 예란 절도를 넘지 않음이다. 예가 있으면 절도를 넘지 않기 때문에 윗사람이 편안할 수 있다고 한다. 아무래도 권력과 부를 가진 사람은 교만해져서 자신을 절제하기 어렵다. 그러므로 윗사람일수록 절도를 지켜야 그 자리가 안전해질 수 있다. 의란 스스로 (벼슬길에) 나아가지 않음이다. 의로운 사람은 적어도 벼슬을 얻기 위해서 고의로 자기를 과시하지 않는다. 그렇게 되어야 백성들 사이에 교활함이나 속임이 없게 된다. 염은 잘못을 은폐하지 않음이다. 사람이 살아가면서 잘못을 범할 수도 있지만, 잘못을 범하고서는 은폐하기 쉬운데 염은 그것을 은폐하지 않음이다. 잘못을 은폐하지 않게 되면 행동이 스스로 다시 온전해진다. 치 즉 부끄러움이란 그릇된 것을 따르지 않음이다. 부끄러움을 아는 사람은 그릇된 것을 따르지 않는다. 그릇된 것을 따르지 않으면 잘못된 일이 발생하지 않는다. 『관자』「목민」에서 강조하는 예 · 의 · 염 · 치의 네 가지 덕목은 중국 도덕교육사에서 핵심적 가치로 인식되어 널리 교육하였다.

「오보(五輔)」에서는 예에 대해 좀 더 자세히 설명하고 있다. 상하 간에 의가 있어야 하고(上下有義), 귀천 간에 분수가 있어야 하고(貴賤有分), 장유 간에 등급이 있어야 하고(長幼有等), 빈부 간에 절도가 있어야 한다(貧富有

60) 『管子』「牧民」, "國有四維, 一維絶則傾, 二維絶則危, 三維絶則覆, 四維絶則滅. 傾可正也, 危可安也, 覆可起也. 滅不可復錯也. 何謂四維? 一曰: 禮, 二曰: 義, 三曰: 廉, 四曰: 恥." 참조.

度)고 하여 이 여덟 가지를 예의 경(經)이라 한다.[61] 여기서 보면 상하 · 귀천 · 빈부 등 사회적 지위에 따른 행위 방식의 차이를 강조함을 알 수 있다. 만일 이것이 지켜지지 않아서 상하 간에 의가 없으면 어지러워지고, 귀천 간에 분수가 없으면 다툼이 일어나고, 장유 간에 등급이 없으면 등지게 되고, 빈부 간에 절도가 없으면 절제를 그르친다. 그렇게 되면 나라가 혼란해지게 된다. 그러므로 예는 사회질서 유지를 위해 중요한 기능을 수행한다. 만약 예가 잘 지켜지면 군주는 중정(中正)해서 무사(無私)하고, 신하는 충신(忠信)해서 당을 짓지 않고, 아비는 자혜(慈惠)로서 가르치고, 자식들은 효제로서 엄숙하고, 형은 관대함으로 타이르고 아우는 화순함으로 공경하고, 남편은 돈후와 충성으로 굳건하고 아내는 권면하여 정조를 지킨다고 한다.[62] 여기서 중요한 사회관계의 범주는 군신, 부자, 형제, 부부 등이다. 대체로 유교 오륜과 비슷하지만, 붕우 간의 규범이 없고, 군주에게 중정(中正)이 강조되는 점이 특징이다. 그런데 이러한 예는 사람의 정에 근거하고 의로움의 이치에 기반해서 마디와 무늬〔節文〕를 만든 것이라고 하여[63] 유가적 예관과 유사한 측면을 보여준다.

『관자』는 지나치거나 치우침이 없이 절도 · 중도에 맞아야 한다는 중(中)의 윤리를 중시하고 있다. 예컨대 감정이 지나치거나 생각이 지나치거나 음식을 지나치게 먹는 것 등은 모두 좋지 않다고 한다. "먹는 것은 배부르지 않아야 하고, 생각은 지나치게 나가서는 안 된다."[64] 즉 관자는 적

61) 『管子』「五輔」, "曰: 民知義矣, 而未知禮, 然後飾八經以導之禮. 所謂八經者何? 曰: 上下有義, 貴賤有分, 長幼有等, 貧富有度. 凡此八者, 禮之經也." 참조.

62) 『管子』「五輔」, "故上下無義則亂, 貴賤無分則爭, 長幼無等則倍, 貧富無度則失. 上下亂, 貴賤爭, 長幼倍, 貧富失, 而國不亂者, 未之嘗聞也. 是故聖王飭此八禮以導其民. 八者各得其義, 則爲人君者中正而無私, 爲人臣者忠信而不黨, 爲人父者慈惠以教, 爲人子者孝悌以肅, 爲人兄者寬裕以誨, 爲人弟者比順以敬, 爲人夫者敦懞以固, 爲人妻者勸勉以貞." 참조.

63) 『管子』「心術上」, "禮者, 因人之情, 緣義之理, 以爲之節文者也. 故禮者謂有理也." 참조.

절한 중의 알맞음을 추구한다. 그리고 교만하지 말고 겸허할 것을 다음과 같이 강조한다.

"이미 가지고 있으면서도 가득 채우려 하면, 이에 위태로워진다. 명성이 천하에 가득한 것은 버리는 것만 못하다. 명성이 나아가면 몸이 물러나는 것이 하늘의 도다. 지나치게 번성한 나라에서 벼슬을 맡아서는 안 되고, 지나치게 번성한 집안에 딸을 시집보내서는 안 되며, 교만하고 포악한 사람과 사귀어서는 안 된다."[65]

"홍성하고서 쇠락하지 않는 것은 없다. …… 높은 지위에 있으면 현명한 선비를 추천하고, 많은 봉록을 향유하면 힘써 베풀고, 공이 커도 내세우지 않고, 사업이 번성해도 자랑하지 않는다."[66]

강하면서 교만하면 그 강함이 손상되고, 약하면서도 교만하면 빨리 망한다고 한다. 반면에 강하면서도 겸손하고 의로우면 그 강함을 펼칠 수 있고, 약한 자도 겸손하고 의로우면 벌을 면할 수 있다고 한다.[67] 즉 강하냐 약하냐를 불문하고 교만은 좋지 않고, 반면에 겸손하면 강한 자에게도 좋고 약한 자에게도 좋다는 것이다.

위정자의 덕으로서는 사심 없는 공정성을 중시한다. 군주는 총애하는

---

64) 『管子』「內業」, "食莫若無飽, 思莫若勿致."

65) 『관자』「白心」, 김필수 · 고대혁 · 장승구 · 신창호 역, 소나무, 2015, 439-440쪽. "持而滿之, 乃其殆也, 名滿于天下, 不若其已也. 名進而身退, 天之道也. 滿盛之國, 不可以仕任; 滿盛之家, 不可以嫁子; 驕倨傲暴之人, 不可與交."

66) 『管子』「宙合」, "盛而不落者, 未之有也. …… 爵尊卽肅士, 祿豊則務施, 功大而不伐, 業明而不矜."

67) 『管子』「白心」, "强而驕者損其强, 弱而驕者亟死亡; 强而卑義信其强, 弱而卑者免于罪." 참조.

사람, 좌우의 시종, 명문가 출신, 존귀한 신하, 대신이라고 하여 실제 이상으로 공적을 과대평가해서는 안 된다. 반대로 소원한 사람, 비천한 사람, 숨어있는 사람이라고 하더라도 노고가 있으면 그것을 잊지 말아야 한다.[68] 그래야만 국민이 법을 지키고 위정자를 신뢰하기 때문이다. 위정자가 정치의 질서를 잡으려면 무엇보다 공정해야 하며 또한 신뢰를 얻어야 한다. 관중은 정치를 하면서 이웃 나라 제후들에게 믿음을 주고자 하였다. 그래서 억지로 한 약속이라도 일단 군주가 한번 한 약속은 반드시 지키고자 하였다.[69] 「추언(樞言)」에서도 선왕은 성신(誠信)을 귀하게 여겼다고 하고서 성신은 천하를 묶는 것이라고 강조한다.[70] 또한 법치의 정착을 위해서도 세워진 법에 따라 잘한 사람은 반드시 상을 주고 잘못을 범하면 반드시 처벌하여 법에 대한 신뢰를 높이는 것이 필요함을 역설한다.

『관자』에서 정치와 관련하여 중시하는 윤리 덕목은 '신뢰'와 (도와 법을 따르고 사사로움을 배격하는) '공정성'이다. 윤리 사상에서 예・의・염・치를 중시하는 것은 유가 윤리와 겸허를 강조하는 것은 도가 윤리와 유사하다. 윤리의식을 경제적 조건과 밀접히 연관된 것으로 파악하는 한편, 윤리의 사회질서 유지 기능을 중시하는 특징을 보여준다.

5. 법치의 경세론: 법치가 질서와 번영을 가져온다

『관자』에는 법사상이 풍부하게 나타나 있다. 법의 정의, 세(勢)의 중요

68) 『管子』「七法」, "論功計勞 …… 本兵之極也." 참조.

69) 제나라 환공이 노나라 장공과 회담할 때 노나라의 조귀가 칼로 협박하자 환공은 제나라가 점령한 노나라의 영토를 돌려주겠다고 약속하였다. 비록 부당한 약속이지만 관중은 환공으로 하여금 이 약속을 지키게 하여 제후들 사이에서 신뢰를 얻게 된다.

70) 『管子』「樞言」, "先王貴誠信. 誠信者, 天下之結也." 참조.

성, 상과 벌, 법 집행의 공정성 문제 등에 대해서 논하고 있다. 먼저 법의 정의부터 살펴보자. "법은 천하의 정식(定式)이고 만사의 의표(儀表)이다."[71] 즉 천하의 세상을 다스리는 일정한 기준이고, 만사를 판단하는 일정한 기준이다. 천하의 기준으로서 의심스러운 것을 결정하고 시비를 밝히는 표준이다.[72] 이처럼 중요한 법은 천하의 지극한 도라고도 규정한다.[73] 법은 국가의 존망치란이 달린 것이며, 성군이 국가의 최고 준칙으로 삼는 것이다. 군/신 · 상/하 · 귀/천을 막론하고 모두가 준수해야 하는 것이다.[74] 인의예악도 모두 법에서 나온 것이라고 하여, 법을 근원적인 것으로 인식한다.[75] 요임금과 황제가 천하를 잘 다스린 것도 법에 밝았기 때문이다.[76] 법은 세분하면 다시 법(法), 율(律), 영(令)으로 나누어진다. 법은 공을 일으키고 포악한 사람을 두렵게 하는 것이고, 율은 분수를 정하여 다툼을 그치게 하는 것이며, 영은 사람들로 하여금 (나라의) 일을 알게 하는 것이다. 이러한 법과 율과 영은 관리와 백성들에게 일과 행동의 척도와 잣대의 역할을 하는 것으로써 규구(規矩)와 승묵(繩墨)에 비유된다.[77]

「정세(正世)」는 천하의 이익은 나라가 다스려지는 것보다 큰 것이 없고, 해악은 나라가 혼란한 것보다 큰 것이 없다고 한다.[78] 그런데 천하의 이

---

71) 『管子』「明法解」, "法者 天下之定式也, 萬事之儀表也."

72) 『管子』「禁藏」, "法者, 天下之儀也. 所以決疑而明是非也, 百姓所懸命也" 참조.

73) 『管子』「任法」, "法者天下之至道也." 참조.

74) 『管子』「任法」, "君臣上下貴賤皆發焉, 故曰法." 참조.

75) 『管子』「任法」, "所謂仁義禮樂者, 皆出于法, 此先聖之所以一民者也." 참조.

76) 『管子』「任法」, "昔者堯之治天下也, 猶埴之在埏也, 唯陶之所以爲; 猶金之在罏, 恣冶之所以鑄. 其民引之而來, 推之而往, 使之而成, 禁之而止. 故堯之治也, 善明法禁之令而已矣. 黃帝之治天下也, 其民不引而來, 不推而往, 不使而成, 不禁而止. 故黃帝之治也, 置法而不變, 使民安其法者也." 참조.

77) 『管子』「七臣七主」, "夫法者所以興功懼暴也 律者所以定分止爭也 令者所以令人知事也 法律政令者, 吏民規矩繩墨也." 참조.

78) 『管子』「正世」, "夫利莫大於治, 害莫大於亂." 참조.

익이 되는 다스림을 위해서는 온정주의적인 방법으로는 한계가 있으므로 법과 금령을 확립해야 한다. 성군은 제도와 법규를 세워 설치하기를 천지가 견고함과 같이 하고, 별자리가 한결같음과 같이 하고, 해와 달이 밝음과 같이 하고, 사계절이 일정함과 같이 한다.[79] 반면에 어리석은 군주는 법을 세우고도 바로 폐지하고 명령을 내리고도 다시 거두어들이고, 법을 왜곡하여 사사로움을 따르고 명령을 훼손하여 온전하지 않다고 한다.[80] 즉 법과 명령은 함부로 제정하고 함부로 거두어들여서는 안 된다. 확고한 안정성이 보장되어야 한다. 법을 한번 제정하면 자주 변화해서는 안 된다. 그러나 법이 반드시 절대적인 것은 아니어서 시대에 따라서 변하기도 하고 사회 풍속에 따라 바뀔 수는 있는 것이다.

법을 잘 집행하기 위해서는 군주가 술수를 겸해야 하며, 또한 권세를 지니고 있어야 하며 솔선해야 한다. 군주에게 중요한 것은 권세이다. 군주가 군주로서 역할을 할 수 있는 것은 지모나 덕 때문이 아니라 세가 있기 때문이다. 군주는 신민의 생사, 귀천, 빈부를 좌우할 권세를 가지고 있어야 한다.[81] 군주는 절대로 권세를 신하에게 양도해서는 안 된다. 군주는 이러한 세를 배경으로 하여 법을 제정하고 영을 시행할 수 있다. 또한 법을 세우고 영을 집행하기 위해서는 군주가 상과 벌을 가지고 있어야 한다. 상과 벌은 지나치게 가벼워서는 효험이 없으므로 효과를 보기 위해서는 적당히 무거워야 한다.

---

79) 『管子』「任法」, 김필수 · 고대혁 · 장승구 · 신창호 역, 소나무, 2015. 484쪽. "故聖君失度量, 置儀法, 如天地之堅, 如列星之固, 如日月之明, 如四時之信, 然故令往而民從之." 참조.

80) 『管子』「任法」, "而失君則不然, 法立而還廢之, 令出而后反之, 枉法而從私, 毁令而不全,"

81) 『管子』「任法」, "故明王之所操者六: 生之, 殺之, 富之, 貧之, 貴之, 賤之, 此六柄者, 主之所操也." 참조.

"상이 백성을 권면하기에 충분하지 않으면 사민(士民)을 부릴 수 없고, 형벌이 두렵게 하기에 충분하지 않으면 포악한 사람이 금령 어기기를 가볍게 여긴다."[82]

법으로써 나라를 다스림에 있어서 법을 만드는 주체는 군주이고, 법을 수호하는 자는 신하이고, 법을 본받아야 하는 자는 백성이라고 한다.[83] 군주는 법을 제정하는 권력을 지니고, 관리들은 법을 수호하고 집행하는 역할을 하고, 일반 평민들은 법을 준수하고 따라야 하는 것으로 파악하였다.

법치의 확립을 위해서는 군주의 '무사공정(無私公正)'이 무엇보다 중요하다. 군주는 매사에 법의 원칙을 공정하게 지켜야 한다. 귀한 신하의 요구라고 법을 무시해서도 안 되고, 부유한 사람이 재물로 벼슬을 구해도 법을 어겨서는 안 된다. 천한 사람의 요구를 동정심 때문에 법을 어기며 들어서도 안 되고, 측근이나 아름다운 미녀의 요구라고 하더라도 법을 어겨서는 안 된다고 한다.[84] 법의 적용은 친하고 소원함, 멀고 가까움, 귀하고 천함, 아름답고 추함과 관계없이 오직 법도에 따라 판단해야 한다고 한다.[85]

군주는 법령을 제정함에서 임의로 함부로 해서는 안 되고, 나라와 백성을 위해서 합리성을 가지고 일정한 한도 안에서 해야 한다. 군주가 법을 제정한다고 하더라도 그것은 군주의 자의에 의해서가 아니라 도의 법칙

82) 『管子』「正世」, "故賞不足勸, 則士民不爲用; 刑罰不足畏, 則暴人輕犯禁."

83) 『管子』「任法」, "夫生法者君也, 守法者臣也, 法于法者民也." 참조.

84) 『管子』「任法」, "凡爲主而不得用其法, 不適其意, 顧臣而行, 離法而聽貴臣, 此所謂貴而威之也. 富人用金玉事主而來焉, 主離法而聽之, 此所謂富而祿之也. 賤人以服約卑敬悲色告愬其主, 主因離法而聽之, 所謂賤而事之也. 近者以逼近親愛有求其主, 主因離法而聽之, 此謂近而親之也. 美者以巧言令色請其主, 主因離法而聽之, 此所謂美而淫之也." 참조.

85) 『管子』「任法」, "治世則不然, 不知親疏遠近, 貴賤美惡, 以度量斷之." 참조.

에 따라서 합리적으로 제정해야 한다. 법은 상위의 도를 따라야 하는 것이다. 하늘의 도를 얻으면 모든 일이 자연스럽게 추진되지만, 만약 하늘의 도를 잃어버려서 위배하면 지금 무너지지 않고 서 있다고 하더라도 불안하다.[86] 만약 군주가 무리하게 법령을 남발하면 그것은 군주 자신에게도 좋지 않다. "군주는 백성에게 세 가지 바람이 있는데 그것을 절제하지 않으면 군주의 자리가 위태롭다."[87] 여기서 세 가지 바람이란 구함〔求〕, 금지함〔禁〕, 명령〔令〕이다. 구하는 것이 많으면 얻는 것이 적고, 금하는 것이 많으면 그치는 것이 적고, 영이 많으면 행해지는 것이 적다. 그러므로 군주는 법령을 정할 때 함부로 많이 해서는 안 되고 꼭 필요한 경우에 신중하게 구하고, 금하고, 영을 내려야 한다.[88]

『관자』는 법치 시스템을 구축해서 사회질서를 확립하고 안정 속에서 번영하는 부강한 국가 건설을 지향하였다. 『관자』의 법치 사상은 순자와 한비자에게 영향을 주었다. 그런데 『관자』의 법치 사상은 인간에게 이익과 형벌이 전부라고 여기지는 않는다. 인간적인 사랑과 정리도 중시한다.

> "옛날 현명한 군주는 천하의 백성을 사랑했기 때문에 천하가 귀부했고, 폭군은 천하의 백성을 미워했기 때문에 천하가 이반했다. 그러므로 재화만으로는 사랑을 표현하기에 부족하고, 형벌만으로는 미워하기에 부족하다. 재화는 사랑을 표현하는 수단의 말단이고, 형벌은 미움을 표현하는 수단의 말단이다."[89]

---

86) 『管子』「形勢」, "得天之道, 其事若自然, 失天之道, 雖立不安." 참조.

87) 『管子』「法法」, "君有三欲于民, 三欲不節, 則上位危."

88) 『管子』「法法」, "三欲者何也? 一曰求, 二曰禁, 三曰令, 求必欲得, 禁必欲止, 令必欲行. 求多者, 其得寡; 禁多者, 其止寡; 令多者, 其行寡. 求而不得, 則威日損; 禁而不止, 則刑罰侮, 令而不行, 則下凌上. 故未有能多求而多得者也, 未有能多禁而多止者也, 未有能多令而多行者也." 참조.

『관자』의 법사상은 제법가(齊法家)로서 삼진법가(三晋法家)와는 차이가 있다.[90] 한비자, 이사, 상앙의 법가 사상은 냉혹하고 각박하며 법만을 중시하고 도덕과 인정, 예교를 무시하는 경향이 있다. 이에 반해 『관자』의 제법가 사상은 법을 중시하면서도 도덕과 예의의 가치에 대해서도 일정하게 인정하는 예법병용(禮法幷用)의 입장을 보여준다. 또한 법의 근거를 도에 두고 도를 모형으로 삼아 법을 제정하려는 도법결합(道法結合)의 특성을 보여준다.

6. 맺음말: 도와 법과 예를 융합하다

우리는 『관자』의 철학과 경세론을 도론, 심성론과 수양론, 윤리 사상, 법치 사상을 중심으로 살펴보았다. 『관자』의 사상은 일견 잡다해 보이지만 내적으로 나름의 유기적 논리 구조를 형성하고 있다. 가장 큰 특징은 도와 법과 예가 융합된 체계를 형성하고 있다는 점이다. 『관자』의 철학사상은 유교의 도덕지상주의와도 다르고 법가의 법만능주의와도 차이가 있다. 『관자』는 법을 중시하면서도 도덕과 예의의 중요성에 대해서도 아울러 인정함으로써 예법병용 또는 덕법겸치를 기본으로 한다. 그리고 도와 법을 통합적으로 파악하고 있다. 도론에서 도는 존재의 근원으로서 기와 밀접한 연관성을 지님과 동시에 삶과 정치 규범의 근거로도 이해하고 있다.

마음의 기능을 군주의 지위와 같은 것으로 보며 마음의 수양을 중시하는데, 수양의 방법에서는 정(靜)과 경(敬)을 아우른다. 본성론에서는 인간

89) 『관자』「心術下」, 김필수 · 고대혁 · 장승구 · 신창호 역, 소나무, 2015. 431쪽.
90) 바이시(白奚), 『직하학연구』, 이임찬 역, 소나무, 2013, 419쪽 참조.

의 이익 추구 본성을 인정하고 중시하며, 이를 바탕으로 정치사상을 전개한다. 윤리 사상에서는 『관자』에도 인(仁) 개념이 단편적으로 나오기는 하지만, 인보다는 예의 개념이 중심이다. 개인 윤리적인 것보다는 사회질서 유지를 위한 사회윤리적 관점이 강조되고 있다. 그리고 법치의 확립을 위한 공정성과 신뢰의 가치를 중시한다. 법치 사상에서는 법을 강조하면서도 예의와 도덕도 아울러 긍정하여 법가의 각박한 점을 완화하고 있다. 『관자』의 철학은 직하학궁에서 연구하였던 순자에게 큰 영향을 주어서[91] 맹자 유학의 관념성을 극복하는 데 기여하였다. 『관자』는 부국강병을 위한 정치 · 경제적 내용이 위주이지만, 단순히 실용적인 정책적 내용으로만 구성된 것은 아니다. 그 근저에는 도, 기, 덕, 예, 의, 법, 심 등의 개념을 중심으로 세계와 인간, 현실과 이상에 대한 깊은 철학적 통찰을 보여준다.

91) 北京大學哲學系 中國哲學教研室, 『中國哲學史』, 北京: 北京大學出版社, 2001, 75쪽.

제15장

서애 류성룡과 율곡 이이의 경세론 비교

1. 조선의 최고 경세가, 류성룡과 이이

서애 류성룡(1542~1607)과 율곡 이이(1536~1584)는 동시대를 살았던 대학자요 경세가이다. 그동안 율곡 이이는 주로 퇴계 이황과 많은 비교 연구가 이루어져 왔다. 그러나 연배로 보면 이황과 이이는 스승과 제자의 사이이다. 그에 비해 류성룡과 이이는 나이도 비슷할 뿐만 아니라, 10여 년간 선조 시대에 함께 정치를 했던 동료 정치인이었다.

이이는 『경연일기』에서 류성룡에 대해서 몇 차례 언급하고 있다. 류성룡이 상주목사로 외직에 나가게 되자 선비들은 모두 그가 외직에 나가는 것을 애석하게 여겼다고 이이는 기록한다. 그러면서 "류성룡은 재주와 식견이 있고 일을 설명하여 아뢰는 것이 능하므로 경연에서 계사(啓辭)를 하면 사람들이 모두 찬탄하였다."[92]라고 장점을 말한다. 그러면서도 단점으로는 "다만 한 마음으로 봉공(奉公)하지 못했고 때로는 이해관계를 살피

92) 『국역 율곡전서 VI(경연일기)』, 경진(1580년) 4월. 한국정신문화연구원, 1996, p.259.

는 뜻이 있으므로, 군자는 부족하게 여겼다."[93]라 하였다. 또한 류성룡을 성혼·이이·이발·김우옹·정인홍과 더불어 청명(淸名)의 선비라고 지칭하였다.[94] 그리고 류성룡이 정치에 있어서 근본적 장책이 무엇인지를 이이에게 묻자, 이이는 "위로는 임금의 마음을 바루고 아래로는 조정을 밝게 하는 것이 근본적인 장책이오. 임금의 마음이 선비들을 가벼이 여기고 오히려 유속(流俗)을 좋아하시는데 어찌 시사가 다스려질 가망이 있겠소."[95]라고 하였다. 또한 류성룡은 이이의 공안(貢案) 개혁 주장에 동의하여 "이 일은 서둘러서 해야 할 것입니다."[96]라 하였다. 1581년 10월에 천재(天災)가 발생하자 이에 대해 선조가 대신들에게 대응 방안을 논의하게 했다. 이때 정승과 판서를 비롯한 요직에 있는 사람들이 각자 의견을 말했다. 그런데 이이는 이들 대신들의 진술이 좀스러워서 취할 것이 없었고, 오직 이이 자신과 류성룡이 아뢴 것만이 정치의 대체(大體)를 말하였다고 기술한다.[97] 이것을 보면 이이는 류성룡에 대해서 정치적 식견을 높이 인정한 것이라고 볼 수 있다. 그렇다면 류성룡은 이이에 대해서 어떻게 생각하였을까?

> "이이가 논한 것은 아주 옳지 않습니다. 대개 이이의 사람됨이 천품이 고매하고 글을 본 것 또한 많으니 배우지 않은 것은 아닙니다. 다만 함양한 힘이 없기 때문에 언론(言論)과 처사(處事)에 있어 경솔한 점이 많습니다. 지금 논한 것도 이 병통으로 인연하여 망발한 것입니다."[98]

93) 『국역 율곡전서 VI(경연일기)』, 경진(1580년) 4월. 한국정신문화연구원, 1996, p.259.
94) 『국역 율곡전서 VI(경연일기)』, 신사(1581년) 4월. 한국정신문화연구원, 1996, p.280.
95) 『국역 율곡전서 VI(경연일기)』, 신사(1581년) 4월. 한국정신문화연구원, 1996, p.280.
96) 『국역 율곡전서 VI(경연일기)』, 신사(1581년) 5월. 한국정신문화연구원, 1996, p.288.
97) 『국역 율곡전서 VI(경연일기)』, 신사(1581년) 10월. 한국정신문화연구원, 1996, p.312.

류성룡은 이이의 천품이 고매하고 학식이 높은 것을 인정하면서도 다만 함양한 힘이 부족해서 언론과 처사에 있어 경솔한 점이 많다고 한계를 지적한다. 선조 15년(1582년) 이이가 네 가지 시폐의 개정을 논한 상소문을 올렸을 때 류성룡은 말하기를 "경장(更張: 개혁)하는 것은 진실로 옳은 것이다. 하지만 그의 재주로 그 일을 해내지 못할까 염려될 뿐이다."[99] 하였다. 류성룡은 경장 자체를 반대하는 것이 아니라, 경장을 수행할 역량이나 준비가 부족한 현실에서 무리한 경장이 가져올 부작용을 우려하였다.

이이는 류성룡이 뛰어난 학식과 경륜을 가지고도 자신의 경장론에 적극 동조하지 않자 탄식하기를 "류성룡은 재주와 기개가 참으로 특출하지만, 우리와 더불어 일을 함께하려고 하지 않으니, 우리들이 죽은 뒤에야 반드시 그의 재주를 펼 수 있을 것이다."[100]라고 하였다고 한다. 임진년에 왜란이 일어나자 류성룡이 국사를 담당하여 군무(軍務)를 요리하게 되었는데, 그는 늘 "이이는 선견지명이 있고 충근(忠勤)스런 절의가 있었으니, 그가 죽지 않았다면 반드시 오늘날에 도움이 있었을 것이다."[101]고 하였다 한다.

이이의 후예들이 쓴 문헌에 보면 이이의 시무책이 받아들여지지 않은 것은 류성룡이 동의하지 않았기 때문이라고 말한 곳도 있다. 그러나 이이가 직접 서술한 『경연일기』를 보면 이이의 시무책 건의와 경장론이 수용되지 않은 것은 선조 임금 자신이 경장이나 변법에 매우 소극적이고 신중하였기 때문이지 결코 류성룡이 반대해서 시행되지 않은 것은 아니다.[102]

---

98) 『선조실록』 13권, 선조 12년(1579년) 6월 8일 임오 2번째 기사.

99) 『선조수정실록』 16권, 선조 15년(1582년) 9월 1일 병진 1번째 기사.

100) 『선조수정실록』 16권, 선조 15년(1582년) 9월 1일 병진 1번째 기사.

101) 『선조수정실록』 16권, 선조 15년(1582년) 9월 1일 병진 1번째 기사.

102) 이이의 개혁 논의에 대해 선조가 소극적인 이유는 다음 논문을 참고. 류을하, "십만양병설의 실체", 『서애연구』 제2권, 서애학회, 2020, pp.209-215.

일부 학자들은 이이가 앞날을 내다보고 십만양병론을 주창하였는데 류성룡은 양병불가론을 주장한 것처럼 말하기도 하였다. 그러나 이에 대해서는 최근에 반박하는 반론이 많이 제기되고 있다.[103] 하여간 이이와 류성룡은 당대의 시국을 이끌고 있던 경세의 두 축이었음은 틀림이 없다.

류성룡과 이이는 선조 임금 시대에 조정에 함께 있으면서 같은 청명의 선비로서 때로는 서로 협력하기도 하였고 때로는 이견을 보이기도 하였다. 서로가 특히 심하게 이견을 보인 것은 붕당과 관련된 문제였다. 이이는 비교적 심의겸에 우호적이었고 류성룡은 김효원에 공감하여서 서로의 입장에 차이를 보여주었다. 이러한 붕당에 대한 입장의 차이로 시간이 지날수록 당쟁이 격화하면서 두 사람 사이의 거리는 멀어져 갔다.

이이가 성리학 방면에 많은 저술을 남긴 것에 비해 류성룡은 성리학 분야에 저술을 많이 남기지는 않았다. 그러나 류성룡도 학자로서 사상과 학문에 관심이 적지 않았다. 두 사람은 주류 학문인 성리학 또는 주자학에 대한 인식에서 상당한 차이가 있었다. 또한 두 사람은 모두 조선 중기를 대표하는 경세가라고 할 수 있는데, 경세에 대한 이념과 방법에서 어떻게 차이가 있는지 본격적인 비교 연구가 별로 이루어지지 않았다. 두 사람이 서인과 남인의 정치적 · 사상적 · 정신적 태두임을 고려할 때 이러한 비교 연구는 매우 중요한 의미가 있다.

우리는 이 글에서 동시대를 살았던 류성룡과 이이의 사상과 경세론이 어떻게 같고 다른지를 비교해 보고자 한다. 이를 위해서 주자학의 격물치지 문제에 대한 입장과 육왕학에 대한 인식을 중심으로 두 사람의 사상

103) 이재호, "선조수정실록 기사의 의점에 대한 변석 - 특히 이율곡의 「십만양병론」과 류서애의 「양병불가론」에 대하여", 『대동문화연구』19집, 대동문화연구원, 1985, pp.189-232.; 송복, 『서애 류성룡 위대한 만남』, 지식마당, 2008, pp.27-49.; 류을하, "십만양병설의 실체", 『서애연구』 제2권, 서애학회, 2020, pp.199-268.

차이를 비교하고자 한다. 그리고 붕당의 발생 원인과 대처 방법에 대한 인식 비교, 시무책 상소 비교, 북변 사태에 대한 대책 비교를 통해 경세론의 공통점과 차이점이 무엇인지를 살펴보도록 한다.

2. 류성룡과 이이의 사상 비교 – 주자학과 육왕학에 대한 인식을 중심으로

이이와 류성룡이 활동하던 시대는 주자학이 주류 학문이었다. 이이는 한때 금강산에 입산하여 불교를 공부하기도 하였지만, 다시 세상으로 나와서는 과거시험을 공부하고 퇴계 선생을 방문하여 가르침을 받았다. 우계와의 논쟁에서 드러나듯이 이이는 사상적으로 주자학을 기반으로 하고 있다. 이것은 그의 주저인 『성학집요』에 잘 나타나 있다. 이이는 성리학의 제반 철학적 문제 예컨대 이기론 · 심성론 등에 대해서 우계 성혼과 주고받은 서한에 그리고 『성학집요』에 체계적으로 자신의 입장을 잘 드러내고 있다. 이이는 이기론과 심성론, 수양론에 있어 퇴계와 입장을 달리하지만 크게 보면 철학적으로 주자학의 틀에서 벗어나지는 않는다.

류성룡 역시 퇴계의 문하생으로서 주자학 또는 성리학이라는 학문을 지적 기반으로 하고 있다. 그러나 류성룡은 17세에 이미 『양명집』을 접하고 양명학 · 상산학에 대해서도 많은 관심을 보였다. 주위의 선배와 동학의 우려와 비판에도 불구하고 류성룡은 육왕학을 탐구하였다.[104] 물론 류성룡도 공식적 표면적으로는 육왕학을 배척하고 주자학을 높이는 것처럼

104) 류성룡 주위의 사우들 사이에는 류성룡이 선학 즉 육왕학을 한다는 소문이 돌아서 류성룡이 이것에 대해서 해명해야 하는 처지에 내몰리기도 하였다. 그래서 류성룡은 동강 김우옹에게 자신의 입장을 편지로 설명하였다.(『西厓集』 권11, 「答金肅夫」 참조.)

보인다. 그러나 비공식적으로는 행간에 육왕학에 대한 관심을 유지하고 있다.[105] 류성룡은 이이와 달리 이기론이나 심성론에 대해서는 체계적인 저술은 남기지 않았다. 그러나 수양론에 대한 관심은 사우와 주고받은 서한 등에 잘 나타나 있다.

> "지난날에는 망녕된 생각으로, 옛사람의 학문도 특별한 묘법(妙法)이 없고, 근본은 다만 조존(操存)과 함양(涵養)으로써 흩어진 마음을 수습하는 일 하나에 있다고 생각하였습니다. 만약 여기에서 힘을 얻지 못하여 근본 바탕이 허탕하여 의거할 곳이 없게 되면 학문과 사변(思辨)을 펼 수 없어서, 입으로 말하고 귀로 들은 것이 천언 만언(千言萬言)이라도 모두 일을 성공시키지 못할 것입니다."[106]

주자학의 핵심적 저술인 『대학장구』의 격물설에 대해서 류성룡은 과감하게 주자와 다른 해석을 제시한다. 주자는 『대학』에 격물치지에 대한 설명이 누락되었다고 보아서 그것을 보완하는, 이른바 보망장(補亡章)을 지었다. 주자는 수기치인을 위해서는 격물치지를 가장 먼저 수행해야 할 중요한 과제라고 인식하였다. 천하의 일초일목(一草一木)에조차도 이치가 없는 곳이 없다고 보았다. 그래서 만물의 이치를 탐구하여 앎을 완성하는 치지를 성의정심에 앞서는 중요한 과제로 여긴 것이다. 이이는 격물치지에 대한 해석에 있어서 정자와 주자의 학설을 그대로 수용하고 있다.[107]

---

105) 류성룡의 양명학 이해에 보이는 양면성과 관련해서는 다음 논문 참조. 최재목, "서애 류성룡의 양명학 이해에 보이는 '양면성' 해명 시론", 『서애연구』 제6권, 서애학회, 2022, pp.149-193.

106) 『국역 서애집1』, 민족문화추진회 편, 솔, 1997, p.341. 「答趙士敬」, "從前妄意. 以爲古人爲學. 別無妙法. 其本惟在於操存涵養. 收拾放心一事. 若於此未得力. 根本田地. 蕩無可據. 則學問思辨. 更無可施. 而口耳間千言萬言. 都不濟事."

그러나 류성룡은 『대학』의 격물치지에 대한 주자의 해석에 동의하지 않는다. 류성룡은 주자와 달리 『대학』에 격물치지에 대한 별도의 설명을 추가할 필요가 없다고 여긴다.[108] 류성룡에 따르면 '격물치지'는 '성의정심'이나 '수신제가' '치국평천하'와 별개의 것이 아니다. 어떻게 성의하고 어떻게 정심하고 어떻게 수신하고 어떻게 치국하고 어떻게 평천하할 것인가와 관련된 방법을 탐구하는 것이 격물치지이다.[109] 그러므로 격물치지는 대학의 전체에 걸쳐 있는 것이지, 처음 시작의 한 단계가 아니다. 류성룡의 대학에 대한 이러한 관점은 주자의 해석과는 거리가 있다.

류성룡은 무엇보다 마음을 다잡는 마음공부를 강조하는 심학적 경향을 보여준다.[110] 그래서 마음을 버리고는 격물치지를 논할 수 없다고도 한다.[111] 격물치지가 모두 심법이니 진부한 책에서 앎을 찾지 말라고까지 하였다.[112] 공부가 마음 가운데 이르면 일마다 참되고 만약 그렇지 않고 마음을 밖으로 하고 입과 귀에 의존하면 성명(性命)에 대한 고담준론도 또한 사람을 미혹할 수 있다고 한다.[113] 내 마음이 밝은 것이 해와 같아서 사특하고 망령된 것이 속이고 침해하고 기만하는 것을 용납하지 않는다고 한다.[114] 주자와 이이의 격물설이 외부 사물의 이치를 탐구하는 것을 중

107) 이이의 격물치지에 대한 이해는 『聖學輯要』「修己 上 窮理章」 참고.

108) 『西厓集』, 「大學章句補遺」, "且愚意常以爲格致章. 不必別立. 恐自大學之道在明明德. 直至平天下. 無非格致之說."

109) 『西厓集』, 「大學章句補遺」, "所謂格致者. 不過求其誠意正心修身之所爲事而已. 如此而爲誠意. 如此而爲正心. 如此而爲修身. 如此而爲齊治平."

110) 권오영, 『조선 성리학의 의미와 양상』, 일지사, 2011, pp.307-349. 참조.

111) 류성룡, 이재호 번역 · 감수, 『국역 서애전서Ⅱ - 1(잡저)』, 서애선생기념사업회, 2001, p.264, "故曰不可捨心論格致也." 참조.

112) 『西厓集』 권2, 「讀大學有感十首」, "須知格致皆心法. 莫向陳編枉索知" 참조.

113) 『西厓集』 권2, 「讀大學有感十首」, "功到心中事事眞. 若使外心資口耳. 高談性命亦迷人." 참조.

114) 『西厓集』 권2, 「讀大學有感十首」, "我有我心明似日. 不容邪妄謾侵欺." 참조.

시한다면, 류성룡의 격물설은 외부가 아닌 내부의 마음공부를 중시하는 특징을 보여준다.

류성룡은 스스로가 젊은 시절에 육상산의 사상을 좋아하여 그의 글을 베껴서 책을 만들어서 가지고 다녔다고 한다. 그러다가 32세 때 부친상을 당해서 금계산에 머물면서 『대혜어록』·『증도가』 등의 책을 보았다. 그런데 그 내용이 육상산의 학설과 비슷하다는 사실을 알고 이때부터 주희의 이론을 독실하게 믿었다고 한다.[115] 그러나 류성룡은 그 이후에도 육상산과 왕양명의 사상을 완전히 벗어나지는 않은 것으로 보인다. 그가 제자인 정경세에게 보낸 시에서 "吾心是宇宙"[116]라는 말을 쓰고 있는데, 이것은 육상산의 "宇宙便是吾心, 吾心便是宇宙"라는 핵심 요지를 그대로 따온 것이다. 그뿐만 아니라 류성룡은 시문에서 자기 집에 엄청난 재산을 가진 사람이 그것을 모르고서 밖으로 남의 집 문간을 다니며 바리떼로 동냥 다닌다는 비유를 쓰는데[117] 이것도 왕양명의 시에 나오는 구절과 일치하는 표현이다.[118] 즉 고귀한 내 마음을 두고 밖에서 즉 경전 구절에서 도를 찾는 것을 비판하는 것이다. 그 외에도 류성룡은 강 한가운데서 배를 잃어버리면 표주박 하나가 천금과 같이 귀하다고 하였는데[119], 여기서 표주박은 마음을 뜻하는 것으로써 마음을 중시하는 육상산의 사상과 유사

115) 『西厓集』 권15, pp.15-16, 「象山學與佛一樣」 참조.

116) 『西厓集』, 권1, p.12, 「寄鄭內翰景任」, "解道吾心是宇宙. 何人能了去來今. 雲歸碧落都無着. 水到滄溟儘自深. 風月欲迷周老室. 峩洋重入伯牙琴. 知君久抱男兒志. 切莫尋常枉寸陰." 참조.

117) 류성룡, 이재호 번역 · 감수, 『국역 서애전서 Ⅱ - 2 서(書)』, 「이숙평에게 회답하다.」, 서애선생기념사업회, 2001, p.204 참조.

118) 王守仁, 『王陽明全集 上』 권20, 「詠良知四首示諸生」, "人人自有定盤針, 萬化根源總在心, 却笑前顚倒見, 枝枝葉葉外頭尋, 無聲無臭獨知時, 此是乾坤萬有基, 抛却自家無盡藏, 沿門持鉢效貧兒." 참조.

119) 류성룡, 이재호 번역 · 감수, 『국역 서애전서 Ⅱ - 2 서(書)』, 「정경임에게 회답하다. 갑진년」, 서애선생기념사업회, 2001, p.177 참조.

하다. 이것을 보면 류성룡의 육왕학에 대한 관심과 애호는 생애에 걸쳐 지속된다고 할 수 있다. 그러나 류성룡이 육왕학의 모든 것을 다 그대로 수용한 것은 아니다. 그것의 문제점에 대해서도 분명하게 인식하고 있었다. 그래서 문제점은 문제점 그대로 비판하고 있다. 류성룡이 비판하는 양명학의 대표적 문제점은 지행합일설이다.[120] 그러면서도 받아들일 장점은 수용하고 있다. 육왕학의 장점은 무엇일까? 그것은 주체성 중시, 도문학보다 존덕성 중시, 이론보다 실천 중시, 마음 중시, 간결한 방법, 경전보다 현실 중시, 권위 답습이 아니라 창조적 대응 등이라고 할 수 있다.[121]

주자학에 대해서도 좋은 점은 시인하지만, 말폐에 대해서는 날카롭게 비판하면서 소위 주자학 한다는 선비들의 그릇된 병폐에 대해 엄중하게 경계하고 있다.[122] 주자학자들의 말폐란 지리한 도문학에 빠져서 존덕성을 소홀히 여기고, 독서 궁리에 몰두하여 현실의 실천에서 멀어지는 점, 경전의 말단 구절에 구애되어 창조적 대응 능력 상실 등이 그 예라고 할 수 있다.

이것은 류성룡의 사상이 정통 주자학과는 차이가 있음을 보여주는 것

120) 『西厓集』 권15, pp.5-6, 「知行合一說」 참조.

121) 류성룡이 "내 마음이 곧 우주(吾心是宇宙)"라는 구절을 즐겨서 쓴 것은 우주에서 자아의 주체성을 강조하는 것으로 볼 수 있다. 또한 "성현의 학문은 요점을 파악하는 것을 귀중히 여긴다.(聖賢之學貴知要)"는 말은 서애가 간결한 방법을 선호한 것으로 볼 수 있다. 마음을 중시하는 학문 경향은 "古人爲學. 別無妙法. 其本惟在於操存涵養"라는 구절에서 찾아볼 수 있다. 그리고 "경전을 공부하는 것은 시무를 알기 위한 것(夫通經所以識務)"이고, "옛것을 공부하는 것은 현재를 알기 위한 것(鑑古所以知今)"이라는 언명은 이론이나 경전보다 실천과 현실을 중시하는 류성룡의 사유 방식을 반영하는 것이다.

122) 류성룡은 「救俗學且自警」에서 가정 연간의 세속 학문 즉 주자학의 말폐에 대해서 경계하는 "嘉定年間末學弊. 尋枝摘葉儘無窮. 徒聞姬轍周天下. 不顧明堂盡日空. 燭幽莫忘徑寸鑑. 行船須倚半帆風. 看他擾擾昏昏地. 一念回光便見功."라는 글을 남겼다.(『西厓集』 권2, p.18.)

이다. 만약 겉으로, 공식적으로 표방하는 언설만 보고 류성룡을 주자학 또는 성리학의 틀 안에서만 보려고 한다면 이것은 류성룡 사상의 내적 본질을 올바르게 파악하는 데 한계가 있다.[123] 반면에 이이는 정주학의 철학적 노선을 기본으로 하고 있으며 그것을 그다지 벗어나지 않는다. 예컨대 대학의 격물치지에 대한 해석에서도 정자와 주자의 장구 해석을 그대로 수용하고, 이에 대해서 다른 해석을 시도하는 회재 이언적의 주장에 동의하지 않는다.[124]

이이는 육왕학에 대해서 많이 거론하지는 않았지만, 「학부통변발(學蔀通辨跋)」과 『성학집요』에서 약간의 언급을 하고 있다. 육상산, 왕양명의 학문을 이단으로 배척하고 주자학을 정학으로 옹호하기 위해 명대 학자 진건(陳建)이 지은 『학부통변(學蔀通辨)』을 이이는 「학부통변발(學蔀通辨跋)」에서 높이 평가하고 있다.[125] 또한 이이는 『성학집요』에서 불교의 해는 외부 도적의 침략과 같다면 육학의 해는 내부에서 간신이 나라를 그르치는 것처럼 은밀해서 방어하기가 더욱 어렵다고 비판한다.

> "육상산이 주자와 같은 시대에 살면서 격물치지의 공부를 배척하여 지루하고 번잡하여 참된 것을 잃어버린다고 여겨 오로지 본심(本心)의 공부에 힘썼

---

123) 학계에서는 "서애 학문의 중심은 퇴계로부터 주로 전수된 성리학이라고 말할 수 있는데 …… 서애는 유학 가운데서도 성리학만을 정통으로 인정하고 그 이외의 것은 이단으로 치부하여 한 단계 낮추어 다루고 있었음"(김호종, "서애 류성룡의 학문과 학통", 『역사교육논집』 31집, 역사교육학회, 2003, pp.142-143.)이라고 보는 관점도 있다.

124) 『栗谷全書』 권14, 「晦齋大學補遺後議」," 經文二節. 置之格物之章. 文義似順. 第未知必然否也. 但窮理者. 窮其所當然與其所以然. 而表裏精粗. 無所不盡. 則本末先後. 在其中矣. 若只窮其本末. 始終而已. 則無乃窮理功夫有所遺漏乎. 知止云云一節. 只言其效而已. 由是觀之. 雖欲由經文而下格物致知功夫. 實不得其下手處矣. 不如程朱二先生之說爲詳盡而有功程可進也." 참조.

125) 『栗谷全書』 권13, 「學蔀通辨跋」 참조.

다. 이것이 함양에 도움이 없는 것은 아니나 단 학자는 반드시 지와 행이 병진하여야 한다. 만약 도리를 알지 못하고 시비를 분별하지 못하면 이른바 존심이란 또한 장차 어디에 근거하겠는가? 만약 단지 정좌(靜坐)만하면 만 가지 이치가 스스로 밝아진다면 공자가 왜 문에 박학하라고 말하고 자사가 왜 도문학을 말하였겠는가? 이것은 선학의 피음사둔(詖淫邪遁)의 설에 가깝지 아니한가? 육상산이 죽고 나서도 그 학문은 끊기지 않고 오늘에 이르도록 주자의 정학(正學)과 병립해서 서로 대항하고 있다. 일종의 근로를 싫어하고 간편을 즐기는 무리들이 서로 더불어 깊고 황홀한 설을 지어서 덧붙이고 있다. 오호라 이 또한 사도의 불행인가? 선학은 비록 사람을 혹하게 하지만 그 말이 유가가 아니고 그 행동이 인륜을 절멸시킨다. 그래서 세상에서 조금이라도 인륜 도리를 아는 사람은 그것을 의심하고 막는다. 또한 정자와 주자의 벽이단을 통하여 그 자취가 거의 사라진 듯하다. 그런데 육학은 그렇지 않다. 말만하면 공자와 맹자를 언급하고 행동은 반드시 효제에 근본을 둔다. 그러나 그 마음씀의 정미한 곳은 곧 선학이다. 그것을 막는 것의 어려움은 어찌 부처의 10배가 아니겠는가? 부처의 해로움은 왜구의 침략과 같고 육상산의 학문의 해로움은 간신이 나라를 그르치는 것과 같다."[126]

이상에서 보면 이이는 주자학을 정학이라고 여기고 육상산의 학은 선

126) 『栗谷全書』 권20(『聖學輯要2』), 「窮理」, pp.65-66.: "又有陸象山. 與朱子竝世而生. 揮斥致知之功. 以爲支繁失眞. 專用功於本心. 此於涵養. 不爲無助. 但學者知行必須竝進. 若不知道理. 不辨是非. 則所謂存心者. 亦將何據. 若只靜坐而萬理自明. 則孔子何必曰博學於文. 子思何必曰道問學乎. 此不幾於禪學詖淫邪遁之說乎. 象山旣沒. 其學不絶. 至今與朱子正學. 竝立而相抗. 一種厭勤勞樂簡便之徒. 相與作爲幽深慌惚之說以附之. 嗚呼. 其亦斯道之不幸也歟. 禪學雖足以惑人. 其言非儒. 其行滅倫. 世間稍知有秉彜者. 固已疑阻. 又經程朱之闢. 宜乎其迹若埽矣. 陸學則不然. 言必稱孔孟. 行必本孝弟. 而其用心精微處. 乃是禪學也. 闢之之難. 豈不十倍於佛氏乎. 佛氏之害. 如外寇之侵突. 陸氏之害. 如奸臣之誤國."

학이라고 강력하게 배척하는 입장을 취한다. 그리고 주자와 같이 학문 방법상 격물치지를 무엇보다 중요하게 생각한다. 이에 비해 류성룡은 주자학을 존중하면서도 주자학의 폐단을 극복하려면 육왕학의 장점도 일부 수용하는 것이 필요하다고 여긴다. 류성룡은 육왕학이 비록 폐단이 있지만 나쁜 것으로만 볼 수는 없다고 인식한다.[127] 대학의 격물치지에 대해서도 주자와 다르게 이해한다. 이이가 도문학과 격물치지 공부를 더욱 중시한다면, 류성룡은 상대적으로 존덕성과 함양 공부를 더 강조한다.

이처럼 사상에 있어서 이이는 순수 주자학적이고 도문학과 격물치지를 강조하고, 류성룡은 주자학뿐만이 아니라 육왕학도 일부 수용하며 존덕성과 함양 공부를 중시하는 차이점이 있다. 류성룡은 이이보다 사상적으로 다원적이다.[128] 류성룡은 주자학과 육왕학뿐만이 아니라 공리(功利)를 중시하는 관자학(管子學)도 수용하고 있다.[129] 나아가 불교와 도가사상에 대해서도 개방적인 태도를 취한다. 특히 류성룡 만년의 시에는 불교나

---

127) 류성룡의 육왕학에 대한 양면적 태도는 월천 조목과 동강 김우옹에게 보낸 다음의 글을 참고. "夫江西之學. 路脈雖差. 而心身用功. 亦非偶然. 非悠悠者所可及. 言其非則有先賢之辨論. 言其難則非成龍所易効."(『西厓集』 권10, 10쪽, 「答趙士敬」,) "禪學之戒甚切. 然江西異學. 老先生固已十分痛闢. 儒家世守. 今不待辨說而明. 至如心神上所得長處. 自不可揜. 前賢亦取之矣. 庸何傷哉. 夫學問思辨省察克治. 固是急務. 若於心地間. 無培養涵蓄之力. 則亦何所憑據哉."(『西厓集』 권11, p.1, 「答金肅夫」)

128) 류성룡의 사상은 일원적이 아니고 다원적이라는 표현은 송복(연세대 명예교수) 선생이 2023년 2월 서애학회에서 언급하였다.

129) 류성룡은 조선의 학자로서는 보기 드물게 『관자(管子)』를 읽고 정책에 활용하였다. 예컨대 속오편을 말하면서 『관자』 내편과 관련해서 의미를 해석한다.(西厓集 권5, 37쪽) 「學以思爲主」에서도 『관자』에 나오는 思를 중시하는 "管子曰. 思之思之. 又重思之. 思之不通. 鬼神將通之. 非鬼神之力. 精誠之至也."라는 구절을 인용하고 있다. 「備邊雜錄」에서도 管子內政篇을 인용하고 있다. 「辭職箚子 戊戌十月初二日」에서도 "管子所謂四維不張"을 인용하고 있다. 「請措置糧餉啓」에는 소금을 이용한 경제정책과 관련해서 관중에 관한 사례가 나온다. 이것을 보면 류성룡은 『관자』에 대해서 평소에 상당히 깊이 연구하고 이해하였음을 알 수 있다.

도가와 관련된 시어가 많이 등장하는데[130] 이것은 그의 도불에 대한 개방적 태도와 관련이 있다.[131]

3. 류성룡과 이이의 경세론 비교

1) 붕당에 대한 인식 비교

영의정을 지낸 이준경(1499~1572)이 죽음을 앞두고 올린 유소(遺疏)에서 조정에 붕당의 조짐이 있다고 고했다. 이이는 1572년 8월 「논붕당소(論朋黨疏)」를 써서 이준경의 유소(遺疏)에 대해서 논박하였다.[132] 여기서 이이는 붕당의 이론은 어느 시대에나 있는데 문제는 그들이 군자인가 소인인가를 살피는 것이 중요하다고 하였다. 그래서 진실로 군자라면 천 명이나 백 명이 붕당을 이룬다고 하더라도 많을수록 더욱 좋지만 만약에 소인이라면 한 사람이라고 하더라도 용납해서는 안 된다고 하였다. 그러면서 임금을 사랑하고 나라를 걱정하며 공(公)을 위해 봉사하고 사사로움을 막는 사람은 얼마 되지 않지만, 공론은 그들에 의지해서 겨우 유지되는데 이준경이 말한 붕당이란 것은 바로 이런 사람을 가리키는 것이 아니겠는가 라

130) 예를 들면 이 세상을 '夢幻'에 비유하는 것은 불교적 사유인데, 류성룡은 "浮世已知眞夢幻"(「次陽明韻. 題玉淵壁上」)," 塵世去來如夢幻"(「除夕. 在覺華寺東庵偶題」)에서 이 세상에 대해 몽환이라는 표현을 사용하고 있다. 단경(丹經)은 도가 수련과 관련된 것인데 류성룡의 시에는 단경을 본다는 내용이 "丹經言有當"(「次晦庵讀道書韻」), "病餘時復玩丹經"(「雪後題窓紙」), 「至月初一日夜. 偶看丹經. 書示袗兒」 등에 나타난다.

131) 서재진의 연구에 따르면 류성룡의 사상적 배경은 주자학과 양명학뿐만이 아니라, "제자백가, 역사학, 의학, 군사학, 불교, 도가 등도 그의 사상적 배경이 된다."고 한다.(송복 · 서재진 편, 『서애 류성룡의 리더십』, 법문사, 2019, p.111.)

132) 『栗谷全書』 권4, 「論朋黨疏」 참조.

고 하였다.

기묘사화 이후 사림의 기운이 꺾이고 몇몇 권간이 조정을 좌우하다가 이제 겨우 약간의 사림이 기운을 차리고 공론이 목소리를 내기 시작하는 데 대신이 이를 붕당으로 지목함으로써 소인의 이익을 대변한다고 이이는 비판하였다. 이이는 이 상소를 통해 이준경의 유소에 나오는 붕당에 대한 우려가 잘못된 것이며, 소인들로 하여금 조정의 의식 있는 선비들과 공론을 해치게 할 수 있는 위험한 상소라고 규탄한다.

이후 실제로 이준경의 예언대로 심의겸과 김효원을 중심으로 사림 사이에 대립 갈등이 발생하였다. 이이는 심의겸은 외척이라고 하더라도 사림을 보호한 공적이 있으니 무조건 심하게 배척해서는 안 된다고 보았다. 이이는 동서인의 갈등을 막는 방법으로 다음과 같이 동서를 떠나서 인물의 능력 위주로 사람을 벼슬에 등용하자고 주장한다.

> "삼가 생각하옵건대, 성군이 위에 계시고 현상(賢相)이 아래에 있으니, 만약 동서를 타파하고 피차를 따지지 않으며, 다만 사람과 그릇의 크기만 살펴보아 등용하고 버리는 것을 국시로 삼고, 감히 경박하고 일 꾸미기를 좋아하며, 바르지 못한 의논이 과격하여 화평한 논의를 거스르는 자가 있을 때는 곧 억제하소서, 그렇게 하면 사론이 중도를 얻어서 하나로 통일될 것입니다. 진실로 이와 같이 되면, 심의겸은 이미 외척으로 일찍이 국론을 잡아서, 선비의 마음을 많이 잃었으니 다시 임용할 수는 없고 다만 예로 대우하여 그 녹을 유지하도록 해야 합니다. 그러나 재기(才氣)가 아깝고 경험이 많고 단련된 김효원으로 말하면, 심의겸과 아울러 버려서는 안 됩니다. 그렇게 하고서야 동서의 흔적을 영원히 씻어버릴 수 있을 것입니다."[133]

---

133) 『국역 율곡전서II』, 한국정신문화연구원, 1984, p.278.

류성룡은 이준경의 유소에 대해 대신이 죽음에 임해 나라를 위해서 하는 말이 타당하지 않으면 가려내어 수용하지 않으면 되는 것이지 벌을 주는 것은 옳지 않다고 하였다.[134] 류성룡은 「구양자붕당론」을 써서 붕당에 대한 자신의 견해를 밝힌다. 이 글에서 류성룡은 '붕당' 이라고 하지만 '붕' 과 '당' 의 의미는 서로 비슷한 것으로 보여도 사실은 본질적으로 다르다고 구분한다. 붕이란 공(公)을 위한 것이고 당이란 사(私)를 위한 것인데 군자는 붕이 있고 당이 없으며, 소인은 당이 있고 붕이 없다고 한다.

> "붕과 당 두 글자는 비록 서로 비슷하다고 하나, 군자는 붕이 있고 당이 없으며, 소인은 당이 있고 붕이 없는 것이니, 붕이란 것은 공(公)이요 당이란 사(私)이다. …… 그들이 성취해 놓은 일을 보면 부귀 권세와 이권 사이에서 벗어나지 않는다."[135]

여기서 류성룡은 군자의 공의를 위한 모임인 '붕' 과 소인의 사리(私利)를 위한 모임인 '당' 의 구분을 강조한다. 그러면서 붕당의 화를 제거하려면 "오직 먼저 임금의 마음이 그릇된 것을 바로 잡는 데〔格君心之非〕에 힘을 바쳐야 한다."라고 하였다.

> "오직 먼저 임금의 마음이 그릇된 것을 바로 잡는 데에 힘을 바쳐야 한다. 임금의 마음을 허명하고 공정하며 넓게 하여 가리우고 현혹되는 바가 없게 한다면 천하의 표준이 이미 확립되고 조정 백관이 모두 바른 데에 돌아가, 붕당

134) 『西厓集』(西厓先生年譜 권3), 「行狀」, "領府事李浚慶臨卒上遺疏言. 朝中有朋黨之漸. 上召大臣示之. 問朝臣孰爲朋黨. 外議洶洶. 以浚慶爲欲禍士類. 三司及湖堂官皆上箚論之. 至欲追削官爵. 公曰. 大臣臨死進言. 有不當則辨之而已. 至於請罪則恐傷朝家待大臣之體. 諸人從之. 不爲已甚語." 참조.

135) 류성룡, 『국역 서애집2』, 민족문화추진회 편, 솔, 1997, pp.11-12.

의 화가 일어나지 않을 것이다. 그렇지 않고 몸이 그 가운데 처하여 수다스럽게 스스로는 그 당이 아니라고 밝힌다면, 말하는 자는 부지런하나 듣는 자는 살피지 않을 것이니, 구양자의 논이 이에 근사하다."[136]

류성룡은 붕당의 폐단을 극복하는 방법으로 『서경』「홍범」에 나오는 황극학을 제시한다.[137] 군주가 황극을 세워서 어느 한쪽으로도 치우치지 않고 공정하고 공평하게 판단하여 사람을 써야 한다는 것이다.

이이는 중간에서 동인과 서인의 입장을 조정하고 보합하려고 노력하였으나, 동인의 입장에서 보면 이이가 서인을 옹호하는 것으로 보였다. 류성룡은 외척인 심의겸이 정치에 관여하는 것을 반대하는 선비들의 사론에 동참하였다. 류성룡은 동서 붕당과 관련하여 이이의 대처가 과실이 없지 않았다고 본다. 그러므로 아무개가 이치에 어긋나고 미워할 만한 것을 알고 있지만 이이의 논의에 대해서도 모두가 불쾌하게 여긴다고 하였다.[138] 류성룡은 동서 붕당과 관련하여, 김효원이 지나친 것은 있으나 핵심은 외척인 심의겸이 권력을 잡게 해서는 안 된다고 논하였으니, 이것은 큰 잘못이 아니라고 인식하였다. 그런데 이것으로 말미암아 제공들이 근거 없는 말을 듣고 믿어서 서로 힘써 배척하여 마침내는 선비들에게까지 여파가 미쳐서 국가의 원기가 손상되게 되었다는 것이다.[139]

붕당에 대한 두 사람의 입장을 보면 붕당 자체가 나쁜 것이 아니라, 군

136) 류성룡, 『국역 서애집2』, 민족문화추진회 편, 솔, 1997, p.13.

137) 『西厓集』, 권13, 17쪽, 「歐陽子朋黨論」, "漢唐宋之季, 皆未免朋黨之禍者, 亦以人君不講於皇極之學故也." 참조.

138) 『西厓集 別集』 권3, 13, "蓋緣叔獻所處未能無失. 故雖知某人乖理可惡. 而於獻之論議. 亦皆不快焉."

139) 『西厓集 別集』 권3, 14, "所謂東西之說. 雖甚不靖. 然其是非. 不難辨也. 當初仁伯雖有過當. 然不過論一外戚不可柄用. 要未爲大過. 彼之因此結釁. 已爲不佳. 諸公又聽信無形之說. 相與出力排之. 延及於士類. 以傷國家之元氣者. 可乎不可乎." 참조.

자의 당이냐 소인의 당이냐가 중요하다. 이이는 군자의 당은 수가 많아도 나쁘지 않고 소인의 당은 수가 적어도 문제라는 것이다. 류성룡은 붕과 당을 구분하여 의를 추구하는 군자의 모임인 붕은 좋고, 이익을 추구하는 소인의 모임인 당은 나쁘다고 인식하였다. 그런데 문제는 당시의 시대 상황에서 이른바 동인과 서인 가운데 어느 쪽을 군자의 당으로 보고 어느 쪽을 소인의 당으로 규정하는가이다. 이이는 동인도 사류 즉 선비 집단이고 서인도 사류 집단이기 때문에 어느 쪽도 단순히 소인의 집단으로 규정하기는 어렵다고 보았다. 이이는 「사대사간겸진세척동서소(辭大司諫兼陳洗滌東西疏)」에서 동인과 서인이 양쪽 모두 옳기도 하고 모두 그르기도 하다는 양시양비론을 펼친다.

> "요사이 사헌부의 상소는 감히 노골적인 배척을 시작하여 서인을 사당(邪黨)이라 하고 심의겸을 소인이라 하니, 의논의 과격함이 여기에서 극도에 달하였습니다. 김효원은 신이 아는 사람이고 심의겸도 신이 아는 사람입니다. 그 사람들을 논한다면 모두 쓸 만한 사람이요, 그 과실을 말한다면 둘 다 잘못되었다 하겠습니다. 만일 한 사람만 군자요 한 사람만 소인이라 한다면 신은 그 말을 믿지 않습니다. 어째서 둘 다 잘못되었다 하느냐 하면, 예로부터 외척으로서 정사에 참여하여 실패하지 않은 사람이 적었으니, 비록 두무(竇武)·장손무기(長孫無忌)의 충현(忠賢)을 가지고도 오히려 잘못 죽고 말았는데, 심의겸이 누구이기에 감히 외척으로서 정사에 참여하려는 것입니까. 이는 곧 심의겸의 잘못입니다. 예로부터 군자는 피혐(避嫌)하지 않은 이가 적으니, 오이밭에서 신을 고쳐 신고, 오얏나무 밑에서 갓을 바로 하는 것은 옛사람들이 경계하였던 것입니다. 성인(聖人)과 대현(大賢)만이 피혐하지 않을 수 있는데, 김효원이 누구이기에 피혐하지 않고 바로 심의겸을 비방하여, 스스로 원수를 갚는다는 이름을 취하게 되고 서로 설화(舌禍)를 만들어 내는 것입니까. 이것은 곧 김

효원의 잘못입니다."[140]

이이는 동인(김효원)과 서인(심의겸)에 대해서 어느 한쪽을 군자로 다른 한쪽을 소인으로 규정할 수는 없고, 둘 다 좋은 점도 있고 잘못한 점도 있다고 판단한다. 이런 관점에서 이이는 양쪽의 주장을 보합하려고 하였지만 결과적으로는 서인에 기울었다. 이에 비해 류성룡은 중요한 인사에서 외척을 배제하자는 김효원의 주장이 타당하다고 인식한다. 즉 동인의 주장이 옳고 그에 반대하는 서인의 주장이 그르다고 보았다.[141] 애매한 양

140) 『국역 율곡전서 II』, 한국정신문화연구원, 1984, pp.249-250.

141) 이이의 「사대사간겸진세척동서소(辭大司諫兼陳洗滌東西疏)」에 대해서 그것이 옳지 않다고 류성룡과 김우옹은 선조에게 진술하였다. 당시에 류성룡과 입장을 같이 하였던 김우옹의 다음과 같은 주장은 동서 붕당에 대한 류성룡의 생각과 별로 다르지 않다. "이이가 논한 김효원(金孝元) · 심의겸(沈義謙)의 일과 을해년에 서인(西人)이 잘못한 일, 그리고 이수(李銖)의 일은 모두가 그렇지 않은 것이 없습니다. 오늘날 조정이 의논이 과격한 점이 있다고 말한 데 이르러서도 이 또한 혹 있기도 합니다. 다만 모름지기 공사(公私)와 시비(是非)가 크게 분별 돼야 할 부분에서 이이의 말은 너무 분별이 없고 단지 양시 양비(兩是兩非)라고만 하였습니다. 이는 그 주의(主意)가 온당하지 못하기 때문에 허다한 병통이 이를 인연하여 나온 것입니다. 이른바 모름지기 시비가 있어야 한다는 것에 대하여 이이가 논한 것만을 가지고 보건대, 심의겸은 외척으로 요지(要地)에 있으면서 권세를 피하지 않았으니 이미 잘못되었습니다. 또 겸허한 마음으로 사류들을 예절로 대우하지 못하고는 이에 김효원이 젊었을 때의 일을 가지고 헐뜯어 마지않아서 농간을 부린 기세가 현저하였습니다. 그런데 그 뒤 그 동류들이 서로 뒤이어 용사(用事)하면서 농간으로 조정의 기강을 무너뜨렸으니 이른바 '비(非)이고 사(私)이다.' 라는 것이 어찌 여기에 있지 않겠습니까. 김효원의 경우는 나이가 젊고 기운이 팔팔하여서 해야 할 일에 과감한 나머지 혐의를 피하지 않고 권귀(權貴)에게 저촉된 데 지나지 않으니 비록 허물이 있다고 하더라도 역시 공죄(公罪)입니다. 그렇다면 시비가 크게 나누어져 절로 있는 곳이 있게 됩니다. 만약 시비를 전연 논하지 않고 진정시키려고만 한다면 또한 혼잡을 빚어 진정시킬 수가 없게 될 것입니다. 그렇다면 오늘날 시비를 정하고자 하는 것은 바로 일국의 공론이요 사의(私意)가 아님은 물론 억지로 정한 것도 아닙니다. 그러니 이이가 한 말을 어찌 옳다고 할 수 있겠습니까." (『선조실록』 13권, 선조 12년(1579년) 6월 8일 임오 2번째 기사.)

시양비론이 아니라 시비를 분명히 가리고 그런 다음에 각자 인물의 능력에 따라 기용해야 한다고 여겼다. 류성룡도 서인이 모두 소인이라고 보지는 않고, 거기도 군자와 소인이 섞여 있긴 하지만 일단 시비는 분명히 가리는 것이 옳다고 인식하였다. 그런 다음에 당을 떠나서 현명한 군자들이 서로 협력해서 나라를 바르게 끌어 나가야 한다고 보았다. 동인과 서인에 대한 시비 판단의 문제에서 류성룡과 이이는 이처럼 입장을 달리하였다. 따라서 붕당의 문제를 해결 방법에서도 견해가 다를 수밖에 없었다. 요컨대 이이는 동인과 서인에 대해 시비 판단을 하지 말고 어느 쪽이나 현인재사(賢人才士)는 등용하고 불현부재(不賢不才)는 버리자고 주장하였다면, 류성룡은 동인과 서인에 대해 시비 판단은 분명히 바르게 하고 어느 쪽에 속하든지 간에 뛰어난 인재를 기용하자는 입장을 지녔다.

2) 시무에 대한 상소문 비교 – 이이의 「사간원걸변통폐법차」와 류성룡의 「무빙차」를 중심으로

류성룡과 이이는 조선 중기의 대표적 경세가이다. 두 사람은 시무와 경세에 탁월한 재능을 가지고 현실 정치에서 군주의 신임을 받고 두루 요직을 거쳤다. 이이는 청주목사 · 대사간 · 대사헌 · 호조판서 · 병조판서 · 이조판서 등을 지냈다. 류성룡 역시 상주목사 · 이조판서 · 병조판서 · 좌의정 · 영의정 등을 두루 지냈다.

이이와 류성룡의 상소문에 나타난 경세관을 비교하기 위해서 우리는 1581년에 두 사람이 비슷한 시기에 시국 문제에 대해 어떻게 인식하고 서로 다른 대책을 건의하였는지를 비교하여 고찰해 보도록 한다.

(ㄱ) 이이의 「사간원걸변통폐법차」에 나타난 경세론

이이는 1581년(신사년) 5월에 사간원 대사간으로 있을 때 「사간원걸변통폐법차(司諫院乞變通弊法箚)」를 지어서 폐법의 개혁을 건의하였다.[142] 여기서 이이는 오늘날의 급선무를 생재(生財)와 활민(活民)이라고 진단한다.[143] 그리고 구체적 방법으로 다음과 같은 다섯 가지 개혁 방안을 제시하고 있다.

(1) 공안(貢案) 개혁: 민호(民戶)의 빈부와 전결(田結)이 많고 적음, 그리고 향토 물산의 유무를 고려하지 않고 군읍(郡邑) 등급의 높낮이에 따라 경중을 삼고, 그래서 서리에게만 이익이 돌아가고 나라와 백성은 모두 궁핍하게 되는 불합리한 공안을 개혁해야 한다고 이이는 주장한다. 이이에 따르면 민호와 전결에 따라 많고 적음을 정하고, 그 지역 향토 물산인지를 고려해서 공안을 새롭게 합리적으로 정해야 한다.

(2) 주(州)·읍(邑) 병합(倂合)과 감사(監司) 임기 연장: 주(州)와 읍(邑)이 삼백 곳이 넘게 너무 많아서 일부 지역은 백성이 거의 없는 읍도 있어서 백성들에게 고통을 주게 되므로 행정단위인 주읍을 새롭게 통합하여야 한다. 그리고 감사의 임기가 1년에 국한되어서 구차하게 세월만 보내고 백성을 위한 성과를 내려고 하지는 않는다. 그러므로 감사의 임기를 연장하여 감사들이 책임 행정을 펼쳐서 성과를 낼 수 있는 시간적 기회를 주어야 한다고 이이는 주장한다.

(3) 인재 발탁과 합리적 인사: 아무리 좋은 법이 있어도 그것을 잘 시행하기 위해서는 인재가 뒷받침되어야 한다. 군주는 특별한 재능을 가진 인재를 높이 대우하고, 관직에는 그 관직에 맞는 사람을 가려서 뽑아야 한다.

---

142) 『국역 율곡전서Ⅱ』, 한국정신문화연구원, 1984, pp.264-271. 참조.

143) 『栗谷全書』 권7, p.16, 「司諫院乞變通弊法箚」, "臣等竊念, 民失所天, 國無所依, 則生財活民, 最爲當今之急務." 참조.

(4) 군주의 심술을 밝힘(明心術): 그런데 현명한 인재와 간사한 신하를 구별하기 위해서는 군주의 마음이 밝아야 한다. 군주의 심술이 밝지 않으면 군자와 소인을 올바르게 구분하여 판단할 수 없다. 그래서 이이는 "군주가 참으로 올바른 인재를 얻어서 정치를 하려면 반드시 먼저 심술(心術)을 밝혀서 권형(權衡)을 바르게 해야 한다."라고 주장한다. 그러면 심술을 밝게 하려면 어떻게 해야 할까? 이이는 그것이 학문에 달려 있다고 본다.

(5) 군주가 학문을 닦아서 격물치지와 성의정심을 하도록 함. 이이는 『대학』을 인용하여 천하에 명덕을 밝히려면 먼저 격물치지와 성의정심에서부터 시작해야 한다고 주장한다.

이이에 따르면 정치를 잘하는 요체는 먼저 군주가 궁리(窮理)와 정심(正心)에 힘써서 근본을 단정히 하고 본원을 맑게 하여 기준을 세우는 것이다.[144] 이처럼 이이는 폐법을 변통하고 올바른 정치를 하기 위해서는 근본적으로 군주가 격물치지와 성의정심의 학문에 힘쓰는 것이 그 출발이라고 인식한다. 이것은 이이가 주자학적 정치철학의 원리에 철저한 것을 잘 보여주는 것이다.

이이의 상소문에 나타나는 주요 특징은 공안 등 폐법의 개혁과 함께 군주의 수양 즉 군주의 '격물치지'와 '성의정심'을 매우 중시한다는 점이다. 격물치지와 성의정심은 대학에 나오는 수양의 요체이다. 그런데 이이에 따르면 이것은 군주에게도 매우 중요하다. 왜냐하면 격물치지를 하지 않으면 지혜가 이치에 밝지 못하여 사정(邪正)과 시비의 분별을 바르게 할 수 없고, 성의정심을 하지 않으면 마음이 이치를 따르지 못하여 어진 이를 쓰지 못하고 아첨하는 사람을 좋아할 수 있기 때문이다.[145] 이이는 「만

144) 『栗谷全書』 권7, 「司諫院乞變通弊法箚」, "伏願殿下先務窮理正心, 端本清源, 以立表準." 참조.

언봉사」에서도 군주에게 성학에 힘쓸 것을 요구하면서 격물치지와 성의 정심을 강조하였다.[146)]

(ㄴ) 류성룡의 「무빙차」에 나타난 경세론

1581년 12월 부제학 때 올린 「무빙차(無氷箚)」에는 류성룡의 시국 진단과 경세 사상의 요체가 잘 드러나 있다. 겨울임에도 불구하고 얼음이 얼지 않는 자연의 변고를 당하여 선조 임금에게 당시 정치의 문제점과 개혁 방향을 전반적으로 서술하고 있다. 류성룡은 여기서 당시 정치와 시대의 문제점에 대해 다음과 같이 10가지 대책을 제시하고 있다.[147)]

(1) 군주는 참된 덕을 닦아서 천심(天心)에 답해야 한다.(修實德以答天心)

---

145) 『栗谷全書』 권7, 「陳時弊疏」, "不格致則智不燭理. 不誠正則心不循理. 不燭理則無以辨邪正是非之分. 不循理則無以施任賢安民之術. 自古人君. 雖甚無道. 豈有欲亡其國者乎. 惟其智不明也. 故以亂爲治. 以姦爲忠. 惟其心不正也. 故見賢而憚其守道. 遇佞而悅其媚己." 참조.

146) "이른바 '성학을 힘써 성의(誠意)와 정심(正心)의 공효를 다 하도록 한다.' 는 것은 이런 뜻입니다. 큰 뜻이 수립되었다 하더라도 반드시 학문으로 그것을 충실하게 한 다음에야 말과 행동이 일치하고 겉과 속이 어울리게 되어 이미 세운 뜻을 어기지 않게 되는 것입니다. 학문의 방법은 성인의 가르침 속에 들어 있는데, 그 요체는 세 가지로서 곧 궁리(窮理)와 거경(居敬)과 역행(力行)일 뿐입니다. 궁리 또한 한 가지 방향만 있는 것이 아닙니다. 안으로는 내 몸속의 이치를 궁구하는 것으로써 보고 듣고 말하고 행동하는 데에 각기 그 법칙이 있고, 밖으로는 만물에 있는 이치를 궁구하는 것인데 초목금수에도 각기 합당한 법칙이 있습니다. 가정에 있어서는 부모에게 효도를 다하고 아내에게 모범이 되고 은혜를 두터이 하고 인륜을 올바로 하는 이치를 잘 살펴야 하며, 사람들을 대할 때에는 현명함과 어리석음, 사악함과 올바름, 순수함과 혼탁함, 정교함과 졸렬함의 구별을 잘 분별하여야 하며, 일을 처리함에는 옳고 그름, 잘되고 잘못됨, 편안함과 위태로움, 잘 다스려짐과 어지러움의 기미를 잘 살펴야 합니다. 이는 반드시 책을 읽어서 밝히고 옛일을 상고하여 증명하여야 하는데, 이것이 궁리의 요체입니다. …… 궁리는 바로 격물(格物), 치지(致知)이고, 거경과 역행은 바로 성의(誠意), 정심(正心), 수신(修身)입니다." (『국역 율곡전서 Ⅱ』, 한국정신문화연구원, 1984, pp.174-175.)

147) 이하는 류성룡의 「무빙차(無氷箚)」(『西厓集 別集』 권2, pp.6-12.) 참고.

(2) 군주는 궁궐 안을 엄하게 다스리고 궁궐의 경계를 엄숙하게 하여 함부로 내부와 외부가 서로 뒤섞여서 혼란하게 해서는 안 된다.(嚴內治以肅宮禁)

(3) 군주는 정치의 본질을 살펴서 시스템(규범)을 확립하는 데 힘써야 한다.(審治體以立規模)

(4) 공론을 중시해서 조정의 기강을 바로잡아야 한다.(重公論以整朝綱)

(5) 관직과 실제 능력이 일치하도록 인재를 써야 한다.(覈名實以用人才)

(6) 벼슬을 임용하면서 공도(公道)를 회복하여 요행의 문을 차단해야 한다.(恢公道以杜倖門)

(7) 염치를 길러서 혼탁한 풍속을 맑게 해야 한다.(養廉恥以淸濁俗)

(8) 정형(政刑)을 밝혀서 간세(奸細)한 자를 막아야 한다.(明政刑以杜奸細)

(9) 적폐를 제거하여 민생을 두껍게 해야 한다.(祛積弊以厚民生)

(10) 학술을 높여서 사풍을 바르게 해야 한다.(崇學術以正士風)

이 열 가지 대책은 다음과 같이 다섯 가지 주제로 정리할 수 있다.

첫째와 둘째는 군주와 궁궐의 기강과 관련된 것이다. 첫째로 군주가 "참된 덕을 닦아서 천심(天心)에 답해야 한다."라는 것은, 정치에 있어서 군주의 노력이 효과를 보려면 지극한 정성이 요구되는데 그렇지 못하므로 군주에게 더욱 성실한 노력이 필요하다는 것이다.

둘째로 "궁궐 안을 엄하게 다스리고 궁궐의 경계를 엄숙하게 하여야 한다."라는 것은, 이권을 노리는 자들이 사사로이 불법적으로 공적 업무에 개입하는 것을 막기 위한 것이다.

셋째와 넷째는 조정의 시스템과 기강과 관련된 것이다. 셋째로 "정치의 본질을 살펴서 시스템(규범)을 확립하는 데 힘써야 한다."라는 것은, 군주가 모든 정사를 직접 챙기려 하지 말고 현명하고 능력 있는 인재를 기용하여 백관이 본받도록 하고, 군주는 단지 크게 공정하고 지극히 바른

도(大公至正之道)로서 위에서 임하면서 때때로 상벌의 권한을 행사하여 사람들이 복종하고 일이 이루어지게 하여야 한다는 것이다. 넷째로 "공론을 중시해서 조정의 기강을 바로잡아야 한다."라는 것은 공론은 국가의 원기와 같은 것이므로 공론에 따라 일이 이루어져야 한다. 그러기 위해서는 곧고 바른 소리를 하는 사람을 뽑아서 언론 소통을 담당하는 자리에 두고 일하게 함으로써 허물과 잘못을 시정하는 책임을 맡겨야 한다고 보았다.

다섯 번째와 여섯 번째는 인사와 관련된 문제이다. 벼슬에 기용할 때는 사람 능력의 장단점을 헤아려서 직책에 부합하는 역량을 가진 사람을 합리적으로 임용하여야 한다. 그리고 권세에 따라 인사가 이루어지지 않고 공도(公道) 즉 공정한 방식에 따라 능력 위주로 공직 인사가 이루어져야 한다고 인사의 공공성을 주장한다.

여덟 번째와 아홉 번째는 사회의 법질서와 민생에 관한 것이다. 여덟 번째로 "정형(政刑)을 밝혀서 간세(奸細)한 자를 막아야 한다."라는 것은, 백성들이 두려워하고 꺼리는 바가 없어서 거의 법이 없는 나라가 되었으므로 법질서를 확립하여야 한다는 것이다. 아홉 번째로 "적폐를 제거하여 민생을 두껍게 해야 한다."라는 것은, 백성들의 생활을 어렵게 하는 적폐를 개혁해야 하는데, 가장 큰 적폐로는 군액(軍額)의 축소 현상과 공부(貢賦)의 폐단이 시급하므로 이것을 변통하지 않으면 안 된다고 건의한다.

일곱 번째와 열 번째는 선비들의 기풍에 대한 것이다. "염치를 길러서 혼탁한 풍속을 맑게 해야 한다."라는 것은, 당시의 선비들이 이익을 탐내고 대낮에 뇌물을 주고받는 등 몰염치한 풍조를 바로잡아야 한다는 것이다. "학술을 높여서 사풍을 바르게 해야 한다."라는 것은, 선비의 기풍이 떨치지 않고 유술(儒術)이 쇠하며 예악이 무너진 현상을 바로잡기 위해서 학술을 높여서 사풍(士風)을 바르게 해야 한다는 것이다.

3) 이이와 류성룡의 상소문에 나타난 경세론의 특징

1581년 같은 해에 이이와 류성룡이 쓴 상소문을 중심으로 두 인물의 경세론을 비교해 보자. 두 사람 모두 적폐를 개혁해야 한다고 주장하는 데, 두 사람 모두 공안(貢案) 또는 공부(貢賦)의 폐단 개혁이 제일 시급하다는 데 공감하고 있다.[148] 군주의 마음이 바르고 진실해야 한다고 보는 점도 유사하다. 그 외에 인사의 합리성을 요구하는 것도 공통적이다. 차이점을 보면 이이는 지방 주(州)·읍(邑)의 통폐합 문제, 감사의 임기 연장을 강조하였다. 이에 비해 류성룡은 인사의 공공성과 사회 법질서의 확립을 강조한다. 또한 이이는 군주에게 있어서 격물치지와 성의정심이 중요하다고 강조하는 반면에, 류성룡은 군주의 마음뿐만이 아니라 사대부들의 염치와 사풍도 바로잡아야 할 것을 주장하는 특징을 보여주고 있다. 그 외에도 류성룡은 공론을 강조하고 있는데, 이이는 다른 상소문에서는 공론에 대해 말하고 있는데 여기서는 언급하고 있지 않다. 이상 두 사람의 상소문 내용을 주제별로 간략히 정리하면 아래와 같다.

〈표 1〉 류성룡과 이이의 상소문에 나타난 경세론 비교 도표

주제	이이	류성룡
공론	×	○
공안 개혁	○	○
주읍 통합	○	×
감사의 임기 연장	○	×
인사의 합리성	○	○
인사의 공공성	×	○
사회의 법질서	×	○

148) 공안(貢案)의 폐단 개혁은 이이와 류성룡뿐만 아니라 동시대 정치인들에 의해 많이 제기되었던 문제이다. 예컨대 정인홍도 민생 곤궁의 원인이 방납(防納)의 폐해에서 비롯된다고 선조에게 고하였다.(『선조실록』 15권, 선조 14년 1월 26일 기사 참조.)

군주 마음의 중요성	○	○
군주의 격물치지, 성의 정심	○	×
사대부의 염치와 사풍	×	○

이이는 선조에게 시국에 대해 자주 직간하였다. 그리고 시대 상황을 경장기로 파악하여 폐법을 개혁하기 위한 개혁론을 지속적으로 주장하였다. 대표적인 것이 공안의 개혁이다. 그러나 이이의 제안은 대부분 받아들여지지 않았다. 그 이유는 선조가 개혁에 소극적이었기 때문이다. 그러나 이이에게도 문제가 없지 않았다. 이이와 같은 시대 동료 관료 김우옹의 평가에 의하면 이이는 명민한 학문과 해박한 지식을 가지고 있었고 뜻이 컸다. 그럼에도 불구하고 문제점으로는 재주가 소략하고 도량이 얕고 소견이 편협하여 일국의 공론을 모으거나 선비들의 중지를 수렴하는 능력과 지도력은 부족하다고 하였다.[149] 류성룡 역시 이이의 천품이 고매하고 글을 본 것이 많은 것은 인정하면서도 경장과 관련한 이이의 언론과 처사가 경솔하다고 인식하였다.[150] 즉 이이의 개혁 논의 방식에 문제가 있다고 보았다.

류성룡이 공안 개혁과 같은 문제에 대해서는 원칙적으로는 개혁의 필요성을 인정하면서도 이이의 경장론에 전적으로 동의하기 어려웠던 것은 개혁의 대상 범위와 개혁의 구체적 방법 그리고 개혁을 위한 정치적 공론 형성에 있어서 시각 차이가 있었기 때문일 것이다. 개혁이 정치적 구호에 그치지 않고 민생에 실질적인 효과를 가져오기 위해서는 행정적으로 치밀한 준비와 대책이 필요하다. 류성룡은 당시 조선 조정의 행정 역량이 전면적 개혁을 곧바로 시행하기에는 현실적으로 한계가 있었다고 인식하

149) 『선조실록』, 선조 16년 계미(1583) 7월 19일(무술), "대사성 김우옹이 대간의 이이 비판과 성혼의 상소를 논하면서 조정하는 상소를 올리다."

150) 『선조실록』 13권, 선조 12년(1579년) 6월 8일 임오 2번째 기사 참조.

였을 것이다. 이이는 개혁에 대한 문제를 제기하고 그것을 쟁점화하는 데는 뛰어난 능력을 보여주었지만, 개혁을 실무적으로 치밀하게 완수하는 데는 한계가 있었다. 반면에 류성룡은 임진왜란의 국난 시기에 영의정을 맡아서 국정 책임자로서 긴박한 개혁 과제를 실무적으로 정책화하는 데 뛰어난 능력을 보여주었다.

4) 북변 대책 비교 – 이이의 「육조계」와 류성룡의 「북변헌책의」를 중심으로

1583년 여진족의 추장 이탕개의 침범으로 함경도 지방의 국경이 불안한 상황에서 이이와 류성룡은 관련하여 대책을 수립하였는데 이것을 비교함으로써 두 사람의 경세론 차이를 살펴보도록 한다.

이이의 「육조계(六條啓)」는 1583년 2월에 그가 병조판서로 있으면서 올린 시무책이다. 류성룡의 「북변헌책의(北變獻策議)」는 류성룡이 1583년 봄에 부제학으로 있으면서 올린 함경도 사태에 대한 대책이다.[151] 이이는 「육조계」에서 (1) 어질고 유능한 사람을 임용할 것, (2) 군사와 백성을 양성(養成)할 것, (3) 재용을 풍족히 할 것, (4) 번병(藩屛)을 견고히 할 것, (5) 전마를 준비할 것, (6) 교화를 밝힐 것을 제시하고 있다.

(1) 어질고 유능한 사람을 임용하는 인사 문제와 관련하여 이이는 관직이 자주 바뀌는 것이 문제라고 지적한다. 관직이 자주 바뀌는 원인으로 관료들이 병을 핑계로 사직원을 내는 정병(呈病)과 혐의를 피하는 피혐(避

151) 류성룡이 「북변헌책의」를 쓴 시기는, 그가 1583년 3월 1일에 부제학을 그만두고 귀향하였으므로 아마도 귀향하기 전인 2월에 썼을 가능성이 높다. 즉 이이의 육조계와 거의 비슷한 때라 볼 수 있다. 「북변헌책의」의 논의 배경과 자세한 분석은 다음 논문이 참고된다. 김한신, "류성룡의 송대 대외관계 인식과 북변헌책의 건의", 『서애연구』 제2권, 서애학회, 2020, pp.103-151.

嫌)을 들고 있다. 이이는 병을 핑계로 함부로 사직하는 것을 제한하고, 대간의 경우 적합하지 못한 인물을 제외하고는 피혐 때문에 교체하지 말아야 한다고 건의한다. (2) 군사와 백성을 양성할 것에서는 군역의 고되고 수월한 것을 조정하여 그 역을 고르게 할 것을 주장한다. (3) 재용을 풍족히 할 것에서는 급하지 않은 관직과 이익이 없는 경비는 모두 혁파하고 나라의 제사를 간소화해서 비용을 절감할 것을 주장한다. (4) 번병(藩屛)을 견고히 할 것에서는 쇠하고 퇴폐한 작은 고을은 통합하고 지방행정을 책임지는 감사의 임기를 연장할 것. (5) 전마를 준비할 것에서는 마적(馬籍)의 합리적 관리. (6) '교화를 밝힐 것' 에서는 선비들과 백성들이 예의와 염치를 알도록 도덕의식을 교육하는 것을 말하고 있다.

비슷한 시기에 류성룡은 북변 문제와 관련하여 「북변헌책의」에서 (1) 화란의 근원을 막을 것, (2) 공격할 것이냐 수비할 것이냐를 정하는 것, (3) 오랑캐의 실정을 정확히 탐지, (4) 군사들을 먹일 식량을 공급하는 일, (5) 변방에서 흉년에 백성을 구제하는 정치를 하는 일 등을 건의한다.

(1) "화란의 근원을 막을 것" 에서는, 변경의 행정을 맡아보는 관원이 탐욕스러워서 백성의 재물을 탐하고, 백성의 원통한 민원을 들어주지도 않고, 굶주려도 구제할 줄을 모르는 실정이 군란의 원인이라고 진단한다. 따라서 이 변경 지역을 다스리는 관원들은 유능한 적임자를 공평하게 가려 뽑아서 이런 화란을 사전에 방비하도록 해야 한다고 류성룡은 주장한다.

(2) "공격할 것이냐 수비할 것이냐를 정하는 것" 에서는, 여진족이 난을 일으켰다고 해서 감정적으로 복수하기 위해 함부로 공격하기보다는 확실하게 승리해서 위엄을 보일 수 있을 때까지 수비에 힘쓰면서 공격의 기회를 기다리는 신중론을 주장한다.

"오늘날의 계책으로는 마땅히 먼저 우리 자신을 지키는 계책을 세우고, 군대의 기율을 거듭 밝혀서, 오랑캐들로 하여금 우리를 감히 침범할 수 없도록 한 다음에, 그때의 형세를 살펴보고 나서 변란을 제압하여 나라의 위력을 떨치며, 이길 형세를 보고서 진격하고, 어려운 형세를 알고는 멈추도록 해서, 군대가 유리한 형편에서 행동한다면 나아가고 물러남이 우리에게 있게 되어, 향해 가는 곳마다 뜻대로 되지 않는 일이 없을 것입니다."[152)]

(3) "오랑캐의 실정을 정확히 탐지"에서는, 오랑캐와의 싸움에서 이기기 위해서는 무엇보다 적의 실정(實情)에 대해서 정확하게 정보를 아는 것이 중요하다고 보고, 정보 탐지 방법에 대해서 다음과 같이 구체적으로 자세하게 류성룡은 건의한다.

"신은 원하옵건대 함경도의 장수와 왕래하는 사신들로 하여금 오랑캐의 실정을 상세히 살피도록 하고, 비록 오랑캐에 관한 일이 아니더라도 백성들의 생활에 이로운 것과 해로운 것, 군사상의 사기(事機)에 얻는 것과 잃는 것에 관계되는 것은 죄다 들은 대로 조정에 보고하도록 하고, 사로잡은 오랑캐도 또한 우리〔檻〕에 가두어 서울로 보내어서, 그 실정을 끝까지 캐낸 후에 처치하도록 한다면 변경의 실정이 환하게 밝혀져서. 시행하여 잘못되는 계책이 없을 것입니다."

(4) "군사들을 먹일 식량을 공급하는 일"에서는, 군량미 조달의 중요성과 조달 과정의 문제점을 지적하고, 구체적으로 군량미 확보 방안뿐 아니라 군량미 운송 방법에 대해서까지 자세하게 대안을 언급하고 있다.

(5) "흉년에 백성을 구제하는 정치를 하는 일"에서는, 흉년에 가난한

152) 류성룡, 이재호 번역 · 감수, 『국역 서애전서II - 1 (잡저)』, 서애선생기념사업회, 2001, p.184.

백성을 구휼하는 데는 백성들의 어려운 실정을 정확히 파악하고 시기를 놓치지 않는 것이 중요하다고 진단하면서 다음과 같은 굶주림의 정도에 따른 단계적인 신속한 정책 수행을 건의한다.

> "신의 생각으로는 마땅히 민가의 빈궁함과 부유함을 자세히 조사하여, 이를 등급을 정한 후에 북도(北道)에 현재 남아 있는 곡식으로써 굶주림이 매우 심한 백성을 먼저 구제하고, 그것이 모자란다면 또한 이미 운반해 둔 군량으로써 지급하고, 이다음에 운반될 곡식으로써 그 모자라는 것을 보충한다면 시기를 놓쳐서 실효를 잃게 되는 폐단은 없어질 것입니다. …… 그밖에 산과 못에서 여러 가지를 채취하는 것을 금하는 법령을 늦추어 주고, 소금을 달이는 길을 넓혀 주어, 흉년에 백성을 구제하는 데에 편리할 만한 모든 계책을 강구해서 시행하지 않는 것이 없도록 하여 ……." [153)]

이와 같이 북변 대책을 건의하면서 핵심은 일을 하는 데 있어서 적임자를 얻는 것이라고 류성룡은 말한다.[154)] 즉 유능한 적재적소의 인재 발굴 기용이 무엇보다 중요하다고 인식하였다. 이상 두 사람의 북변 사태에 대한 대책을 도표로 정리하면 다음과 같다.

---

153) 류성룡, 이재호 번역 · 감수, 『국역 서애전서II - 1(잡저)』, 서애선생기념사업회, 2001, pp.201-202.

154) 류성룡, 이재호 번역 · 감수, 『국역 서애전서II - 1(잡저)』, 서애선생기념사업회, 2001, p.203. 참조.

〈표 2〉 이이의 「육조계」와 류성룡의 「북변헌책의」 건의 내용 비교 도표

주제	이이	류성룡
인사	어질고 유능한 사람 임용(관직의 잦은 교체 시정)	변경 관원을 유능한 사람으로 임명
백성에 대한 대책	군사와 백성 양성(군역을 고르게 할것)	변경 지역 흉년시 백성 구제 방안
재용과 군량	(예산 절감으로) 재용 풍족히 확보	군량미 확보 공급 방안
변방 대책	번병(藩屛) 견고화(쇠퇴한 작은 고을 통합, 감사 임기 연장)	오랑캐 실정 탐지
군사 대책	전마 준비	공격과 수비 전략 수립
기타	교화를 밝힐 것	

북변 사태와 관련하여 이이가 병조판서로서 올린 육조계는 다음과 같은 특징이 있다. 병조판서로서 북방의 국방 문제와 관련된 건의에도 불구하고 많은 내용들이 일반적인 행정 정책과 겹치는 것이 많다. 예를 들면 재용 확보, 주읍 통합, 감사 임기 연장 등이 그러하다. 순수하게 군사적인 것은 전마(戰馬)를 준비하는 것이 있다. 군사적인 위기 상황에서 쓴 것임에도 불구하고 공격과 수비에 대한 전략 · 전술적 내용이나 병법에 관한 언급이 따로 없고, 그 대신에 전쟁과 직접 관련이 없는 선비와 백성에 대한 교화(敎化)를 강조하는 내용이 한 조목 들어가 있다. 이것은 이이가 「문무책(文武策)」에서 "도덕과 교화로써 인도하는 것은 정치의 근본이요, 방패와 성으로써 방위하는 것은 정치의 말단입니다."[155)]라고 하는 군사에 대한 본말론적 인식과 깊은 관련이 있다.

북변 사태와 관련하여 류성룡은 여진족의 침범을 군사적인 문제로만 보지 않고, 우리의 행정 특히 변경 지역을 다스리는 목민관에 대한 잘못된 인사에 기인하는 것으로 보고 인사를 합리화해서 지방행정의 역량을

155) 『국역 율곡전서 Ⅳ』, 한국정신문화연구원, 1996, p.355.

높일 것을 주장하고 있다. 그리고 나아가 싸울 것인지 아니면 지킬 것인지에 대한 전략을 수립하는 것을 중시한다. 그뿐만 아니라 적에 대한 정확한 정보 탐지가 전략 수립에서 선결 조건임을 강조하고 있다. 군사들을 먹일 식량 공급이나 흉년에 백성을 구제하는 것과 관련해서 막연한 주장만 하는 것이 아니라, 식량 공급을 위한 구체적인 세부적 방안을 자세하게 제시하고 있다.

이처럼 비슷한 시기에 군사적 위기 상황에서 쓰인 국방 대책과 관련된 두 사람의 건의 내용에는 인사와 인재 발굴을 중시하는 공통점도 있지만, 상당한 차이가 있다. 이이의 대책은 좁은 의미의 국방에 대한 것보다는 정치 · 행정 일반과 관련된 원칙적 내용이 많다. 이에 비해서 류성룡이 제시하는 대책에는 정치 · 행정 일반과 관련된 것보다는 국방 · 군사 문제에 초점을 맞춘 실제적 대책이 많다. 이것은 류성룡이 젊은 시절부터 쌓아온 병법과 군사에 대한 폭넓은 지식과 관련이 있다.[156] 북변 사태에 대한 이이와 류성룡의 대책 차이는 두 사람의 평소 경세에 대한 인식의 차이를 반영하는 것으로 이해할 수 있다.

4. 맺음말: 류성룡의 실용주의와 이이의 도학주의

이이는 사상적으로 육상산의 학문을 선학으로 규정하여 철저하게 배척하고 주자학에 충실하였고, 주자의 격물치지설을 학문 방법론으로 매우 중시하였다. 이에 비해 류성룡은 사상에 있어서 이이와 달리 도문학을

156) 류성룡과 그의 가문의 병법과 군무에 대한 전문 지식의 축적에 대해서는 서재진, "류성룡의 유연 리더십의 학문적 토대", 『서애연구』 제3집, 서애학회, 2021, pp.166-172 참조.

중시하는 주자학과 존덕성을 중시하는 육왕학의 장단점을 함께 바라보면서 비판적으로 종합하려고 시도하였다. 그뿐만 아니라 류성룡은 당대의 다른 학자들과 달리 사공(事功)을 중시하는 경세의 고전 『관자(管子)』에도 깊은 관심으로 보였고, 불교와 도가에 대해서도 사상적으로 개방적이었다. 주자학 일변도의 일반적인 지성계 풍토와 달리 류성룡은 사상적으로 다원주의적 태도를 취하였다. 류성룡은 주자학의 핵심 사상인 격물치지설에 대해서 반대하고 이설을 제시하였다. 양명학의 지행합일설에 대해서도 지와 행의 구분을 간과하는 오류를 비판하였다. 이것은 류성룡의 학문적 독자성과 주체성을 보여주는 것이다. 그는 학문에 있어서는 주체적이고 자율적이고 합리적인 사(思)가 중요하다고 여겨서, 스스로 생각해서 이해되지 않으면 수용하지 않았다.

붕당에 대한 인식에서 두 사람 모두 당을 떠나서 인물의 능력을 중심으로 한 벼슬 기용과 상호 화합을 강조하는 공통점이 있다. 하지만 상대적으로 볼 때 류성룡은 심의겸 등 이른바 서인이 옳지 않은 점이 있다고 비판적으로 인식하였고, 이이는 동인과 서인 모두 옳은 점과 그른 점을 함께 가지고 있다는 양시양비론을 견지하였다. 경세론에서 이이와 류성룡은 언로의 개방과 공론을 중시하고, 당을 떠나서 인물 본위의 인사를 주장하고, 인재의 발굴과 합리적 관직 임용을 강조하였다. 공납의 폐단과 군액의 감소 문제를 개혁해야 한다는 점에서도 공통적인 인식을 보여주었다. 그러나 구체적인 개혁의 방법에 있어서는 의견의 차이가 작지 않았다. 이이는 군주에게 성학을 가르치려고 하고, 군주가 격물치지와 성의정심의 수양을 하는 것이 좋은 정치를 위해서 중요한 선결 과제라고 인식하였다. 이이에 비해 류성룡은 군주에게 성의정심과 격물치지를 강조하기보다는 실용적인 정책 건의에 초점을 두었다. 류성룡은 시스템에 의한 정치, 법질서의 확립을 강조하였다. 북변에 대한 대책에서도 이이는 행정 일반의 문제점 개혁의 연장선에서 접근하였다면, 류성룡은 국방 · 군사적 문제에 초점을 맞추어 구체적 대안을 제시하는 차이점을 보여주었다.

류성룡과 이이는 16세기 사림 정치 시대를 대표하는 최고의 정치인이면서 동시에 정치사상가이다. 둘 다 겉으로 보면 성리학 · 주자학을 학문적 배경으로 하고 있는 것으로 보인다. 그러나 자세히 들여다보면 두 사람은 사상에서나 경세론에서 상당한 차이가 있다. 이이는 주자학적 도학의 정치 이념에 철저하다. 이이는 도학 이념의 구현을 위해 힘쓰다가 죽음에 이른 정암 조광조를 매우 존경하고 높인다. 자신도 정암을 본보기로 정치를 하였다. 도학 정치는 민본주의, 도덕주의, 이상주의, 군주의 마음을 중시한다. 이에 비해 류성룡은 주자학뿐만이 아니라 육왕학에도 관심을 보여주었다. 육왕학은 주자학의 관념성에 비해 보다 현실주의적인 면이 있다. (지리하고 복잡한 것이 아니라) 간이성, (지식 탐구보다도) 마음의 주체성 확립과 현실을 중시하며, 정치에서도 임기응변을 통한 현실적 대응을 중시한다.[157] 육왕학은 대체로 행동주의, 현실주의, 변통주의적 특성을 지닌다. 요컨대 주자의 도학주의에 비해 실용주의적 특성이 강하다. 이런 성향이 류성룡의 사상과 경세론에도 많이 나타나고 있다. 이이와 류성룡은 모두 민(民)을 중시하고 시의를 강조하였지만, 그런 가운데도 류성룡은 도학 이념에 충실한 이이보다 사상적으로 더욱 유연하고 현실주의적이고 실용주의적인 특성을 보여준다. 이러한 특성이 임진왜란에 직면하여 류성룡이 혁신적 정책 수립으로[158] 전란을 극복하는 것을 가능하게 해주었을 것이다.

---

157) 육왕학의 경세론적 특징에 대해서는 장승구, "류성룡의 철학과 경세론 연구", 『퇴계학보』 제134집, 퇴계학연구원, 2013, pp.72-73 참조.

158) 송복 교수는 "닫힌 제국의 닫힘과 류성룡의 열림 정책"(『서애연구』 제6권, 서애학회, 2022, pp.46-53)에서 임진왜란 때 류성룡이 사용한 혁신적인 열림 정책으로 '모속(募粟)', '공명첩(空名帖)', '속오군(束伍軍)'을 들고 있다.

제16장

학사 김응조의 애민정신과 경세활동

1. 머리말

학사(鶴沙) 김응조(金應祖: 1587~1667)는 17세기 중반에 활동한 학자이자 관료로서 선비다운 삶을 실천한 인물이다. 부친은 산음현감을 지낸 김대현이다. 학사는 아홉 형제 가운데 여섯째로 태어났는데 그의 형제들 가운데 여덟 명이 소과에 급제하고 다섯 명이 문과에 급제하여 인조는 이들 형제를 '팔련오계지미(八蓮五桂之美)' 라고 칭송하였다. 지금의 영주에서 1587년에 태어난 그는 17세기 영남 지역의 대표적 학자이자 관료로서 큰 활약을 하였던 지식인이다.[159)]

그는 유년기에 임진왜란을 겪었고, 장년기에는 인조반정을, 사환기에

159) 학사 김응조에 대한 연구로는 다음과 같은 논문이 참고 된다. 고영진, 「17세기 전반 남인학자의 사상 - 정경세 · 김응조를 중심으로」, 『역사와 현실』 8, 한국역사연구회, 1992.; 김태년, 「학사 김응조의 생애와 학문」, 『동양고전연구』 29, 동양고전학회, 2007.; 이해영, 「학사 김응조의 삶과 정신세계」, 『퇴계학』 20, 안동대학교 퇴계학연구소, 2011.; 정기선, 「학사 김응조의 연시조 〈학사삼곡〉」, 『국문학연구』 제45호. 국문학회, 2022.

는 병자호란이라는 국난을 겪어야 했다. 거듭되는 국난으로 백성의 민생은 도탄에 빠지고 사회적으로 민심도 좋지 않은 힘든 시대였다. 그뿐만 아니라 인조반정 이후 정치권력은 서인의 수중에 들어가서 영남 출신들은 벼슬이 힘들 수밖에 없는 시대를 살았다. 그럼에도 불구하고 학사는 학자로서 학문에도 뛰어났을 뿐 아니라 정치에서도 많은 업적을 남겼고, 청빈하고 겸허한 삶을 이어갔던 선비라고 할 수 있다. 그는 퇴계학파의 서애 류성룡에게 처음 가르침을 받았지만 얼마 후 서애가 세상을 뜨면서 여헌 장현광에게 나아가 가르침을 받았다.

김응조는 인조 · 효종 · 현종 3대에 걸쳐서 오랜 기간 지평 · 장령 · 수찬 · 교리 · 응교 · 승지 · 예조참의 등 다양한 벼슬을 하였다. 서인이 득세하던 시대라서 능력과 인망에 비해 저평가되었지만 5개 지방의 목민관을 맡아서 많은 선정을 쌓았고, 대사간에 제수될 정도로 언관으로서도 훌륭한 역할을 하였다. 인조 말년부터 효종대 기간에는 왕으로부터 신임받아서 요직을 맡기도 하였다.

당시 퇴계학파 내부에는 서애를 주화오국(主和誤國)으로 비판한 월천 조목의 제자들과 서애학파 사이에 갈등이 있었다. 학사는 퇴계학파의 이러한 갈등을 조정하기 위해 많은 노력을 하였다. 그리고 영남 유림을 대신하여 북인인 이이첨의 주벌을 주청하는 상소를 작성하기도 하고, 주화론자로 몰린 억울한 서애의 입장을 변호하기도 하였으며, 여헌의 문집 간행에도 힘썼다.

학사의 평생 후회 세 가지를 보면 그의 성품이 잘 드러나 있다. 첫째로는 본성이 책을 보는 것을 즐겨서 독서에서 무한한 의미를 두는데 눈이 어두워 경서의 극진한 의미를 찾아서 고인 생각의 실마리를 엿볼 수가 없으니, 이것이 한이라고 하였다. 평생 산수를 좋아하는 벽이 있어서 만년에 학사선장(鶴沙仙莊)을 두어서 매번 그 가운데 이르러서 참으로 즐겨서 배고픔도 잊을 정도이고 속인과 말하는 것도 어려울 정도로 좋아했으나 거기에서 항상 머무르며 노년을 보낼 수 없음이 두 번째 한이라고 하였다. 또한 빈객을 사랑하지만 가난해서 넉넉히 대접할 수 없는 것이 세 번째 한이라고 하였다.[160)]

이 글에서는 학사의 배움의 여정, 애민정신과 경세활동을 고찰하고 그 가운데 드러나는 선비적 삶을 살펴보도록 한다.

2. 치열한 배움의 여정

학사는 20세에 서애 선생에게 나아가 배알하였으나 그 이듬해에 서애 선생이 별세하였다. 그리고 27세에 경상좌도 감시에 장원급제하고 생원 회시에 합격하고 나서 여헌 선생에게 나아가서 수업을 받았다. 학사는 27세에 여헌 문하에 입문하고 나서 문과에 합격하여 벼슬을 하기 시작한 37세까지 10년간이란 비교적 긴 세월 동안 가르침을 받을 기회가 있었다. 서애와 우복에게 나아가 가르침을 받기도 하였지만, 여헌에게서 받은 지도가 더욱 친절하고 실질적이었다. 일찍이 여헌은 학사의 열정적인 공부 태도에 대해서 "물러나서 절차탁마의 노력을 다하고 동문들과 서로 도와 학문에 힘쓰는 사람은 학사 김응조, 고산 이유장이다."라고 할 정도로 높이 평가하였다.[161)] 또한 여헌은 학사에 대해서 "사람됨이 외유내강하니 쉽게 얻을 수 없는 인물이다."[162)]라고도 하였다. 학사의 절차탁마 노력에

160) 김응조, 『鶴沙集』 권7, 「鶴沙耄翁自銘 幷序」, "嘗自歎曰. 我性喜看書. 有無限意味. 而目盲不能極意尋行. 得以窺古人之緖餘. 一恨也. 平生癖於山水. 晩卜鶴沙仙莊. 每至其中. 輒囂然樂而忘飢. 殆難與俗人言. 而不能恒處其中送老. 二恨也. 愛賓客不啻飢渴. 而家貧無以具鷄黍縶白駒. 三恨也."

161) 『번암집』 권51, 「南厓金公墓碣銘」, "退而切磋麗澤者金鶴沙李孤山也."

대한 여헌의 높은 평가를 뒷받침해 주는 일화가 있다.

"선생이 뜻을 돈독히 하고 학문을 부지런히 하여 매일 독서하기를 밤늦도록 게을리하지 않았다. 절에 있는 승려가 자신도 밤을 새우며 잠을 자지 않는 데에 능하다고 하며 선생과 함께 10일 동안 자지 않기로 약속하였다. 9일째 밤중이 되자 승려가 피를 토하며 쓰러졌으나 선생은 책을 읽으면서 태연자약하였다. 날이 밝자 승려가 일어나서 절을 하고 말하기를 "공은 특이한 사람이니 반드시 크게 귀해질 것입니다."라고 하였다."[163]

학사는 여헌의 학문이 일생 주정(主靜)과 지경(持敬) 공부를 극진히 하여 마침내 도를 밝히고 덕을 세우며 의에 정밀하고 인이 무르익은 경지에 이르렀다고 하였다.[164] 그리고 여헌의 인품에 대해서 다음과 같이 높이 평하였다.

"그 마음을 지킴이 확고하여 기상이 당당하셨고, 지론(持論)이 혼연(渾然)하여 도량이 깊고 고요하였으며 남과 접함이 온화하여 화기가 화락하였고 자기를 단속함이 쇄연(灑然)하여 그 조리(操履)가 질서정연하였습니다. 시비와 훼예가 앞에서 닥치더라도 일찍이 얼굴빛에 드러내지 않았으며, 존망과 소장(消長)이 뒤에서 변하여도 그 마음을 움직일 수가 없었습니다."[165]

---

162) 『여헌집』 속집 권9, 『敬慕錄[門人金烋]』, "謂金公孝徵曰: 爲人外柔內剛. 不易得也."

163) 김응조, 『국역 학사집3』, 권영락 옮김, 도서출판 드림, 2020, 369쪽(학사연보 선생 18세조)

164) 『鶴沙集』 권6, 17쪽, "夫先生之於學, 極一生主靜持敬工夫, 而終至於道明德立義精仁熟之地."

165) 김응조, 『국역 학사집2』, 황만기 옮김, 도서출판 드림, 2019, 360-361쪽.

학사는 여헌에게 특히 예학에 관한 문제를 많이 질문하여 그의 관심 지향을 보여주었다. 후에 학사는 이러한 예학에 관한 관심을 발전시켜서 『사례문답(四禮問答)』이라는 예서를 편찬하기도 하였다. 학사는 여헌의 학문이 깊고 넓은 가운데 특히 역학(易學)에 대한 조예가 깊다고 하였는데 학사 자신도 주역을 좋아하여 즐겨 연구하였다. 학사는 출사하기 전에 이미 여헌에게 나아가 가르침을 받았을 뿐만 아니라, 출사 후에도 1633년 선산도호부사로 부임하여서는 가까운 인동의 여헌 선생을 찾아 가르침을 받았다. 1640년 인동도호부사로 부임하였을 때는 여헌 선생이 이미 돌아가셔서 선생의 묘소에 제사를 올리고 여헌선생문집을 교정하는 일에 참여하고, 문집 간행에도 적극 힘써서[166] 선생의 학덕을 기리는 일에 헌신하였다. 그리고 여헌 문인들과 지속적으로 교류하면서 여헌학의 발전에 기여하였다.

여헌이 세상을 뜬 다음 해에 학사는 꿈에서 선생을 몽견하고 이것을 시로 남겼다.

"문하에 출입한 지 사십 년이 되었는데
갑자기 돌아가시어 황천에 막혔네
주신 글은 꿈 깬 뒤에 기억하지 못하나
모습은 꿈속에서 오히려 분명했네
옛날에 귀에 대고 일러준 유훈이 남아 있으나
오늘날도 꽉 막힌 나의 삶이 가련하네
밤새도록 슬피 읊으며 공연히 가슴 적시는데
돌아보니 푸른 금오산만 하늘에 닿아 있네"[167]

166) 박학래 지음, 『여헌 장현광 평전(여헌학총서3)』, 예문서원, 2017, 417쪽 참조.
167) 김응조, 『국역 학사집1』, 권영락 · 황만기 옮김, 도서출판 드림, 2019, 144쪽.

이 시를 보면 학사는 여헌 선생에게 꿈에서도 가르침을 받을 정도로 깊은 존경과 뜨거운 사모의 마음을 간직하였음을 알 수 있다.

3. 학사의 애민정신과 경세활동

1) 학사의 애민정신

"가난한 집에 본래 즐거움이 없지만
겨울에는 온갖 근심 다 모이네
사채를 갚으라는 독촉에 괴롭고
환곡을 들이라고 엄히 독촉하네
사채의 독촉도 이미 두렵지만
환곡의 독촉은 더욱 두렵네
집안에는 경쇠만 걸려 있고
텅 비어 물건이 하나도 없네
아전들은 심하게 몰아치지 말라
내일 아침에 황소를 팔 것이다." (「貧家 冬」)[168]

이 시를 보면 마치 19세기 초 실학자 다산 정약용이 유배지에서 지은 사회 비판 시와 같은 느낌을 받는다. 사채와 환곡의 독촉으로 힘들어하는 백성의 고통을 이해하고 생활고를 공감하는 모습이 생생하게 표현되어 있다. 이처럼 학사는 벼슬을 하면서도 늘 마음은 백성의 민생에 있었으

168) 김응조, 『국역 학사집1』, 권영락 · 황만기 옮김, 도서출판 드림, 2019, 351쪽.

니, 그의 강렬한 애민정신을 읽을 수가 있다.

학사는 백성들의 마음을 알기 위해서는 그들의 눈썹을 살피는 것이 중요하다고 보았다. 왜냐하면 사람의 눈썹은 기쁠 때는 펴지고 성낼 때는 쭈그러들기 때문이다. 백성들은 세금이 과중하거나, 부역이 빈번하거나, 형벌이 지나치거나, 송사의 판결이 잘못되면 성을 낸다.[169] 성을 내면 눈썹이 찡그러진다. 그러므로 민원이 생겨서 백성의 눈썹이 찡그러지는 일이 없도록 지방관은 잘 다스려야 한다. 학사는 인동도호부사로 있을 때 관아에 이런 의미를 담아서 찰미당(察眉堂)을 짓고 찰미당기를 남겼다. 백성의 눈썹을 보고 그들의 고통을 살피고 민원이 없도록 해야 한다는 사상은 애민정신이 깊지 않으면 생각하기 어려운 것이다.

2) 학사의 상소문에 나타난 경세론

학사의 경세론을 살펴보기 위해서 그가 인조와 효종에게 올린 대표적 상소문 2편의 내용을 고찰해 보도록 한다.

1647년, 인조 25년 학사가 61세 되던 해 4월에 부교리에 제수되어 재해를 당하여 수성(修省)을 청하는 상소(「請遇災修省疏」)를 올렸다.[170] 이 상소에서 나라의 온갖 법도가 와해하고 크고 작은 기강이 해이해져 진작되지 못하며 백성들이 아래에서 원망하여 비방과 원망이 함께 일어나고, 하늘이 위에서 노하여 변괴가 발생하여 나라에 위망(危亡)의 형상과 화란의 조짐이 있다고 시국을 진단하였다.[171] 나라에 10년 동안 9년이나 큰 가뭄으로 농사를 망치는 재난의 연속이었다. 진덕수가 말한 "민심이 기뻐하면

169) 김응조, 『국역 학사집2』, 황만기 옮김, 도서출판 드림, 169-170쪽.
170) 김응조, 『국역 학사집1』, 권영락 · 황만기 옮김, 도서출판 드림, 2019, 497-512쪽 참조.
171) 김응조, 『국역 학사집1』, 권영락 · 황만기 옮김, 도서출판 드림, 2019, 497-498쪽 참조.

하늘이 기뻐하여 상서로운 일이 생기고, 민심이 기뻐하지 않으면 하늘이 노여워하여 재앙이 일어납니다."라는 말을 인용하여, 민심이 기뻐하지 않으므로 재이가 발생한다고 학사는 주장한다.[172] 학사는 백성을 힘들게 하고 나라를 병들게 하는 것 중에 특히 문제가 심각한 것을 세 가지 지적하였다.

첫째는 궁가(宮家)와 권세가에서 백성의 이익을 약탈하기 때문이다. 궁가와 권세가들이 위세를 이용하여 연해 각 고을의 염분(鹽盆: 소금을 굽는 소금가마), 어량(魚梁), 어선(漁船)을 독점하여 백성들의 생업을 침해하여 살 수가 없게 만들었다.

둘째로는 아문(衙門)과 영문(營門)에서 이익을 탐하여 영리 추구를 하기 때문이다. 아문과 영문에서 한꺼번에 많은 물건을 사고팔아서 이익을 도모한다. 물고기와 소금, 콩과 채소 등을 아문과 영문에서 거래하므로 물고기와 소금값은 치솟고 베나 곡식은 싸게 되어서 일반 백성들에게 큰 고통을 주고 있다. 장사치와 어민의 이익을 빼앗고, 어업 물가의 폭등으로 농민에게도 막대한 피해를 주고 있다고 비판한다.

셋째로는 각 읍의 수령이 고혈을 짜내기 때문이다. 지방 수령들이 두려워하는 것은 대간의 탄핵과 방백(관찰사)의 출척, 암행어사의 안찰(按察)이다. 그런데 근 십여 년 동안 어사를 파견한 것이 드물었다고 한다. 파견하는 경우에도 한 도를 두루 안찰하지 않아서 몇몇 고을만 추첨하여 안찰하므로 추첨에 들지 않은 고을은 비리가 있어도 편안이 지내고, 어사가 다녀간 뒤에는 더욱 욕심을 채우고 악행을 저질러서 어사를 파견하지 않은 것만도 못할 정도라고 한다. 반정 초기에 일시적으로 광해군 때 부당하게 징수한 세목을 모두 혁파하여 백성들의 환호를 받았지만, 지금은 다시 백

172) 김응조, 『국역 학사집1』, 권영락 · 황만기 옮김, 도서출판 드림, 2019, 499쪽 참조.

성들에게 거둬들이는 것이 많이 늘어나 고통을 가중하고 있다고 한다. 그래서 "작게는 울부짖고 크게는 헐뜯어서 가난하고 약한 자들은 전전하여 사방으로 가서 골짝을 메웁니다. 그래서 온 나라를 가득 채우는 것이 원망하는 소리와 사악한 기운이 아님이 없습니다."[173]라고 학사는 비판하였다.

이러한 제반 사회적 모순의 근본 이유는, 군주가 공정하게 정치를 하지 못하고 사사롭게 유독 내수사(內需司)만을 챙기니 각 궁가 · 세가 · 아문 · 영문 · 열읍의 수령도 따라서 자기 것만을 챙긴다고 한다. 그러므로 학사는 군주가 사리(私利)를 추구하지 않는 솔선수범을 보이게 하도록 우선 내수사부터 개혁할 것을 촉구하였다.[174]

효종이 즉위하고 나서 올린 「사응교소(辭應敎疏)」에서는 (1) 당쟁의 문제, (2) 각사(各司)에서 포목을 징수하는 문제, (3) 아문(衙門)의 증설과 모리의 판매를 지적하였다.

첫째로 학사는 당쟁 문제의 심각성을 강조하고 있다. 선조 때 1583년에 동서분당이 있고 나서 나라에 임진왜란과 정유재란 같은 참극이 일어났다. 그리고 인조반정 이후에는 당쟁이 조금 보합하고 완화하였는데 효종이 즉위하고 나서 다시 당쟁이 폐습이 격화하고 있다고 학사는 진술한다.[175] 편당이 심해지면서 옳고 그른 시비가 어느 당이냐에 따라서 바뀌고 사람이 어진지 불초한지도 당파에 따라 평가가 달라지는 불행한 현실이 되었다고 한다.[176] 내 편이면 무조건 옳고 어질고 상대편이면 그르고

173) 김응조, 『국역 학사집1』, 권영락 · 황만기 옮김, 도서출판 드림, 2019, 505쪽.
174) 김응조, 『국역 학사집1』, 권영락 · 황만기 옮김, 도서출판 드림, 2019, 507쪽.
175) 김응조, 『국역 학사집1』, 권영락 · 황만기 옮김, 도서출판 드림, 2019, 537쪽.
176) 김응조, 『국역 학사집1』, 권영락 · 황만기 옮김, 도서출판 드림, 2019, 537쪽.

불초하다는 여기는 잘못된 판단이 유행하고 있다고 학사는 비판한다. 시비와 정사의 분별이 어지러워지는 이런 병폐를 방치하면 나라가 망하지 않을 수 없다고 한다. 이런 병폐를 극복하기 위해서는 군주는 사람을 쓰고 버리고 승진시키고 퇴출할 때 크게 공정하고 지극히 바른 도(大公至正之道)로서 대처할 것을 요구하였다.[177]

둘째로 각사(各司)에서 포목(布木)을 징수하면서 폐단이 날로 심해지고 있다고 하였다. 서리들이 시장의 시세를 조종하고 농간하여 폭리를 취하여 서리의 집에는 부가 넘쳐 호사스러움이 그 어느 때보다 지나치다고 한다. 이를 막기 위해서는 군주부터 몸소 절약하고 검소해야 하고 법을 집행하는 사헌부에서 관리와 서리를 엄히 감찰하여 법을 어기고 작폐를 일삼는 사람들은 중벌로 다스릴 것을 촉구한다.[178]

셋째로는 임진왜란 이후로 규정에 없이 임시로 아문을 부분별하게 증설하여, 증설한 아문이 물건을 판매하여 사익을 챙겨서 백성에게 고통을 전가하고 있다고 비판한다. 학사는 새로 설치한 아문을 혁파하여 백성의 원망을 누그러뜨릴 수 있도록 해야 한다고 주장한다.[179]

이상과 같이 학사는 인조와 효종에게 그 시대의 가장 큰 사회적 · 경제적 · 정치적 병폐인 당쟁, 백성의 민생고, 궁가와 세도가의 이권 추구, 지방관과 서리들의 비리 등을 비판하고 이러한 문제를 어떻게 시정할 것인지에 대해서 구체적인 대안을 제시하고 있다. 이것은 학사가 학문에만 뛰어난 것이 아니라 현실의 경세 문제에도 식견이 깊은 것을 잘 보여주는 것이다.

177) 김응조, 『국역 학사집 1』, 권영락 · 황만기 옮김, 도서출판 드림, 2019, 538쪽.
178) 김응조, 『국역 학사집 1』, 권영락 · 황만기 옮김, 도서출판 드림, 2019, 540쪽.
179) 김응조, 『국역 학사집 1』, 권영락 · 황만기 옮김, 도서출판 드림, 2019, 542쪽.

3) 문교(文敎)의 진흥

평소 학문과 교육에 많은 관심이 있던 학사는 당시에 무너진 문교(文敎)를 진흥하기 위해 많은 노력을 했다. 학사는 참찬관으로 경연에 참여하여 효종에게 학문과 교육의 진흥을 위한 조치를 하도록 팔도의 감사에게 신칙하게 주청하여 허락받았다.

> "근래에 문교(文敎)가 전폐되고 있으니 신은 은근히 개탄하는 바입니다. 조정에는 공부를 권장하는 방법이 없고 외방의 사자(士子)들 중에도 학문을 독실하게 하는 자가 있다는 것을 듣지 못하였습니다. 교수(敎授)와 제독(提督)을 설립하는 것은 본디 조종조의 옛 규범이니 지금부터 팔도의 감사에게 신칙하여 공부를 권장하는 정사를 수행하게 하소서."[180]

학사는 예조참의로 있을 때도 상소하여 군주에게 마음을 수렴하고 성품을 기르는 것과 하늘을 공경하고 백성을 사랑하는 것과 아울러 학문을 숭상하고 학교를 부흥시키는 것(右文興學)을 강조하였다. 학사에 따르면 학문을 숭상하고 학교를 일으키는 것은 나라를 위해 제일 중요한 일이다.[181] 이를 위해서는 중앙의 성균관이 모범이 되어야 하겠지만, 지방에도 교육을 감독하고 장려하는 제독(提督)과 가르치는 훈도(訓導) 제도를 시급히 설립하여야 한다고 촉구하였다.[182]

그뿐만 아니라 학사는 지방관으로 부임하여서는 반드시 그 지역의 관

---

180) 『효종실록』 7권, 효종 2년(1651년) 7월 13일 4번째 기사.

181) 김응조, 『국역 학사집3』, 권영락 옮김, 도서출판 드림, 2020, 21쪽, "右文興學固爲國第一件事" 참조.

182) 김응조, 『국역 학사집3』, 권영락 옮김, 도서출판 드림, 2020, 21쪽, "而乃先汲汲於提督訓導設置之擧" 참조.

련된 선현을 추숭하고 학문을 장려하며 지역의 교육을 진흥하는 데 헌신적으로 기여하여 문교 진흥의 철학을 실천으로 보여주었다.

"선생이 정사를 다스림에 학문을 숭상하고 학교를 일으킴으로 급선무를 삼으셨다. 고을의 자제들을 널리 선발하여 몸소 친히 학업을 권면하였는데, 공무가 번잡하더라도 그만두지 않았다. 유궁을 짓고 중수함에 반드시 마음을 다해 경영하였으며, 선현의 사묘(祠墓)가 있으면 반드시 글을 지어 제사를 올렸다."[183]

4) 학사의 직간(直諫)과 청백리 정신

효종의 아버지인 인조가 세상을 뜨고 나서 그의 묘호(廟號)를 효종이 인조로 정하려고 하자 신하들의 반대가 있었다. 당시에 응교로 있던 심대부(沈大孚)는 조(祖)와 종(宗) 가운데 종으로 하는 것이 타당하다는 것을 역사적 전거를 통해서 주장하였다. 그리고 유계(兪棨)는 '인조(仁祖)' 라고 하면 '인종(仁宗)' 과 같은 인자를 중복해서 사용하여 분별함에 문제가 있을 수 있음을 지적하였다. 이에 효종은 크게 노해서 이들을 유배 보내려 하였다. 이때 사간으로 있던 학사는 유배 보내라는 명을 환수하기를 청하고 사직을 청하였다. 또한 응교로 있으면서 상소를 올려 이들이 다른 의도가 있어서가 아니며 (묘호를 바르게 정하려고 하는 것이지) 결코 선왕을 비방하려고 하는 것은 아니었다고 해명한다. 학사는 이 문제로 신하들의 기를 꺾고 언론의 자유를 막아서는 안 됨을 강조한다.

---

183) 김응조, 『국역 학사집3』, 권영락 옮김, 도서출판 드림, 2020, 398쪽.

"삼가 생각건대, 전하께서 편당을 조정하고 인재를 참작하여 등용하는 방도가 이미 선왕만 못하며, 기를 꺾고 진노하여 박대함이 지나치게 과도합니다. 작년에 이처럼 하였고 금년에도 이처럼 하니, 전하의 조정이 거의 텅 비지 않겠습니까?"[184]

이처럼 학사는 군왕의 잘못을 구체적으로 정면에서 논박하면서 군주가 가야 할 바른길을 간하고 있다. 선비로서 강직한 직간을 실천하였다.

학사는 오랜 기간 많은 벼슬을 하였지만 그는 늘 청렴하였기에 생활에 경제적 여유가 없었다. 지방관으로 벼슬을 하다가도 돌아갈 때는 대지팡이 하나 외에는 아무것도 가지고 가는 것이 없었다.[185] 손님을 좋아하면서도 대접할 것이 마땅치 않아서 고민하였다. 집안에 쌀독이 자주 비어서 아침에는 미음 저녁에는 죽을 먹는 일이 많았다.[186] 흉년에는 소나무 껍질을 벗겨서 먹기도 하였다. 이러한 청백리다운 선비정신을 지녔기에 그가 지방관으로 있었던 5곳에 모두 신징비가 세워진 것은 결코 우연이 아니었다.

4. 맺음말

학사는 임진왜란과 병자호란으로 조선 사회가 매우 심각한 위기에 처한 상황에서 비교적 오랜 기간 벼슬을 하면서 백성의 편에서 민생의 어려움을 줄여주기 위해서 고군분투하였다. 지방관으로 나가서는 선정을 베

184) 김응조, 『국역 학사집1』, 권영락 · 황만기 옮김, 도서출판 드림, 2019, 531쪽.
185) 김응조, 『국역 학사집3』, 권영락 옮김, 도서출판 드림, 2020, 398쪽 참조.
186) 김응조, 『국역 학사집3』, 권영락 옮김, 도서출판 드림, 2020, 409쪽 참조.

풀고 청렴을 실천하여 가는 곳마다 선덕비가 세워졌다. 조정에 있으면서는 직간을 통해 정치의 병폐와 군주의 실정을 바로잡기 위해 최선을 다하였다. 그러면서도 벼슬에 탐닉하지 않고 물러나기를 좋아하여 전원과 자연에서 학문을 닦고 정신을 수양하면서 자유롭게 살기를 갈망하였다. 학문과 독서를 좋아하고 자신을 수양하는 데 힘쓰며 부귀를 탐하지 않고 청빈을 달게 여겼다. 그는 17세기 영남 지성사에서 중심적 위치에 있으면서 학파 간의 갈등을 중재하고 소통을 구현하기 위해 노력하였다. 학사는 비록 학문적 저술을 많이 남기지는 않았지만, 수기치인(修己治人)의 유가 철학을 몸과 행동으로 구현한 보기 드문 선비라고 할 수 있다.

제17장

졸재(拙齋) 류원지(柳元之)의 사상과 경세론

1. 머리말

졸재 류원지(拙齋 柳元之: 1598~1674)(字는 長卿)는 서애 류성룡(1542~1607)의 장손으로 서애학을 계승한 학자이다. 서애 후손 가운데 학자들이 많이 배출되었는데 그중에서도 가장 대표적인 학자가 류원지이다. 그는 학문적으로 율곡학의 문제점을 날카롭게 지적하고 퇴계학의 전통을 발전시키면서 다른 한편으로는 류성룡의 학문과 사상을 계승 발전시키는 데 힘썼다. 류원지는 1598년 12월 11일에 장수도찰방(長水道察訪)을 지낸 류여(柳袽: 1578~1605)와 모친 남양 홍씨 사이에 태어났다. 8세에 부친을 잃고 조부인 류성룡에 의해 양육되었다. 어려서부터 영특하고 단정해서 조부가 기특히 여기고 아끼면서 가르쳤다. 조부가 세상을 뜨고 나서는 계부인 수암공 류진(柳袗: 1582~1635)에게 나아가 가르침을 받았다. 류원지는 17세 때에 벌써 대학자 경당(敬堂) 장흥효(張興孝)와 만나서 맹자의 "萬物皆備於我"의 의미에 대해서 자신의 주장을 내세울 정도로 학문적으로 성숙하였다. 류원지는 33살에 창락도찰방(昌樂道察訪)에 제수되었고, 이어서 37세에는 통예원인의겸한성부참군(通禮院引儀兼漢城府參軍)・사헌부감찰(司憲府監察), 40세에는 군자감주부(軍資監主簿), 41세에는 황간현감(黃澗縣監)에 제수되었다. 그후 10여 년간 집에 있다가 다시 58세에는 진안현감(鎭安縣監)으로 나가고, 65세에는 와서별제(瓦署別提)로 제수되고, 67세(1664년)에는 안기도찰방(安奇道察訪)에 부임하였다.[187]

류응목(柳膺睦: 1841~1921)은 1911년에 『豊山柳氏家學淵源錄』을 지었다.[188] 이 책은 풍산 류씨가의 300년 10대에 걸친 19명 학자의 가학 계보를 서술하였다.[189] 풍산 류씨 가문에서 학문의 전통이 끊이지 않고 10대 300년간 면면히 이어진 것을 기록하고 있다. 이러한 가학 연원에서 류원지의 위상은 매우 중요하다. 윗대의 학문을 계승하여 아랫대로 전승하는 중간의 핵심적 가교 역할을 하였기 때문이다. 그의 학문은 폭이 매우 넓어서 이기(理氣)・상수(象數)・천문(天文)・지리(地理)・예악(禮樂)・율력(律曆)・의약(醫藥)・복서(卜筮) 등에 두루 통하였고, 퇴계 이후 류원지에

187) 柳永佑, 『拙齋先生年譜』 권1 참조.

188) 한국학중앙연구원편, 『고문서집성』 43 - 안동 갈전 순흥안씨 편, 1999, pp.701-731, 『(1911년 柳膺睦)家學淵源錄』 참조. 『豊山柳氏家學淵源錄』을 중심으로 한 풍산 류씨의 가학과 서애가학의 계보와 학풍에 대한 자세한 분석은 김학수의 "17세기 서애 류성룡가의 학풍과 그 계승 양상" (『퇴계학과 유교문화』 제55호, 경북대학교 퇴계연구소, 2014, pp.59-98)을 참고. 이 논문에서 김학수는 "그(류성룡)의 학문적 지향과 요체 가운데 '忠孝淸白論, 大學 등 經學의 중시, 思索主義, 心學의 중시, 求放心과 尊德性의 강조, 善事論, 詩敎・書敎를 통한 권학, 深思熟讀의 독서론 등은 자손들에게 착실히 계승됨으로써 서애가학의 본체를 이루게 된다." (p.93)고 하였다.

189) 1세대는 입암 류중영, 구촌 류경심(입암의 종제), 고산권옹 류빈(입암 재종제), 파산 류중엄(입암 종제) 4명을 거론하고 있다. 그리고 2대에는 입암의 아들인 겸암 류운용과 서애 류성룡을, 3대에는 서애의 셋째 아들인 수암 류진, 4대에는 서애의 장손자 졸재 류원지, 5대에는 류원지의 장자인 우눌(충효당) 류의하, 겸암의 장증손 회당 류세철, 겸암의 증손 우헌 류세명, 6대에는 류원지의 손자 주일재 류후장; 7대에는 류원지의 장증손 서호 류성화, 류원지 증손 화계 류성증, 8대에는 서호의 장자 나옹 류운, 류원지 현손 임여재 류규, 9대에는 나옹의 장자 외재 류종춘, 수암(修巖) 사손(嗣孫) 강고 류심춘, 10대에는 외재의 종자(從子) 학서(화경당) 류이좌가 있다.

이르러 성명의리(性命義理)의 학설이 마무리되었다고 평가되기도 하였다.[190)]

류원지는 비록 고위직은 아니지만 벼슬도 하였고, 무엇보다도 학문과 사상에 깊은 관심을 보여주었으며 가학의 전통을 이어서 경세 문제에도 상당한 조예를 보여주고 있다. 기존 연구에서는 류원지의 율곡 철학에 대한 비판과 퇴계학 수호라는 관점에서 주로 연구됐다.[191)] 이 글에서는 류원지를 단순히 퇴계학의 수호자로서만 그치는 것이 아니라, 류원지 나름의 사상적 특성이 무엇인지를 살펴보고자 한다. 퇴계학이 경을 핵심으로 한다면 류원지는 퇴계의 경철학을 수용하면서도 거기에 정(靜)을 강조하는 특성을 보여준다. 그리고 그는 이(理)와 성(性)의 관계에 대해서도 심도 있는 탐구를 하였는데 이 점도 주목할 필요가 있다. 류원지는 성리학자로서는 특이하게도 제갈량의 사람됨을 항상 흠모하여서 한밤에 일어나 앉아서 전후 출사표를 반복하여 음미하며 낭송하였다고 한다.[192)]

류원지는 경세와 관련하여 주부인 류성룡의 정치적 입장을 해명하는 한편 자신의 경세론을 새롭게 구성하여 개진하기도 하였다. 그는 철학 사상적인 문제뿐 아니라 당대의 시사 문제에 대해서도 관심의 끈을 놓지 않고 나름의 입장과 대안을 제시하고 있다. 이 글은 류원지가 어떻게 율곡

---

190) 『嶺南人物考』 권3,「安東3 - 柳元之」, "且從學於鄭文莊經世之門, 如理氣, 象數, 天文, 地理, 禮樂, 律曆, 醫藥, 卜筮之說, 靡不淹貫. 有文集刊行于世.(柳宗春撰家狀) 嶺中先輩皆云: "退陶以後, 性命義理之說, 到拙齋磨勘盡."(洪汝河撰)" 참조.

191) 졸재 류원지에 대한 연구로는 다음과 같은 논문이 참고된다. 김용헌, "졸재 유원지의 심성론과 퇴계학설 옹호", 『동양고전연구』 제33집, 동양고전학회, 2008.; 설석규, "졸재 유원지의 이기심성론 변설과 정치적 입장", 『조선사연구』 제6집, 조선사연구회, 1997.; 최인기, "졸재 유원지의 농서 편찬에 대하여", 『사림』 제15호, 수선사학회, 2001. 김용헌은 유원지의 철학적 문제의식은 "폭넓게 말하자면 유교의 도를 구하고, 작게는 이황의 학설을 지키는 것"이라고 규정하였다.

192) 柳元之, 『拙齋集』, 「遺事」, "府君常慕諸葛武侯之爲人. 時或中夜起坐誦前後出師表, 反覆吟繹聲音琅然." 참조.

의 퇴계학 비판에 맞서 퇴계학을 발전시켜 나갔는지, 류성룡에 대한 그릇된 평가에 맞서서 류성룡의 정치적 행위의 정당성을 어떻게 해명하였는지, 그리고 이른바 예송 등 시대적 문제에 대해 입장을 어떻게 정립하면서 자신의 경세론을 전개해 나갔는지를 살펴보고자 한다. 우리는 류원지의 사상과 경세론에 대한 연구를 통해서 서인 중심의 17세기 사상 연구에서 벗어나 남인 계열에서는 어떻게 사상을 발전시키고 경세에 대한 입장을 제시하였는지 구명하고, 서애 류성룡의 학문과 사상이 어떻게 계승·전개되는지를 살펴보고자 한다.

2. 류원지의 성리설과 퇴계학 계승

1) 율곡의 사단칠정론 비판

퇴계 사후 율곡 이이는 우계 성혼과 퇴계 성리설 특히 사단칠정설의 문제점에 대해 서한을 통해 심도 있게 토론하였다. 이 논의에서 율곡은 퇴계의 사단칠정설의 문제점을 비판하면서 자신의 입장을 드러내었다. 율곡이 퇴계의 사단칠정설을 비판하면서부터 율곡설에 동조하는 학자들이 많이 나오게 되었다. 이와 함께 퇴계의 사단칠정설은 서서히 영남 퇴계 문하의 소수설로 굳어지게 되었다. 율곡의 퇴계설 비판이 정당한지에 대한 본격적 검증은 활발하게 이루어지지 않았다. 이런 즈음에 졸재 류원지는 율곡의 퇴계 사단칠정설 비판에 대해 근본적 문제점을 제기하였다. 이것을 보면 류원지의 성리설에 대한 이해와 기본 입장을 살펴볼 수 있다. 류원지가 율곡 성리설을 비판한 「四端七情辨後說」을 지은 것은 1670년(73세)이다. 이것은 갈암 이현일의 「栗谷李氏論四端七情辨」(1688년)과 우담 정시한의 「四七辨證」(1696년)보다 시기적으로 앞서는 것이다. 즉 류원지는 율곡학에 대한 퇴계학파의 본격적이고 체계적인 비판의 선구에 위치하고 있다. 율곡의 사단칠정설에 대한 류원지의 비판 논리를 검토해 보자.

퇴계는 사단(四端)은 이가 발해서 기가 이를 따르는 것이고(理發而氣隨之), 칠정(七情)은 기가 발해서 이가 그것을 탄 것이라고(氣發而理乘之) 하였다. 이에 대해 율곡은 사람 안에 어찌 두 가지 정이 있어서 혹은 앞서고 혹은 뒤서고 양쪽에서 각각 나오는 것이겠는가 라고 비판하였다. 류원지에 따르면 퇴계는 사단과 칠정이 발할 때 이가 위주가 되어 발하기도 하고 기가 위주가 되어 발하기도 한다는 것을 구분한 것인데, 율곡은 이것을 마치 두 가지 서로 다른 정이 따로 있는 것으로 오해한 것이다.[193] 정을 사단과 칠정으로 나누어 구분한 것은 이미 전성(前聖)이 서로 전해오는 지결(旨訣)이고 주자의 생각과도 합치되는 것이라고 류원지는 주장한다. 왜냐하면 주자도 이미 사단은 이의 발이고 칠정은 기의 발이라고 하였기 때문이다.[194]

율곡은 사단과 칠정을 섞어서 이것은 본래 하나이고 나눌 수 없다고 하면서 퇴계설을 비판하였다. 그러면서 율곡은 인심과 도심은 상대적으로 나누어 볼 수 있지만, 사단과 칠정은 이처럼 나누어 볼 수 없다고 하였다. 그러나 류원지에 따르면 인심/도심과 사단/칠정은 서로 다른 별개의 것이 아니다. 인심・도심은 사단・칠정의 총명(總名)이고, 사단・칠정은 인

193) 『拙齋集』 권10, 「四端七情辨後說」, "然則以四端爲理發, 以七情爲氣發者, 亦謂其發之之際, 所感有不一, 而其發有或理或氣之不同. 蓋各就其所重而言, 何嘗謂別有二情在內, 或先或後, 相對爲兩歧, 各自出來, 如栗谷所云之說乎." 참조.

194) 『拙齋集』 권10, 「四端七情辨後說」, "試嘗論之, 夫先生之以理發氣發, 指四端七情者, 蓋其的知灼見, 深得夫前聖相傳之旨訣, 而與朱子暗合者也. 先生答高峯第三書曰: 近看語類, 其中一款, 正論此事, 有曰: 四端是理之發, 七情是氣之發. 古人不云乎, 不敢自信而信其師. 朱子吾所師也, 亦天下古今之所宗師也. 得是說然後, 方信愚見不至大謬." 참조.

심·도심의 조목(條目)이다. 비록 이름은 다르나 이치는 하나라고 류원지는 주장한다.[195] 그렇다면 도심으로 인심을 삼을 수 없는 것처럼 사단으로 칠정을 삼을 수 없다는 것이다.

율곡은 사단과 칠정이 하나라고 하면서도 또한 선일변(善一邊)을 말하면 사단을 따라야 하고 선악을 겸하여 말하면 마땅히 칠정을 따라야 한다고 하였다. 그런데 이것은 결국 사단과 칠정이 차이가 있음을 인정하는 것이라서 앞뒤가 서로 모순된다고 류원지는 비판한다.[196] 또한 선과 악은 서로 모순되는 것인데 칠정은 선악을 겸한다고 하는 것도 부당하다고 류원지는 지적한다.[197]

류원지의 설명에 따르면 퇴계가 사단과 칠정을 구분해서 사람들에게 설명하는 것은 이유가 있다. 그 까닭은 사단을 말하지 않으면 사람들이 성의 본선(本善) 즉 근본의 선함을 알지 못하고 혹 따라야 할 바에 어둡기 때문이다. 그리고 칠정을 말하지 않으면 잡기(雜氣)가 쉽게 어긋나 혹 흘러넘쳐서 악이 되는 것을 알지 못하기 때문이라고 류원지는 설명한다.[198] 그런데 율곡은 퇴계의 취지를 헤아리지 못하고 성에는 정이 두 가지가 없다는 견해만 주장한다. 그래서 이발과 기발에 다름이 있음을 살피지 못하고 사

---

195) 『拙齋集』 권10, 「四端七情辨後說」, "以此言之則人心道心者, 四端七情之摠名也. 四端七情者, 人心道心之條目也. 名雖異, 而理則一者也." 참조.

196) 『拙齋集』 권10, 「四端七情辨後說」, "栗谷又曰: 欲說善一邊則當遵四端之說, 欲兼善惡說則當遵七情之說, 此亦栗谷欲合四七爲一, 而自不免有四七之異者也. 蓋以其善一邊, 歸之於四端, 而又以兼善惡爲七情, 則果可以七情爲四端乎. 且旣曰善一邊, 又曰兼善惡, 則又歧而爲三, 不勝紛如矣, 惡在其合而爲一乎." 참조.

197) 『拙齋集』 권10, 「四端七情辨後說」, "且其所謂兼善惡者, 亦甚未安. 夫善惡之不可相兼也久矣. 不是冷水, 便是熱湯, 豈有兼善兼惡之情哉." 참조.

198) 『拙齋集』 권10, 「四端七情辨後說」, "且先生之所以分四七爲說以示人者, 亦有以焉. 蓋不言四端則人不知其性之本善而或昧於所從, 不言七情則人不知雜氣之易差而或流而爲惡. 故必須兼擧二者, 並論其義, 以示入道之蹊逕, 一以戒他歧之易流. 所以剖判爲說, 昭揭萬世者, 可謂備盡無餘, 盛水不漏矣." 참조.

단과 칠정을 하나로 혼합하는 설을 만들었다고 류원지는 비판한다.[199)]

주자도 심의 허령지각(虛靈知覺)은 하나이지만 지각하는 까닭이 다르므로 인심과 도심으로 나뉜다고 하였다. 그렇다면 이것도 마음에 두 가지 근본이 있는 병이란 말인가 라고 류원지는 반문한다.[200)] 퇴계가 사단과 칠정을 구분한 것은 비판하면서 주자가 인심과 도심을 구분하는 것은 비판하지 않는 것은 무엇 때문인가? 사실 퇴계가 사단과 칠정을 구분한 것은 이미 주자가 (사단과 칠정, 도심과 인심을) 구분한 것과 근본적으로 다르지도 않은데 율곡이 주자는 그대로 두고 퇴계만을 비판한 까닭은 무엇인가 라고 류원지는 의문을 제기한다.[201)]

이와 같이 류원지는 율곡의 사단칠정설이 근본적으로 문제점이 많다고 인식하였다. 다른 사람을 이기고 그 위에 오르려는 마음이 율곡 일생병의 근본 원인이라고 류원지는 지적한다.[202)] 유사한 문제에 대해서 맹자와 주자는 비판하지 않으면서 유독 퇴계설만을 비판하는 것은 율곡이 퇴

---

199) 『拙齋集』 권10, 「四端七情辨後說」, "栗谷但主性無二情之見, 而不察理發氣發之異, 以四端七情滾合爲說. 故辨說愈多而意愈相遠, 此其所以不合於先生也."

200) 『拙齋集』 권10, 「四端七情辨後說」, "蓋朱子固嘗曰: 心之虛靈知覺, 一而已矣. 而猶曰: 有人心道心之異. 又曰所以爲知覺者不同. 此其曰異曰不同者何也. 又曰二者雜於方寸之間, 分明下二者二字以別之, 此亦有心有二本之病乎." 참조.

201) 『拙齋集』 권10, 「四端七情辨後說」, "栗谷不以此非朱子, 而乃於老先生之分言四端七情, 獨深排之者亦何也. 况四端理之發, 七情氣之發, 自是朱子定論. 四端七情, 旣有理發氣發之殊, 則先生之分而言之, 固其宜矣, 有何不可乎. 心一也而有人心道心之異, 情一也而有四端七情之異. 以其或理或氣之不同, 故不得不分而言之. 非故有意分別, 而初不害其爲本同也." 참조.

202) 『拙齋集』 권10, 「四端七情辨後說」, "蓋嘗因是而論之, 已上栗谷諸說, 非無警發人處, 而病痛頗多. 又其欲上人之心, 自是栗谷一生病根所在. 故其於先儒之說, 初不虛心遜志, 求得是當, 以爲切己做工之地. 而輒先吹毛索瘢, 巧指罅隙, 略不少顧. 且其一有所見, 便卽斷定, 自以爲是, 不復更思. 其或一有不合於己, 則雖在聖賢之言, 亦必牽東棟西, 强就己見, 竑辭雄辨, 層出疊生. 似此氣象, 顧不爲賢者之疵耶. 此尙論之士所以想望咨嗟, 每歎其資質之可以有爲, 而惜其學術之差者也, 嗚呼其眞可惜也已." 참조.

계를 이기고 오르려는 승심과 관련이 있다는 것이다. 율곡은 심(心)을 지각(知覺)으로 알고 성(性)도 기의 작용으로만 보기 때문에 기를 성으로 인식할 뿐 이(理)의 본연에 대해서는 알지 못한다고 류원지는 비판한다.[203) 요컨대 류원지는 율곡이 기를 성으로 인식하고, 이(理)의 본연에 대해서는 알지 못한다고 인식하였다. 유교와 불교의 구분은 이자(理字)를 아느냐 모르느냐에 달려 있는데 율곡은 기자(氣字)에 억눌려서 벗어나지 못했다고 류원지는 평가한다.[204) 즉 율곡은 성리학자로서 가장 중요한 이(理)의 본질을 제대로 인식하지 못했다고 비판하였다. 이처럼 류원지는 퇴계의 성리설에 근거하여 율곡의 사단칠정설과 이기설의 근본적 문제점을 지적하였다.

2) 성(性)에 대한 인식: 성은 이(理)다

율곡 성리설의 근본 문제점이 성에 대한 잘못된 인식 즉 기를 성으로 인식하는 오류에서 비롯되었다고 류원지는 파악한다. 따라서 성의 본질을 올바르게 인식하는 것이 무엇보다 중요하다. 류원지는 「옛부터 성에 대한 담론은 하나가 아니였음(自古言性不一)」에서 성에 대한 담론을 크게 세 가지로 정리하고 자신의 입장을 제시하였다.

성에 대한 담론들 가운데 첫째는 기로써 성을 논하는 것(以氣論性者)이다. 여기에는 한유의 성삼품설, 양웅의 선악혼설, 고자의 성무선악설, 순자의 성악설이 포함된다.[205) 류원지에 따르면 이 이론은 천하를 악하게

203) 『拙齋集』 권10, 「理氣說」, “其所謂識心者, 是指心之知覺者而言. 而所謂見性者, 亦以其氣之作用者而言. 何嘗有一毫近似於知所謂理者哉. 其所以猖狂自恣而無所底止者, 正由於認氣爲性, 而不知理之本然故也. 苟其知理, 則自能有所防檢, 而不至此矣.” 참조.

204) 『拙齋集』 권10, 「理氣說」, “大槩儒釋之分, 只在於理之一字, 知與不知之間. 而栗谷之言如此何也. 豈爲氣字所壓, 不得脫出而然耶, 惜哉.” 참조.

만들고 인심을 나쁘게 빠뜨리는 잘못된 성론이다.

둘째는 성의 당연한 본체를 가리키는 것(以性之當體而言者)이다. 예를 들면 맹자가 말한 '성선(性善)', 자사가 말한 '천명지성(天命之性)', 정자가 말한 '성은 단지 이일 뿐이다(性只是理)', 장재가 말한 '천지지성(天地之性)', 주자가 말한 '이가 마음에 있는 것이 성(理之在心卽所謂性)' 등이다.[206] 이것은 성의 본질을 제대로 가리키는 것이므로 올바른 성론이라고 류원지는 주장한다.

셋째는 공자가 말한 '성상근(性相近)'의 성 및 맹자가 말한 "입이 좋은 맛을 눈이 좋은 색을, 귀가 좋은 소리를 코가 좋은 냄새를, 사지가 편안한 것을 좋아하는 것은 본성이다."[207]에서의 성, 그리고 장재가 말한 '기질지성'과 같은 것이 있는데, 이들은 성이 기질 가운데 있는 것을 가리킨 것이다. 류원지에 의하면 이것은 성현이 성을 모르는 자를 위하여 만든 이론이라고 한다.[208]

류원지에 따르면 성의 본체를 말하지 않으면 사람들이 성이 선함을 알지 못하고, 기질지성을 말하지 않으면 사람들의 의혹을 깨부술 수가 없다. 그래서 혹 성만을 말하기고 하고 성과 기질을 겸하여 말하기도 한다.

---

205) 『拙齋集』 권11, 「自古言性不一」, "韓子之言曰性有三品. 揚子之言曰人之性, 善惡混. 告子之言曰有性善, 有性不善. 曰性可以爲善, 可以爲不善. 曰生之謂性, 曰性猶杞柳, 曰性猶湍水. 荀子之言曰人性惡. 其爲說不一, 而要其歸則皆以氣論性者也." 참조.

206) 『拙齋集』 권11, 「自古言性不一」, "孟子之言性善, 子思之言天命之性, 繫辭之言成之者性, 子貢之謂夫子之言性與天道, 周子之謂誠無爲, 程子之謂性只是理, 張子之謂天地之性, 朱子之謂理之在心卽所謂性, 又謂其太極只在陰陽中未嘗離乎陰陽也, 至論太極則太極自太極陰陽自陰陽, 惟性與心亦然, 又其謂論性則惟當直論性之骨子, 方於論性爲有功."

207) 『孟子』, 「盡心 下」, "孟子曰: 口之於味也, 目之於色也, 耳之於聲也, 鼻之於臭也, 四肢之於安佚也,性也. 有命焉, 君子不謂性也."

208) 『拙齋集』 권11, 「自古言性不一」, "若夫子之言性相近, 孟子之言耳目口鼻聲色臭味四肢安佚之性, 張子之言氣質之性者, 此皆以其性之在氣質之中者而言者也. 聖賢此言, 蓋爲不知性者設."

그런데 성과 기질의 관계는 본래 서로 분리될 수도 없고 그렇다고 한 가지 물건이라고 할 수도 없다. 류원지는 성은 기질 가운데 있지만 기질을 주관하는 것이라고 한다. 그러면서 장재가 말한 "천지를 이끄는 것을 나는 성으로 한다."가 이것을 가리키는 것이라고 한다. 기질은 성을 담는 그릇과 같은 것으로서 성의 몸이 된다. 장재가 말한 "천지 사이에 가득 찬 것을 나는 몸으로 한다."라는 것이 이것을 말한다. 류원지는 성과 기질은 하나이면서 둘이고, 둘이면서 하나라고 한다. 성과 기질은 서로 없어서도 안 되고, 그렇다고 서로 섞일 수도 없다고 한다.[209]

류원지에 의하면 기나 기질을 곧 성으로 오인하는 '인기위성(認氣爲性)'의 오류를 범해서는 안 된다. 또한 이가 마음에 갖추어진 것이 성이고, 성이 만물의 조리를 갖추고 있는 것을 이라고 하므로 이가 곧 성이고, 성이 곧 이이다. 하나의 물이 이름만 다를 뿐이라고 한다.[210] 이처럼 이와 성이 하나라는 주장은 류원지 성리설의 중요한 특징을 보여준다. 이것은 율곡학파에서 이와 기가 서로 분리될 수 없음을 강조하여 성이 곧 이라는 것을 보지 못하는 것에 대해 비판하는 의미를 지닌다. 류원지가 성은 이라고 인식하는 것은, 인간 본성 속의 선에 대한 가능성을 적극 긍정하는 주장이라고 할 수 있다.

---

209) 『拙齋集』 권11, 「自古言性不一」, "夫性之於氣質, 本不相離, 而亦非一物. 蓋性者在氣質之中, 而爲氣質之主. 張子所謂天地之帥, 吾其性者此也. 氣質者, 所以盛貯是性而爲性之體. 張子所謂天地之塞吾其體者, 亦此也. 程子論性則曰論性不論氣不備, 論氣不論性不明. 二之則不是, 一而二二而一. 此又性與氣質不可相無, 亦不相雜之說也."

210) 『拙齋集』 권11, 「自古言性不一」, "蓋亦有多般名目矣. 然以理之具於心而言則謂之性, 以性之萬物皆備各有條理而言則謂之理, 理卽性性卽理, 一物而異名. 初非有待於外, 假合而爲性, 則其可離而二之, 以爲有別有分界耶."

3) 경(敬)과 정(靜)을 함께 중시하는 수양론

류원지는 벽에 자경문(自警文)을 붙여 놓고 자신의 수양을 채찍질하였다. 거기에서 '묵(默)', '사(思)', '교경(矯輕)', '경타(驚惰)', '극기(克己)' 등을 써 놓고 스스로를 권면하였다. 류원지의 수양론에서 특히 주목되는 것은 주정(主靜)이다. 류원지는 수양에 있어서 먼저 입지(立志)를 하고 그런 다음에는 주정(主靜)을 우선으로 해야 한다고 본다. 물이 안정된 다음에야 맑아지고, 마음도 안정된 다음에야 밝아져서 이(理)를 살피고 행동을 통제할 수 있기 때문이다.[211)]

정자도 제자가 정좌(靜坐)하는 것을 보고 그의 선학(善學)을 찬탄하였다. 주정(主靜) 두 글자는 좋은 밭을 가장 잘 만드는 것이라고 하였다. 주자도 소강절이 백원산중에서 깊은 밤에 매번 올연히 정좌(正坐)하니 고요함이 극에 이를 때 이(理)를 보는 것도 반드시 더욱 정미하고 밝다고 하였다.[212)] 제갈량도 계자서(戒子書)에서 배움에 있어 고요함이 중요하다고 강조하였다.

> "군자의 행동은 고요함으로 몸을 수양하고, 검소함으로 덕을 수양한다. 담백하지 않으면 뜻을 밝게 할 수 없고 영정(寧靜)하지 않으면 원대한 것을 이룰 수 없다. 무릇 배움은 모름지기 고요해야 한다. 재능을 위해서는 모름지기 배워야 하고 배우지 않으면 재능을 넓힐 수가 없다. 고요함이 아니면 학을 이룰 수가 없다."[213)]

---

211) 『拙齋集』 권12, 「送從弟子强赴恭陵寢郎序」, "蓋水定而後澄, 心定而後明, 方可以察理而制行." 참조.

212) 『拙齋集』 권12, 「壁上自警文」, "程子見人靜坐, 輒歎其善學. 蓋心下熱鬧則本根無主, 無可據以爲學故也. 主靜二字, 最爲作善田地. 甚是關緊, 其可忽乎. 朱子嘗稱康節在百原山中, 人見其夜深每兀然正坐, 想其靜極時見理必愈精明." 참조.

연평 선생도 학자들에게 고요한 가운데 희로애락 미발 전의 기상을 보라고 하였다. 명도 선생도 정성서(定性書)에서 움직일 때도 안정하고 고요할 때도 안정하라고 하였다.[214] 이러한 선현의 가르침을 기초로 류원지는 학문과 수양에 있어서 무엇보다 정(靜)을 매우 중시하였다.[215] 류원지가 이처럼 수양에서 정(靜)을 강조하는 것은 명대 심학자 진헌장이 「묵좌징심(默坐澄心)」을 중시하고 왕양명이 한때 정좌(靜坐)를 중시한 것과[216] 관련해 보면 심학적 특징으로 해석할 여지가 없지 않다.

왕양명은 초기에는 제자들에게 정좌(靜坐)를 가르쳤다. 그러다가 정좌 공부가 고요함(靜)만을 좋아하고 움직임(動)을 싫어하게 하는 폐단이 있다고 생각하였다. 그래서 구체적인 일에 접해서 인욕을 제거하고 천리를 보존하는 실천 공부를 촉구하였다.[217] '사상마련(事上磨鍊)' 은 양지를 실현하는 동적인 실천 공부이다.[218] 즉 치양지에는 사상마련의 동적 공부와 정좌(징심)의 정적 공부가 있다고 하겠다.

주정(主靜)은 주렴계가 「태극도설」에서 "주정입인극(主靜立人極)" 이라고 한 이래로 정명도 · 정이천 · 이연평 등이 모두 중시하였다. 그러나 주

---

213)『拙齋集』 권12, 「壁上自警文」, "諸葛武侯戒子書曰: 君子之行, 靜以修身, 儉以養德. 非澹泊無以明志, 非寧靜無以致遠. 夫學須靜也, 才須學也. 非學無以廣才, 非靜無以成學."

214)『拙齋集』 권12, 「壁上自警文」, "延平先生令學者靜中看喜怒哀樂未發前氣象. 明道先生二十歲時作定性書, 蓋謂動亦定,靜亦定."

215) 류원지가 학문적으로 존중하는 퇴계도 主靜的 경향이 있었다. 최진덕에 따르면 퇴계는 "窮理와 省察의 공부에 대해서는 주자보다 훨씬 덜 중시하는 편이지만, 涵養이나 존양뿐만 아니라 靜坐와 같은 주정적 공부에 대해서는 주자보다 훨씬 더 중시하는 것으로 보인다."고 한다. (김형효 · 최진덕 · 정순우 · 손문호 · 심경호, 『退溪의 사상과 그 현대적 의미』, 한국학중앙연구원, 1997, p.207.)

216)『陽明全書』 권32, 「年譜」, '戊午條', "與諸生靜坐僧寺, 使自悟性體, 顧恍恍若有可卽者." 참조.

217) 陳來, 전병욱 옮김, 『양명철학』, 예문서원, 2003, pp.508-510 참조.

218) 왕양명의 사상마련에 대해서는 최재목, 『내 마음이 등불이다』(이학사, 2003) pp.154-157 참조.

자는 주정보다는 정과 동을 아우르는 주경(主敬) 또는 거경(居敬)을 수행의 핵심 방법으로 중시하였다. 그렇다면 류원지가 퇴계를 통해 거경에 대해서 잘 알고 있으면서도 주정을 강조한 이유는 무엇일까? 류원지는 심신의 고요함 즉 정이 확보되지 않으면 어떤 공부나 행동도 바르게 될 수 없다고 여겼다. 따라서 정을 유지하는 것은 정시와 동시, 무사시와 유사시를 막론하고 군자가 닦아야 할 요긴한 근본적 수행이라고 보았다. 제갈량이 자식에게 보내는 서한에서 '영정치원(寧靜致遠)'을 언급하였다. 류원지도 제갈량의 이 말을 매우 중시하였다.[219] 영정(寧靜)은 고요함 그 자체가 목적이 아니라 도리어 원대한 이상을 실현하기 위한 조건이다. 주정은 외견상 정적인 수양법으로 보이지만 사실은 주정을 통해서 동적으로 원대한 계획의 실천과 실현을 가능하게 하는 기본이 되는 수양법이라고 할 수 있다.

또한 류원지는 수양에서 구방심과 기질 변화가 함께 중요하다고 인식한다. 그래서 「수방심도병설(收放心圖幷說)」과 「변화기질도병설(變化氣質圖幷說)」을 지어서 마음을 구하는 방법과 기질을 변화시키는 방법을 도표로 체계화하였다.[220] 「수방심도병설」에서 구방심은 학문하는 데 있어서 중요한 공부법이라고 한다. 이를 위해서는 존심(存心)과 명선(明善)이 되어야 하는데 계구(戒懼, 계신공구)는 존심의 일이고, 신독은 명선의 주가 된다고 하였다. 계신을 위해서는 『논어』 「태백」에 나오는 삼귀(三貴)[221] 즉 "몸을 움직이고 표정을 지을 때는 사납고 오만한 것을 멀리하고, 안색을 바르게 하여 신의를 가까이하고, 말을 할 때는 비속하고 도리에 어긋나는 것을

219) 『拙齋集』 권12, 「壁上自警文」, "諸葛武侯戒子書曰: 君子之行, 靜以修身, 儉以養德. 非澹泊無以明志, 非寧靜無以致遠." 참조.

220) 『拙齋集』 권11, 「收放心圖幷說」, 「變化氣質圖幷說」 참조.

221) 『論語』 「泰伯」, "君子所貴乎道者三. 動容貌, 斯遠暴慢矣. 正顔色, 斯近信矣. 出辭氣, 斯遠鄙倍矣."

멀리하는 것"이 중요한 방법이라고 하였다. 또한 신독을 위해서는 공자가 안회에게 말한 사물(四勿: 예가 아니면 보지도, 듣지도, 말하지도, 행동하지도 말라)이 좋은 방법이라고 보았다. 그리고 동정을 일관하고 내외를 합하며 시작과 끝을 이루는 방법은 경(敬)이라고 하여서 퇴계의 경사상을 계승하였다.[222)]

「변화기질도병설」에서 류원지는 학문은 기질을 변화시키는 것을 귀하게 여긴다고 한다. 성(誠)은 성인이어야 가능한 것이고, 성인이 아닌 사람이 성에 이르려는 방법은 치곡(致曲: 작은 부분에 충실히 함)이다. 작은 부분에도 충실하지 않음이 없으면 성이 다하지 않음이 없다고 한다. 온전하지 않은 자질로서 기질을 변화시켜 온전한 경지에 이르기 위해서는 노력을 백배 기울이지 않으면 안 된다. 『중용』에 나오는 대로 남이 열 번 하면 나는 천 번 해서 노력을 쉬지 않고 오래 하면 어리석은 자도 현명하게 될 수 있고 유약한 자도 강하게 될 수 있다. 그 방법은 선을 택해서 굳게 잡는 것 즉 택선 고집(擇善固執)이다. 구체적으로 말하면 『중용』에서 제시하는 박학(博學), 심문(審問), 신사(愼思), 명변(明辨), 독행(篤行)의 방법이 그것이다.

류원지는 수양론에서 퇴계학의 거경을 수용하면서도 주정을 강조하여 주정거경(主靜居敬)을 주장하였다. 또한 퇴계 심학의 전통을 따라 구방심을 중시하면서도 다른 한편으로는 기질 변화 공부도 함께 강조하는 특성을 보여준다.

---

222) 『拙齋集』 권11, 「收放心圖幷說」, "而所以一動靜合內外而成始成終者, 敬也." 참조.

3. 류원지의 경세론

류원지는 1652년 효종에게 올리기 위해 쓴 상소(擬上應旨疏 壬辰)에서 자신의 경세론을 집약적으로 잘 보여주고 있다. 여기서 류원지는 입지(立志), 성학(聖學), 왕정(王政), 정심(正心), 근미(謹微), 인심(人心), 실심(實心), 언로(言路), 인재(人才), 청단(聽斷), 제병(制兵), 수군(水軍) 등 국정 전반의 문제를 거론하고 있다. 류원지 경세론의 중요한 특징은 군권(君權)의 강조, 민생 중시, 군사제도에 관한 관심, 농학 등 실용 학문에 대한 중시를 꼽을 수 있다.

첫째, 백성과 민생 중시: 류원지는 정치의 요체는 백성을 소중히 여기는 중민(重民)에 있다고 한다.[223] 그리고 먼저 백성들이 먹고 살 수 있게 된 다음에야 선으로 옮겨 가게 할 수 있다고 인식한다. 공자도 먼저 백성들을 부유하게 한 다음에 가르침을 말하였고, 맹자도 백성들에게 항산(恒產)을 만들어준 연후에야 학교 교육을 말하였다. 공자와 맹자의 말을 통해서 성현이 말하는 왕정의 근본이 민생에 있음을 알 수 있다고 류원지는 언명한다.[224] 류원지에 따르면 백성의 생활이 진실로 여유로워야 백성의 풍속이 진실로 아름다워질 수 있고, 사람들은 윗사람을 친애할 줄 알고, 선비들은 의를 알게 된다. 그리고 선비들이 의리가 밝아져야 원기가 스스로 장대해질 수 있다. 그렇게 되면 비록 안으로 도적이 있고 외부에 적국이 있더라도 나쁜 짓을 할 수가 없다고 한다.[225] 이처럼 류원지는 왕정의 핵심이 백성을 소중히 여겨서 백성의 민생을 잘 돌보는 데 있다고 주장한다.

---

223) 『拙齋集』 권3, 「擬上應旨疏 壬辰」, "至其爲政之要, 初不在他, 亦只以民爲重."

224) 『拙齋集』 권3, 「擬上應旨疏 壬辰」, "故孔子之言教, 在庶富之後. 孟子之言庠序, 亦在制民恒產之後. 則聖賢所論王政之本, 可知矣."

225) 『拙齋集』 권3, 「擬上應旨疏 壬辰」, "民生誠厚, 習俗誠美, 人知親上, 士皆知義, 義理旣明, 元氣自壯, 則雖有寇賊姦宄, 敵國外患, 亦無所施其惡."

둘째, 군사제도에 관한 관심: 류원지는 성리학자로서 흔치 않게 병제(兵制)에 깊은 관심을 보여주고 있다. 당시의 병제는 임진왜란 후에 안으로는 훈련도감을 설치하고 밖으로는 진관(鎭管)제도가 운영되고 있었다. 그런데 이러한 병제의 중요한 문제점은 몇몇 소수의 장수에게 병권이 집중되어 있어서 이들이 나쁜 마음을 먹고 군주에게 도전할 경우에 효과적으로 통제하기 어려울 수 있다는 것이다. 그래서 류원지는 당나라 부병제(府兵制)를 예로 들면서 병력과 병권을 소수의 장군에게 집중하지 않고 분산해서 상호 견제와 균형을 시키는 것이 안전하다고 주장한다. 그에 따르면 훈련도감과 대장의 권력이 지나치게 큰 것을 파하고, 무신 가운데 품계는 낮지만, 재국이 감당할 만한 사람을 두 사람 선발하여 좌우대장으로 삼고 훈련도감의 군대를 나누어 통제하게 하고, 병조의 통제를 받게 해야 한다고 주장한다.[226] 그뿐만 아니라 이들의 근무 기간도 일정하게 정하여 오래 장기 근무하지 않도록 제한하여야 오랫동안 통행될 수 있고 뒷 폐단이 없을 것이라고 한다.[227]

셋째, 군권(君權) 중시: 류원지에 따르면 형벌과 상은 반드시 군주에게서 나와야 권력이 아래로 이동하지 않을 수 있다. 그리고 권력이 아래로 이동하지 않아야 군주의 위세가 항상 존엄할 수 있고, 공론을 받아들일 수 있고, 상과 벌이 제대로 시행될 수 있다. 그래서 인심이 복종하고 사직이 안정될 수 있다. 만약 위엄과 상복의 권력이 군주에게 없고 아랫사람 즉 신하들에게 넘어가면 모든 것이 그 궤도를 잃어버려서 혼란과 쇠망이 따르게 된다고 우려한다.[228] 류원지는 형벌을 내리고 상을 주고 명령을

226) 『拙齋集』 권3, 「擬上應旨疏 壬辰」, "臣之愚意, 以爲爲今之計, 莫如盡罷都監與大將之權位太重者, 而別擇武臣中品秩稍卑才局可堪者二人, 爲左右大將, 分統都監之軍, 而使聽節制於兵曹." 참조.

227) 『拙齋集』 권3, 「擬上應旨疏 壬辰」, "因爲之定其朔數, 勿得久任, 則可以通行永久, 保無後弊也." 참조.

내리는 것은 군주가 권력을 잡는 자루(操柄)라고 한다. 따라서 군주가 위엄과 상복의 자루를 잡고 있어야지 그것을 신하에게 양도해서는 안 된다고 강조한다.[229] 이러한 주장은 한비자의 법가 사상과 상당히 유사한 측면이 있다. 이것은 류원지가 신권에 대한 군권의 우월성을 강조하였음을 보여주는 것이다. 이는 붕당정치 하에서 권력이 특정 붕당에 넘어가서 군주가 실권이 없이 유명무실해진 조선 후기의 정치 현실이 개혁되어야 함을 주장하는 의미가 있다.

넷째, 예송 문제와 군권 중시: 기해년(1659년) 효종이 죽고 나서 상복 문제가 뜨거운 정치 · 사회적 쟁점이 되었다. 효종에 대한 인조 계비 자의대비(慈懿大妃)의 복상 기간을 둘러싸고 예송이 일어난 것이다. 송시열을 비롯한 서인은 기년복(朞年服)을 입어야 한다고 주장하였다. 예서에 장자가 죽으면 부모는 3년상을 지내야 하지만 장자가 아닌 경우는 일년상으로 정해져 있다. 그런데 효종은 인조의 장남이 아니고 둘째 아들이었으므로 당연히 1년간 상복을 입어야 한다는 것이다. 이것은 왕가의 특수성을 고려하지 않고 일반 사대부가의 예법을 왕가에 동일하게 적용하는 것이다. 여기에 대해서 근기 남인 윤휴는 『의례』 참최장을 근거로 3년복을 입어야 한다고 하여 이의를 제기하였다.

『의례』의 주소(注疏)에 왕위를 계승하여도 삼년상을 할 수 없는 네 가지 경우를 말하는 사종지설(四種之說)이 있다. 사종지설은 정체부득전중(正體不得傳重: 적자가 질병이 있어서 종묘를 주관할 수 없을 때), 전중비정체(傳重非正體: 서손이 후계가 되었을 때), 체이부정(體而不正: 서자가 후계가 되었을 때),

228) 『拙齋集』 권3, 「擬上應旨疏 壬辰」, "蓋權不下移, 然後主勢常尊, 可以採納公論, 可以賞罰得中, 而人心服宗社安矣. 苟爲不然, 威福之權, 不在於上, 而下陵上替, 百爲皆失其軌而亂亡隨之." 参조.

229) 『拙齋集』 권3, 「擬上應旨疏 壬辰」, "誠以刑賞號令, 人主之操柄也. 未有委之於下, 而能有所濟者也." 참조.

정이불체(正而不體: 적손이 후계자가 되었을 때)를 말한다. 서인의 예론에 따르면 이 네 가지 가운데 효종은 체이부정(體而不正)에 해당한다는 것이다. 우암 송시열은 효종이 인조의 장자가 아닌 서자(차자) 출신이므로 효종은 4종 복제 가운데 부정(不正)의 서자(庶子)에 해당한다는 것이다. 만약 차자와 적자를 모두 장자로 이름을 하여 복참(服斬)을 하면 적통(嫡統)이 엄하지 않게 된다고 보았다. 이는 효종이 장자가 아니고 적자(嫡子)가 아니라고 보는 것이다. 이처럼 송시열 등 서인이 효종을 서자로 간주하는 상복제 논의에 대해 그 부당함을 정면으로 반박하는 논리를 류원지는 "도내의례소(道內議禮疏)" 에서 전개하고 있다.[230)]

류원지는 '체이부정(體而不正)' 의 부정(不正)의 의미는 단순히 장자가 아닌 서자를 뜻하는 것이 아니다. 정(正)이란 정실의 적자를 뜻하므로 부정(不正) 즉 정이 아니라는 의미는 정실의 적자가 아니고 첩자(妾子) 즉 첩의 자식을 뜻하는 것이다.[231)] 그러므로 정실의 자식인 효종은 이에 해당하지 않는다는 것이다. 설사 첩의 아들이라고 하더라도 천자 제후로 세웠으면 부모는 그를 위해서 마땅히 정적(正嫡)으로 대해서 삼년복을 입어야 한다. 그런데 효종은 두 번째 큰 적자(長嫡)이므로, 첩의 아들을 의미하는

---

230) 현종 7년에 진사 柳世哲이 疏頭가 되어 경상도 유생 천백명이 연명한 議禮疏를 捧入하여 조야에 큰 파란을 일으켰다. 이때 류원지는 류세철의 배후로 지목되었다. 류원지는 류세철의 再從叔으로서 그를 가르치기도 하였다. 당시의 禮訟논쟁에서 류원지는 영남 유림에서 예론의 권위자로 인정받았다. 류원지는 「喪服考證」과 『尊堯錄』을 저술하여 예송과 관련하여 자신의 예론을 학술적으로 뒷받침하였다. 영남유림의 의례소 사건에 대해서는 설석규의 "현종 7년 영남 유림의 의례소 봉입 전말"(『사학연구』 제50호, 한국사학회, 1995), 『尊堯錄』에 대해서는 류영하의 "존요록(尊堯錄)으로 보는 영남 남인의 예설 연구"(신한대학교 지식복지대학원 석사학위논문, 2021)를 참고.

231) 『拙齋集』 권4, 「道內議禮疏 丙午」, "此所謂體而不正之庶子, 是妾子也. 庶子之爲妾子, 非但賈氏疏說已言之, 其他證佐之見於禮經者皆是. 何可以此庶子, 謂非妾子, 而加於先王. 况此不正云者, 乃是孼庶之稱號. 又何可以此賤稱, 加於先王乎." 참조.

서자(庶子)로 보아서 사종 가운데 부정서자(不正庶子)의 복을 입게 하는 것은 옳지 않다고 주장한다.[232] 주나라 무왕이 문왕의 차자(次子)였음에도 불구하고 문왕의 뒤를 이어서 주나라의 정통이 된 것과 효종이 인조의 뒤를 이어서 조선의 종통을 계승한 것은 다르지 않다고 본다. 이처럼 상복 문제에서도 류원지는 왕가의 예법이 일반 사대부와 다른 것임을 주장함으로써 군권의 권위를 강조하는 사상을 보여준다.

다섯째, 실용 학문 중시: 류원지는 성리학자로서는 드물게도 실용적인 농서 편찬 작업을 하였다. 사대부로서 독서하려면 먼저 생업을 통해 경제적 기반이 갖추어져야 하기 때문이다. 만약 경제적 기반이 없다면 부모를 봉양할 수도 가족을 부양할 수도 없을뿐더러 제사를 받들고 빈객을 대접할 수도 없기 때문이다.

> "일찍이 허형(許衡: 1209~1281)은 무릇 독서하려면 반드시 먼저 생업을 다스린 연후에 독서를 할 수 있으니, 공업이나 상업의 일도 할 수 있다고 말하였다. 이러한 논리는 심히 비루해 보이는듯하지만 한마디로 그렇게만 말할 수는 없다. 가난해서 아무것도 할 수 없는 처지가 되면 위로는 부모를 섬길 수도 없고 아래로는 가족을 부양할 수도 없고, 제사를 받들 수도 빈객을 접대할 수도 없게 되니 실로 난감하게 된다. 허노재의 말은 이러한 이유 때문일 것이다."[233]

232) 『拙齋集』 권4, 「道內議禮疏 丙午」, "若旣立爲天子諸侯, 則所居者乃是宗嫡之位. 雖妾子, 父母之爲之也, 當待以正嫡爲服三年. 禮曰天子諸侯之喪, 皆斬衰無朞, 此其明文也. 然則孝宗大王以第二長嫡,正位宸極名義尊嚴, 又與將所傳重時自別, 則目之以衆子, 猶所不敢, 況可指謂庶子, 以四種中不正庶子之服服之乎." 참조.

233) 『拙齋集』 권13, 「書田事門後」, "嘗聞許魯齋言, 凡欲讀書, 必先治生, 然後可以讀書, 雖如工商之事, 亦可爲之云. 此論甚卑, 然不可一概言. 貧而至於無可奈何之地, 不得以仰事俯育, 奉祭祀接賓客, 則實爲難堪. 魯齋之言, 其爲此乎."

류원지가 편찬한 농서는 크게 보면 전사문(田事門), 소과문(蔬果門), 과목문(果木門), 목양문(牧養門)으로 구성되어 있다. 이 책은 중국 농서를 활용하는 것은 물론이고 조선에서 관행으로 하는 농법도 아우르고 있다.[234] 하회를 중심으로 한 안동 일원과 경상도 북부 지역 거주 노농(老農)을 통해 구체적이고 세부적인 농법을 수집하고 정리하여 농서를 편찬한 것이다.

"관행 농법에 의한 보완을 위해 그는 …… 하회를 중심으로 한 안동 일원과 상주 · 봉화 · 군위 · 경산 등 경상도 북부 지역에 거주한 노농(老農)들을 통해 농법을 수집 · 정리함은 물론 하도(下道) 즉, 경남 지역의 것도 수집하였다. 이 들 노농들은 尹調元과 芆同을 제외하고는 대부분 서애의 집안과 일정한 혈연 관계 혹은 사적인 교유관계에 있던 인물들이었다."[235]

이것을 보면 류원지는 성리학자이면서도 먹고사는 생업의 문제에도 깊은 관심을 가진 실용적 의식을 지니고 있었음을 알 수 있다. 또한 류원지가 편찬한 농서는 숙부인 수암(修巖) 류진(柳袗)이 지은 『위빈명농기(渭濱明農記)』[236]를 계승하여 발전시켰다는 점에서 서애 가학의 중요한 성과로 볼 수 있다.

---

234) 최인기, "졸재 유원지의 농서편찬에 대하여", 『사림』 제15호, 수선사학회, 2001, p.68.

235) 최인기, "졸재 유원지의 농서편찬에 대하여", 『사림』 제15호, 수선사학회, 2001, pp.74-75.

236) 柳袗, 『修巖集』 권3, 「題渭濱明農記後」 참조.

4. 주화오국론에 대한 해명

1) 월천 조목의 주화오국론

남명 조식의 제자인 정인홍은 일찍이 퇴계를 좋지 않게 여겨 온갖 비난을 하였고, 퇴계의 제자로서 조정에서 크게 활약한 류성룡에 대해서도 비판적이었다. 이산해 역시 정치적으로 경쟁 관계인 류성룡과 사이가 좋지 않았다. 주화오국(主和誤國: 화친을 주장하여 나라를 그르침)이라는 말은 바로 정인홍과 이산해를 비롯한 북인들이 류성룡이라는 정적을 제거하기 위한 명분이었다. 사실 주화오국이라는 말은 그 이전에 월천(月川) 조목(趙穆: 1524~1606)이 류성룡에 대해 비판하면서 사용하였다.[237)]

조목이 류성룡을 주화오국으로 비판한 것은 두 사람 사이에 임란 대응 전략에 있어서 중요한 입장의 차이가 있었기 때문이다. 조목은 군자감 주부로 있을 때 선조 27년(1594년) 10월 17일에 다음과 같이 상화(講和)를 반대하는 상소를 올렸다.

"그리고 강화(講和)한다는 설을 들으니, 더욱 통분함을 견딜 수 없습니다. 백만의 군사를 거느리고 와서 우리의 생령(生靈)을 살육하고, 우리의 종사(宗社)를 탕복(蕩覆: 뒤집어엎음)하고, 우리의 능침(陵寢: 임금이나 왕후의 무덤)을 훼손하였는데 돌아가지 않은 채 우리의 영토에 가득 있으면서 어떻게 강화한다고 말할 수 있단 말입니까. 옛날 금(金)나라가 이러한 방법으로 송나라를 속였고, 송나라는 스스로 속았습니다. 당시의 재상이던 진회(秦檜)는 이로써 나라를 그르쳐 만세가 지난 지금도 오히려 이를 갈게 하였습니다. 이 점을 전하께

237) 류을하, "임란 극복의 주역, 류성룡 축출 과정과 그 배경", 『서애연구』 제6권, 서애학회, 2022, p.256.

서도 깊이 아시는 바이므로 신이 상서(上書)하여 말할 것이 아니고, 조정에서 자연 처치함이 있을 것이기 때문에 신은 감히 많은 말을 하지 않겠습니다.

다만 다시 한 가지 말씀드릴 것이 있습니다. …… 옛사람 중에 1여(旅)와 1성(成)의 힘으로 중흥(中興)을 이룩한 자가 있는데 지금 우리나라가 아무리 잔패(殘敗)되었다 하나 1여와 1성으로 중흥을 이룩한 것에 비하면 백배는 더 되지 않겠습니까. 삼가 원하건대 전하께서는 덕을 닦아 하늘의 뜻에 부응하고, 인정을 베풀어 백성을 어루만져 종사(宗社)로 하여금 다시 편안하게 하시고, 국운을 거듭 새롭게 하는 것으로써 오랑캐를 물리치는 근본으로 삼으실 것이며, 신의 말을 늙은 선비가 항상 하는 말이라 여겨서 버리지 마소서. 신은 이제 영원히 사직하는 때를 당하여 감격의 눈물이 하염없이 흘러 어찌할 줄 모르겠습니다."[238]

위의 상소에서 보듯이 조목은 이미 1594년 화의 논의가 시작될 때부터 상소를 올려 반대 입장을 분명히 하였다. 조목은 류성룡에게도 글을 보내서 주화오국을 비판하는 메시지를 전달하였다. 그러자 류성룡은 자신이 주화론자가 아님을 직접 해명하고 전쟁 상황을 설명하는 답신을 보냈다.

"오랫동안 가르침을 받지 못하여 비방받는 종적도 역시 장자(長者)의 문에서 거절당했다고 생각했는데 갑자기 욕서(辱書)를 받들고 보니, 글 뜻이 깊고 약과 침 같은 말씀이 두루 간절합니다. 이 감격스럽고 부끄러운 마음을 무어라고 다 말할 수 있겠습니까.

제가 과분한 작위에 앉아 있으면서 시국의 사태가 한결같이 이와 같으므로 사방의 질책이 다 나에게 집중됩니다. 그것은 사리와 형편이 그렇게 된 것이니

---

238) 선조실록 56권, 선조 27년 10월 17일 신유 4번째 기사. "군자감 주부(軍資監主簿) 조목(趙穆)의 항왜 문제에 대한 상소"

괴이하게 여길 것은 없으나, "화친을 주장하여 나라를 그르쳤다.〔主和誤國〕"는 네 글자는 저 또한 스스로 반성해 보았지만 이런 일은 없었습니다. 계사·갑오년(1593~1594) 사이에 백성들이 서로 잡아먹으며, 국가의 형세가 심히 위태로워 하루도 보전하기가 어려웠고, 힘으로는 능히 적을 도모할 수 없었습니다. 저는 밖으로는 명나라의 기미(羈縻)의 계획을 좇아 적의 공세를 조금 완화하고, 안으로는 전쟁과 수비에 대응할 준비를 닦아서 서서히 뒷날을 도모하려고 생각하여 스스로 계획을 세웠습니다. 오늘날 나라를 도모한 것이 이에 지나지 않는데, 나를 미워하는 사람들이 서책 사이에서 좋은 제목을 찾아내어 서로 비방하고 있으나 이는 당연히 웃으면서 받을 뿐입니다. 뒷날이라도 내가 다행히 죽지 않으면 변란이 생긴 뒤의 여러 가지 논변했던 일을 다 털어서 어르신에게 질정을 구할 것이니, 그 가운데는 처음부터 반점(半點)만큼의 '화(和)' 자도 없습니다."[239]

류성룡의 해명에도 불구하고 주화의 문세는 퇴계학파 내부에서 조목과 류성룡 사이뿐만 아니라 그들의 문하생 사이에서도 중요한 논란의 주제가 되었다.[240] 조목은 재야에서 전쟁의 참극을 체험하는 백성들의 민심 관점에서 볼 때 왜적은 도저히 하늘을 함께 할 수 없는 불구대천의 원수로서 결코 화해할 수 없는 섬멸의 대상이다. 따라서 왜와의 화의론은 결

239) 류성룡 저, 민족문화연구회 편, 『국역 서애집(1)』, 「조사경에게 답함」, 솔, 1997, p.346.

240) 퇴계학파의 문하생 사이에서 주화의 문제를 둘러싸고 왜 이런 논란이 발생했는지는 다양한 원인이 있었을 것이다. 월천 조목과 서애 류성룡은 퇴계 문하의 고제이면서도 학문 성향과 개인의 기질 그리고 삶의 방식에 있어서 큰 차이가 있었다. 조목은 평생 퇴계를 모시면서 학문에 주력하고 원칙을 중시하는 학자적 삶을 살았던 반면에 류성룡은 젊어서부터 벼슬에 나아가 경세에 주력하면서 실용적인 학풍을 가지고 있었기 때문에 현실의 문제에 대한 접근 방법에서도 두 사람은 차이가 있었을 것이다.

코 받아들일 수 없는 것이었다. 그러나 전시 영상으로서 전쟁을 총지휘해야 하는 류성룡의 입장으로서는 명과의 국제관계, 조선군의 전투 능력과 군량 등 군수 물자 조달 역량, 승전 가능성 등을 현실적이고 종합적으로 고려해서 판단하고 책임을 져야 했다. 심정적인 분노와 적개심만으로 전쟁의 전략을 그르칠 수는 없었다. 백성과 국가 전체의 이익을 위해서는 때로는 인기 없는 정책도 부득이 추진하지 않을 수 없는 경우도 있는 것이다.

2) 주화오국론에 대한 류원지의 해명

류성룡은 임란의 위기에서 나라를 구하는 공을 세웠음에도 불구하고 주화오국의 오명을 쓰고 물러나야 했다. 주화오국은 류성룡의 정치적 반대파들이 그를 몰아내기 위한 계책에서 나온 것이지만, 같은 고향 같은 동문 사이에서도 주화오국의 비판이 있었다. 퇴계 문하에서 월천 조목은 류성룡과 함께 고제로 꼽힌다. 그런데 동문 사우인 조목이 류성룡을 주화오국으로 비판하였고, 조목의 제자들도 류성룡에 대한 이러한 비판을 견지하였다. 그래서 조목 사후 조목의 문집과 행장, 비문에까지 주화오국의 말을 넣으려고 했고 이러한 행동은 서애학파의 문도와 충돌을 낳았다. 류원지는 류성룡의 문하생들과 함께 당시의 예안 일대 조목 문중과 문하생 사이의 이러한 흐름을 파악하고 임란 당시 류성룡의 역할이 주화오국이 아님을 해명하여야 했다.[241)]

241) 류원지는 공개적이고 논쟁적으로 조부인 류성룡을 변호하기보다는 지인들을 중심으로 조용히 진실을 해명하는 쪽을 선호하였다. 비슷한 시기에 주화오국론에 대해 류성룡의 제자로서 스승의 억울함을 변호한 글로는 학사(鶴沙) 김응조(金應祖)가 지은「서애 류선생 변무록(西厓柳先生辨誣錄)」(『鶴沙集』5권)이 참고 된다.

임란 당시 명이 초반에 많은 원군을 보내주고 군량과 병기를 지원하였지만, 전쟁은 장기화해 갔다. 전쟁이 오래 지속하면서 명은 재정적으로 많은 어려움을 겪게 된다. 더 이상 추가로 병력과 군량과 장비를 지원하는 데 한계에 부딪쳤다.[242] 그래서 병부상서 석성(石星)은 일본과의 화의를 모색한다. 일본에 봉공을 조건으로 왜병을 후퇴시키려고 하였다. 막대한 병력과 비용이 드는 전쟁을 장기화할 수 없었기 때문이다. 이러한 명군 지휘부의 전략에 따라서 화의가 진행되었다. 여기에 대해서 조선과 류성룡은 그러한 화의가 실효성이 없고 성공하기 어렵다고 보아 반대하려고 하였다. 조선의 백성을 무참히 살육하고 제물을 약탈하고 나라를 처참하게 만들어 놓은 왜군은 절대로 용서할 수 없는 불구대천의 적이었기 때문이었다. 그렇지만 명군의 정책에 대놓고 반대를 하기는 어려웠다. 왜냐하면 조선이 명의 평화 협상을 거부하면 명은 조선에 모든 실패의 책임을 전가하기 때문이다. 또한 군 지휘권을 장악하고 있는 명군의 정책에 대안 없이 노골적으로 반대하는 것은 현실적으로 어려웠을 것이나. 이러한 징황을 류원지는 다음과 같이 설명한다.

"대개 임진왜란의 변은 태평스러운 100년이 계속된 뒤에 나와서 백성들은 군사에 대해 알지 못하여 왜군의 흉악한 선봉을 제지할 수가 없었다. 왜적의 잔혹함은 심해서 우리 백성들을 참살하여 남기지 않아서 나라 안 수천 리가 모두 분탕으로 텅 비게 되었다. 명군의 도움으로 왜군을 공격하여 쫓아내었지만, 왜군은 전라도와 경상도 연해 지역으로 물러나 주둔하여 거의 천리에 가까이 앞뒤를 연결하여 진을 치고 날마다 나와서 공격하고 겁탈하니 그 세가 솔개가 날개를 편 것과 같았다. 갑오년(1594년)에 이르면 병사들이 잇달아 삼 년간 화

242) 명이 강화를 추진하려고 했던 재정적 군사적 이유에 대해서는 송복, 『조선은 왜 망하였나』, 화산문화, 2014, pp.104-105 참조.

를 당하여 명군의 병력은 고갈되고 재물과 군량도 다 되어서 천하가 텅 비게 되었다. 이때 기미책 즉 화의론으로 상대를 결박하여 지연하는 술책이 나왔으니, 그것을 말로 잘못되었다고 다툴 수는 없는 것이었다. 명나라에서 이 (일본과의 화의) 논의를 이미 하기로 정하여서 우리 정부에 명령하였으니, 우리나라로서는 어찌할 수 없음이 이미 분명하다."[243]

류원지는 일본과의 화의론이 당시 최악의 상황에서는 어쩔 수 없는 선택이었음을 해명한다. 그리고 그러한 논의는 조선이 아니라 명에 의해서 주도적으로 이루어졌고, 조선으로서는 명의 정책에 반대할 만한 힘도 없었고 마땅한 현실적 대안도 없었다고 한다. 즉 주화론은 조선이 아니라 명에서 주도한 것이고, 조선은 군량이 소진되고 전투력이 약화되어 시간을 벌어야 했고, 명군의 정책을 노골적으로 반대할 수도 없어서 어쩔 수 없는 측면이 있었다는 것이다. 실정이 이러함에도 마치 조선이 능동적으로 화친을 추진하고, 그것도 류성룡이 주도한 것처럼 주장하는 것은 역사적 사실과 부합하지 않는다. 류성룡이 주화오국 하였다는 주장에 대해 선조 임금은 그것이 류성룡이 혼자 주도한 것도 아니고 조정이 협의해서 부득이 명의 정책을 따른 것이라는 것을 누구보다 잘 알고 있었기 때문에 다음과 같이 밝혔다.

"류성룡을 논박하는 데 있어서 주화(主和)라는 두 글자로 집언(執言)하는 바탕을 삼아 진회(秦檜)에게 비유하기까지 하였다. 설사 류성룡이 화의를 주장하

243) 『拙齋集』 권8, 「與李明叔 英哲 別紙」 "蓋壬辰之變, 出於昇平百年之後, 民不知兵, 無以制其兇鋒. 而伊賊殘毒甚, 斬刈虔劉我生民靡有孑遺, 國內數千里, 皆爲莽蕩空虛之地. 賴天朝之力驅而逐之, 而賊退屯於全羅慶尙沿海地方, 首尾相連, 殆將千里, 日出攻劫, 勢猶鴟張. 及至甲午年間, 則兵連禍結已三載, 天朝兵力, 旣竭財穀亦殫, 天下爲之虛耗. 遂發羈縻之策, 固非口舌之所能爭也. 天朝旣定此議, 而號令於本國, 則我國之不得自由亦已明矣."

였다 한들 어찌 진회에 비할 수 있겠는가. …… 대개 그의 마음은 종묘사직이 장차 망할지 걱정되던 판에 중국 조정에서도 이미 화의를 허락하였기 때문에 임기응변책으로 그 일을 주장하였던 것이다. 곧이곧대로 따진다면 나 역시 그가 잘못되었다고 하지 않을 수 없겠으나, 그 속마음을 살펴보면 이와 같음에 불과하다. 아, 그 당시 누구인들 이러하지 않았던가. 그런데 지금 와서는 서로들 빠져나가려고 하면서 '나는 이런 일이 없다. 나는 이런 일이 없다.' 라고 한다면 모두가 우상(右相)의 죄인이 될 것이다.(당시 우상 이항복(李恒福)이 차자를 올려 그 강화의 논의에 스스로 참여하였음을 진술하였다.) 그리고 중론을 배격하고 밤중에 사신을 보냈다는 말은 더욱 말이 안 된다. 그 당시 널리 정의(廷議)를 수렴하여 결정한 일로 그 내용에 대해서는 지금 정원(政院)에서 상고할 수 있다. 과연 중론을 어기고 혼자 밤중에 사자를 보냈단 말인가. 이런 이야기들은 모두가 따져보지 않아도 자명한 것들이다." [244]

류원지에 따르면 류성룡은 왜군을 불구대천의 원수로 여겨서 싸워서 몰아내려 하였다. 결코 주화를 생각한 적도 없고 주화가 성공하리라고 생각하지도 않았다. 다만 부득이한 상황이라서 어쩔 수 없이 따르면서 상황이 반전되기를 기다렸다. 결국 명의 병부상서 석성이 주도한 가짜 평화협상은 실패로 끝났고, 진실을 알게 된 명 조정은 협상 주도자를 처벌하고 다시 군대를 보내서 왜군과 전투를 재개하였다. 류성룡은 이러한 상황을 대비해서 이미 적극적으로 보방안민(保邦安民) 정책을 구사해서 왜군을 무찌르고 복수하기 위한 대책을 마련하였다. 류원지는 류성룡이 임란 극복을 위해 추진한 주요 정책으로 1) 군병(軍兵) 훈련, 2) 성지(城池) 수선, 3) 군량 조치, 4) 진관법(鎭管法) 실시, 5) 둔보(屯堡) 설치, 6) 유민(遺民) 보호,

244) 『국역 선조실록』 선조 32년 기해(1599) 7월 4일(신해).

7) 폭넓은 인재 기용, 8) 엄격한 실적 중심 평가 등을 거론한다. 이러한 사중구생(死中求生)의 계책으로 국난을 극복하였음에도 불구하고 류성룡을 주화오국으로 비난하는 것은 말이 되지 않는 주장이라는 것이다.[245] 류원지와 서애 문하생들의 해명과 노력으로 논란 끝에 『월천집』에는 주화오국이라는 말 대신에 다른 간단한 표현으로 대체되었으나[246], 동계 정온이 지은 「월천신도비명병서」에서는 그대로 '강화오국(講和誤國)'의 표현이 유지되었다.[247]

3) 송나라의 화의와 조선 화의의 차이점

류성룡의 반대파들 가운데는 임란 때 일본과의 화의를 송나라와 금나라의 화의에 비교하고, 심지어는 류성룡을 송나라 주화파를 대표하는 재상 진회(秦檜: 1091~1155)에 비유하기도 하였다. 그러나 이것은 매우 잘못된 부적절한 비유이다. 당시 송나라는 국력과 군사력이 새로 일어나는 금나라에 비해 우월하였기 때문에 잘 싸우면 승리할 가능성이 높았다. 그런데도 송나라가 금과 급하게 화의를 한 것은 정치적 의도가 있었기 때문이다. 송나라 휘종과 흠종이 금나라에 끌려가고, 송나라에는 흠종의 동생인

---

245) 『拙齋集』 권8, 「與李明叔 英哲 別紙」, "蓋先人所陳有云倭賊與我有萬世必報之讎. 今雖因勢力窮屈,未免與時消息,而其薪膽必報之念,不可頃刻而弛也. 然復讎亦不可空言無事而可爲也. 必內有堅忍之志, 外有悠久之政, 君臣上下斷斷一心, 以久遠爲期, 如越十年生聚, 十年敎訓, 二十年間, 一念無所作輟, 待時以動云云. 此乃先人乙未請措置防守事宜啓辭也. 至於請訓鍊軍兵也, 請修繕城池也, 措置粮餉也, 請擧鎭管之法以紀軍政, 請設屯堡之制以息盜賊, 保合遺民以爲國本之計, 廣取人才以期撥亂之用, 堅立志而定大本, 嚴考績而責實效, 爲死中求生之計." 참조.

246) 월천 연보 정유년 75세조에는 "答西厓柳相國書, 論和議之非"라고 기술되어 있다.

247) 동계 정온((鄭蘊)이 지은 月天趙先生神道碑銘幷序에는 "聞西厓在領台, 主講和之議. 乃抵書曰:相國平生讀聖賢書, 畢竟所得, 只此講和誤國四字耶."라고 기록되어 있다.

고종이 대신 황제의 자리에 올랐다. 그런데 만일 송나라 군대가 전쟁에서 승리하여 금나라에 끌려간 휘종과 흠종이 다시 송나라로 되돌아오면 고종은 황제 지위가 위태로울 수 있었다. 그래서 고종은 자신의 권력을 계속 유지하기 위해 전쟁에서 이기는 것보다는 금과 화의하기를 원했다. 금으로서도 송나라와 계속 전투하는 것이 현실적으로 불리하여 화의를 원하였다. 진회는 금에 끌려갔다가 두 나라 사이에 화의하도록 밀명을 받고 가족과 함께 다시 송나라로 되돌아온 것이다. 진회는 고종의 속마음을 읽고 재상으로서 자신의 부귀영화를 위해 금과 싸우는 악비와 같은 장군들의 전투를 중지하게 하고, 굴욕적인 화의를 주도하였다.

그러나 임진왜란 당시 조선의 군사력은 왜군과 대적하기에는 너무나 열세여서 독자적으로 전투할 만한 역량이 부족하였다. 그리고 조선은 송나라의 흠종과 고종처럼 구 황제와 신 황제 사이의 권력 갈등 같은 대립이 없었다. 따라서 구차한 이유로 화의를 추진할 필요가 없었다. 진회는 자신의 무사 귀국과 부귀영화를 위해 화의를 주도하였다. 그러나 류성룡은 진회처럼 자신과 가족이 적에게 끌려간 적도 없었고, 자신의 안위를 위해서 화의할 필요도 없었다.[248] 이처럼 임란 시의 화의를 송나라와 금나라 사이의 화의에 비교하는 것은 역사적 상황이 너무 다르기 때문에 적절하지 않다. 단지 류성룡을 정치적으로 흠집 내기 위한 정치 공세일 뿐이다.

---

248) 임금도 류성룡을 송나라 진회와 비교하는 것은 전혀 옳지 않다고 하여 다음과 같이 반박하였다. "진회는 남몰래 오랑캐의 지시를 받아 처자를 보전하고자 송나라에 잠입하여 금(金)나라 사람을 위해 계책을 써서 화의를 힘써 주장하고 악비(岳飛) 등을 죽였던 것이다. 지금 유성룡이 또한 왜적의 뜻을 받아 남몰래 음모(陰謀)를 통하고 그 처자를 보호하기 위하여 화의를 주장하였던가. 이런 주장이 족히 인심을 복종시키고 국시(國是)를 안정시키겠는가. 대개 그의 마음은 종묘사직이 장차 망할지 걱정되던 판에 중국 조정에서도 이미 화의를 허락하였기 때문에 임기응변책으로 그 일을 주장하였던 것이다."(『국역 선조실록』 선조 32년 기해(1599) 7월 4일(신해))

류원지는 류성룡의 외손자 조수익(趙壽翼)이 경상감사로 재직시(1647~1648) 『징비록』을 간행하도록 부탁하여 이 책이 출판되도록 하였다.[249] 류성룡이 파직되어 낙향 후 집필한 『징비록』은 임란 시 류성룡의 활동을 가장 구체적으로 보여주는 저술로서 주화오국이라는 주장이 사실이 아님을 보여주는 확실한 근거 자료라고 하겠다.

5. 맺음말

류원지는 퇴계학파의 입장에서 율곡의 퇴계 심성론 비판의 근본적 문제점에 대해서 이론적으로 조목조목 반박하여 퇴계학의 전통을 발전시키는 데 주력하였다. 또한 퇴계의 경사상을 계승하면서도 정(靜)을 중시하는 주정거경론(主靜居敬論)을 제시하였다. 수양을 위해서는 구방심과 기질 변화가 중요하다고 인식하여 「수방심도병설(收放心圖幷說)」과 「변화기질도병설(變化氣質圖幷說)」을 저술하였다.

류원지는 류성룡의 실용적 경세론을 이어받아서 경세 문제에 대해서도 적극적인 관심을 보여주었다. 그의 경세론은 민생과 군사 문제에 많은 관심을 보여주고 있으며 군주권을 중시하는 특성을 보여준다. 류원지가 군주권을 중시하는 것은 효종 사후 예송에서 삼년복을 주장하는 데서도 잘 드러난다. 류원지는 류성룡의 실용주의적 사상을 이어받아서 먹고사는 문제 예컨대 농업경영에도 큰 관심을 가지고 농서를 편찬하기도 하였다. 당시 성리학자가 농서를 편찬하는 것은 흔치 않은 일로서 류원지 사상의 실용성을 잘 보여주는 예라고 하겠다. 이와 같이 류원지는 류성룡의

249) 이종각, 『일본인과 징비록』, 한스북스, 2022, pp.98-99 참조.

사상을 이어서 발전시키는가 하면 류성룡의 임란 시의 행동에 대해서도 잘못된 평가를 바로잡는 역할을 하였다. 류원지에 따르면 류성룡은 기본적으로 일본과의 화의를 반대하는 입장이었고, 명군 지휘부가 주도하는 강화협상이 실패할 것을 내다보고 적극적인 보방안민(保邦安民) 정책을 세워서 사중구생(死中求生)를 도모하였다.

류원지는 퇴계의 성리학적 이념을 지키고 발전시키는 데 적극적이었을 뿐만 아니라, 현실 문제에도 깊은 관심을 가져서 기해예송과 관련하여 영남 유림을 대표하여 적극적으로 예론에 관한 논리를 구성하고 주장을 펼쳤다. 류원지는 류성룡의 장손으로서 서애학을 계승 발전시키는 데 큰 역할을 하였고, 당시 영남 사림에서 최고 지식인으로서 사회적 책무에도 힘쓴 17세기 후반의 중요한 학자라고 할 수 있다.

7부

해체적 사유와 삶의 기술

“

마음의 욕망을 소유론에서 존재론으로 바꿀 때
도덕도 살고 경제도 살아나고 나도 살고 남도 사는
진정으로 복된 사회가 될 수 있을 것이다.

”

제18장

심원 김형효의 유학에 대한 새로운 인식과 독법

1. 머리말

한국 유학에 관한 연구가 조선시대의 유학 사상에 대해 집중되고, 현대 한국의 유학 사상에 대해서는 그다지 연구가 활발하지 못했던 것이 사실이다. 물론 조선시대에 유학 사상이 크게 발달하였기 때문에 어느 정도는 그럴 수밖에 없을 것이다. 그러나 현대 한국의 유학 사상에 대한 연구도 결코 소홀히 할 수 없는 과제이다. 20세기에 들어와서 유학에 관한 현대적 연구를 수행한 학자들이 많이 있었지만, 이 글에서는 심원(心遠) 김형효(金炯孝: 1940~2018)[1)]의 유학에 대한 새로운 이해에 대해 조명해 보고자

1) 심원(心遠) 김형효(金炯孝)는 1940년에 태어나서 마산고를 거쳐서 서울대 문리대 철학과를 졸업하고 벨기에 루벵대학 대학원에서 Gabriel Marcel을 주제로 박사학위를 받았다. 귀국하여 공군사관학교 교수, 서강대 철학과 교수, 한국학중앙연구원 대학원 교수를 역임하였고, 한국학중앙연구원 명예교수로 재직하였다. 주요 저술로는 『구조주의의 사유체계와 사상』, 『가브리엘 마르셀의 구체철학과 여정의 형이상학』, 『베르그송의 철학』, 『데리다의 해체철학』, 『메를로 - 뽕띠와 애매성의 철학』, 『老莊사상의 해

한다. 김형효(이하 심원으로 칭함)는 처음에는 서양철학을 전공하였지만, 동양사상에도 많은 관심을 가지고 동서비교철학 분야를 발전시켰다. 특히 그는 유학에 대해서 비교철학적 시각에서 독특한 연구를 하였는데, 대표적 저술로 『물학 심학 실학 - 맹자와 순자를 통해 본 유학의 사유』(청계, 2003)이 있다. 우리는 이 글에서 심원의 유학에 대한 인식과 독법의 특성과 의의에 대해서 살펴보고자 한다.

2. 심원 김형효의 철학적 문제의식과 유학에 대한 관심

한 철학자가 어떤 동기에서 어떤 문제의식으로 철학을 하느냐 하는 문제는 그 철학자의 철학 세계를 이해하는 데 매우 중요한 관건이 될 수 있다. 자연 세계에 대한 경이에서 철학함이 발단될 수도 있겠고, 역사 세계를 변혁하려는 의지에서 철학을 시작할 수도 있고, 종교적 구원에 대한 관심에서 철학의 길로 들어설 수도 있다. 그렇다면 심원의 철학함은 어떤 동기와 문제의식에서 비롯되었을까? 심원의 철학적 문제의식의 저변에는 고난을 운명처럼 걸머지고 있는 한민족의 현실적 아픔에 대한 깊은 관심이 깔려있다. 식민지 시대에 태어나서 한국전쟁의 참혹함을 겪으면서 자란 만큼 힘없는 나라의 비애를 어느 세대보다 크게 느꼈을 것이다. 불운한 시대에 성장하였기에 태평스럽게 상아탑에서 지적 관조로서 철학을 즐기기에는 시대의 사정이 용납하지 않았을지 모른다. 이런 이유로 심원의 철학적 문제의식 가운데는 한국의 민족적 현실의 구원에 대한 깊은 관심이 용해되어 있다. 특히 전기의 철학에서 이러한 문제의식이 두드러진

체적 독법』, 『원효에서 다산까지』, 『하이데거와 마음의 철학』, 『하이데거와 화엄의 사유』, 『물학 심학 실학』, 『철학적 사유와 진리에 대하여』, 『사유하는 도덕경』 등이 있다.

다. 다른 한편으로 심원의 철학적 문제의식에는 정신적으로 실존적 영혼의 평정(平靜)에 대한 관심이 또한 큰 자리를 차지하고 있다. 만인 대 만인의 투쟁처럼 처절한 생존의 갈등이 계속되는 현실에서 어떻게 하면 정신적으로 영혼이 부드럽고 고요한 평화를 누릴 수 있을까?

이처럼 향외적 현실의 구원과 향내적 정신의 구원 문제를 어떻게 조화시킬 것인가 하는 문제가 심원의 철학에서 중심 문제로 자리하고 있다. 이러한 문제의식으로 볼 때 심원에게 있어서 철학적 사유 활동은 현실의 구원과 정신의 평정 문제와 결코 분리될 수 없는 깊은 관련을 갖는 것이다. 이 점에서는 열암 박종홍의 철학적 문제의식과 유사한 점이 있다. 그런데 심원의 경우 전기(前期)에는 향외적 현실 문제에 관한 관심이 더욱 강렬하여서 향내적인 문제가 그쪽으로 수렴되었다면, 후기(後期)에는 향내적 문제의 해결을 통해 향외적 문제를 접근하는 점에서 문제에 대한 접근 방식에 차이가 있다. 또한 전기에는 모더니티를 축으로 하면서 그것의 문제점을 보완하는 데 주력하였다면, 후기에는 모더니티를 극복하고 포스트모더니티를 긍정하는 방향으로 사상의 변화가 있었다. 이러한 전후기 사상의 획기적 변화의 이면에는 데리다(J. Derrida)의 해체 철학, 하이데거(M. Heidegger)의 존재론적 사유, 그리고 심원의 불교와 노장철학에 대한 새로운 인식이 작용했다.

현실과 영혼의 구원과 밀접한 관련이 있는 철학적 문제는 바로 악과 마음 또는 욕망의 문제이다. 즉 악이란 무엇인가? 악은 어디에서 비롯하는 것인가? 이 세상에서 인간의 힘으로 악을 없애려는 인간의 의지와 노력은 실현 가능한가? 역사적으로 악을 제거하려는 인간의 노력은 어떤 결과를 가져왔는가? 선과 악의 관계는 무엇인가? 악은 인간의 욕망과 밀접한 관련을 갖는다. 그렇다면 악을 이기기 위해서는 반드시 욕망을 억압하거나 제거해야 하는가? 당위적 이성이 욕망을 억압한다고 해서 욕망이 과연 억

눌러지는 것인가? 욕망의 종류는 무엇인가? 소유론적 본능의 욕망 외에 존재론적 본성의 욕망이란 무엇인가? 인간이 욕망과 함께 살아야만 한다면 욕망을 어떻게 다스려야 하는가? 이런 물음들이 심원의 철학적 사유에서 중요한 과제로 제기되고 있다.

이러한 철학적 문제를 풀기 위해 심원은 동서를 가로지르는 폭넓은 철학적 여정에서 다양한 철학으로부터 그 영양소를 흡수하여 주체적으로 소화하였다. 특히 마르셀(G. Marcel)로부터는 '깨어진 세상' '구체철학' '존재와 소유' 등의 개념을, 메를로 뽕띠(Merleau-Ponty)로부터 '애매성'과 '살'의 철학을, 베르그송(H. Bergson)으로부터는 '본능 · 지능 · 직관'의 상호 관계에 대한 인식을, 레비 스트로스(C. Lévi-Strauss)부터는 '인간의 자연동형론'과 '자연의 인간동형론', 라깡(J. Lacan)의 욕망론, 융(C. G. Jung)의 무의식론, 데리다(J. Derrida)의 차연(差延), 하이데거(M. Heidegger)의 존재와 무(無) 등을 독자적 방식으로 묘합함으로써 자신의 철학적 사유를 심화하는 데 활용하였다.

심원은 서양철학으로부터 철학의 길에 입문한 만큼 처음부터 유학을 전공한 사람과는 시각이 다를 수밖에 없었다. 그는 처음부터 동양철학을 전공한 학자보다는 유학을 좀 더 객관적으로 새롭게 바라볼 수 있는 일정한 비판적 거리를 유지하고 있었다. 그는 일정한 비판적 거리를 두고 유학의 근본 전제를 당연시하지 않고, 근본 전제에 철학적 의문을 던지면서 그것이 갖는 의미를 새롭게 해석해 보고자 시도하였다.

심원은 가브리엘 마르셀을 따라서 이 세계는 역사적으로 어느 시점에서 어떤 요인 때문에 깨어진 것이 아니라 본질적으로 깨어져 있다고 인식한다. 본질적으로 원초적으로 깨어진 세계를 인간의 힘과 노력으로 완전히 수리한다는 것은 불가능하다. 따라서 인류의 구원은 역사 속에서는 불가능하고 역사의 끝에 가서야 신에 의해서 가능하다는 종말론적 세계관을 받아들인다. 또한 인간의 근본악에 대한 개념은 인간에 의한 인간의 구원 또는 인간의 자주적인 완전한 자아실현을 기대하기 어렵게 만든다. 그래서 성선설에 기초한 성인론(聖人論)도 받아들이기 어렵게 한다. 이러한 관점에서 보면 요순 세계를 역사 속에서 다시 회복시키려는 유학의 이상은 실현 불가능한 것으로 보인다. 특히 내성(內聖)과 외왕(外王)을 일치시키려는 내성외왕론(內聖外王論)은 현실성이 극히 적은 것으로 보인다. 설사 개인 차원에서 내성(內聖)이 가능하다 하더라도 사회 · 정치 영역에서 내성이 외왕으로 연결된다는 것은 역사 현실의 경험에 비추어 보면 거의 불가능한 일이다. 왜냐하면 현실 사회는 언제나 권력의지에 의해 지배받으며 치열한 적자생존 경쟁의 연속이기 때문이다.

또한 인간은 자기가 선하다고 여기는 것을 하는 것이 아니라, 자기가 좋아하는 것을 하려고 한다는 명제를 받아들인다면, 반본능적 유학의 당위는 실현 가능성이 어려워 보이다. 반본능적 당위를 주장하는 것은 인간 욕망이 본성에 비추어 보면 그다지 실현 가능성이 없을 뿐만이 아니라, 도리어 위선에 빠지게 하거나 공허한 명분 투쟁으로 유도할 소지가 크다고 본다. 심원은 우리가 유학의 전제에 무비판적으로 노출될 것이 아니라, 경험적 사실에 비추어서 유학적 핵심 명제의 타당성을 재검토하고 재평가함으로써 유학 특히 도학의 당위유학적 사유가 가져오는 사회적 문화적 병리를 분명하게 인식할 필요가 있다고 생각한다. 왜냐하면 한국 사회의 여러 가지 병리적 현상의 이면에는 당위유학적 사유가 초래한 명분론적 당위론적 사고방식이 현실의 문제를 직시하고 실질적 해법을 추구하는 데 큰 도움을 주지 못하기 때문이다. 심원의 당위유학에 대한 비판적 문제 제기는 한국 사회의 지적 풍토에 대한 근본적 문제의식과 연결되어 있다. 따라서 유학의 재인식은 곧 한국 사회의 주류 지성 문화에 대한 재인식이고, 이러한 재인식 없이는 우리의 현실이 크게 더 좋아하기를 기대하기는 어렵다는 판단과 연결된다. 즉 유학에 대한 인식과 독법은 곧 한국 철학의 피할 수 없는 주요 과제이고, 철저한 재인식 위에서 우리는 새로운 한국의 미래를 희망할 수 있는 것이다. 유학이 비록 한국인의 의식구조를 전적으로 차지하는 것은 아니라고 하더라도 상당히 비중이 큰 만큼 유학에 대한 진단과 인식은 한국인의 자아 재발견과 새로운 문화 풍토를 위한 불가피한 과정이라고 할 수 있다.

3. 유학 연구의 초점 변화와 조선 유학에 대한 인식

심원 김형효는 유학 시절 프랑스 철학을 전공하였으나 귀국 후 유학에 관한 연구를 새롭게 시작하였다. 심원의 유학에 관한 연구는, 한국의 철학과 문화를 올바르게 이해하기 위해서는 유학에 대한 이해가 피할 수 없는 과제라는 인식에서 비롯된 것으로 보인다.

1970년대와 1980년대 중반에 걸쳐 심원은 전통 사상의 중심축을 형성하는 유학에 관한 연구를 통해 산업사회의 부작용을 보완할 수 있는 사상을 발견함과 아울러, 미래 한국 사회의 주체적인 가치관을 마련하려고 생각하였던 것으로 보인다. 전통 유학의 긍정적 의미 못지않게 그것이 가지는 어두운 그들에 대한 자각과 진단도 중시하였다. 유학 일반에 대해서는 '중용'과 '시중(時中)'에 큰 관심을 보였다. 요컨대 제1기의 유학 연구(1970년대~1980년대 중반)에서는 유학의 장단점에 대한 현대적 인식을 통해 우리 문화의 약점을 분명히 자각하면서도 좋은 유산을 오늘에 새롭게 되살리는 데 의미를 부여하였다. 이 시기를 대표하는 유가철학 연구서로는 『동서철학에 대한 주체적 기록』(고려원, 1985)이 있다.

2기(1980년대 후반~1990년대 중반)에는 구조주의 및 베르그송과 마르셀에 대한 심화된 이해를 기반으로 선진유학(先秦儒學)에 관한 연구를 통해 유학에 대한 이해가 더욱 깊어졌다. 특히 맹자와 순자의 유학에 대한 비교철학적 연구를 통해 맹자적인 유학과 순자적인 유학, 내면성과 외면성, 이상주의와 현실주의 유학으로 유학을 이분법적으로 인식하면서 유학에 대한 철학적 인식의 수준을 한층 깊이 있게 파 내려가면서 동시에 그 외연을 확대하였다. 이 시기 대표적 저술은 『맹자와 순자의 철학사상』(1990, 삼지원)을 꼽을 수가 있다.

3기(1990년대 중반 이후)에는 데리다의 해체철학, 노장, 불교와 하이데거에 관한 연구가 깊어지면서 양명학에 대해 새롭게 주목하고 무위유학으로 초점이 이동한다. 그리고 유학을 크게 물학, 심학, 실학의 삼분법으로 인식하는 이론이 확고하게 자리 잡았다. 이 시기의 대표적 저술은 『물학 심학 실학』(청계, 2003), 『원효에서 다산까지』(청계, 2000), 『철학적 사유와 진리에 대하여』1 · 2(청계, 2004)를 들 수 있다.

우리는 이와 같은 유학 연구의 시기별 구분을 통해 심원의 유학에 대한 인식이 어떻게 변해왔고 각각 어떤 특성이 있는지 살펴보도록 하자. 먼저 1기의 조선유학사에 대한 인식부터 검토해 보자. 심원이 정암(靜庵) 조광조의 철학사상을 논하면서 밝힌 다음과 같은 연구 동기는 1970년대와 1980년대 그의 조선 유학 사상 연구 일반의 연구 동기와 다르지 않을 것이다. "우리의 선인이 지녔던 유교적 사상 가치를 어떻게 미래 지향적 정신의 에너지로 삼을 수 있을까 함을 의도한다. 그래서 온고지신의 이념에 의하여 우리의 정신사를 지탱하여 온 힘을 다시금 현실과 미래에 재조명하려는 것이다."[2)]

---

2) 김형효, 『동서철학에 대한 주체적 기록』, 고려원, 1985년, 110면.

심원은 조선유학사에서 지나치게 포은(圃隱) 정몽주 · 야은(冶隱) 길재 등 강상절개파(綱常節介派)의 방정성(方正性)만이 현양되고, 삼봉(三峯) 정도전 · 양촌(陽村) 권근 등 상황실무파(狀況實務派)에 대해서는 소홀히 인식한다고 보았다. 그래서 지나치게 하나와 순수만을 고집한 나머지 우리 문화가 반유희적 경건성으로, 다양성을 인정하지 못하는 경직성으로 굳었음을 반성한다.[3] 성인의 유형 가운데는 백이(伯夷)와 같은 '성지청(聖之淸)' 도 있지만 이윤(伊尹)과 같은 '성지임(聖之任)' 도 있고, 류하혜(柳下惠)와 같은 '성지화(聖之和)' 도 있는데 조선조에서는 유별나게 백이와 같은 '성지청(聖之淸)' 만 높여졌다. 그런데 맹자가 이미 지적한 바와 같이 '성지청' 의 문제점은 정신적 편협성이다. 따라서 백이와 같은 '성지청' 만을 존중하면 편협하고 경직된 원칙이 가져오는 병을 앓게 된다고 본다.[4] 도학의 경직성이 한국문화를 전향적으로 창조자의 길을 가게 하기보다는 뒤처진 지각생의 운명으로서 저항 일변도로 가게 했다고 진단한다.

또한 묘(妙)를 강조하는 철학에 대해서는 "귀일적(歸一的) 묘(妙)의 신비성이 경직된 획일로 굳어질 때에 오는 정신적 창조성의 빈곤함을 우리는 생각하지 않을 수 없다. 묘(妙)의 신비성이 주관적 광신으로 변하면서, 회통(會通)은 유일적(唯一的) 불통(不通)으로, 귀일(歸一)은 변법(變法)에 의한 적중을 모르는 외고집스런 흑백적 사고를 순수성으로 착각할 위험성을 짙게 지니게 된다."[5]라고 그 한계를 지적하였다.

조선유학사에서 심원이 특히 관심을 두고 주목한 유학자는 성리학자로는 정암 조광조, 회재 이언적, 화담 서경덕, 퇴계 이황, 율곡 이이가 있고, 실학자로는 다산 정약용이 있다. 이들에 관한 연구를 간략히 정리하

3) 김형효, 『동서철학에 대한 주체적 기록』, 고려원, 1985년, 135면.
4) 김형효, 『동서철학에 대한 주체적 기록』, 고려원, 1985년, 160면.
5) 김형효, 『동서철학에 대한 주체적 기록』, 고려원, 1985년, 115면.

면 다음과 같다.

가. 정암: 정암 철학에서 '융평(隆平)' 과 '형평(衡平)' 의 개념을 높이 평가하면서도, 정암 철학의 한계로서 그의 철두철미한 '반유희(反遊戲) 정신' 과 상황 정신의 결핍을 지적한다.

나. 회재: 회재의 철학은 퇴계와 더불어 조선조의 가장 탁월한 정신주의 철학으로 평가한다. 회재가 말한 '잠심대월(潛心對越)' 은 참다운 자아로 돌아옴이고, 이는 곧 나에게 다가오는 초월자로서 님의 현존을 마중함과 같은 행위라고 해석하였다.

다. 화담: 화담의 자연철학이 능산적(能産的) 물(物)과 소산적(所産的) 물(物), 태허지기(太虛之氣)와 용사지기(用事之氣), 이성과 오성(悟性), 형이상과 형이하, 삶과 죽음의 '하나이면서 둘이고(一而二)' '둘이면서 하나(二而一)' 의 논리로 수렴된다고 평가한다. 화담의 '머무름' 의 자연철학이 자연의 필연성을 인식함으로써 마음의 평정에 이르려는 스피노자의 안심입명의 정신과 상통한다고 인식한다.

라. 퇴계: 퇴계의 리(理)의 이면에는 상제의 의미가 깃들어 있고, 퇴계학은 궁극적으로 자연신학적 특성이 있다고 본다. 퇴계의 성리학은 도학의 이념을 현실 역사에 실천하려는 도학정치적 길 대신에 종교적 차원으로 승화시키는 자연신학적 특성이 강하다고 해석한다.

마. 율곡: 율곡 사상 가운데 도학/실학, 왕도/패도, 내성/외왕, 인심도심론/사단칠정론, 그리고 수행의 도와 탐구의 학, 마음에 대한 도덕학적 접근과 현상학적 접근 사이에 놓여있는 초점 불일치를 지적한다. 그럼에도 불구하고 율곡에게는 실학적 지성의 씨앗이 있음을 강조한다. 이통기국론(理通氣局論)과 기발이승일도설(氣發理乘一途說)을 바람직한 한국적 구체철학의 기본 논리로 인식하였다.

바. 다산: 다산 사상에는 심신이원론과 심신일원론이 상호 모순적으로

혼재하고 있음을 지적하고, 심신이원론은 의지의 실천학과 심신일원론은 지성의 실용학과 연관해 해석한다. 그런데 심신일원적 지성의 실용학에 기울 때 다산은 율곡의 실학적 지성에 근접하고, 심신이원적 의지의 실천학으로 경도될 때 다산은 퇴계의 신학과 유사하다고 해독한다.[6]

4. 맹자(孟子)와 순자(荀子) 유학의 철학적 인식 – 낭만적 반본능적 사유와 현실적 친본능적 사유

『맹자와 순자의 철학사상』(1990, 삼지원)은 맹자와 순자의 사상을 재래의 방식과는 완전히 다르게 비교철학적 관점에서 창의적으로 해석한 본격적인 유가철학론이다. 이 저술은 10여 년이 지난 뒤 다시 대폭 수정 보완하여 『물학 심학 실학』(청계, 2003)으로 발전되었다. 이 저술에서는 성선설과 성악설의 철학적 의미는 물론이고, 정치사상 · 진리론까지 매우 광범위한 주제를 동서비교 철학적 시각에서 정밀하게 탐구하고, 이를 통해 공자 유학의 성격을 현대적으로 새롭게 재해석하였다. 이 저술은 온고지신적 철학하기의 전범을 잘 보여주고 있다. 『맹자』와 『순자』라는 유가 고전에 대한 해석을 통해 단순히 해설로서 그치는 것이 아니라, 창의적 해석을 통해 해석 그 자체가 하나의 또 다른 철학적 사유로 안내하는 것이다. 심원의 철학하기 방식은 이처럼 고전에 대한 온고지신을 통해 고전의 메시지를 현대의 지평으로 새롭게 의미를 부활시켜 거기서 세상을 읽는 방식을 찾아낸다. 또한 그것을 주체적으로 비판하면서 오늘의 세상을 읽는 거울로 바꾸어 나가는 것이다.

6) 김형효, 『원효에서 다산까지』, 청계, 2000년, 9면.

심원은 맹자와 순자의 군자(君子)에 대한 개념의 차이를 강조한다. 즉 맹자의 군자는 정신의 현존적 감화를 끼치는 신비적 감응력의 지도자를 의미하고, 순자의 경우 군자는 사회적 혼란과 붕괴를 방지하고 사회의 질서를 복원시킬 수 있는 관리자적 · 경영자적 지도자를 의미한다고 분석한다. 즉 순자적인 군자 개념은 행정가적 스타일과 유사하고, 맹자의 군자 개념은 마음의 지도자 같은 성자의 이미지를 연상시킨다고 보았다.[7)]

그리고 성선설과 성악설의 문제를 '법적인 차원(*de jure*)' 의 의미와 '사실의 차원(*de facto*)' 의 의미라는 각도에서 비교한다. 성선설은 문제로서의 세상을 형이상학적 의사 문제로 용해해 마음의 결심 사항(resolution)으로 변형시키는 길을 선택하고, 이에 반해 순자의 성악설은 문제로서의 세상을 경제사회적 도전으로 간주하여 그 도전에 대한 응전으로서의 답을 강구하여 그 문제를 풀려고 하는 해결(solution) 방안을 추구한다고 설명한다.[8)]

심원은 맹자와 순자가 상반된 사유를 펼치게 된 까닭은 그들의 자연에 대한 생각의 차이에 기인한다고 설명한다. 맹자의 자연관에서 자연은 저절로 스스로 지고선(至高善)과 진선진미(盡善盡美)를 표현하고 있다. 그러므로 자연성에 성실한 한에서 인간성도 자연성의 무위적 진선진미와 지고선의 바탕결을 그대로 물려받을 수 있다. 예컨대 요(堯) · 순(舜) 같은 인물은 자연성의 지고선과 진선진미를 그대로 온전히 물려받았고, 탕(湯) · 무(武)는 지고선으로서의 본성을 향해 당위적 노력으로 되돌아가려고 한다는 것이다. 그 되돌아가려는 노력이 바로 수양의 공부이다. 이에 반해서 순자가 본 자연성은 생존 투쟁으로 그려진 생존의 무대이고, 자연은 살아 남기 위해서 꾀를 강구해야 하고 동시에 무리를 지으면서 서식해야

---

7) 김형효, 『물학 심학 실학 - 맹자와 순자를 통해 본 유학의 사유』, 청계, 2003년, 116면.
8) 김형효, 『물학 심학 실학 - 맹자와 순자를 통해 본 유학의 사유』, 청계, 2003년, 118면.

하는 그런 집단성의 본능으로 순자에게 비쳤다고 해독한다.[9)] 이러한 현실적 자연관에 기초한 순자의 철학에서 생존은 무엇보다 중요한 가치이다. 인간은 동물과 달리 약한 본능을 대신해서 지능을 발전시켰는데 순자에게 있어서 지능은 생존을 위한 도구적 지성에 다름 아니다. 예법도 인간이 사회적으로 생존을 하기 위해서 만든, 지능이라는 도구적 지성의 산물에 불과하다고 평가한다.

순자의 철학에는 우리가 영원히 되돌아가야 할 '노스토스'(nostos)로서의 고향, 즉 우리가 역사에서 피곤하고 지칠 때 쉬고 싶은 '어진 마을'(里仁)이 거기에는 없다고 하였다. 그러나 악의 완전한 정복이 현실 역사 세계에서 불가능하다면 순자가 추구하는 바와 같이 "삶의 외형적 형식으로서 인간을 예의 바르고 분수를 지키고 질서 속에서 친절하게 하는 것"[10)]이 좀 더 효율적이고 실천할 수 있는 일인지 모른다고 보았다.

그렇지만 인간의 모든 것이 유효한 실용성과 사회과학적 실천 가능성으로만 다 풀리는 것이 아니고 때로는 내면의 의미를 찾으려 한다. 맹자가 추구하는 내성/외왕이 일치하는 요순 사회의 재현은 현실 역사에는 가능하지 않은 낭만적 공상에 가깝다. 맹자는 순자처럼 사회과학자가 아니고, 이웃의 형이상학자로서 해석한다. 맹자가 즐겨 말하는 '인의(仁義)'의 공동체, '편안한 집'(安宅)과 같은 이웃, '효제(孝悌)'의 의미는 분명히 현실의 것이 아닌 신화요, 꿈이요, 의미 출현의 역사에 속한다고 풀이한다. 그렇다고 맹자적 꿈이 결코 무의미한 것은 아니라고 해명한다. 왜냐하면 "그 신화와 꿈, 그 의미 출현이 역사 현실의 사건들의 무상함에 종속된 인간들에게 언제나 위대한 변혁과 희망의 상상력을 제공하여 왔었다. 불변적인 의미를 찾는 인간에게는 사회적인 과학보다, 현실 제도보다도 오히

9) 김형효, 『물학 심학 실학 - 맹자와 순자를 통해 본 유학의 사유』, 청계, 2003년, 134면.
10) 김형효, 『물학 심학 실학 - 맹자와 순자를 통해 본 유학의 사유』, 청계, 2003년, 117면.

려 그 꿈, 그 신화, 그 의미 출현이 더 가까이 와 있다."[11]고 생각되기 때문이다.

5. 유학에 대한 3분법적 독법 – 물학, 심학, 실학

심원은 철학을 크게 구성적 철학과 해체적 철학으로 구분한다. 구성적 철학은 '자연의 인간동형론'과 해체적 철학은 '인간의 자연동형론'과 맥락을 같이한다. 그러나 이를 좀 더 세분하면 3가지로 대별된다. 심원은 동서철학사를 통해 인류의 철학적 사유의 보편성을 다음과 같은 3대 범주로 분류한다. 즉 사실성(Facticity), 현실성(Reality), 이상성(Ideality)이 그것이다. 사실성(Facticity)의 진리는 무위의 사유를 본질로 하고, 현실성(Reality)의 진리는 과학기술과 경제적 관점의 진리를 추구하는 유위의 사유를, 이상성(Idcality)의 진리는 지성보다 선의지에 입각한 도덕과 종교적 사유가 주종을 이루는 당위적 사유를 본질로 한다.

심원은 인간의 마음에는 초탈의 정신(또는 정신의 깨달음), 초월의 영혼(또는 영혼의 인애仁愛), 경영의 이성(또는 이성의 교지狡智)의 세 가지 영역이 있다고 분석한다. 이와 같은 마음의 세 가지 영역 또는 요구는 각각 물학, 심학, 실학으로 구체화된다.[12] 여기서 말하는 심학은 기존의 유가철학에서 말하는 심학과 용법이 다르다. 따라서 리학이나 기학과 구별되는 의미의 심학(心學) 즉 예컨대 양명학과 같은 것이 아니다. 오히려 양명학은 물학으로 분류된다. 당위적 사유를 본질로 하며 이상성을 추구하는 학문을 심학이라고 하며, 유학과 관련하여서는 '당위유학'이라고도 한다.

---

11) 김형효, 『물학 심학 실학 - 맹자와 순자를 통해 본 유학의 사유』, 청계, 2003년, 197면.
12) 김형효, 『물학 심학 실학 - 맹자와 순자를 통해 본 유학의 사유』, 청계, 2003년, 441면.

유위의 사유를 본질로 하며 현실성의 진리를 추구하는 것이 실학인데, 유학과 관련하여 보면 유위(작위)유학이 된다. 무위의 사유를 본질로 하며 사실성의 진리를 추구하는 것이 물학이고, 유학과 관련해서는 '무위유학'이 된다.

심원의 구분에 따르면 우리가 통상적으로 알고 있는 증자 · 맹자 · 주자 계열의 유학은 심학 또는 당위유학으로 분류된다. 당위유학은 성선설에 기초하여 인간의 마음에서 이기심을 몰아내어 성인과 같은 도덕적 주체를 정립하고, 나아가 사회와 국가와 천하의 정치도 온전히 도덕적으로 이루어지는 왕도 정치의 실현을 추구하는 것이다. 무엇보다 개인 차원에서 사욕과 싸워서 이겨서 도덕적 당위를 실천하고, 이욕으로 가득 찬 부조리한 사회를 도덕적 당위 이념에 따라 개혁하려고 한다. 이런 생각이 공자에게도 있었고, 맹자를 거쳐 특히 주자학의 도학 정치사상에서 강하게 대두된다.

다른 한편으로 『논어』에는 이 세상을 지고한 도덕적 이념으로 개혁하려는 사유 외에도, 세상을 실용적으로 관리하려는 실학의 유위적 사유도 많이 나타난다. 예컨대 공자가 부국강병에 성공한 패도의 상징인 관중(管仲)을 어질다고 높이 평가한 대목, 그리고 현실적 재정과 외교에 뛰어난 재능을 지닌 자공(子貢)을 귀중한 그릇에 비유하여 높이 평가한 점, 그리고 백성이 많아지면 먼저 그들을 부유하게 하고 그다음에 가르치라는 사상[13] 등은 공자가 현실의 실용적 경영에 가치를 부여하는 측면이 있음을 보여준다고 심원은 해석한다.

당위유학과 유위유학뿐만 아니라, 유학 안에는 인간중심주의적 노력을 넘어서서 무위적 자연성을 중시하는 초탈적 사유가 있다. 무위적 자연

13) 『논어』, 「子路」, "子適衛, 冉有僕. 子曰庶矣哉. 冉有曰既庶矣, 又何加焉. 曰富之. 曰既富矣, 又何加焉. 曰敎之." 참조.

성을 중요하게 여기는 무위유학이 심원의 유학 독법에서 매우 특징적이다. 우리는 무위하면 도가사상을 떠올리고, 유교와 무위사상은 서로 모순되는 것처럼 생각하기 쉽다. 그러나 심원의 무위유학론에 따르면 반드시 그러한 것은 아니다. 심원은 양명학자인 왕기(王畿)의 주장을 따라 공자 유학 내부에 무위적 사상이 이미 배태하여 있음을 보여주고 있다.

공자가 제자들에게 각자의 포부를 솔직히 말해 보라고 하였을 때 대부분 출사(出仕)하여 세상을 바로잡겠다는 뜻을 개진하였다. 이때 증점(曾點)은 늦봄에 기수(沂水)에서 목욕하고 무우(舞雩)에서 바람을 쐬면서 시를 읊으면서 돌아오겠다고 심회를 피력하였다.(『논어』「先進」) 즉 유독 증점만이 자연과 하나 되는 무위적 삶의 즐거움을 말했는데, 이때 공자는 증점과 생각을 같이한다고 하였다. 이는 공자의 사유가 이 세상을 정치적으로 잘 다스려 이상을 실현하는 것에만 국한하지 않았음을 보여준다. 도리어 정치적 · 역사적 현실을 넘어 자연성과 동화되는 무위적 삶을 높이 평가하는 부분이 분명히 있었음을 잘 보여준다. 그리고 '절사'(絶四)라 하여 공자는 다음 네 가지를 하지 않았다. 미리 억측하지 않고, 미리 기필하지 않고, 하나만을 고집하지 않고, 자기중심적 아집이 없었다.[14] 그리고 군자는 천하에서 절대 긍정도 하지 않고 절대 부정도 하지 않으며 의(義)를 따른다고 하였다.[15] 또한 공자가 가장 이상적이라고 여겼던 순(舜)도 '무위이치(無爲而治)'라고 평가하는 것을 보면, 공자의 무위에 대한 시각의 일단을 알 수 있다.

우리는 공자가 그토록 아꼈던 안회(顔回)를 통해서도 공자 유학의 무위적 특성을 미루어 짐작할 수 있다. 공자는 "回也其庶乎屢空"이라고 하였는데, 여기서 '누공(屢空)'을 주자학자들은 '자주 쌀궤가 비었을 정도로

14) 『논어』, 「子罕」, "子絶四, 毋意, 毋必, 毋固, 無我."
15) 『논어』, 「里仁」, "君子之於天下也, 無適也, 無莫也, 義之與比."

가난했다.' 로 해석하지만, 양명학자 가운데는 '마음을 허공처럼 자주 비웠다.' 로 무기(無己)의 뜻으로 해석한다는 사실을 심원은 주목한다. 그리고 『장자』「인간세(人間世)」에서 공자가 안회에게 말한 '심재(心齋)' 와「대종사(大宗師)」에서 안회가 공자에게 말한 '좌망(坐忘)' 은 모두 마음을 텅 비우는 무위의 사유를 표현하는 개념이다. 심원은 이들 개념이 비록 『장자』에 실려 있다고 하더라도 공자와 안연의 사상을 해석하는 데 의미 있는 언명으로 받아들인다.[16]

안회의 무위유학 사상은 『중용』을 쓴 자사를 거쳐 맹자에게서도 일부 나타나 있으며, 송대에 와서는 소옹, 장재, 정호와 육구연을 거쳐 명대 양명학에서 크게 발전하였다고 본다. 양명학은 흔히 심학이라고 하지만, 양명은 '심즉리(心卽理)' 이고 '성즉리(性卽理)' 라고 하고서, 또한 '성즉기(性卽氣)' '기즉성(氣卽性)' 이라고도 언명하였음을 근거로 '심즉기(心卽氣)' 라고도 할 수 있다고 추론한다.[17] 그래서 심원은 "양명학은 심학이기도 하지만 동시에 기학이고 물학이다."[18]라고 하였다. 마음이 허령하고 텅 비어 있어서 깨끗한 거울이 만물을 여여하게 비추는 것과 다르지 않으므로 마음의 리(理)로서의 양지는 스스로 자연성의 기를 자연성의 기로서 무위적으로 비추는 것과 다르지 않다. "양지가 자연성의 조명과 같으므로 원리로서의 양지는 원기(元氣)로서의 무위적 자연성의 앎이다. 그래서 양명학은 심학이기도 하지만 동시에 기학이고 물학이다."[19]

이상과 같이 보면 무위의 초탈적 사유가 반드시 도가의 전유물은 아니다. 유학에서도 비록 크게 두드러지지는 않았다고 하더라도, 존재하고 있

16) 김형효, 『물학 심학 실학 - 맹자와 순자를 통해 본 유학의 사유』, 청계, 2003년, 420-421면.

17) 김형효, 『철학적 사유와 진리에 대하여 2』, 청계, 2004년, 566면.

18) 김형효, 『철학적 사유와 진리에 대하여 2』, 청계, 2004년, 567면.

19) 김형효, 『철학적 사유와 진리에 대하여 2』, 청계, 2004년, 567면.

었다고 할 수 있다. 심원은 유학의 미래상을 어떻게 보고 있을까? 지금 인류의 정신사는 모더니티를 넘어서 포스트모더니즘의 방향으로 나아가고 있다고 할 때 포스트모더니즘의 특성은 가치론에서 사실론으로, 존재자적 실재에서 존재론적 차연(差延)에로, 능위적(能爲的) 사유에서 무위적 사유에로 향하는 것이다.[20] 그렇다면 이러한 방향과 결을 같이 하는 유학은 전근대 사회에서 발달했던 심학적 유학도 아니고, 근대성과 관계가 깊은 실학도 아니고, 물학적 성격이 강한 양명학적 유학이다. 즉 무위유학이 새로운 유학의 가능성으로 부각되는 것이다.

무위유학은 유학을 경직된 예법과 도덕의 굴레에서 끄집어내어, 새로운 활기와 창조적 생명력을 불어넣음으로써 삶을 즐겁게 해주고 동시에 사회를 편안하게 해주는 자유의 유학이고, 해방과 창조의 유학이며, 자신과 타인의 복락을 함께 지어나가는 행복의 유학이라고 할 수 있을 것이다.

6. 공자의 미제(未濟)와 시중(時中)의 철학

"우리는 조선조의 유학사를 통한 공자와 유교의 경직된 이미지를 벗어나야 할 필요가 있다. 사실상 공자는 가장 자유스러운 사상을 다양하게 펼친 물과 같은 사유의 소지자인 것으로 보인다. 물은 자연수로서 특정한 맛을 고집하지 않고 가장 싱겁기에 가장 그 쓰임이 다양한 그런 묘미를 지니고 있다."[21]

심원은 공자를 조선조 유학의 도학적 선입관에서 탈피하여 다양한 색

20) 김형효, 「포스트모더니즘과 무(無)를 닮으려는 사유」(『철학과 현실』64호, 2005년 봄호, 2005, 21-33면) 참조.

21) 김형효, 『물학 심학 실학 - 맹자와 순자를 통해 본 유학의 사유』, 청계, 2003년, 489면.

깔을 지닌 복합적 사상가로 해석한다. 불교와 기독교가 진리의 길을 명백히 제시하는 기제(旣濟)의 도라면, 유가는 그런 기제의 길을 명백히 제시하지 않고 있는 미제(未濟)의 도라고 심원은 보고 있다. 공자의 미제의 도는 이 세상과 인간에 대해서 최종적이고 완결적인 규정을 하지 않을 뿐만이 아니라, 세상 보기를 어느 하나의 사유로 환원하지 않는다. 하나의 원리가 절대적인 것이 아니라 진리는 그때의 상황에 의존하는 시중적 성격을 지닌다.

> "공자의 도는 미완성이고 미제이다. 즉 인간이 늘 본질적으로 미완성이고 미제임을 암시한다. 그래서 모든 것이 상황적이고 가변적이다. 다만 그래도 불변적인 것은 이 세상과 인간이 늘 아슬아슬하게 저울처럼 균형을 잡아 나가야 한다는 형평성(衡平性)이다. 그것은 진리가 시중의 의미를 띨 수밖에 없음을 말한다. 공자의 사상은 시중의 정신으로 집약된다고 하여도 과언이 아니리라. …… 그런 점에서 공자의 유교는 자연적 사실성과 내면적 도덕성과 사회-정치적 현실성의 세 가지 진리의 양상들 사이에서 오가는 반복의 세상 보기를 가르치는 지혜가 아닌가 여겨진다."[22]

인간이 이해 갈등이 복잡한 현실의 세계에 적응하면서 생존하기 위해서는 현실적으로 실학적 사유에 의해 대처하지 않을 수 없다. 그러나 다른 한편에서 인간은 현실의 대립 투쟁적 갈등 구조에서 해방되어 영혼의 평화를 누리고 싶어 한다. 그러한 영혼의 평화는 형이상학적 이웃의 공동체에서 가능하다. 심원에 의하면 공자 이인(里仁)의 공동체나 맹자 효제의 공동체는 바로 이러한 사랑과 평화를 갈구하는 영혼의 요구에 부응하는

---

22) 김형효, 『물학 심학 실학 - 맹자와 순자를 통해 본 유학의 사유』, 청계, 2003년, 491-492면.

것이지 결코 역사 현실의 공동체로 가능한 것은 아니라고 인식한다. 이러한 영혼의 요구가 심학적 사유를 낳는다. 다른 한편 인간은 주관적 의지를 비우고 역사 현실로부터 해방되어 자연성의 도에 자신을 내맡겨 자연과 동화되고 싶어 하는 초탈적인 본성의 욕망을 지닌다. 이러한 욕망이 물학적 사유를 가져온다. 그런데 각각의 사유는 그것이 지나치게 되면 다음과 같은 문제가 발생한다.

> "초탈의 자유도 과잉 영양화하면 예가 없는 허허로움의 방자함으로 미끄러지고, 초월의 인애도 과잉 영양화하면 님에의 충성이 독선의 편협함으로 미끄러지고, 실용의 이익도 과잉 영양화하면 이익만 사냥하려 하는 불공한 마음가짐을 쉽게 가진다. 그래서 부자치고 교만하지 않은 사람이 드문 그런 사태에 이른다. 그래서 초탈과 초월 그리고 실용에는 제각각의 비판적 부정성이 필요해진다."[23)]

시대의 변화에 따라 특정 사유가 더 절실히 요청되기도 하고 덜 요구되기도 한다. 여기에 시중(時中)의 도가 적용된다. 각각의 사유가 자기의 정당한 위상과 영역을 지키고 시대의 변화에 맞추어 상호 역동적 조화를 이룰 때 인간은 역사 현실에서 도태되지 않고 살아남으면서도 동시에 영혼의 평화를 누리면서, 또한 동시에 대자연의 도에 종용(從容)하는 천인합일의 기쁨을 향유할 수 있다. 심원은 공자야말로 이러한 3차원의 입체적 사유를 아울러 지녔던 참으로 큰 사상가이고, 시중의 묘미를 인식하고 실천할 줄 알았던 참다운 지혜로운 사람이었다고 보고 다음과 같이 평가한다.

---

23) 김형효, 『물학 심학 실학 - 맹자와 순자를 통해 본 유학의 사유』, 청계, 2003년, 436면.

“정신은 깨닫기를 원하고, 영혼은 사랑하기를 원하고, 이성은 생존의 해답을 갈구하려 한다. 공자는 인간의 마음이 하나의 뜻으로서 굳어져서는 안 되고 그 세 가지를 언제나 다 살리는 균형을 유지하되 시대의 요구에 따라 그중에 어떤 것을 더 중시하는 시중지도(時中之道)를 겨냥하고 있는 것으로 보인다. 인간은 절대로 하나의 의미로 환원되지 않고 세상도 절대로 하나의 영역으로 수렴되지 않는다는 것을 공자보다 더 잘 터득한 사유의 스승이 또 누구일까?”[24]

공자 사상에서 ‘일이관지(一以貫之)’ 하는 원리가 무엇이냐에 대해 증삼은 ‘충서(忠恕)’ 라고 하였지만, 공자의 사유는 충서로 환원되지 않고 그 이상이다. 심원은 충서 대신에 중용이나 시중이 오히려 공자 사상을 일관하고 있는 도라고 재해석한다.[25] 공자의 ‘일이관지(一以貫之)’ 를 충서가 아니라 중용이나 시중이라고 보는 해석은 매우 독창적이다. 우리가 공자 사유의 전체적 특성을 구조적으로 보면 중용 또는 시중의 원리라고 할 수 있다. 그렇다면 공자의 ‘일이관지’ 를 중용으로 보는 것이 공자 철학의 전체적 구조와 더 잘 부합하는 철학적 해석이라고 생각할 수 있다. 중용의 도는 고착된 정체가 없이 역사적 시간에 따라 가변적이어서 미제적이라면 이는 공자 사상의 근본원리와 일치한다. 공자는 ‘절사(絶四)’ 라고 하여, 미리 억측하지 않고, 미리 기필하지 않고, 하나만을 고집하지 않고, 자기중심적 아집이 없었다고 하였다.[26] 그리고 공자의 “군자는 천하에서 절대 긍정도 하지 않고 절대 부정도 하지 않으며 의(義)를 따른다.”[27]라고 하는 언명에서 ‘의(義)’ 를 ‘수오지심(羞惡之心)’ 의 의(義) 즉 당위적 규정으로

24) 김형효, 『물학 심학 실학 - 맹자와 순자를 통해 본 유학의 사유』, 청계, 2003년, 442면.
25) 김형효, 『물학 심학 실학 - 맹자와 순자를 통해 본 유학의 사유』, 청계, 2003년, 492면 참조.
26) 『논어 』, 「子罕」, “子絶四, 毋意, 毋必, 毋固, 無我.”
27) 『논어』, 「里仁」, “君子之於天下也, 無適也, 無莫也, 義之與比.”

서의 의로 해석하지 않고, '알맞는'의 뜻으로 심원은 풀이한다.[28] 그래서 공자의 사상은 절대 긍정과 절대 부정의 양극단을 버리고 시대의 상황에 가장 알맞은 의미를 따른다는 것으로 해석한다. 그리고 그 의미는 고정된 것이 아니라 가변적이라고 본다. 요컨대 공자는 중용의 도를 통해 이상성의 진리, 사실성의 진리, 현실성의 진리를 다 아우르고, 역사적 시대에 따라 알맞은 진리를 펼침으로써 사회의 균형을 추구하려 하였다는 것이다. 그래서 때로는 자연의 이법대로 사는 것이 시중이 되기도 하고, 때로는 내성적 도덕 가꾸기가 시중으로 인식되기도 하고, 때로는 경제 · 과학적으로 잘살아보기가 긴급한 시대정신으로 요청되기도 한다는 것이다. 그런데 심원에 따르면 공자의 도가 시중의 상황에 따라 가변적이라고 할지라도 자유와 인애 그리고 공익의 세 가지 마디의 어느 하나도 희생되지 않고 다 살아 있어야 하는 원칙을 떠나지 않는다고 하여 그 균형성을 강조한다.[29]

심원은 공자 철학의 특성과 구조를 시중(時中)(또는 중용)의 원리에 입각해서 일관되게 해석하고 있다. 이러한 해석을 통해서 유학을 당위유학적인 평면적 · 교조적 해석에서 탈피하여, 보다 다양하고 개방적이며 역동적이고 입체적인 유학의 진리를 탐색하고자 하였다. 시중의 철학은 물학과 심학과 실학을 하나의 끈으로 서로 묶는 연결 고리와 같은 역할을 하는 논리로 볼 수 있을 것이다.

28) 김형효, 『물학 심학 실학 - 맹자와 순자를 통해 본 유학의 사유』, 청계, 2003년, 436면 참조.

29) 김형효, 『물학 심학 실학 - 맹자와 순자를 통해 본 유학의 사유』, 청계, 2003년, 437면.

7. 맺음말

심원 김형효의 유가철학에 대한 재인식과 새로운 독법은 기존의 유학을 보는 정통적 시각에 비추어 보면 큰 변화를 보여주고 있다. 몇 가지 예를 들면 맹자의 심학적 사유 못지않게 순자의 실학적 사유를 높이 평가한다. 그리고 공자에 대한 인식에서도 기존에는 맹자와 순자 사상의 원류로서 보았으나, 심원은 안자(顔子)적인 무위유학이 공자 유학에서 차지하는 비중과 의미를 매우 중요하게 인식하고 있다. 유교적 사유에 숨긴 무위적 유교의 가능성을 포스트모더니티의 시대정신에 비추어 의미 있게 읽어내고 있다. 양명학을 안자적 무위유학의 근세적 발전 형태로 인식하고, 21세기 유학의 새로운 발전 가능성을 양명학과 같은 무위유학의 길 위에서 모색하고 있다.

또한 심원은 사유의 심층적 차원에서 조선 유학의 주종을 이루는 도학적 당위적 사유 방식이 지닌 한계에 대해 날카로운 문제를 제기하고 있다. 역사적 경험에 비추어서 도학의 당위적 사유 방식이 우리 한국인의 삶과 문화에 그다지 창조적 기여를 하지 못하고, 오히려 많은 문제점을 노정했다는 것이다. 당위유학적 사유 방식은 조선 왕조의 유교 시대에만 통용되었던 것이 아니다. 도학의 비실용주의적 사고방식의 문제점은 실학자들 특히 다산(茶山) 정약용에 의해서도 비판되었지만, 여전히 우리 사회에서 극복하지 못하고 있다. 문제는 현대 한국 사회에서도 당위유학의 명분론적 사유 방식은 그다지 변하지 않고 유지되고 있다는 사실이다. 도학적 사유의 문제점은 유교를 신랄하게 비판하는 진보적 지식인 사상가의 사유 속에서도 여전히 다른 형태로 남아서 확대 재생산되어서 전해지고 있는 것으로 보인다. 따라서 도학적 당위유학의 문제점에 대한 근본적 성찰이 없이는 한국문화가 한 차원 높은 성숙을 이루기가 어려운 것으로 파악된다. 도학적 사유에 대한 심층적 인식을 통해 한국문화 저변의 구조적 문제점을 통찰하고, 그 대안적 사유를 실학과 물학을 통해 모색하고자 하였다.

심원은 유학 내부에 심학, 실학, 물학의 3종류의 사유 방식이 있음을 변별한다. 그리고 이들 각각의 사유가 지니는 특성과 의의, 한계를 비교철학적 방법을 통해 분명하게 드러내었다. 이를 통해 유학적 사유가 얼마나 복합적이고 비옥하며 종합적인지를 철학적으로 새롭게 해명함으로써 유가철학의 현대적 가치를 재조명하는 계기를 마련하였다.

제19장

심원 김형효의 해체적 사유와 마음 혁명

1. 심원 김형효의 『마음혁명』

심원(心遠) 김형효(金炯孝: 1940~2018)는 일제 강점기인 1940년에 태어나서 광복과 한국전쟁을 겪고 근대화와 민주화 시대에 활동한 한국 현대 철학자이다. 현대 한국의 철학자 가운데 자신의 독자적 철학을 세상에 내놓은 학자가 많지 않다. 김형효는 많은 저술을 통해 동서철학을 융합한 독자적 철학을 개척하였다. 그는 서울대학교 철학과에서 공부하고 벨기에 루벵대학교에서 가브리엘 마르셀이라는 실존주의 사상가의 철학을 연구하여 박사학위를 받았다. 귀국하여 한국에서는 서강대학교와 한국학중앙연구원 대학원에서 교수로서 철학을 연구하고 가르쳤다. 그는 철학에 대한 학문적 연구에 평생을 바쳤지만, 한국의 현실에 대한 관심도 매우 커서 늘 현실의 구체적 상황 위에서 철학적 사유를 펼치고자 하였다. 평생의 관심은 한국을 잘 사는 나라, 그리고 본인과 국민이 행복한 나라를 만드는 것이었다. 철학을 하는 것도 자신과 세상 사람들의 행복 그리고 잘 사는 나라를 만들려는 동기와 분리되지 않았다.

심원 김형효는 실존주의에서 시작하여 구조주의(structualism)와 해체주의(deconstructivism) 등 현대 프랑스와 유럽의 철학을 폭넓게 연구하였다. 그뿐만이 아니라 동양사상에 대해서도 유학, 불교, 노장사상에 이르기까지 깊이 있게 연구하였다. 자크 데리다의 해체철학과 동양의 노장사상, 그리고 마틴 하이데거의 철학과 불교사상을 비교 연구하기도 하였다. 그가 이렇게 철학적으로 다양한 사상을 편력한 것은 어느 한 철학으로 만족할 수 없었기 때문이다. 그는 동서철학에 관한 폭넓은 탐구를 통해서 마침내 자신만의 철학적 깨달음에 도달하였고, 그러한 깨달음을 일반인들이 읽기 쉽게 쓴 책이 『마음 혁명』이다. 그의 저술은 단독으로 집필한 것만도 무려 25권이나 되는 방대한 책이 있지만, 그 가운데 『마음 혁명』은 가장 쉽게 읽을 수 있는 책이다. 심원은 서구의 의식에 기초한 이성을 중시하는 인간중심의 철학을 비판하고, 의식과 이성보다 무의식과 욕망에 기초한 탈인간중심의 철학을 모색하였다. 『마음 혁명』을 중심으로 심원 김형효의 철학과 세상, 삶을 바라보는 방식에 대해서 살펴보도록 하자.

2. 철학의 두 가지 유형과 두 가지 욕망에 대해서

심원은 동서와 고금의 철학을 크게 보면 두 가지 유형으로 나눌 수 있다고 한다. 그는 철학을 구성적(constructive) 사유와 해체적(deconstructive) 사유로 구분한다.[30] 구성적 사유는 세상의 진리를 인간이 구성한다고 여기는 인간중심의 철학을 가리킨다. 이에 반해 해체적 사유는 인간이 세상의 진리를 구성한다는 생각을 해체하고, 이미 자연 그대로 놓인 진리

30) 김형효, 『마음 혁명』, 살림, 2007, p.416 참조.

와 한 몸이 되기만 하면 된다는 자연주의 철학을 말한다. 구성주의는 세계를 장악하는 것을 진리라 여기므로 소유론적 진리라고 할 수 있고, 해체주의는 일체 존재의 진면목을 있는 그대로 인식하려고 하므로 존재론적 진리라고 할 수 있다.[31] 소유론적 진리에서는 지성(이성)과 의지가 가장 중요한 진리 창조의 근간이 되고, 존재론적 진리에는 자연성(본성, 불성)이 곧 진리의 본질이라고 한다.[32]

구성철학에 속하는 것은 서양의 전통적 주류 철학과 신학, 그리고 동양의 정주학적 도덕주의가 이에 해당한다. 해체철학에는 동양의 불교와 노장사상, 그리고 유가의 육왕학적 자연주의와 서양철학에서는 비주류로 여겨지는 (하이데거와 데리다의) 해체주의가 이에 속한다. 구성적 사유와 해체적 사유는 이 세상을 무위적으로 놓아두느냐 아니면 능위적으로 간섭해야 하느냐 하는 문제와 결부된다고 심원은 보고 있다.[33]

근대사 400여 년간 인류는 행동과 소유가 지배적인 구성주의 시대였다. 지리의 발견과 과학기술문명, 서양 종교의 세계 지배, 땅과 바다를 넓히기 위한 팽창 등등이 그동안의 역사였다. 하이데거는 『무엇이 사유라 불리는가』에서 "지금까지의 인간은 몇 세기 동안 이미 너무 많이 행동했고, 너무 적게 사유했다."라고 언급하였다. 심원도 하이데거의 이러한 생각에 공감하면서 이제는 인간이 물질적이나 종교적으로 더 많이 소유하기 위해 자기 것을 바깥으로 확장하는 절대주의의 열광적 심취보다, 깊이 사유하고 고요히 숙고하면서 마음의 평정을 터득하는 법을 배워야 할 때라고 말한다. "인간은 이제 지난 시대와 같은 절대 진리의 설교보다, 고요히 본성으로 귀향하는 사유를 익혀야 할 때다."[34]

---

31) 김형효, 『마음 혁명』, 살림, 2007, p.418 참조.

32) 김형효, 『마음 혁명』, 살림, 2007, p.418 참조.

33) 김형효, 『마음 혁명』, 살림, 2007, p.419 참조.

다음으로 우리는 심원의 욕망론에 대해서 살펴보도록 한다. 동물은 본능에 따라서 행동한다. 그러나 인간은 본능이 약화하였기 때문에 지능을 발달시켜서 약화한 본능을 보완하고 있다. 동물의 본능은 정확하기는 하지만 폐쇄적이고, 인간의 지능은 정확성에 있어서는 동물의 본능만 못하지만, 개방적이어서 두루 확장할 수 있다는 장점이 있다. 본능은 자연적이고 지능은 의식적이다. 그러나 본능과 지능은 모두 자기중심적인 이기성을 본질로 하고 또한 타인과의 관계에서 배타적인 소유를 추구하는 점에서는 공통적이라고 심원은 파악한다. 그는 인간에게는 자기중심적인 소유적이고 이기적인 본능의 욕망도 있지만, 이것과 본질을 달리하는 다른 차원의 욕망도 있다고 한다. 그것을 심원은 본성의 욕망 또는 존재론적 욕망이라고 부른다.[35] 본성의 존재론적 욕망은 본능의 소유론적 욕망과 달리 만물과 형제애를 나누는 기쁨을 본질로 한다. 본능과 소유의 욕망이 이기배타적(利己排他的)인 만족을 추구한다면, 본성의 존재론적 욕망은 자리이타적(自利利他的)인 기쁨을 구한다.

심원의 철학에서 본성의 욕망이라는 개념은 매우 중요하다. 그동안 인류는 인간을 본능과 지능의 관점에서 설명하였는데 심원은 인간에게는 자기중심적인 본능과 지능 이외에도 다른 존재와 함께하려는 본성이 있음을 주목한다. 그리고 이러한 본성의 욕망을 잘 키워주어서 본능의 욕망을 대신하도록 하는 것이 매우 중요하다고 이해한다. 본성의 욕망만이 앞으로 경제도 살리고 도덕도 살릴 수 있는 새로운 문명을 여는 중요한 힘이 될 수 있다고 본다. 이것이 마음 혁명으로 향하는 중요한 길이다.

34) 김형효, 『마음 혁명』, 살림, 2007, p.422.
35) 김형효, 『마음 혁명』, 살림, 2007, p.31.

3. 로댕의 '생각하는 사람'과 신라의 '미륵반가사유상'

프랑스 조각가 로댕의 '생각하는 사람'을 모르는 사람은 별로 없을 것이다. 심원은 '생각하는 사람'의 조각 사진을 보고 왜 생각하는 사람이 저토록 근육질일까?라는 의문을 가졌다고 한다. 얼굴이 침통하고 심각한데, 몸은 왜 온통 근육질일까? 대체로 공부하고 사색적인 사람의 몸은 근육질이 아닌데, 로댕의 조각은 별나다고 생각했다는 것이다.

그런데 로댕의 생각하는 사람은 본래 지옥을 내려다보고 있는 사람을 묘사하기 위해서 조각한 것이다. 사회주의 노선의 정치가 쟝 조레스(Jean Jaurès)에게 정신적으로 많은 영향을 받은 로댕은 그가 살던 시대상을 지옥으로 표상하였다. 로댕의 생각하는 사람은 당시 프랑스 사회의 부조리를 혁파하려는 강한 의지에 불타던 젊은이였을 것이라고 심원은 말한다.[36] 그 사람의 근육은 지옥 같은 사회를 혁명하여 천국으로 만들려는 강렬한 불굴의 의지를 반영한 것으로 보인다고 한다. 그래서 오른팔로 받쳐 든 그의 얼굴은 굳어있고 심각하며 우수에 깃들어 있다고 한다.[37]

그러나 심원은 세상을 구하는 것은 고뇌에 찬 진지한 얼굴이 아니라, 부드럽게 미소 짓는 얼굴이라고 생각한다. 그래서 한국의 불상을 좋아하게 되었다고 한다. 신라의 미륵반가사유상도 로댕의 작품처럼 오른팔로 얼굴을 살짝 받치고 있다. 그러나 이 작품은 로댕의 작품처럼 고뇌하며 무엇을 골똘히 생각하는 모습이 전혀 아니다.[38]

"그 얼굴은 눈을 내리뜨고 고요한 마음으로 보고 있으나, 생각에 집착하고

36) 김형효, 『마음 혁명』, 살림, 2007, p.66 참조.
37) 김형효, 『마음 혁명』, 살림, 2007, p.66.
38) 김형효, 『마음 혁명』, 살림, 2007, p.67.

있는 것 같지 않다. 미륵반가사유상은 능동적으로 생각하기보다는 오히려 생각의 어떤 빛이 마음속으로 솟아오르기를 고요히 기다리는 것 같다."[39]

미륵반가사유상의 얼굴은 긴장한 모습이 전혀 없이 입가에 안온한 미소를 띨 뿐이다. 그 모습은 무엇에 대적하는 적대감을 띠고 있지 않다. 겸허하게 존재하는 모든 것을 긍정하고, 그것들과 함께하려는 자비로운 모습이 넘쳐흐른다.

심원에 의하면 안온한 표정은 진정된 마음의 고요를 표현하고, 탐욕과 분노의 고집을 지운 무심한 마음에서 솟아오르는 마음의 열락을 맛보고 있는 듯하다. 그의 몸은 전투적이지 않고, 세상과 싸우겠다는 강한 자의식의 긴장과 저항 의식도 보이지 않는다. 근육이 없는 밋밋한 몸매가 이를 말하고 있다. 로댕의 조각에는 지옥 같은 세상에 대한 고통과 찌푸린 불만스러운 얼굴이 긴장한 근육과 함께 나타나 있지만, 신라의 사유상에는 그런 능위적 의시나 불만스러운 세상에 대한 저항은 없는 것 같다고 한다.[40] 거기에는 부조리한 세상을 모두 바꾸겠다고 두 주먹을 불끈 쥐고 목이 터져라 진군가를 부르는 이상주의자들의 혈기가 없다.

심원에 따르면 세상은 인간의 이상적 생각을 적용해 수리할 수 있는 대상도 아니고, 도덕적 당위의 명령에 복종하는 기계도 아니다.[41] "세상은 객관적 대상처럼 마음 앞에 서 있는 실재가 아니라, 세상 안에 살아가는 모든 마음의 기가 동시에 표출하는 복합적 욕망의 그림이다. 그래서 세상은 욕망의 환영에 지나지 않는다."[42]

39) 김형효, 『마음 혁명』, 살림, 2007, p.67.
40) 김형효, 『마음 혁명』, 살림, 2007, p.67.
41) 김형효, 『마음 혁명』, 살림, 2007, p.68.
42) 김형효, 『마음 혁명』, 살림, 2007, p.68.

심원은 우리가 세상을 우리의 이상대로 바꾸려는 설계도를 작성하기보다 세상을 바라보는 우리의 욕망을 바꿔야 한다고 주장한다. 즉 세상을 형이하학적으로나 형이상학적으로나 소유하려는 욕망을 전환해서 존재론적 욕망으로 마음의 방향을 바꾸어야 한다는 것이다. 존재론적 욕망은 이상이란 이름으로 세상을 지배하고 간섭하려는 소유 의지를 포기하는 것과 함께 간다.

심원에 따르면 미륵반가사유상은 세상의 더러움은 본디 세상의 것이 아니라, 세상을 보는 마음들이 소유욕과 자아 의지로 비뚤어져서 생겼다고 믿는다.[43] 저 사유상은 자아의 선의지로 세상을 다스리겠다는 생각을 그치고, 소유욕과 자아 의지를 버린 마음으로 세상을 바라보고 있다. 그러한 사유는 지옥 같은 현실을 뜯어고치겠다는 능위적 사고가 아니라, 내 안에 있는 본성이 이익의 꽃을 피워서 세상에 그것을 보시하게끔 본성의 사유가 나타나기를 안온하게 기다리는 것이라고 심원은 이해한다.[44]

4. 삶과 죽음을 동시에 생각하기

독일의 철학자 하이데거(Martin Heidegger)는 인생이 죽음을 향해서 달려가기 때문에 인간의 존재 방식을 '죽음으로 향하는 존재(Sein zum Tode)'라고 언명하였다. 죽음에 대한 생각을 먼 훗날로 미루려는 마음은 인간이 태어나자마자 이미 죽을 수 있는 존재임을 생각하지 않으려는 죽음의 불안 때문에 그러하다.

그러나 죽음의 불안은 오히려 인생의 의미를 깨닫게 해준다. 죽음은 인

43) 김형효, 『마음 혁명』, 살림, 2007, p.71.
44) 김형효, 『마음 혁명』, 살림, 2007, p.71.

간이 소유의 탐욕에서 벗어나 나의 인생을 존재론적으로 바라보도록 한다. 인생을 존재론적으로 본다는 것은 "삶을 소유하고 있는 양으로 평가하는 것이 아니라, 내가 존재해 온 질로써 평가하는 방식을" 말한다.[45] 나의 죽음은 나에게 남들이 부러워하는 돈, 권력, 명예 등과 같은 것들을 많이 소유하고 축적하는 것이 무상하고 덧없으며 결국 알 수 없는 저편으로 가져갈 수 없는 쓸모없는 것에 지나지 않음을 느끼게 한다.[46]

죽음의 불안과 소유의 무상감은 세상 사람들의 소유에 대한 집착에서 벗어나 철저히 홀로 죽어야 한다는 고독감, 남들과 싸우며 모은 소유물들이 모두 내 것이 아니라는 것을 깨닫게 한다. 죽기 직전에 깨닫는 것은 너무 늦다. "내가 소유의 환상에서 깨는 순간은 바로 나의 죽음이 이미 내 앞에 서 있다는 것을 실존적으로 느끼는 순간이다. 이것을 빨리 느낄수록 인간은 자기 자신으로 존재하는 결단의 순간을 빨리 찾는다."[47]

심원에 의하면 나의 인생은 결국 나의 죽음으로 향하는 길이라는 실존적 생각과 순간은 삶과 죽음의 양면성이 공존하는 시간이라는 것, 그리고 인간은 살면서 다른 한편으로 죽어가는 존재라는 것을 자각할 때 인간은 소유의 탐욕이라는 속물근성에서 자신을 해방시킬 수 있다.[48]

죽음을 삶의 이면으로 생각하는 죽음관이 삶을 건강하게 보살피도록 한다. 하이데거가 생각했듯이, 죽음을 향하여 선구적으로 결단하는 자만이 자신의 인생에서 본질적인 것을 찾고자 비본질적인 것들을 덜어낼 수 있다. 순간마다 죽음을 삶의 이면으로 생각하는 사람은 시간을 낭비하지 않고 열심히 자기의 존재 방식에 가장 알맞은 의미를 찾는다.

---

45) 김형효, 『마음 혁명』, 살림, 2007, p.50.
46) 김형효, 『마음 혁명』, 살림, 2007, p.50.
47) 김형효, 『마음 혁명』, 살림, 2007, p.50.
48) 김형효, 『마음 혁명』, 살림, 2007, p.51.

"그래서 각자는 돈 버는 일, 물건 만드는 일, 노래 부르는 일, 공부하는 일, 힘쓰는 일 등 자기의 할 일을 찾는다. 그 일을 찾아서 일에 무심으로 매진하되, 결코 남을 속이고 괴롭히는 대가로 이익을 챙기려고 하지 않는다. 그렇게 이익을 쟁취하면 결국 무의식적으로 나쁜 업을 지어 나를 더욱 옭아매 더 큰 고통을 받게 된다는 것을 알기 때문이다."[49]

이러한 사생관은 스스로 자기에게 주어진 본성의 특성을 잘 살려, 그것을 꽃피워서 남들을 즐겁게 도와주는 자리이타(自利利他)의 삶을 살게 한다. 오히려 죽음의 명상은 나 중심의 이기적 사고를 잊게 하고, 나를 해체해 주위에 보이는 모든 것에게 이익과 즐거움을 주려는 자비심을 일깨운다. 죽음을 앞둔 환자가 전에 갖지 않던 탈이기적이고 탈자아중심적인 느낌을 받는 것은 이런 이타심의 정체를 알려준다고 한다.[50]

"한 송이의 꽃을 봐도 그 꽃과 존재를 나누는 한 몸이 되고 싶고, 한 마리의 산새를 봐도 그 새와 함께 교감하고 싶은 그의 욕망은 소유론적 탐욕을 넘어서는 고결한 존재론적 욕망의 희망이다. 그 희망은 존재하는 모든 것들과 함께 동기(同氣)의 우정 어린 교감을 나누고 싶어 하는 일체감에서 온다."[51]

존재하는 일체와 형제가 되려는 마음은 내부에서 마음의 평화를 유지하고 있어야만 가능하다. 안으로 자기 자신과 가까운 친구가 되지 않은 이가 밖으로 다른 것들과 존재의 친교를 맺을 수는 없기 때문이다.

죽음의 교육은 삶이 존재의 전부가 아님을 깨닫게 한다. 죽음을 대비한

49) 김형효, 『마음 혁명』, 살림, 2007, p.52.
50) 김형효, 『마음 혁명』, 살림, 2007, p.53.
51) 김형효, 『마음 혁명』, 살림, 2007, p.53.

교육은 도덕적 규범이 고칠 수 없었던 본능의 이기적 무의식을 본성의 이타적 무의식으로 자리 이동하게 하는 혁명을 불러온다.[52] 그러한 혁명은 당위적 규범의 강제성으로 이루어지기보다 자발적으로 솟아올라야 한다. 김형효에 따르면 오직 자발적으로 자연스럽게 용출하는 욕망만이 인간을 근본적으로 움직이게 한다. 본능과 본성은 모두 이익을 욕망한다. 다만 그 욕망의 질이 소유와 존재처럼 다를 뿐이다.[53]

5. 선악 이분법과 흑백논리를 넘어서

사도 바울은 로마서에서 "내가 원하는 바 선을 행하지 아니하고, 도리어 원치 아니 하는 바 악을 행하는 도다."라고 하였다. 빅터 프랭클은 '의도의 역설(paradoxical intention)'이란 표현을 사용하였다. 내가 의도적으로 하려고 하면 평소에 잘하던 것도 잘되지 않는 경험을 누구나 겪는다. 선도 의도적으로 하려고 하면 도리어 본의와 다르게 될 수도 있다. 선이 있는 곳에 필연적으로 악이 공존하기 때문이다. 심원에 따르면 내가 악을 미워하여 완전히 뿌리 뽑겠다고 결심하는 순간, 나의 결심은 이미 악을 동반하게 된다. 악을 미워하여 대결하겠다는 그 선행의 마음에 이미 독선이란 악이 소리 없이 스며들기 때문이다. 로버트 루이스 스티븐슨(Robert Louis Stevenson)의 『지킬박사와 하이드』라는 소설은 선과 악이 별개로 분리되는 것이 아니라, 야누스의 얼굴처럼 이중적이라는 것을 상징한다고 본다.[54] 선과 악이 분명 다르기는 하지만 동전의 양면처럼 동거한다. 그

52) 김형효, 『마음 혁명』, 살림, 2007, p.54.
53) 김형효, 『마음 혁명』, 살림, 2007, p.55.
54) 김형효, 『마음 혁명』, 살림, 2007, p.36.

래서 심원은 불선인(不善人)의 마음이 선인의 마음으로 방향을 전환하면 그가 다시 선인으로 되돌아올 수도 있고, 선인도 순간적인 마음의 착각 때문에 늘 불선인으로 미끄러질 위험을 지니고 있다고 한다.[55]

사람들은 자기가 좋아하는 일에 몰입하게 되면 이때는 선악과 손익을 계산하지 않고 그저 일에 몰두하게 된다. 그럴 때 마음은 한없이 고요하고 어떤 성취감에 젖는다. 그때 나는 무선무악(無善無惡)의 경지에 있다고 할 수 있다.[56]

> "노래 부르기와 그림 그리기에 열중하는 예술인, 자신의 손재주로 무엇인가 만드는 장인, 회사 경영에 열중하여 돈벌이에 몰입하는 기업인, 열심히 제자들을 가르치는 선생님, 자기 종목에 심혈을 기울이는 스포츠맨, 집안 살림을 잘 꾸려 나가는 데 열중하는 가정주부들, 이런 모든 마음이 호오의 갈등과 선악의 판단과 손익계산을 넘어선 허심의 상태에서 일어나는 것이 아니겠는가?"[57]

심원에 따르면 그런 마음은 선악을 넘어선 허심(虛心)의 마음이다. 선악을 넘어서 인간의 본성이 무선무악의 무심에 처하는 상태를 불교에서는 불성, 기독교에서는 신성이라고 하는데, 우리 모두의 마음속에는 불성으로서 또는 신성으로서 지선(至善)이 숨어 있다.[58] 마음이 호오와 선악과 시비와 애증에 끄달려 흥분하지 않으면 이러한 지선이 나타난다고 본다.

우리 마음이 불안하고 괴로운 까닭은 물질적인 것을 소유하려는 것뿐만이 아니라, 선을 소유하려는 탐욕 때문이기도 하다. 어떤 일에 열심히

---

55) 김형효, 『마음 혁명』, 살림, 2007, p.37.
56) 김형효, 『마음 혁명』, 살림, 2007, p.38.
57) 김형효, 『마음 혁명』, 살림, 2007, p.38.
58) 김형효, 『마음 혁명』, 살림, 2007, p.39.

몰입할 때 마음의 고요가 찾아오고 그때 지선이 우리를 부처로 또는 하느님의 아이들로 만든다고 한다.[59] 그러한 지선이 우리를 복락으로 이끈다고 심원은 주장한다.[60]

심원은 모든 가치는 그 이면에서 반가치의 찌꺼기를 함의한다고 언명한다.[61] 우리를 성공시키는 복스러운 요인이 동시에 우리를 실패하게 하는 재앙으로 작용할 수 있다. 그러므로 복과 화의 양면을 다 고려하여 감정적인 흑백논리로 이것은 전적으로 옳고 좋은 것이며, 저것은 전적으로 그르고 나쁜 것이라고 단정 짓는 마음의 태도를 경계해야 한다고 말한다.[62]

세상을 흑백논리로 읽는 사람들은 세상을 본의 아니게 내 편과 네 편으로 갈라놓는다.[63] 그런 편 가르기는 모두 순수와 불순의 대결 구도에서 생긴다. 어떻게 올바른 순수가 더러운 불순과 섞일 수 있는가? 이런 흑백사고가 우리를 편협하게 만든다. "세상의 모든 사실은 서로 얽히고설켜 있는 복합적 전체의 구조"이다. 그러므로 단순한 감정적 흑백 심리는 세상을 그 전체에서 이롭게 하는 데 도움이 안 된다고 한다. 그 대신에 노자가 말한 '화광동진(和光同塵)' 처럼 빛과 그늘을 함께 포용하는 것이 더 지혜로운 태도라고 한다.[64]

우리 역사에서 누가 더 순수했느냐는 기준보다, 누가 우리 모두를 편 가르지 않고 구체적으로 더 잘 보살피려고 했는지를 기준으로 그를 우리의 영웅으로 섬기는 법을 배워야 한다고 심원은 말한다.[65]

---

59) 김형효, 『마음 혁명』, 살림, 2007, p.39.
60) 김형효, 『마음 혁명』, 살림, 2007, p.39.
61) 김형효, 『마음 혁명』, 살림, 2007, p.41.
62) 김형효, 『마음 혁명』, 살림, 2007, p.41.
63) 김형효, 『마음 혁명』, 살림, 2007, p.46.
64) 김형효, 『마음 혁명』, 살림, 2007, p.46.

6. 열광 의식과 추상의 정신을 넘어서

열광 의식(fanaticism)은 정치적 종교적 의식으로 뭉친 집단이 자기 집단 세력의 지배를 강화하기 위해서, 증오의 적을 클로즈업시키는 단 하나의 추상적 목적 말고 다른 것은 전혀 고려하지 않는 피 끓는 격정적 광기를 말한다. 추상의 정신(spirit of abstraction)은 격정적 광기로 상대방을 추상적이고 적대적인 구호로 몰아붙이는 사고방식을 말한다.[66] 정치적 · 종교적 열광 의식과 추상 정신의 배후에는 반드시 어떤 권력의지와 진리의지의 음모가 숨어 있다.[67] 이러한 열광 의식과 추상의 정신을 멀리해야 한다고 강조한 가브리엘 마르셀의 철학에 심원은 동의한다.

대중은 복잡한 이론이나 철학을 싫어한다. 대중은 깊이 사유하기를 바라지 않는다. 대중은 간단하고 소박한 ○×만 바랄 뿐이다. 대중의 열광 의식은 피 끓는 추상적 격정의 구호에 집착하므로 쉽게 군중심리의 최면에 걸린다. "그것에 걸리면 적은 구체적 얼굴을 지니지 않고, 다만 정답과 오답을 지닌 추상일 뿐이다. 적을 제거하는 것은 오답을 지우는 것이지, 구체적 인간의 얼굴을 한 사람을 죽이는 것이 아니다."[68]

그래서 추상의 정신은 죄의식 없이 그토록 피 끓는 격정의 선동을 할 수 있게 된다. 오늘날 한국 사회는 열광 의식과 추상의 정신에 의해서 내 편 네 편을 가르고 상대를 악마화하여 적대적 증오를 부추기는 현상이 심각한 부작용을 낳고 있다. 한국을 비롯한 현대 대중사회에서 이러한 열광 의식과 추상의 정신의 문제점을 극복하기 위해서는 국민 개개인의 마음

---

65) 김형효, 『마음 혁명』, 살림, 2007, p.46.
66) 김형효, 『마음 혁명』, 살림, 2007, p.162.
67) 김형효, 『마음 혁명』, 살림, 2007, p.162.
68) 김형효, 『마음 혁명』, 살림, 2007, p.162.

이 스스로 깊어지도록 하고, 마음을 깊이 사색하게 하는 철학의 지혜가 필요하다고 심원은 지적한다.[69)]

7. 마음 혁명과 존재론적 삶

인간에게는 자신의 이익만 배타적으로 추구하는 본능과 지능도 있지만, 자신에게도 이롭고 타인에게도 이로운 자리이타(自利利他)적인 것을 추구하는 본성의 욕망도 있다. 이러한 본성의 욕망을 잘 키워서 자리이타적인 삶을 사는 것이 존재론적 삶이라고 할 수 있다. 존재론적 욕망은 인간뿐만 아니라 동물과 식물을 포함한 모든 생명을 포용하고 존재를 긍정하면서 함께 공생하려는 것이다. 심원에 의하면 이러한 것은 마음의 혁명으로 가능하다. 마음 혁명을 통해서 마음의 욕망을 소유론에서 존재론으로 바꿀 때 도덕도 살고 경제도 살아나고 나도 살고 남도 사는 진정으로 복된 사회가 될 수 있을 것이다.

---

69) 김형효, 『마음 혁명』, 살림, 2007, pp.167-168.

참고 문헌

제1장 **공자 인학(仁學)의 사유 방식과 시중(時中)의 철학**

『論語』, 『孔子家語』, 『孟子』, 『中庸』, 『莊子』
丁若鏞, 『論語古今注』

劉明鍾, 『孔子의 人間愛』, 현대미학사, 2001.
채인후, 『공자의 철학』, 천병돈 옮김, 예문서원, 2002.
류종목, 『논어의 문법적 이해』, 문학과지성사, 2002.
金炯孝, 『物學 心學 實學』, 청계, 2003.
崔眞德, 『人文學, 哲學, 그리고 儒學』, 청계, 2004.
李杜幸, 『無爲儒學』, 소나무, 2005.
裵柄三, 『論語, 사람의 길을 열다』, 사계절, 2005.
汪國棟, 『孔子哲學新論』, 桂林: 廣西師範大學出版社, 1990.

제2장 **유교와 고대 그리스의 중용사상 비교**

『尙書』, 『周易』, 『論語』, 『孟子』, 『中庸』, 『荀子』

方克, 『中國辨證法思想史 - 先秦』, 北京: 人民出版社 1985.
汪國棟, 『孔子哲學新論』, 廣西桂休: 廣西師範大學出版社 1990.
馬中, 『中國哲人的 大思路』, 西安: 陝西人民出版社, 1995.

金炯孝, 『孟子와 荀子의 哲學思想』, 三知院, 1990.
레오 스트라우스 조셉 크람시 엮음, 『서양정치철학사 I - 고대 중세』, 인간사랑, 1992.
아리스트텔레스, 『니코마코스 윤리학』, 최명관 옮김, 서광사, 1991.
楊祖漢, 『중용철학』, 황갑연 옮김, 서광사, 1999.
요한네스 힐쉬베르거, 『서양철학사(상)』, 강성위, 이문출판사, 1991.
인문과학연구소 편저, 『동서사상의 대비적 조명』, 성균관대학교 출판부, 1994.
조지 세이빈 · 토머스 솔슨 지음, 『정치사상사1』, 성유보 · 차남희 옮김, 한길사, 1997.
G. C. 필드, 『플라톤의 철학』, 양문흠 옮김, 서광사, 1990.
J. O. 엄슨 지음, 『'아리스토텔레스의 윤리학』, 장영란 옮김, 서광사, 1996.
J. R. 데자르뎅, 『환경윤리』, 김명식 옮김, 자작나무, 1999.

제3장 유교의 중용과 불교의 중도
『尙書』, 『周易』, 『論語』, 『孟子』, 『中庸』

까르마 C. C. 츠앙, 『화엄철학』, 이찬수 옮김, 경서원, 1990.
高懷民, 『中國古代易學史』,숭실대동양철학연구실 역, 숭실대학교출판부, 1994.
김인덕, 『중론송 연구』, 불광출판부, 2000.
김형효, 『孟子와 荀子의 哲學思想』, 三知院, 1990.
김형효, 『데리다의 해체철학』, 민음사, 1993.
김형효, 『메를로 - 뽕띠와 애매성의 철학』, 철학과 현실사, 1996.
김형효, 『민본주의를 넘어서』, 청계, 2000.
김형효, 『원효에서 다산까지』, 청계, 2000.
末木剛博, 『동양의 합리사상』, 崔丞灝 역, 이문출판사, 1987.
성철, 『백일법문』, 장경각, 1992.
아리스토텔레스, 『니코마코스 윤리학』, 최명관 옮김, 서광사, 1991.
楊祖漢, 『중용철학』, 황갑연 옮김, 서광사, 1999.
요한네스 힐쉬베르거, 『서양철학사(상)』, 강성위, 이문출판사, 1991.
인문과학연구소 편저, 『동서사상의 대비적 조명』, 성균관대학교 출판부, 1994.

제4장 『이천역전伊川易傳』의 철학과 윤리
程頤, 『伊川易傳』
程頤 · 程顥, 『二程全書』
王弼, 『周易註』
朱熹, 『周易本義』
丁若鏞, 『周易四箋』
丁若鏞, 『易學緖言』

朱伯崑, 『易學哲學史』 第二卷, 北京: 華夏出版社, 1995.
潘富恩 · 徐余慶, 『程顥程頤理學思想硏究』, 上海: 復旦大學出版社, 1998.
李日章, 『程顥 · 程頤』, 臺北: 東大圖書公司, 1986.
嚴連錫, 『程頤의 易學理論에 關한 硏究』, 서울大 大學院 博士學位論文, 1999.

제6장 퇴계와 율곡의 수양론
율곡학회, 『율곡학연구총서』 자료집1~10, 2007.
이 이, 『栗谷全書』〔『한국문집총간』(서울: 민족문화추진회) 44-45〕
이 황, 『退溪集』〔『한국문집총간』(서울: 민족문화추진회) 29-30)〕
한원진, 『南塘集』〔『한국문집총간』(서울: 민족문화추진회) 201-202〕

김형찬, 『율곡이 묻고 퇴계가 답하다』, 바다출판사, 2018, 145-146쪽 참조.
성백효 역주, 『譯註 心經附註』, 전통문화연구회, 2003.
율곡학회, 『율곡학연구총서』 논문집1~10, 2007.
이광호 편역, 『퇴계와 율곡, 생각을 다투다』, 홍익출판사, 2013.
이상익, 『영남성리학연구』, 심산, 2011.
이 이, 『국역 율곡전서』, 한국정신문화연구원, 1985.
장승구, 『조선을 움직인 철학자들』, 심산, 2019.
장윤수, 『경북 북부지역의 성리학』, 심산, 2013.

강희복, 「退溪 心學에서의 敬과 즐거움(樂)」, 『한국철학논집』 제21집, 한국철학사연구회, 2007.
이상돈, 「주자의 存養省察論」, 『한국철학논집』38집, 한국철학사연구회, 2013.
이치억, 「기질의 문제로 본 퇴계와 율곡의 수양론」, 『퇴계학논집』 제21호, 영남퇴계학연구원, 2017.
장승구, 「퇴계 심학과 정신주의 철학」, 『철학연구』 142집, 대한철학회, 2017.
최중석, 「인간의 주체적 진실성과 퇴계심학의 과제」, 『한국사상과 문화』 제23집, 한국사상문화학회, 2004.

제7장 **다산의 수양론과 서학 사상**

정약용, 『정본 여유당전서』, 다산학술문화재단, 2012.
마테오 리치, 『天主實義』
판토하, 『七克』

금장태, 『다산실학탐구』, 소학사, 2001.
마테오 리치 지음, 송영배 · 임금자 · 장정란 · 정인재 · 조광 · 최소자 옮김, 『천주실의』, 서울대학교출판문화원, 1999,
이기경 원편, 김시후 역, 『벽위편』, 명문당, 1987.
이원순, 『조선 서학사 연구』, 일지사, 1986.
장승구, 『조선을 움직인 철학자들』, 심산, 2019.
정 민, 『파란1』, 천년의상상, 2019.
______, 『파란2』, 천년의상상, 2019.
최석우 · 금장태 · 박동옥 · 김옥희, 『다산 정약용의 서학 사상 - 1993년도 다산문화제 기념논총』, 다섯수레, 1993,
판토하 지음, 정민 옮김, 『칠극』, 김영사, 2021.

금장태, 「다산 수양론의 방법과 과제」, 『종교학연구』19권, 서울대학교 종교학연구회, 1999.
______, 「다산의 심개념과 마테오 릿치의 영혼론」, 『종교와 문화』(08), 서울대학교 종교문제연구소, 2002.
김선희, 「영명으로서의 인간 - 『성학추술』을 통해 본 정약용의 인간론」, 『동양철학연구』 60집, 동양철학연구회, 2009.11.
김승혜, 「『七克』에 대한 연구 - 그리스도교와 新儒學의 초기 접촉에서 형성된 修養論」, 『교회사연구』9, 한국교회사연구소, 1994.
김형효, 「다산의 사상과 행사론의 독법」, 『원효에서 다산까지』, 청계, 2000.
백민정, 「정약용 수양론의 내적 일관성에 관한 연구 - 신독(愼獨), 지성(至誠), 집중(執中), 충서(忠恕), 인심도심론(人心道心論)을 중심으로」, 『퇴계학보』(122), 퇴계학연구원, 2007. 12.
이숙희, 「'영체'와 '행사'에서 본 정약용의 종교적 의식 연구」, 서강대 대학원 박사학위논문, 2011.
장승구, 「동서사상의 만남과 정약용의 인간관」, 『다산학』8, 다산학술문화재단, 2006.
정순우, 「다산에 있어서의 천과 상제」, 『다산학』9, 다산학술문화재단, 2006.
정인재, 「서학과 정다산의 성기호설」, 『다산학』7, 다산학술문화재단, 2005.
차기진, 「성호학파의 서학 인식과 척사론에 대한 연구」, 한국학중앙연구원 한국학대학원 박사학위논문, 1996.

제9장 율곡의 감응론(感應論)
『周易』, 『尙書』, 『管子』, 『中庸』, 『孟子』, 『栗谷全書』
『國譯 栗谷全書』(Ⅳ), 한국정신문화연구원, 1996.
『國譯 栗谷全書』(Ⅴ), 한국정신문화연구원, 1985.

김희정, 『몸 · 국가 · 우주 하나를 꿈꾸다』, 궁리, 2008.
이상익, 『현대문명과 유교적 성찰』, 심산, 2018.
정우진, 『감응의 철학』, 소나무, 2016.
김동민, 「동중서 춘추학의 천인감응론에 대한 고찰」, 『동양철학연구』 36, 동양철학연구회, 2004
김희정, 「중국고대 감응관의 형성」, 『동양철학』 26, 한국동양철학회, 2006.

이천승, 「음양감응을 통해 본 유교의 자연과 인간에 대한 이해」, 『동양철학연구』 54, 동양철학연구회, 2008.
이현선, 「신유학의 감응론을 통해 본 '소통'의 가능성」, 『윤리학』 제4권 2호, 한국윤리학회, 2015.

정해왕, 「동중서의 천인감응설과 그 정치성」, 『동양문화연구』 16, 영산대학교 동양문화 연구원, 2013.

제10장 **다산의 행사 윤리론**

정약용, 『여유당전서』, 여강출판사 영인, 1985.
정약용, 『정본 여유당전서』, 다산학술문화재단, 2012.
정약용, 『弟經』(윤동옥씨 소장본)(『다산과 현대』1호에 영인본 수록)
정약용, 『국역 다산시문집』, 민족문화추진회 편
정약용, 『국역 목민심서4』, 다산연구회 역주, 창작과 비평사, 1984.
정약용, 『大學公議 · 大學講義 · 小學枝言 · 心經密驗』, 이광호 외 역, 사암, 2016.

장승구, 「다산 정약용의 윤리 사상 연구 - 주자 윤리 사상과의 비교를 중심으로」, 『한국 철학논집』제21집, 2007.9.
장승희, 『다산 윤리 사상 연구』, 경인문화사, 2005.
정일균, 『다산사서경학연구』, 일지사, 2000.
황병기, 「『제경(弟經)』의 체제 분석과 저작자 연구」, 『다산과 현대』 01, 연세대 강진다산 실학연구원, 2008년 12월.

제11장 **유교의 삶과 죽음에 대한 이해**

『周易』, 『春秋左傳』, 『禮記』, 『論語』, 『孟子』, 『正蒙』, 『栗谷全書』

周大興 主編, 『東亞哲學的生死觀』, 臺北市: 中央研究院中國文哲研究所, 2015.
馮滬祥, 『中西生死哲學』, 北京大學出版社, 北京: 2002.
시라카와 시즈카 지음, 장원철 · 정영실 옮김, 『공자전』, 펄북스, 2016.
엄연석 외, 『동양고전 속의 삶과 죽음』, 한림대 생사학연구소 편, 박문사, 2018.
林綺雲 외 지음, 전병술 역, 『죽음학』, 도서출판 모시는 사람들, 2013.
장철수, 『한국의 관혼상제』, 집문당, 1995.
한국국학진흥원 교육편수실, 『제사와 제례문화』, 한국국학진흥원, 2005.
윤용남, 「유가의 생사관과 죽음에 대한 태도」, 『철학논총』59, 2010.
임헌규, 「유교적 生死觀과 죽음에 이르는 태도」, 『남명학』 제19집, 2014.
최우영, 「신의 의지와 인간의 기억: 유교와 기독교의 '죽음론' 소고」, 『사회사상과 문화』 제20집, 2009.
한예원, 「조선시대 유교적 죽음 이해」, 『동양철학연구』 87집, 2016.

제12장 **노인사업과 노년을 위한 철학**

장현광, 『국역 여헌집』 I · II, 민족문화추진회, 1996.

정약용, 『국역 다산시문집3』, 솔, 1996.

제14장 **관자(管子)의 철학과 법치의 경세론**

『新譯 管子讀本(上 · 下)』, 湯孝純 注譯 · 李振興 校閱, 臺灣: 三民書局, 1995.
『管子今註今譯(上 · 下)』, 李勉 註譯, 臺灣: 臺灣商務印書館, 1988.

郭沫若, 『管子集校』, 北京: 人民出版社, 1984.
管子學刊編輯部, 『管子與齊文化』, 北京: 北京經濟學院出版社, 1990.
戴　濬, 『管子學案』, 北京: 學林出版社, 1994.
劉澤華, 『中國政治思想史』(先秦卷), 杭州: 浙江人民出版社, 1996.
周俊敏, 『管子經濟倫理思想研究』, 長沙: 岳麓書社, 2003.
池萬興, 『管子研究』, 北京: 高等教育出版社, 2004.
湯孝純, 『管子述評』, 臺北: 東大圖書公司, 1995.
胡家聰, 『管子新探』, 北京: 中國社會科學出版社, 1995.
侯希杰 主編, 『齊國治國思想論集』, 濟南: 山東文藝出版社, 2002.

『관자』, 김필수 · 고대혁 · 장승구 · 신창호 역, 소나무, 2015.
김희정, 『몸 · 국가 · 우주 하나를 꿈꾸다』, 궁리, 2008.
마이시(白奚), 『지하학연구』, 이임찬 역, 소나무, 2013.

제15장 **서애 류성룡과 율곡 이이의 경세론 비교**

『선조실록』, 『수정선조실록』, 한국고전종합DB, 한국고전번역원.
류성룡, 『西厓集』(한국문집총간 52집), 민족문화추진회, 1990.
이　이, 『栗谷全書』(한국문집총간 44-45집』), 민족문화추진회, 1990.

권오영, 『조선 성리학의 의미와 양상』, 일지사, 2011.
김한신, “류성룡의 송대 대외관계 인식과 북변헌책의 건의”, 『서애연구』 제2권, 서애학회, 2020.
류성룡, 『국역 서애전서 I~II』, 이재호 역, 서애선생기념사업회, 2001.
류성룡, 『국역 서애집 1~2』, 민족문화추진회 편, 솔, 1997.
류을하, “십만양병설의 실체”, 『서애연구』 제2권, 서애학회, 2020.
서재진, “류성룡의 유연 리더십의 학문적 토대”, 『서애연구』 제3집, 서애학회, 2021.
송　복, “닫힌 제국의 닫힘과 류성룡의 열림 정책”, 『서애연구』 제6권, 서애학회, 2022.
송　복 · 서재진 편, 『서애 류성룡의 리더십』, 법문사, 2019.
이재호, 『서애 유성룡의 경세사상과 구국정책(상)(서울: 책보출판사, 2005)
이재호, 『서애 유성룡의 경세사상과 구국정책(하)(서울: 책보출판사, 2005)

장승구, 『조선을 움직인 철학자들』, 심산, 2019.
장승구, "류성룡의 철학과 경세론 연구", 『퇴계학보』 제134집, 퇴계학연구원, 2013.
정경세, 『국역 우복집3』, 민족문화추진회, 2005.
최재목, 「서애 류성룡의 양명학 이해에 보이는 '양면성' 해명 시론」, 『서애연구』 제6권, 서애학회, 2022.

王守仁, 『王陽明全集』, 上海: 上海古籍出版社, 1995.
蔡仁厚 撰述, 『宋明理學 - 南宋篇』, 臺北市: 臺灣學生書局, 1982.

제16장 학사 김응조의 애민정신과 경세활동

김응조, 『鶴沙集』
장현광, 『旅軒集』
김응조, 『국역 학사집 1』, 권영락 · 황만기 옮김, 도서출판 드림, 2019.
김응조, 『국역 학사집 2』, 황만기 옮김, 도서출판 드림, 2019.
김응조, 『국역 학사집 3』, 권영락 옮김, 도서출판 드림, 2020.
박학래, 『여헌 장현광 평전』, 예문서원, 2017.
고영진, 「17세기 전반 남인학자의 사상 - 정경세 · 김응조를 중심으로」, 『역사와 현실』 8, 한국역사연구회, 1992.
김태년, 「학사 김응조의 생애와 학문」, 『동양고전연구』 29, 동양고전학회, 2007.
이해영, 「학사 김응조의 삶과 정신세계」, 『퇴계학』 20, 안동대학교 퇴계학연구소, 2011.
정기선, 「학사 김응조의 연시조 〈학사삼곡〉」, 『국문학연구』 제45호. 국문학회, 2022.

제17장 졸재 류원지의 사상과 경세론

류성룡, 『西厓集』, 한국문집총간 52집, 한국고전번역원
류원지, 『拙齋集』, 한국문집총간 속28집, 한국고전번역원
______, 『拙齋先生文集』, 서울대학교 규장각한국학연구원(서울대학교 중앙도서관 소장자료)
류진, 『修巖集』, 한국문집총간 속19집, 한국고전번역원
조목, 『月川集』, 한국문집총간 38집, 한국고전번역원
한국학중앙연구원편, 『고문서집성』 43, "안동 갈전 순흥안씨편"

김용헌, "졸재 유원지의 심성론과 퇴계학설 옹호", 『동양고전연구』 제33집, 동양고전학회, 2008.
김학수, "17세기 서애 류성룡가의 학풍과 그 계승 양상", 『퇴계학과 유교문화』 제55호, 경북대학교 퇴계연구소, 2014.

류을하, "임란 극복의 주역, 류성룡 축출 과정과 그 배경", 『서애연구』 제6권, 서애학회, 2022
류진 찬술, 류영하 편역, 『징비의 삶, 임진왜란을 이기다 - 서애 류성룡 연보』, 박영사, 2023.
설석규, "현종 7년 영남유림의 의례소 봉입 전말", 『사학연구』 제50호, 한국사학회, 1995.
_____, "졸재 유원지의 이기심성론 변설과 정치적 입장", 『조선사연구』 제6집, 조선사연구회, 1997.
송복, 『조선은 왜 망하였나』, 화산문화, 2014.
유영하, 「존요록(尊堯錄)으로 보는 영남 남인의 예설 연구」, 신한대학교 지식복지대학원 석사학위논문, 2021.
안병걸, "풍산류씨 가문의 학문 전통과 가학 계승 - 류중영과 그 후손들의 학문", 『국학연구』 vol.35, 한국국학진흥원, 2018.
이종각, 『일본인과 징비록』, 한스북스, 2022.
장승구, "류성룡의 철학과 경세론 연구", 『퇴계학보』 제134집, 퇴계학연구원, 2013.
최인기, "졸재 유원지의 농서편찬에 대하여", 『사림』 제15호, 수선사학회, 2001.
최재목, 『내 마음이 등불이다』, 이학사, 2003.

국사편찬위원회 제공 조선왕조실록(https://sillok.history.go.kr/main/main.do)
한국고전번역원 제공 한국고전종합DB(https://db.itkc.or.kr/)

제18장 심원 김형효의 유학에 대한 새로운 인식과 독법

김형효, 『동서철학에 대한 주체적 기록』, 고려원, 1985.
_____, 『원효에서 다산까지』, 청계, 2000.
_____, 『물학 심학 실학 - 맹자와 순자를 통해 본 유학의 사유』, 청계, 2003.
_____, 『철학적 사유와 진리에 대하여』, 청계, 2004.
_____, 『김형효 선생님 논문합본』, 2005. 〈미출간 논문집〉

제19장 심원 김형효의 해체적 사유와 마음 혁명

김형효, 『마음 혁명』, 살림출판사, 2007.
김형효, 『원효의 대승철학』, 소나무, 2006.

수록 논문 발표 논문집 일람

* 「孔子 仁學의 사유방식과 時中의 윤리」, 『유교사상문화연구』 26, 한국유교학회
* 「21세기와 중용사상의 현대적 재조명」, 『철학연구』 83, 대한철학회
* 「동양 중용사상의 비교철학적 연구」, 『동양철학』 16, 한국동양철학회
* 「이천 역전의 윤리사상」, 『주역연구』 5, 한국주역학회
* 「서설: 주역과 한국문화」, 『주역과 한국문화』, 도서출판 이도
* 「퇴계와 율곡의 수양론 비교」, 『율곡학연구』 40, 율곡학회
* 「다산 정약용의 수양론과 서학사상」, 『다산학』 41, 다산학술문화재단
* 「퇴계사상의 생태철학적 조명」, 『퇴계학보』 110, 퇴계학연구원
* 「율곡의 감응론(感應論) 연구」, 『율곡학연구』 45, 율곡학회
* 「정약용의 윤리교육론」, 『한국철학논집』 59, 한국철학사연구회
* 「유교의 삶과 죽음에 대한 이해」, 『생사학연구』 1, 생사학연구소
* 「여헌의 노인사업과 노년의 철학」, 『여헌학보』 35, 여헌학연구회
* 「민본주의 전통과 자유민주주의」, 『이슈와 통찰』 24호, 자유평화연구원
* 「『관자(管子)』의 철학사상 연구」, 『한국철학논집』 45, 한국철학사연구회
* 「류성룡과 이이의 사상과 경세론 비교」, 『서애연구』 7, 서애학회
* 「여헌문인 학사 김응조의 애민정신과 경세활동」, 『여헌학보』 39, 여헌학연구회
* 「졸재(拙齋) 류원지(柳元之)의 사상과 경세론」, 『서애연구』 11, 서애학회
* 「심원 김형효의 유학에 대한 인식과 독법 연구」, 『한국철학논집』 18, 한국철학사연구회